内容提要

刘徽的《九章算术注》是中国古代最伟大的数学家为最重要的数学著作所作的注。本书全面评介《九章算术》和刘徽的数学成就，重在刘徽的数学思想、数学理论、逻辑思想，兼及中国古代数学的特色、《九章算术》的版本和校勘等问题。从中可以看出中国古代数学以数量关系的研究为主、以计算为中心的鲜明特点，这种思想和方法对当今的数学研究和数学教学有极大的启迪作用。

本书适合数学史研究者和数学研究者阅读，也非常适合中小学数学教师拓展思路用。

重印说明

刘徽作为中国古代最伟大的数学家在国内外日益受到重视和推崇。2021 年 5 月 24 日，国际天文学联合会（IAU）批准了中国提交的“嫦娥五号”探测器降落地点附近 8 个月球地貌的命名申请，其中包括刘徽（Liu Hui）。2023 年 11 月，第四十二届联合国教科文组织大会审议通过了中国科学技术协会推荐的 2024—2025 年纪念刘徽的系列活动，这是中国首次在联合国教科文组织成功申办以科学家为主题的纪念活动。2024 年 9 月，在法国巴黎联合国教科文组织总部和北京先后举行了纪念刘徽的展览和学术研讨会，同样的展览和学术研讨会还将在阿塞拜疆和韩国举行。

在这种形势下，山东科学技术出版社决定重印本书，以进一步推动中国传统科学文化的研究和普及。

古代世界数学泰斗刘徽

郭书春 著

山东泰山科技专著出版基金资助出版

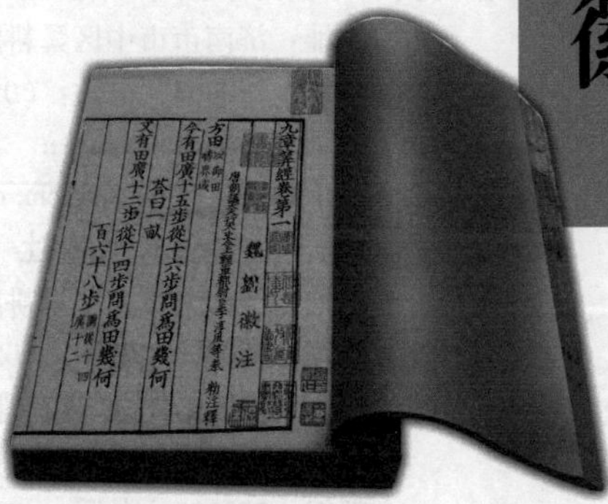

山东科学技术出版社
·济南·

图书在版编目（CIP）数据

古代世界数学泰斗刘徽／郭书春著. --济南：济南：山东科学技术出版社，1992. 3（2025. 7 重印）
ISBN 978-7-5331-0979-0

Ⅰ. ①古… Ⅱ. ①郭… Ⅲ. ①刘徽（约 225 年～295 年）—传记 Ⅳ. ①K826. 11

中国版本图书馆 CIP 数据核字（2013）第 126180 号

古代世界数学泰斗刘徽

GUDAI SHIJIE SHUXUE TAIDOU LIU HUI

责任编辑：胡　明　王培强
装帧设计：魏　然

主管单位：山东出版传媒股份有限公司
出 版 者：山东科学技术出版社
地址：济南市市中区舜耕路 517 号
邮编：250003　电话：（0531）82098088
网址：www. lkj. com. cn
电子邮件：sdkj@sdcbcm. com
发 行 者：山东科学技术出版社
地址：济南市市中区舜耕路 517 号
邮编：250003　电话：（0531）82098067
印 刷 者：山东顺心文化发展有限公司
地址：山东省济南市历城区工业北路 167 号
邮编：250100　电话：（0531）88690809

规格： 32 开（140 mm×203 mm）
印张： 15　　**插页：** 1
版次： 1992 年 3 月第 1 版　**印次：** 2025 年 7 月第 4 次印刷
定价： 36. 00 元

再版前言

2013年是刘徽注《九章算术》1750周年，为此，数学史界同仁在刘徽故乡山东省邹平县领导的支持下，6月份在邹平举行纪念刘徽注《九章算术》的国际学术研讨会. 山东科学技术出版社决定再版拙作，以襄盛事，在此，特对促成此事的赵猛总编辑、王洪胜主任表示衷心的感谢.

记得20余年前起草拙作将刘徽定位为"古代世界数学泰斗"时，"《九章算术》与刘徽热"尽管已持续近十年，国外的有识之士也开始关注刘徽，但对笔者的这种定位，赞同的不是很多，刘徽基本上还只是中国数学史圈内知晓的人物，学术界包括数学界对他还不甚了了，更不要说社会上了. 记得本世纪初在"百度"上查"刘徽"一词，竟然是0，现在却已达286万余条. 人们对关于《九章算术》和刘徽的著作的关注也达到前所未有的程度. 这里仅说笔者亲历的两件事. 笔者与法国CNRS(国家科研中心)林力娜(K. Chemla)博士合作完成的"中法对照本《九章算术》"2004年在法国出版，1册贵达150欧元(当时合2000余元人民币)，却很快脱销，不到一年，出版社便重印. 笔者的《九章算术译注》(上海古籍出版社，2009，2010年)不到3个月便售罄而重印. 这都说明社会对《九章算术》与刘徽的读物需求之多. 目前，刘徽是中国古代最伟大的数学家的看法日渐被学术界和社会所接受，"从对数学的贡献的角度来衡量，刘徽应该与欧几里得、阿基米德等相提并论”(吴文俊语)日渐成为人们的共识.我们期待《九章算术》和刘徽的思想、方法,以及刘徽虚怀若谷的胸怀,严谨的治学方法,实事求是的科学精神在今后的数学教育和数学研究中发挥更大的作用.

本书是笔者汇校《九章算术》(辽宁教育出版社,1990年)的姊妹篇,1992年由山东科学技术出版社作为“泰山科技专著出版基金”选题出版.该书甫出版,吾友洪万生兄即向台北明文书局李润海、陈竹义两先生推荐拙作,蒙不弃,该书局1995年出版了修订的繁体字本.这次再版,以明文书局版为基础,汲取了约20年间笔者和同仁对《九章算术》及其刘徽注研究的新成果,做了少量而重要的修正和补充.这些修正和补充主要是:

1. 秦汉数学简牍

1983年底,湖北张家山汉墓出土了汉简《算数书》,填补了中国数学史文献的一个空白.但起草拙作时,整理者仅公布其“少广”类等的一二个题目,并将其定为“《九章算术》之源”.当时我们因为无法窥其全豹,不敢轻发议论.《算数书》释文已在2000年公布,近年岳麓书院、北京大学等高校又收藏了秦简《数》、《算书》等,湖北睡虎地出土了汉简《算术》等秦汉数学简牍,《数》的释文已经公布,另外几部正在整理中.这些秦汉数学简牍说明,尽管它们不是《九章算术》的前身,但是对刘徽关于《九章算术》编纂的论述,是有力的佐证.此外它们还有助于厘清中国数学史上某些问题.比如以往笔者和中国数学史界认为分数除法的颠倒相乘法是刘徽的创造,实际上它在《算数书》中就有了,肯定不是刘徽的首创.对这些方面,再版都做了补充和修改.

2.《九章算术》的体例

拙作第一版与明文版都将商功章中的城垣堤沟堑渠术、刍童曲池盘池冥谷术及其例题与粟米章今有术及其例题等都列入"先给出抽象性术文，后列出例题"一类，是不妥的. 实际上此2术与今有术及其例题不完全相同，它们的例题只有题目和答案，而不像今有术的例题那样还有具体的演算术文，因此是另一种类型.

3.《九章算术》所反映的物价

宋杰教授考察了《九章算术》均输章程耕等几个经济类型的题目与西汉的关系，无疑是正确的. 但是，这并不是全部情况. 日本堀毅教授考察了《九章算术》的物价所反映的时代，他认为，尽管有的物价，《九章算术》与汉代十分相近，但总的来说，差别是相当大的，说"《九章算术》里的物价即汉代物价是颇勉强的". 他的结论是："《九章算术》基本上反映出战国、秦时的物价. "堀毅的考察是刘徽关于《九章算术》编纂过程的论述的有力佐证，对解读《九章算术》的时代特征，彻底解决《九章算术》的编纂年代问题，批驳戴震等的妄断有重要意义. 笔者撰写拙作第一版及修订明文版时没有读到堀毅的文章，现予补充.

4. 关于世界数学发展的主流

拙作第一版与明文版根据吴文俊先生的论述阐发了《九章算术》及其刘徽注的程序化特点，但是对吴先生由这一特点引出的关于世界数学发展的主流的精辟论断没有充分注意，是个失误，这次修订作了补充.

5. 关于筹算数学的高潮

中国数学史界一直有宋元数学高潮的说法，有一定道理. 但是，如果以此否认其他时代是高潮，则似不合适. 比如，在对数学命题的证明上，特别是在证明中使用极限思想和无穷小分割方法上，宋元数学从未达到刘徽的高度. 笔者认为，中国传统数学存在三个高潮，第一个是春秋战国西汉以《九章算术》为代表确立了中国传统数学的基本框架，第二个是魏晋南北朝以刘徽、祖冲之为代表完成了中国传统数学的理论体系，第三个是唐中叶至元中叶的数学高潮(参见郭书春主编《中国科学技术史·数学卷·前言》，科学出版社，2010 年). 因此，称宋元数学为筹算数学的高潮，更为恰当. 这次以这种观点修订了原来的看法.

6.《九章算术》版本研究的进展

拙作第一版与明文版由于当时只能看到《四库全书》的文渊阁本，因此没有区分各阁《九章算术》的不同情况，笼统地说“《四库全书》本《九章算术》依戴震大典辑录校勘本正本誊录”，并且由于文渊阁本舛误极多，便笼统地贬低四库本，甚至在文津阁本于 2006 年影印出版之后，也没有及时考察. 2012 年笔者要准备“《九章算术》新校”，校雠了文津阁本，发现文津阁本比聚珍版好，在戴震校订的各本中最为准确. 同时发现，文津阁本是依据戴震辑录校勘本的正本抄录的，而文渊阁本的底本与聚珍版一样是戴震辑录校勘本的副本. 副本并不是完全照录正本，而是做过新的校订(郭书春:关于《九章算术》之文津阁本，《自然科学史研究》第 31 卷第 4 期，2012 年). 据此修订了第一版中对四库本的论述并补充了文津阁本的情况.

7. 校勘记与新的校勘

考虑到汇校本及其增补版早已脱销，“《九章算术》新校”的出版还得假以时日，这次对引证的《九章算术》及其刘徽注，都加注了校勘记，包括汇校本之后新的校勘. 实际上，汇校本出版之后及本书第一版与明文版出版之后，笔者继续从事《九章算术》的校勘研究，不断有新的进展. 其中最重要的就是恢复正负术的大典本、杨辉本原文“无人”. 此“人”字，戴震改作“入”. 李潢、汪莱认为“无人”不误，但未引起后来校勘者的重视，钱校本和汇校本及其增补版均从戴校. 笔者撰《九章算术译注》，重新校勘，赞同李潢、汪莱的意见,认为戴震系错校,才恢复了原文.

8. 补充新的版本资料

出版汇校本之后,笔者除以之为底本完成增补版和《九章算术译注》之外,又根据现存戴震以前的《九章算术》传本做了几种不同的版本. 一种是以大典本及其戴震辑录本为底本的《九章算术》,先后有 2 个版本;一种是前五卷以南宋本为底本,后四卷及刘徽序以杨辉本为底本的《九章算术》,包括汉英对照《九章算术》〔郭书春校注并今译,道本周(J. Dauben)、徐义保英译并注,辽宁教育出版社,2013 年〕在内,共有 3 个;一种是不主一本,择善而从者,中法对照本即是如此. 这些版本坚持了汇校本的绝大多数校勘,同时又有新的校勘意见.

此外,李继闵出版了《九章算术校证》(陕西科学技术出版社,1993 年),沈康身出版了《九章算术导读》(湖北教育出版社,1996 年)及以此为底本的中英对照本. 这次再版,简要介绍了这些版本的情况.

还有某些文字的加工.

书中不当之处,欢迎同仁和读者批评指正.

郭书春
癸巳蛇年于北京

引 言

谈到中国古代数学家，人们首先想到祖冲之.祖冲之将圆周率精确到八位有效数字，又与他的儿子祖暅之提出祖暅之原理，彻底解决了球体积问题，这些杰出成就早已蜚声中外.可是，祖冲之父子的数学著作早已失传，仅存的上述两项成果，都是刘徽开其先河.刘徽在我国首创圆周率的科学计算程序，才有祖冲之的计算结果；刘徽设计了牟合方盖，指出了彻底解决球体积问题的正确途径.由于种种原因，国人对刘徽了解较少，长期以来，他基本上是数学史界所熟悉，数学界和历史界偶尔才提到的人物，这与他在中国科学史上的实际地位是极不相称的.

打开本书，找不到本书主人公的生平、传记.确实，刘徽和中国历史上大多数杰出的数学家一样，史书无传.他自述"徽幼习《九章》，长再详览.观阴阳之割裂，总算术之根源.探赜之暇，遂悟其意，是以敢竭顽鲁，采其所见，为之作注".史书载"魏陈留王景元四年(263)刘徽注《九章算术》".关于刘徽的生平，可靠的记载仅此而已.此外，刘徽在北宋大观三年(1109)被封为淄乡男，由此推断，他的籍贯在今山东省邹平县.

不过，由于刘徽的杰作《九章算术注》基本完整地保存下来，关于他的数学成就、数学理论以及数学思想，在中国古代数学家中，却是我们了解得比较多的一位.

成书于汉代的《九章算术》是中国古代最重要的数学经典，

它的数学方法、成就和形式对中国和东方数学产生了深远的影响，并且标志着世界数学研究中心从地中海东部沿岸的古希腊转移到了太平洋东岸的华夏大地.刘徽全面证明了《九章算术》的公式、解法，弥补了《九章算术》的不足，在数学方法、数学理论上贡献卓著，奠定了中国古代数学的理论基础.《九章算术注》是中国古代最伟大的数学家为最重要的数学著作所作的注.吴文俊先生说："从对数学贡献的角度来衡量，刘徽应该与欧几里得、阿基米德等相提并论."刘徽是当之无愧的世界数学泰斗，他的成就和思想是应当被大书特书的.

数学和天文历法、农学、中医中药是中国古代最发达的四门基础科学.新文化运动以来，科学、民主之风吹进灾难深重、贫穷落后的中国.为了证明中华民族并不是西方列强所诬蔑的劣等民族，中华民族有灿烂的过去，科学界许多老前辈以拳拳爱国之心，致力于发掘中国古代科学遗产，以鼓励国人发愤图强，争取美好的明天.李俨、钱宝琮等前辈倡导用现代数学方法整理中国古代数学遗产，中国古代数学的光辉成就日渐被国人所认识，也得到了国外有识之士的肯定.第二次世界大战之后，电子计算机的发明和广泛应用，促使人们重新考察以中国古代数学为代表的以算法见长的东方数学理论，以期从中得到启迪，这就赋予中国数学史研究以新的意义.

《九章算术》及其刘徽注，是东方数学最杰出的代表作.近年来，国内外掀起了研究《九章算术》和刘徽的热潮，其盛况为中国数学史学史上所仅见.人们不仅解决了《九章算术》和刘徽研究中长期悬而未决或未正确解决的若干问题，而且开辟了若干新的领域，站在新的高度认识问题，从而对刘徽有了更加系统、深刻、准确、完整的评价.

本书试图全面评介《九章算术》和刘徽的数学成就，重在刘徽的数学思想、数学理论、逻辑思想，兼及中国古代数学的特色、《九章算术》的版本和校勘等问题. 本书也吸取了李俨、钱宝琮、严敦杰等前辈的工作及海内外同仁近年的研究成果. 笔者学陋识薄，错误和失当之处在所难免，恳请各位同仁和读者批评指正.

郭书春

一九九二年于

自然科学史研究所

永远的刘徽

永远的刘徽！这句话对数学史家郭书春而言，真是再贴切不过的刻划了.

一九九二年八月下旬，笔者前往北京香山参加"纪念李俨、钱宝琮诞辰一百周年国际学术讨论会"，有幸再与前辈史家杜石然会面. 在笔者下榻处，当郭书春出赠《古代世界数学泰斗刘徽》这一部著作时，杜石然先生戏谓他是永远的刘徽！诚然，在郭书春十多年来的学术生涯中，他的研究主题永远扣紧刘徽，随着刘徽研究这一领域的扩大加深，他所踩过的每一步足迹，始终印迹深刻，令人难忘. 譬如说吧，截至一九八九年为止，郭书春至少写了廿篇与《九章算术》及其刘徽注有关的论文，内容遍及典籍校勘、知识结构解析以及数学的社会面向等多方面的问题. 这些成果连同其他史家(比方李继闵)的相关论述，共同掀起了八十年代刘徽研究的高潮.

为了总结他自己对《九章算术》及其刘徽注的研究，郭书春先是在一九九〇年出版《九章算术汇校本》(辽宁教育出版社)，其中包括了一篇长达一百七十六页的《关于〈九章算术〉及其刘徽注》，"就《九章算术》及其刘徽等注的成就、版本及校勘等问题谈一些看法".

这些看法中最值得注意的，莫过于郭书春所提出的"刘徽的数学之树"，以作为重建刘徽数学理论的一种架构. "总之，"诚如郭书春所说的,“刘徽从‘规矩度量可得而共’出发,引出面积、体积、率、正负数等定义,运用出入相补原理、无穷小分割方法、齐同原理等数学方法,使他的数学知识形成了以演绎逻辑为主要证明方法,以率为纲纪,以计算为中心,密切联系实际的理论体系.”

然而,八十年代郭书春在刘徽研究上所取得的重大成果,毕竟不是这一篇汇校说明所容纳得了的.因此,他乃在一九九二年交付山东科学技术出版社出版本书,“试图全面评介《九章算术》和刘徽的数学成就,重在刘徽的数学思想、数学理论、逻辑思想,兼及中国古代数学的特色、《九章算术》的版本和校勘等问题”.

事实上,本书除了在第三、四、五、六、八章中将内在论取向(或内史,internalistic approach)发挥得淋漓尽致之外,郭书春尤其在第七章中深入论述刘徽的逻辑思想,并据以在第九章中阐明刘徽与先秦诸子、两汉学者以及魏晋辩难之风的思想联系.我们深信:有了本书之后,中国逻辑史的论述才有可能变得比较具体一些;同时,一个文化史上的刘徽,也才有可能形象鲜明起来.

八十年代初,笔者眩于刘徽数学的魅力,而从数学专业出走、进入数学史研究领域时,即力倡从文化史角度来了解刘徽的数学成就,拙文《重视证明的时代——魏晋南北朝的科技》可视为尝试作品.一九八五年笔者客居美国 New Jersey 郭正昭先生寓所时,有幸初次拜读郭书春的大作,不无相见恨晚之感.当时的感觉是:郭书春所认识的刘徽显然深刻多了.因此,一九八八年以来,笔者遂决定少碰刘徽,而转向十九世代清代数学史发展.

尽管如此,笔者在一九九二年阅毕本书时,曾发表《重访〈九章算术〉及其刘徽注》(《数学传播》十六卷二期),率直地指出数学社会史(social history of mathematics)脉络中的刘徽,或许是维持刘徽研究热潮的下一个重大目标.从数学社会史的观点来看,我们应该进一步追问:刘徽的社会地位与魏晋数学传统之间的关系如何?一旦这个问题有了比较圆满的解答之后,我们应该可以更正确地把握:数学与社会的互动,究竟在中国历史脉络中呈现了什么意义;从而进一步丰富数学社会史的内容.想必郭书春不致于反对笔者对"永远的刘徽"所做的解读与期待吧!

是为台湾版代序.

洪万生

一九九四年

十一月廿二日凌晨

于台北木栅

明文版后记

本书是拙作汇校《九章算术》的姊妹篇，是山东科学技术出版社“泰山科技专著出版基金”选题.

父兄予我“书春”之名，“龙躔肇岁，麟笔书春”，少年在农村，春节前，长兄郭集亭笔走龙蛇，书写这副春联时，总是说：“小弟之名源于此.”麟笔，史笔也. 及长，却学数学. 毕业后，阴差阳错，搞起了中国数学史，以用自己的笔向世人真实描述中国古代数学为己任，正合父兄命名之义. 研究《九章算术》及其刘徽注十余年，发表论文数十篇，又完成《九章算术》汇校本与本书，是为这一课题的总结与继续. 两者的分工是明显的.《九章算术》汇校本通过对南宋以来近二十个《九章算术》版本的校雠，得出戴震、李潢、钱宝琮等学者尽管对校勘《九章算术》作出了杰出贡献，但自戴震起所造成的版本混乱二百余年间没得到根本纠正的结论，从而进行重校、汇校，纠正了戴震等大量辑录中的疏漏及错校与修辞加工，是一项正本清源的基础性工作. 本书则是十年间关于《九章算术》与刘徽的各个专题的研究成果的系统总结.

本书甫面世，洪万生兄即向明文书局推荐，建议出版繁体字本，得到李润海、陈竹义两先生的支持. 经过明文书局和山东科学技术出版社的磋商，很快达成协议. 此书草成于一九八九年末，至今已四载. 其间又从事《九章算术》的白话文翻译(将由辽宁教育出版社出版)，去年还赴法国修订《九章算术》法译稿(中国科学院与法国国家科学研究中心科学合作项目).工作之暇,检视本书,颇觉不少不尽人意之处.今借明文书局出版繁体字版之机,征得山东科学技术出版社的同意,作了少量修正.这些修正主要是:(一)草此书时,汇校《九章算术》正看清样.为节省本书篇幅,大量校勘记未注出.今汇校本已售罄,考虑到持此书的朋友未必有汇校本,无法了解本书所引文字的原文及何人校勘,因此,补充了主要的校勘记,包括笔者近年的重校.(二)积尺(步)是中国古代数学的重要概念,原未阐释,现在作了补充.(三)关于刘徽用重差术测泰山一段,原忽视了把地球的曲面当成平面所造成的误差,今亦补正.(四)关于"故"字的统计,原只提出"是以"与"旧"两种意义,在白话翻译及修订法译稿中,发现刘徽使用的"故",还有其他含义,如训"固"、"顾"等,因此重新作了统计,修正了原表.(五)其他不准确之处及笔误;等等.本书当然还有若干不足之处,尤其如刘钝先生与我的学生邹大海分别在书评中所指出的,本书欠缺对刘徽与其他数学传统的大师的比较研究.这一缺憾的弥补,只好俟诸异日.目前,海峡两岸、国内外关于《九章算术》与刘徽的研究正在深入,对本书的缺点、不足以及错误,希望各位同仁、同好不吝赐教,以期再版时修正.最后,对洪万生、李润海、陈竹义等促成本书明文版出版的各位先生表示衷心的感谢!

郭书春

癸酉岁末
九四年首 于

自然科学史研究所

目录

第一章

算经之首《九章算术》(上)

刘徽是为《九章算术》作注而闻名于世的.《九章算术》包括方田、粟米、衰分、少广、商功、均输、盈不足、方程、勾股九章,上百个一般方法,246 个问题.

传本《九章算术》包括《九章算术》本文和魏刘徽注、唐李淳风注等注释.通常说《九章算术》有狭义、广义两种,狭义的仅指《九章算术》本文,广义的则包括以上三者.言成就、编纂、特点及某某为之注……等等,指前者;而言版本和校勘,则指后者.一般说来,这两者不会混淆.

《九章算术》是刘徽数学成就的载体.现传刘徽前的中国数学著作只有秦简《数》、《算书》,汉简《算数书》、《算术》,以及《周髀算经》、《九章算术》、徐岳的《数术记遗》和赵爽的《周髀算经注》几种.《算数书》、《周髀算经》等从数学上说都是比《九章算术》初等的作品,而赵爽的《周髀算经注》,其可观者,仅"勾股圆方图"五百余字而已,因此《九章算术》是刘徽所继承的主要数学遗产.刘徽少年时学习《九章算术》,成年后又深入研究,"遂悟其意",并"采其所见",为之作注,在《九章算术》的基础上把中国数学向前推进了一大步.为了充分认识刘徽的建树,首先必须评介《九章算术》.我们首先介绍《九章算术》的数学成就.

数学在中国古代统称为算术，有时称为算学、算数，实际上包括了现今算术、代数、几何、三角等各方面的内容.

第一节 《九章算术》的算术成就

《九章算术》不是一部数学童蒙读物.对儿童应当掌握的记数法和整数四则运算法则，没有述及.它的算术内容包括分数四则运算、比例和比例分配、盈不足问题，以及行程、追及等各种算术应用问题，分别包括在卷一、四的一部分及卷二、三、六、七的整卷中.

一、分数四则运算

在人类数学史上，人们认识分数比认识小数早得多.古埃及人很早就使用了分数，但他们只能使用分子为一的单分数及少数几个如$\frac{2}{3}$之类的分数，遇到其他分数，则要先化成单分数，再投入运算.中华民族是世界上使用分数最早的民族之一，先秦典籍、秦汉数学简牍和《周髀算经》中有大量分数运算的记载.《九章算术》集其大成，在世界数学史上第一次建立了完整的分数理论.

1. 分数记法

分数是在物体数量的比较中产生的.刘徽说："物之数量，不可悉全，必以分言之."[①]确定了度、量、衡或其他数量单位之后，某一物品的数量不一定是其单位度量的整数倍，这就产生了分数.而数学上分数则应导源于整数除法.中国古代，被除数称为"实"，除数称为"法".古代数学密切联系实际，所分的都是实在

① 本书《九章算术》本文及刘徽、李淳风注引文均依笔者汇校《九章算术》增补版(辽宁教育出版社，1990年)，并注出主要版本的重要异文夺字.

的东西，如各种谷物、丝绸之类，故被除数称为实；而用之于分的数实际上是一个标准，故除数称为法. 法，标准也.《管子·七法》："尺寸也，绳墨也，规矩也，衡石也，斗斛也，角量也，谓之法."而实并不总是法的整数倍，正如刘徽所说："法实相推，动有参差，故为术者先治诸分."分数的引入，是数系的第一次大扩展，使人们能够更精确地描述客观事物的数量关系.

《九章算术》没有分数记法的记载. 根据《孙子算经》，整数乘法布算三行，被乘数在上，乘数在下，"以上命下，所得之数列于中位"，而"凡除之法，与乘正异. 乘得在中央，除得在上方". 那么，古代真分数的记法应记成二行，分母在下，分子在上，如$\frac{49}{91}$，便记成图 1(1)的样子；假分数则记成三行，如$3\frac{1}{3}$便如图 1(2)所示.

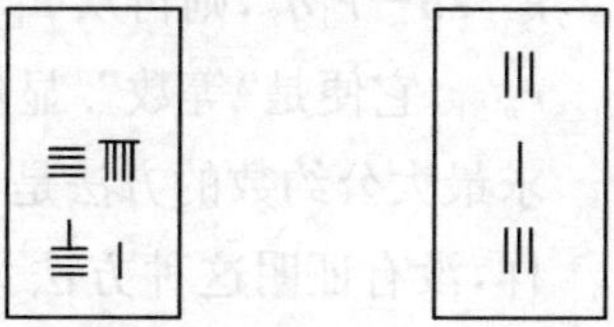

(1)　　(2)

图 1

2. 分数运算法则

《九章算术》方田章提出了各种分数运算法则. 首先是约分术. 刘徽说："分之为数，繁则难用."约分是化简分数，而不改变分数值. 刘徽说"设有四分之二者，繁而言之，亦可为八分之四，约而言之，则二分之一也. 虽则异辞，至于为数，亦同归尔."怎样约分呢？《九章算术》提出了约分术.

> 约分术曰：可半者半之. 不可半者，副置分母、子之数，以少减多，更相减损，求其等也. 以等数约之.

就是说，如果分母、分子都是偶数，可先取其半. 若不都是偶数，可用更相减损的方法求其等数，即最大公约数，然后用等数约简分母、分子，以化简分数. 中国古代数学的答案大都以最简分数出现，《九章算术》开其先河.

由约分术可知更相减损的程序是：设要约简的分数为$\frac{b}{a}$，$b<a$，则多次从a中减b，若减q_1次($q_1\geqslant 1$)后得余数$r_1<b$，$r_1=a-bq_1$，则再从b中减r_1，若减q_2次($q_2\geqslant 1$)得余数$r_2<r_1$，$r_2=b-r_1q_2$，则再从r_1中减r_2，如此更相减损，直到出现$r_n=r_{n-1}$，它便是“等数”. 显然，这与欧几里得《几何原本》第七卷中求最大公约数的方法是一致的. 不过，《九章算术》和欧几里得一样，没有证明这种方法为什么正确. 后来刘徽说：“其所以相减者，皆等数之重叠，故以等数约之.”即可以以等数r_n约简的原因是$a,b,r_1,r_2,\cdots\cdots r_{n-1}$都可表示成$r_n$的倍数. 实际上，将更相减损的过程逆推，便有：

$r_{n-1}=r_n$，

$r_{n-2}=r_{n-1}q_n+r_n=r_n(q_n+1)$，

$r_{n-3}=r_{n-2}q_{n-1}+r_{n-1}=r_n(q_nq_{n-1}+q_{n-1}+1)$，

$r_{n-4}=r_{n-3}q_{n-2}+r_{n-2}=r_n(q_nq_{n-1}q_{n-2}+q_{n-1}q_{n-2}+q_{n-2}+q_n+1)$，

……

$b=r_nP(q_2,q_3\cdots q_n)$，

$a=r_nQ(q_1,q_2,\cdots q_n)$.

其中P,Q分别是$q_2,q_3\cdots q_n$和$q_1,q_2\cdots q_n$的多项式，实际上是整数. 刘徽指出了更相减损的理论根据. 目前算术教科书中的辗转相除法便是从更相减损术发展起来的.

《九章算术》提出了分数加法法则即合分术.

> 合分术曰：母互乘子，并以为实；母相乘为法. 实如法而一. 不满法者，以法命之.

此即:

$$\frac{b}{a}+\frac{d}{c}=\frac{bc+ad}{ac}$$

又提出了分数减法法则:

> 减分术曰:母互乘子,以少减多,余为实;母相乘为法.实如法而一.

即:

$$\frac{b}{a}-\frac{d}{c}=\frac{bc-ad}{ac}$$

在未认识负数时,只有$\frac{b}{a}>\frac{d}{c}$时减分术才能施行.怎样知道$\frac{b}{a}>\frac{d}{c}$呢?《九章算术》提出了课分术,即比较分数大小的方法,它与减分术基本相同.李淳风说:"此术多与减分义同.唯相多之数,意共[①]减分有异.减分知[②],求其余数有几;课分知,以其余数相多也."

《九章算术》还提出了求分数平均值的方法即平分术:

> 平分术曰:母互乘子,副并为平实.母相乘为法.以列数乘未并者各自为列实.亦以列数乘法.以平实减列实,余,约之为所减.并所减以益于少.以法命平实,各得其平.

设诸分数为$\frac{b_i}{a_i}(i=1,2,\cdots n)$, $\sum_{i=1}^{n}a_1a_2\cdots a_{i-1}a_{i+1}\cdots a_nb_i$ 为平实,$a_1a_2\cdots a_n$ 为法,$na_1a_2\cdots a_{i-1}a_{i+1}\cdots a_nb_i(i=1,2,\cdots n)$为列

---

① 共:此依南宋鲍刻本,戴震辑录大典本作"与",两通.

② 知:训"者",下同.其说见第十一章.

实，则 $\dfrac{\sum_{i=1}^{n} a_1 a_2 \cdots a_{i-1} a_{i+1} \cdots a_n b_i}{n a_1 a_2 \cdots a_n}$ 即是其平均值. 而 $\sum_{i=1}^{n} a_1 a_2 \cdots a_{i-1} a_{i+1} \cdots a_n b_i - n a_1 a_2 \cdots a_{j-1} a_{j+1} \cdots a_n b_j$ $(j=1,2,\cdots n)$ 便是各分数所应当损益的分子. 刘徽认为，《九章算术》这里的计算从数学上说走了弯路："此当副置列数除平实"①，即计算 $\dfrac{\sum_{i=1}^{n} a_1 a_2 \cdots a_{i-1} a_{i+1} \cdots a_n b_i}{n}$，然后以法除即可，不必以列数 n 乘诸 $a_1 a_2 \cdots a_{i-1} a_{i+1} \cdots a_n b_i$ 和法 $a_1 a_2 \cdots a_n$. 可是，在《九章算术》时代，人们很讨厌繁分数的情形，才以列数乘诸 $a_1 a_2 \cdots a_{i-1} a_{i+1} \cdots a_n b_i$ 和 $a_1 a_2 \cdots a_n$，避免了重有分："若然则重有分，故反以列数乘同齐."平分术明确显示了位值制在中国数学中的作用. 不仅记数法使用位值制，运算也使用位值制. "法"本来是 $a_1 a_2 \cdots a_n$，以列数 n 乘，得 $n a_1 a_2 \cdots a_n$，因为仍在法的位置，故还称为法.

在合分术、减分术、课分术以及平分术中都需要通分.《九章算术》通过分母相乘为公分母，分母互乘子为分子来通分，未提出以分母的最小公倍数作为公分母. 少广章少广术则进了一步. 少广问题的模式是："今有田广 $1+\dfrac{1}{2}+\dfrac{1}{3}+\cdots+\dfrac{1}{n}$ 步 $(n=2,3,4,\cdots 12)$，求田一亩，问从几何?"

> 少广术曰：置全步及分母、子，以最下分母遍乘诸分子及全步，各以其母除其子，置之于左. 命通分者，又以分母遍乘诸分子及已通者，皆通而同之. 并之为法. 置所求步数，以全步积分乘之为实，实如法而一，得从步.

① 置、除：鲍刻本、戴震辑录大典本分别讹作并、为，依李潢校正.

遍乘是中国古代数学中的一个重要概念,即统统都乘.这种方法在分母遍乘之后,有“各以其母除其子”的规定,可以求出比较小的数甚至就是最小公倍数作分母,比方田章诸术显得简约,是个进步.有的学者认为这是求最小公倍数的完整方法,笔者不敢苟同,因为术文中只规定了“以其母除其子”,而没有“可约者约之”的规定,不一定能求出最小公倍数.如第5问 $1+\frac{1}{2}+\frac{1}{3}+\frac{1}{4}+\frac{1}{5}+\frac{1}{6}$ 的通分,依术演算:

(1)	(2)	(3)	(4)	(5)
1	6	6	30	120
$\frac{1}{2}$	$\frac{6}{2}$	3	15	60
$\frac{1}{3}$	$\frac{6}{3}$	2	10	40
$\frac{1}{4}$	$\frac{6}{4}$	$\frac{6}{4}$	$\frac{30}{4}$	30
$\frac{1}{5}$	$\frac{6}{5}$	$\frac{6}{5}$	6	24
$\frac{1}{6}$	1	1	5	20

(1) $\xrightarrow{\text{以最下分母6遍乘诸子及全步}}$ (2) $\xrightarrow{\text{各以其母除其子}}$ (3) $\xrightarrow{\text{又以分母5遍乘}}$ (4) $\xrightarrow{\text{又以分母4遍乘}}$ (5)

因此,《九章算术》此问的术文是:

> 术曰:下有六分,以一为一百二十,半为六十,三分之一为四十,四分之一为三十,五分之一为二十四,六分之一为二十,并之得二百九十四,以为法.置田二百四十步,亦以一为一百二十乘之,为实.实如法得从步.

以120为公分母,它比 $2\times3\times4\times5\times6=720$ 小得多,然而尚不是最小公倍数60.若有“可约者约之”的规定,(3)中的 $\frac{6}{4}$ 便约成$\frac{3}{2}$，则(4)就变成30，15，10，$\frac{15}{2}$，6，5；以2遍乘(4)，则(5)就成为60，30，20，15，12，10，就会求出最小公倍数．第11问的情况亦类似．第3、4、6、7、8、9、10诸问中，或因无需约，或因可约而不自觉地约之(注意：少广术中并无不许约的规定)，都求出了最小公倍数．总之，按少广术并不必然地求出最小公倍数．人们会为少广术没有提出完整的最小公倍数求法而感到遗憾；或者认为，既有约分术，则此处“可约者约之”是不言而喻的．事实上，我们今天课堂上一两个小时甚至几分钟就可掌握的知识，在科学史上往往要花费几年、几十年甚至成百上千年的时间去获得，有时，即使将已有的各种知识综合出新的成果，也是如此．因此，在科学史研究中尤要谨慎，不能以可能代替事实．无论如何，少广术的通分法在求最小公倍数上已经是行百里而半九十了．

分数乘法称为“乘分”，除法称为“经分”．《九章算术》提出了乘分术：

> 乘分术曰：母相乘为法，子相乘为实，实如法而一．

此即：

$$\frac{b}{a}\cdot\frac{d}{c}=\frac{bd}{ac}$$

与现今方法没什么不同．其经分术是：

> 经分术曰：以人数为法，钱数为实．实如法而一．有分者通之；重有分者同而通之．

经分运算要先通分．若除数为整数，其方式是：

$$\frac{b}{a}\div d=\frac{b}{a}\div\frac{ad}{a}=\frac{b}{ad}$$

重有分的情形，即刘徽所说“法、实俱有分”的情形，其方式是：

$$\frac{b}{a}\div\frac{d}{c}=\frac{bc}{ac}\div\frac{ad}{ac}=\frac{bc}{ad}$$

即刘徽所说"令分母各乘全分内子,又令分母互乘上下."这与我们今天使用的方法比起来显得繁琐.后来,《算数书》中使用了颠倒相乘法,即刘徽所说的"法分母乘实,实分母乘法":

$$\frac{b}{a}\div\frac{d}{c}=\frac{bc}{ad}$$

与现今算法一致.

粟米章提出两经率术.后面将谈到:率,应当是整数.经率术是被除数为整数的除法;其除数,可以是整数,也可以是分数.前一经率术,实际上是整数除法:

经率术曰:以所买率为法,所出钱数为实,实如法得一钱.

后一经率术是分数除整数的除法:

经率[①]术曰:以所求率乘钱数为实,以所买率为法,实如法得一.

例题中所买缣、布的数量单位为尺,而分别以丈、匹率之;所买丝的数量单位为斤,而以石率之,出现分数.刘徽说:"此术犹经分."其方式是:

$$a\div\frac{d}{c}=\frac{ac}{c}\div\frac{d}{c}=\frac{ac}{d}$$

至于"经"字的意义,唐李淳风说:"此乃直求一人之分,以人数分所分,故曰经分也."李籍更引用汉刘熙《释名》的解释:"经者,径也",认为"经分者,欲径求一人而至于径."我们认

① 此"率"字,光绪庚寅年(1890)上海翻刻微波榭本《九章算术》讹作"术",钱校本从.

为，这都不符合《九章算术》的原意. 此处“经”应作“划分”解. 《周礼·天官冢宰》:“体图经野.”《周礼·地官司徒》:“以次叙分地而经市.”《孟子·滕文公》:“夫仁政必自经界始.”经，都是划分的意思. 经分就是分割一个分数，用现在的话，就是被除数是分数的除法. 至于除数，既可以是整数，也可以是分数. 经分术所属两个例题，恰恰分别是这两种情形. 同样，不难理解“经率术”的本意.

《九章算术》的例题中给出的分数都是真分数与带分数，但这并不意味着《九章算术》排除假分数，即分子大于分母的分数，并且，有的运算中必然要使用假分数. 如经分术的例题“今有七人分八钱三分钱之一，问:人得几何?”其计算程序是:

$$8\frac{1}{3}\div7=\frac{25}{3}\div7=\frac{25}{3}\div\frac{21}{3}=25\div21=1\frac{4}{21}$$

例题“又有三人三分人之一，分六钱三分钱之一，四分钱之三，问:人得几何?”其计算程序是:

$$\left(6\frac{1}{3}+\frac{3}{4}\right)\div3\frac{1}{3}=\left(\frac{19}{3}+\frac{3}{4}\right)\div\frac{10}{3}=\left(\frac{76}{12}+\frac{9}{12}\right)\div\frac{10}{3}$$

$$=\frac{85}{12}\div\frac{40}{12}=85\div40=2\frac{5}{40}=2\frac{1}{8}$$

就是说分数运算中有时遇到带分数，要化成假分数，《九章算术》也称为通分. 用刘徽的话说就是“分母乘全内子”，其方法与现今无异.

3. 实如法而一

整数除法和分数四则运算都要有“实如法而一”的步骤. “如”，相同，如同;“而”，承递助词. “实如法而一”的意思是若实与法相等便得一. 换言之，实中有几个法便得几. 这反映了除法法则萌芽阶段的痕迹，后来成为中国古算的专门术语. 在有的术文中称作“实如法得一钱”(或斛、斗、升、斤、里、步、尺、亩、日、枚、矢、人、鹿等单位). 一般说来,在高度抽象的术文中,如卷一、二的全部术文及卷三衰分术、卷七盈不足诸术的术文,用"实如法而一",卷六、九的部分题目的术文亦如此;"实如法得一钱"(或其他单位),则用于一些具体性的术文,如卷三衰分术、返衰术的例题、卷六均输章的大部分题目,等等."实如法得一钱",表面看不好理解. 戴震从《永乐大典》辑录校勘《九章算术》时,认为"一"字后的单位皆后人妄加,统统删去,后来又在屈刻本、孔刻本中恢复之. 其实,自唐起,即有人认为"得一"下之单位系衍字.《史记·律书》有"实如法得长一寸"的字句,唐司马贞《史记索隐》云:"'得'下有'长'、'一'下有'寸'者,皆衍字也."实际上,"一钱"是"一人(或其他单位)钱"、"人一钱"的省文. 卷九勾股容方、容圆术文中都有"实如法而一,得方一步"、"得径一步",便是其原始形式. 卷二经率术李淳风注有"实如法得一枚钱",便保留了这种痕迹. 卷五载土术、负土术及卷九引葭赴岸问的术文中有"除之,所得即……"的形式,出现了现今除法的"除"字."除"在《九章算术》中有两种意义. 一是减的意思,如卷六客去忘衣问术文"除三分之一",刘徽注:"除,其[①]减也."卷八方程术中的"直除",即直减. 二是除法的"除",如上引卷五、卷九三处,另均输章第3问术文"以二十五斛除之",卷四开方术中的"而以除",等等都是除法.

"实如法而一",不一定除尽,《九章算术》提出:"不满法者,以法命之",便产生一个分数.

《九章算术》有许多分数应用题. 如均输章"九节竹"问:

> 今有竹九节,下三节容四升,上四节容三升. 问:中间二节欲均容,各多少?

---

① 其:戴震改为"即",钱校本从,实无必要. 其,训"乃".

术曰：以下三节分四升为下率，以上四节分三升为上率．上、下率以少减多，余为实．置四节、三节，各半之，以减九节，余为法．实如法得一升，即衰相去也．下率一升少半升者，下第二节容也．

此假定各节容量成等差级数．$4\div3=\frac{4}{3}$（升）为下率，即下三节每节平均容量，即下第二节之容量；$3\div4=\frac{3}{4}$（升）为上四节每节平均容量．上下相差 $9-\frac{3}{2}-\frac{4}{2}=5\frac{1}{2}$（节），则其容量差 $\frac{4}{3}-\frac{3}{4}=\frac{7}{12}$（升），故 $\frac{7}{12}\div5\frac{1}{2}=\frac{7}{12}\div\frac{11}{2}=\frac{14}{24}\div\frac{132}{24}=\frac{14}{132}=\frac{7}{66}$（升），为相邻二节容量之差，即公差．因此得自下而上各节的容量（升）：

$$\frac{4}{3}+\frac{7}{66}=1\frac{29}{66},\frac{4}{3}=1\frac{22}{66},\frac{4}{3}-\frac{7}{66}=1\frac{15}{66},$$

$$1\frac{8}{66},1\frac{1}{66},\frac{60}{66},\frac{53}{66},\frac{46}{66},\frac{39}{66}$$

分数四则运算不仅本身可以直接解决许多实际问题，而且其他许多运算要归结到分数运算，是其他数学方法必不可少的工具，这正是《九章算术》在第一章“方田”中插入分数理论的原因，正如刘徽所说：“为术先治诸分．”

二、今有术、衰分术——比例算法

1. 今有术

比例算法是《九章算术》的重要内容．在卷二粟米章章首“粟米之法”列出了各种谷物的换算比例之后，提出了今有术：

今有术曰：以所有数乘所求率为实，以所有率为法．实如法而一．

这是解决由今有物的数量,及今有物与所求物的比率,求所求物的数量的正比例算法:

所求数=(所有数×所求率)/所有率

这种方法传到印度和西方后被称为三率法.《九章算术》用它来解决各种粟米互换问题.衰分章、均输章许多问题的解法,从数学方法上说与今有术没有什么不同,刘徽、李淳风指出它们系“今有之义”;其他章的大量计算问题,最后都可归结到今有术,所以刘徽称之为“都术”,这在下面要详细阐述.

2. 其率术和反其率术

其率术是解决一定的钱按贵贱不同的价钱买定量的物品的算法,要求整数解.刘徽说:“其率知[①],欲令无分.”其典型问题是:

> 今有出钱一万三千九百七十,买丝一石二钧二十八斤三两五铢.欲其贵贱石率之,问:各几何?

以下三问的题设完全相同,只是分别以钧、斤、两率之.设钱数 A,共买物 B,贵物单价 a,共买 m,贱物单价 b,共买 n,则相当于求:

$$\begin{cases} m+n=B \\ ma+nb=A \end{cases} \qquad A>B$$

的整数解 a,b,m,n.这本是不定问题.由例题答案,知道实际上都附以 $a-b=1$,$A>B$ 的条件,变成了定解问题(李继闵:《其率术辨》).《九章算术》用很巧妙的方法解决了这类问题:

> 其率术曰:各置所买石、钧、斤、两以为法,以所率[②]钱数为实,实如法而一.不满法者,反以实减法,法贱实贵.其

---

① 知:鲍刻本、戴震辑录大典本讹作“如”,笔者校正.屈、孔刻本及钱校本脱“其率”二字.

② “率”下,鲍刻本、戴震辑录大典本衍“乘”字,依北京图书馆藏聚珍版中某学者校删.

求石、钧、斤、两，以积铢各除法、实，各得其积数，余各为铢.①

就是说：$\frac{A}{B}=b+\frac{m}{B}$，令 $a=b+1$，$n=B-m$，则 a,b,m,n 即为所求. 上述四个问题的答案是：

石率之　$m=1$ 石 1 钧 27 斤 9 两 17 铢　$a=8052$ 钱/石
　　　　$n=1$ 钧 9 两 12 铢　$b=8051$ 钱/石；
钧率之　$m=1$ 石 2 钧 20 斤 8 两 20 铢　$a=2013$ 钱/钧
　　　　$n=7$ 斤 10 两 9 铢　$b=2012$ 钱/钧；
斤率之　$m=20$ 斤 9 两 1 铢　$a=68$ 钱/斤
　　　　$n=1$ 石 2 钧 7 斤 10 两 4 铢　$b=67$ 钱/斤；
两率之　$m=1$ 钧 10 斤 5 两 4 铢　$a=5$ 钱/两
　　　　$n=1$ 石 1 钧 17 斤 14 两 1 铢　$b=4$ 钱/两.

同类的问题，若 $A<B$，则变成了反其率问题，即求解满足：

$$\begin{cases} m+n=B \\ \frac{m}{a}+\frac{n}{b}=A \\ a-b=1 \end{cases} \qquad A<B$$

的整数 a,b,m,n. 反其率问题的解法是：

反其率术曰：以钱数为法，所率为实，实如法而一. 不满法者，反以实减法，法少实多. 二物各以所得多少之数乘法、实，即物数.

亦即：$\frac{B}{A}=b+\frac{p}{A}$，$p<A$，令 $a=b+1$，$m=ap$，$n=B-m$，则 a，b,m,n 即为所求. 上述例题以铢率之，即有 $A<B$，变成了反其

① 鲍刻本无此二十二字，依戴震辑录大典本补.

率问题，其答案是：

m=1 石 1 钧 7 斤 12 两 18 铢　　　　a=6 铢/钱

n=1 钧 20 斤 6 两 11 铢　　　　b=5 铢/钱

3. 衰分术

《九章算术》的衰分问题是比例分配问题，现今算术教科书中常称为配分比例问题.

> 衰分术曰：各置列衰，副并为法. 以所分乘未并者各自为实. 实如法而一. 不满法者，以法命之.

设所分为 A，列衰为 $m_1 : m_2 : m_3 : \cdots : m_n$. “副”是相对于“主”而言，即在旁边计算. 在旁边算出 $\sum_{j=1}^{n} m_j$ 作为法. 依次计算出实：$Am_i (i=1,2,\cdots,n)$，于是各部分为：

$$a_i = \frac{Am_i}{\sum_{j=1}^{n} m_j}, \quad (i=1,2,\cdots,n)$$

若各部分的列衰为 $m_1, m_2, \cdots, m_n$，而要求按 $\frac{1}{m_1}, \frac{1}{m_2}, \cdots \frac{1}{m_n}$ 的比例分配，则就变成了返衰问题.《九章算术》提出的术文为：

> 返衰术曰：列置衰而令相乘，动者为不动者衰.

术文十分简括. 根据刘徽注，其意思是：“人数不同，则分数不齐，当令母互乘子. 母互乘子，则动者为不动者衰也.”即：

$$a_i = \frac{Am_1 m_2 \cdots m_{i-1} m_{i+1} \cdots m_n}{\sum_{j=1}^{n} m_1 m_2 \cdots m_{j-1} m_{j+1} \cdots m_n}, \quad i=1,2,3,\cdots n$$

显然，此式中要求某部分，则不用该部分之衰乘所分，不动者即所求部分，动者即其余各部分，所以说“动者为不动者衰也.”刘徽又提出另一解法：

> 亦可先同其母，各以分母约，其子[①]为返衰. 副并为法，以所分乘未并者各自为实. 实如法而一.

先同其母为 $m_1m_2\cdots m_n$，各以分母 $m_i(i=1,2,\cdots n)$ 约，得其子 $m_1m_2\cdots m_{i-1}m_{i+1}\cdots m_n(i=1,2,\cdots n)$ 为返衰. 副并：$\sum_{j=1}^{n} m_1m_2\cdots m_{j-1}m_{j+1}\cdots m_n$ 为法，以所分 A 乘未并者 $m_1m_2\cdots m_{i-1}m_{i+1}\cdots m_n(i=1,2,\cdots n)$，得 $Am_1m_2\cdots m_{i-1}m_{i+1}\cdots m_n$，$i=1,2,\cdots n$ 为实，实如法，亦得上式.

4. 连比例和复比例问题

《九章算术》均输章解决了若干连比例问题. 它虽然没提出一般性法则，然其解法却有共同性，如均输章第 10 问：

> 今有络丝一斤为练丝一十二两，练丝一斤为青丝一斤一十二铢. 今有青丝一斤，问：本络丝几何？
>
> 术曰：以练丝十二两乘青丝一斤一十二铢为法. 以青丝一斤铢数乘练丝一斤两数，又以络丝一斤乘[②]，为实. 实如法得一斤.

若络：练$=a:b_1$，练：青$=b_2:c$，已知青丝 C，则络丝 $A=\frac{Cb_2a}{cb_1}$. 刘徽认为它是这样得到的：以练率 b_2 乘青丝数 C 为实，青丝率 c 为法，实如法得青丝为练丝之数 $B=\frac{Cb_2}{c}$，这是应用今

① “其子”系鲍刻本、戴震辑录大典本原文，不误. 均输章第 3 问注引文与此同，可为佐证. 钱校本改作“其同”，白尚恕复改均输章第 3 问之引文，均未允.

② 戴震于此处补“之”字，钱校本从，无必要.

有术;又以络率 a 乘之为实,以练率 b_1 为法,所得即练用络丝之数 $A=\frac{Cb_2a}{cb_1}$,再一次应用了今有术,“是谓重今有也”.

《九章算术》还解决了复比例问题.衰分章第 20 问:

今有贷人千钱,月息三十.今有贷人七百五十钱,九日归之.问:息几何?

术曰:以月三十日乘千钱为法;以息三十乘今所贷钱数,又以九日乘之,为实.实如法得一钱.

这里利息既与所贷钱数成正比,也与贷钱日数成正比,是复比例问题:

$$利息=\frac{所贷钱数\times所贷日数\times月息}{千钱\times30}$$

5. 均输术

均输是《九章算术》的第六章,实际上该章只有四个典型的均输问题.这是一种更为复杂的配分比例问题.问题的复杂性在于:在运用衰分术之前,必须根据各县户数、行道日数及物价、佣价等因素计算出使各县费劳均等的均平之率,以求出各县的列衰.以第 3 问为例.

今有均赋粟:甲县二万五百二十户,粟一斛二十钱,自输其县;乙县一万二千三百一十二户,粟一斛一十钱,至输所二百里;丙县七千一百八十二户,粟一斛一十二钱,至输所一百五十里;丁县一万三千三百三十八户,粟一斛一十七钱,至输所二百五十里;戊县五千一百三十户,粟一斛一十三钱,至输所一百五十里.凡五县赋输粟一万斛.一车载二十五斛,与僦一里一钱.欲以县户赋[①]粟,令费劳等.问:县

① 赋:戴震辑录大典本作“输”,此依杨辉本.

各粟几何?

术曰:以一里僦价乘至输所里,以一车二十五斛除之,加以[1]斛粟价,则致一斛之费.各以约其户数,为衰:甲衰一千二十六,乙衰六百八十四,丙衰三百九十九,丁衰四百九十四,戊衰二百七十,副并为法.所赋粟乘未并者,各自为实.实如法得一.

这里关键是要求出各县的列衰.先求出各县致一斛之费:

$$\text{县一斛费}=\frac{\text{县一里僦价}\times\text{县里数}}{\text{一车斛数}}+\text{县一斛粟价}$$

再求出列衰:

列衰=户数/一斛之费

然后用衰分术求解.刘徽在论述如此求列衰的正确性时说:此题是“以出钱为均也”.以某县一车一里僦价乘该县里数,得出该县一车到输所所用钱.以一车斛数除之,得出该县僦一斛所用钱.加该县一斛粟价,得出该县致一斛所用钱.各以其约各县户数,“计其所费,则皆户一钱,故可为均赋之率也”,所以作为列衰.

三、盈不足术

盈不足问题构成了《九章算术》的第七章,提出了盈不足术及其一术,两盈、两不足术及其一术,盈适足、不足适足术五种术文,含有 8 个例题.后有 11 问是用盈不足术解决的一般数学问题.另有一玉石隐互问,列入此章,但未用盈不足术求解.

典型的盈不足问题是共买物问题:每人所出 A,盈 a,所出 B,不足 b,求人数、物价.而《九章算术》则给出了一般盈不足术术文:

---

① 此“以”字,戴震改作“一”,钱校本从,无必要.

盈不足[1]术曰:置所出率,盈、不足各居其下.令维乘所出率,并,以为实.并盈、不足为法.实如法而一.有分者,通之.盈、不足相与同其买物者,置所出率,以少减多,余,以约法实.实为物价,法为人数.

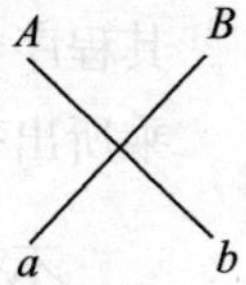

图 2

维乘是交叉相乘,如图 2 所示.术文"有分者通之"以上是就一般盈不足问题而提出的. $Ab+Ba$ 为实,$a+b$ 为法,则:

$$\text{不盈不朒之正数}=\frac{Ab+Ba}{a+b} \tag{1}$$

术文后半段是针对共买物的情形:

$$\text{物价}=\frac{Ab+Ba}{|A-B|} \tag{2}$$

$$\text{人数}=\frac{a+b}{A-B} \tag{3}$$

《九章算术》又就共买物问题提出了另一方法:

其一术曰:并盈、不足为实.以所出率,以少减多,余为法.实如法得一人.以所出率乘之,减盈、增不足,即物价.

求人数的公式同(3)式.已知人数,则容易知道其物价:

$$\text{物价}=\text{人数}\times A-a=\text{人数}\times B+b$$

它与(2)式是等价的.刘徽在证明其一术的正确性时说:"盈不足$(a+b)$为众人之差.以所出率,以少减多,余为一人之差$(|A-B|)$.以一人之差约众人之差$\left(\frac{a+b}{|A-B|}\right)$,故得人数也."

两盈、两不足[2]术曰:置所出率,盈、不足各居其下.令维乘

① 杨辉本、戴震辑录大典本无此三字,戴震在孔刻本中补.

② 戴震辑录大典本无此五字,戴震在孔刻本中补.

所出率,以少减多,余为实.两盈、两不足以少减多,余为法.实如法而一.有分者,通之.两盈、两不足相与同其买物者,置所出率,以少减多,余,以约法、实.实为物价,法为人数.

其程序与盈不足术基本相同,其区别仅在于,两盈(或两不足)维乘所出率之后,不是“并”而是“以少减多”:

$$\text{不盈不朒之正数}=\frac{|Ab-Ba|}{|a-b|} \tag{1'}$$

$$\text{物价}=\frac{|Ab-Ba|}{|A-B|} \tag{2'}$$

$$\text{人数}=\frac{|a-b|}{|A-B|} \tag{3'}$$

其一术的异同亦类比.

对盈适足、不足适足类问题,《九章算术》只提出了与上述其一术相对应的术文:

盈适足、不足适足[①]术曰:以盈及不足之数为实.置所出率,以少减多,余为法.实如法得一[②].其求物价者,以适足乘人数,得物价.

在上述(3)或(3′)式中,令 $b=0$ 或 $a=0$,即得到此术求人数的公式.若 a 为盈或不足,$b=0$,则

$$\text{盈适足:人数}=\frac{a}{|A-B|},\quad \text{不足适足:人数}=\frac{b}{|A-B|},$$

$$\text{物价}=\frac{Ba}{|A-B|}.\qquad \text{物价}=\frac{Ab}{|A-B|}.$$

当然,物价亦可由(2)或(2′)式令 $b=0$ 或 $a=0$ 得到.

---

① 戴震辑录大典本无此七字,戴震在孔刻本中补.

② 此下,汇校本及其增补版参考盈不足其一术杨辉本补“人”字,不妥.

《九章算术》的高明还在于，用盈不足术解决了大量一般算术问题. 因为，对一个算术问题，任意假设两数作为答案，代入原题验算，必定会出现上述盈不足的情形之一，因此，都可化为盈不足问题解决. 盈不足术及两盈、两不足术求不盈不朒之正数的(1)、(1′)式就是为这些题目而提出的，下面仅举几例.

瓜瓠相逢问：

> 今有垣高九尺，瓜生其上，蔓日长七寸；瓠生其下，蔓日长一尺. 问：几何日相逢？瓜、瓠各长几何？
>
> 术曰：假令五日，不足五寸；令之六日，有余一尺二寸.

假设5日瓜瓠相逢，瓜下垂蔓 7 寸×5＝3 尺 5 寸，瓠上延蔓 1 尺×5＝5 尺，9 尺－(3 尺 5 寸＋5 尺)＝5 寸，是为不足；同理，假设6 日相逢，则有余 1 尺 2 寸. 由(1)式

$$\text{相逢日数}=\frac{Ab+Ba}{a+b}=\frac{5\text{日}\times 12\text{寸}+6\text{日}\times 5\text{寸}}{5\text{寸}+12\text{寸}}=5\frac{5}{17}\text{日}$$

$$\text{瓜长}=7\text{寸}\times 5\frac{5}{17}=37\frac{1}{17}\text{寸}$$

$$\text{瓠长}=10\text{寸}\times 5\frac{5}{17}=52\frac{16}{17}\text{寸}$$

《九章算术》用盈不足术解决了一些更复杂的问题，如二酒求价问：

> 今有醇酒一斗，值钱五十；行酒一斗，值钱一十. 今将钱三十，得酒二斗. 问：醇、行酒各得几何？
>
> 术曰：假令醇酒五升，行酒一斗五升，有余一十；令之醇酒二升，行酒一斗八升，不足二.

这本来是个分配问题，贾宪和杨辉将其归于分率类，《九章算术》通过两次假设，假设醇酒 5 升，则行酒 1 斗 5 升，求出盈 10；假设

醇酒 2 升，则行酒 1 斗 8 升，求出不足 2，由(1)式

$$醇酒=\frac{5\times2+2\times10}{10+2}=2升5斗$$

$$行酒=\frac{15\times2+18\times10}{10+2}=1斗7升半$$

又如油自和漆问：

> 今有漆三得油四，油四和漆五．今有漆三斗，欲令分以易油，还自和余漆．问：出漆、得油、和漆各几何？
>
> 术曰：假令出漆九升，不足六升；令之出漆一斗二升，有余二升．

这本是混合分配问题，更为复杂一些．用盈不足术则十分简单．假令出漆 9 升，由漆 3 得油 4，可易得油 12 升；由油 4 和漆 5，可和漆 15 升，则 6 升无漆可和，故曰不足 6 升；若出漆 1 斗 2 升，同理余 2 升．由(1)式，出漆应为：

$$\frac{9升\times2+12升\times6}{6+2}=11\frac{1}{4}升$$

由今有术，得油数为 $11\frac{1}{4}$升$\times4\div3=15$ 升；和漆数：15 升$\times5\div4=18\frac{3}{4}$升．

但对一些非线性问题，用盈不足术只能求出近似解．因为，盈不足术解算术问题，实际上是线性插值法，对线性问题可求出精确解，对非线性问题则不然．如良驽二马问：

> 今有良马与驽马发长安至齐，齐去长安三千里．良马初日行一百九十三里，日增一十三里；驽马初日行九十七里，日减半里．良马先至齐，复还迎驽马．问：几何日相逢，及各行几何？

术曰：假令十五日，不足三百三十七里半；令之十六日，多一百四十里．以盈、不足维乘假令之数，并而为实．并盈、不足为法．实如法而一，得日数．不尽者，以等数除之而命分．

此问中良马日速呈递增等差数列，驽马呈递减等差数列．为了求出假令 15 日、16 日的盈、不足，需计算良、驽二马 15 日、16 日所行里数．《九章算术》是采用逐日相加得到的，还是采用等差级数前 n 项和公式求得的，自清中叶以来，学者们有不同看法．盖以上术文以下有二段文字：

求良马行者：十四乘益疾里数而半之，加良马初日之行里数，以乘十五日，得良马十五日之凡行[1]．又以十五日乘益疾里数，加良马初日之行．以乘日分子，如日分母而一．所得，加[2]前良马凡行里数，即得．

求驽马行者：以十四乘半里，又半之，以减驽马初日之行里数，以乘十五日，得驽马十五日[3]之凡行．又以十五日乘半里，以减驽马初日之行，余，以乘日分子，如日分母而一．所得，加前里，即驽马定行里数．

设 a_1 为初日所行，d 为日疾或日迟里数，即公差，则这两段文字相当于给出了等差数列前 n 项和公式：

$$S_n=\left(a_1\pm\frac{n-1}{2}d\right)n \qquad (4)$$

又给出了第 n 项公式：

$$a_n=a_1\pm(n-1)d$$

大典本自上述术文中“以盈、不足维乘假令之数”起，均作小字，

① 大典本、杨辉本脱“以乘十五日，得良马十五日之凡行”，参考戴震补．
② 大典本、杨辉本脱“加”字，依钱校本补．
③ 大典本、杨辉本脱“得驽马十五日”，依戴震补．

杨辉本同. 戴震校勘时将"除之而命分"以上改作术文,以下未动. 汪莱认为"自'求良马'至'而命分'皆经,乱在注. 观文意自明."李潢亦持此说,宋景昌从李潢,钱宝琮从戴震. 公式(4)不管是《九章算术》创造的,还是刘徽提出的,都是中国数学史上了不起的贡献,这是题外话. 假设15日二马相逢,由公式(4),良马行 $S_{15}=\left(193+\frac{14\times 13}{2}\right)\times 15=4260$ 里;驽马行 $S'_{15}=\left(97-\frac{14\times\frac{1}{2}}{2}\right)\times 15=1402\frac{1}{2}$ 里. 良马迎驽马1260里, $3000-\left(1260+1402\frac{1}{2}\right)=337\frac{1}{2}$ 里,是为不足. 假令16日二马相逢,由公式(4), $S_{16}=\left(193+\frac{15\times 13}{2}\right)\times 16=4648$ 里, $S'_{16}=\left(97-\frac{15\times\frac{1}{2}}{2}\right)\times 16=1492$ 里,良马迎驽马1648里, $(1492+1648)-3000=140$ 里,是为有余. 由公式(1),二马相逢日数 $=\frac{15\times 140+16\times 337\frac{1}{2}}{337\frac{1}{2}+140}=15\frac{135}{191}$ (日). 由公式(4)可以看出马行里数是日数的二次函数,因此这个解是近似的.

二鼠穿垣问,由于大小鼠日穿垣速度以等比数列变化,也不是线性问题,因此也只能求出近似解. 其问题是:

> 今有垣厚五尺,两鼠对穿. 大鼠日一尺,小鼠亦日一尺. 大鼠日自倍,小鼠日自半. 问:几何日相逢? 各穿几何?
>
> 术曰:假令二日,不足五寸;令之三日,有余三尺七寸半.

由(1)式,求出相逢日数$=\dfrac{2\text{ 日}\times 37\dfrac{1}{2}+3\text{ 日}\times 5}{5+37\dfrac{1}{2}}=2\dfrac{2}{17}$日.大鼠穿$1\text{尺}+2\text{尺}+4\text{尺}\times\dfrac{2}{17}=34\dfrac{12}{17}$寸,小鼠穿$1\text{尺}+5\text{寸}+2\dfrac{1}{2}\text{寸}\times\dfrac{2}{17}=15\dfrac{5}{17}$寸.这都是近似解,日数准确解为:

$$\frac{\lg(2+\sqrt{6})}{\lg 2}.$$

第二节 《九章算术》的代数成就

《九章算术》属于现今代数学方面的成就主要包括开方术、正负术和方程术.

一、开方术

现今中学数学教科书将开方法与二次、三次或高次方程解法分开来讲,在中国古代却是一回事,都称为开方术.如宋元时期出现的正负开方术便是以增乘开方法为主导的求(高次)方程正根的方法.开方术是什么时候产生的,无可稽考.《周髀算经》中就有开平方的内容,但未给出开方程序.《九章算术》则在少广章中提出了完整的开平方、开立方程序.从数学方法上说,开方术与少广术是根本不同的两类方法,编纂者将开方术列入少广章,大约是因为它们都是面积(或体积)的逆运算问题.在《九章算术》中有四种开方术:开方术即开平方法,开圆术即已知圆面积求圆周法,开立方术,开立圆术即已知球体积求球径的方法.开圆术、开立圆术都要分别归结到开平方、开立方,实际上是两种开方程序.

1. 开平方术

《九章算术》提出的开方程序是:

> 开方术曰:置积为实.借一算,步之,超一等.议所得,以一乘所借一算为法,而以除.除已,倍法为定法.其复除,折法而下.复置借算,步之如初,以复议一乘之,所得,副以加定法,以除.以所得副从定法.复除,折下如前.若开之不尽者,为不可开,当以面命之.若实有分者,通分内子为定实,乃开之.讫,开其母,报除.若母不可开者,又以母乘定实①,乃开之.讫,今如母而一.

这是一个具有普遍性的开平方程序:

(1)作四行布算.在第二行布置积,称为实,即被开方数.在最下一行的个位上借用一枚算筹表示未知数的平方,这实际上赋予所列筹式以一个二次代数方程的意义:$x^2=A$,开方过程就是求其正根.实与借算之间留一行布置法,最上一行留作布置"议得",宋元称为商,即根的各位得数.如图3(1)所示.

(2)将借算根据A的位数(设为n),自右向左移动,隔一位移一步,移到与实的最高位(当n为奇数时)或次高位(当n为偶数时)对齐为止.那么,借算移$\frac{n-1}{2}$步(n为奇数)或$\frac{n}{2}-1$步(n为偶数),根就有比步数多一位的数字(n为奇数时为$\frac{n+1}{2}$位,n为偶数时为$\frac{n}{2}$位).经过这样变形之后,借算不再代表x^2,而是表示$10^{n-1}x_1^2$(n为奇数)或$10^{n-2}x_1^2$(n为偶数).开方式变

① "乘"字上鲍刻本、大典本衍"再"字,李潢校删.

成 $10^{n-1}x_1^2=A$ 或 $10^{n-2}x_1^2=A$，如图 3(2)所示.

(3)这样议得根的第一位得数 a_1：其一次方乘借算 $10^{n-1}a_1$（或 $10^{n-2}a_1$）为法，以法除实时，其商的整数部分恰好是 a_1，即 $A\div 10^{n-1}a_1=a_1+\dfrac{A_1}{10^{n-1}a_1}$ $\left(或\ A\div 10^{n-2}a_1=a_1+\dfrac{A_1}{10^{n-2}a_1}\right)$，$A_1$ 是余数，如图 3(3)所示. 注意，此处“除”、“法”、“实”都与除法中的意义相同. 显然，这一步与我们现今以根的第一位得数的平方减被开方数是不同的，它还保留了开方术由除法脱胎出来的明显痕迹. 由此可知，为什么开方术在《九章算术》中又称作“开方除之”.

(4)A_1 一般不为零. 为求根的第二位得数，将法加倍：$2\times10^{n-1}a_1$（或 $2\times10^{n-2}a_1$），作为定法，将法退一位. 再在下行个位上置借算(这说明在求出根的第一位得数后，借算消失)，如图 3(4)所示.

(5)像(2)那样，将借算自右向左隔一位移一步. 这相当于求方程(在 n 为奇数时，偶数类此)：

$$10^{n-3}x_2^2+2\times10^{n-2}a_1x_2=A_1$$

的正根，如图 3(5)所示.

(6)复议得根的第二位得数 a_2，在旁边以 a_2 的一次方乘借算，得 $10^{n-3}a_2$，加到定法上，为 $2\times10^{n-2}a_1+10^{n-3}a_2$，同样，使得 $A_1\div(2\times10^{n-2}a_1+10^{n-3}a_2)=a_2+\dfrac{A_2}{2\times10^{n-2}a_1+10^{n-3}a_2}$，如图 3(6)所示. 如此继续下去.

《九章算术》还对开方中出现的几种情况提出了处理方法：

一种是开方不尽的情况，这相当于求无理根，称为不可开. 求出整数部分后，“以面命之”，即以其根命名一个分数. 此处以面命之，不是指 $\sqrt{A}\approx a+\dfrac{r}{a}$. 李继闵先生认为此是定义了一个无理数(《九章算术》及其刘徽注研究》). 开方术刘徽注说“求方幂之一面也.”开立方术刘徽注说“立方适等,求其一面也.”“面”实际上指$\sqrt{A}$或$\sqrt[3]{A}$. 当A可开时,$\sqrt{A}$、$\sqrt[3]{A}$就是有理数,否则就表示无理数. 开立圆术刘徽注以“面”入算,包括了这两种情形.

一种是被开方数是分数的情形,要通分内子. 这里又分两种情形:一是分母为平方数时,分别开分子、分母,然后以母除实,即$A=\frac{b}{a}$,则$\sqrt{A}=\frac{\sqrt{b}}{\sqrt{a}}$. 一是分母不可开时,则以分母乘分子,开分子后,以分母除,即$A=\frac{b}{a}$,$A=\frac{ab}{a^2}$,$\sqrt{A}=\frac{\sqrt{ab}}{a}$.

显然有了以上的程序和处理方法,可以对任何一个数开平方. 值得注意的是,开方术所属的四个例题中没有不可开及分母不可开的情形,这说明《九章算术》的术文的外延超出了例题的范围,是更抽象、应用更加广泛的术文.

	(1)	(2)
议得	$b_n\ b_{n-1}\cdots b_2\ b_1$	$b_n\ b_{n-1}\cdots b_{\frac{n+1}{2}}\cdots b_1$
实		
法		
借算	1	1

	(3)	(4)
议得	a_1	a_1
实	$b_n{}'b_{n-1}\cdots b_{\frac{n+1}{2}}\cdots b_1$	$b_n{}'b_{n-1}\cdots b_{\frac{n+1}{2}}b_{\frac{n-1}{2}}\cdots b_1$
法	a_1	$2a_1$
借算	1	1

议得	$a_1 \quad a_2$
实	$b_n{}'b_{n-1}b_{n-2}\cdots b_{\frac{n+1}{2}}b_{\frac{n-1}{2}}\cdots b_1$
定法	$2a_1$
借算	1

(5)

议得	$a_1 \quad a_2$	
实	$b_n{}'b_{n-1}b_{n-2}\cdots b_{\frac{n+1}{2}}b_{\frac{n-1}{2}}\cdots b_1$	
法	$2a_1 \quad a_2$	$a_2\times10^{n-3}$
借算	1	副

(6)

图 3

(n 为奇数,设 $A=10^{n-1}b_n+10^{n-2}b_{n-1}+\cdots+10b_2+b_1$)

我们再以少广章第 15 问为例说明开方程序.

又有积五十六万四千七百五十二步四分步之一,问为方几何?

首先通分 $564752\dfrac{1}{4}=\dfrac{2259009}{4}$,以 2259009 为被开方数.其开方程序如图 4 所示.

议得							
实	2	2	5	9	0	0	9
法							
借算							1

(1)

议得							
实	2	2	5	9	0	0	9
法							
借算	1						

(2)

议得				1			
实	1	2	5	9	0	0	9
法	1						
借算	1						

(3)

议得				1			
实	1	2	5	9	0	0	9
法		2					
借算							1

(4)

议得				1	5		
实	1	2	5	9	0	0	9
法		2					
借算			1				

(5)

				1	5			
	1	2	5	9	0	0	9	
		2	5					5×10^4
			1					副

(6)

议得			1	5		
实			9	0	0	9
法	2	5				
借算						

(7)

1	5		
9	0	0	9
3	0		
			1

(8)

议得	1	5	0	3	
实	0	0	0	0	
法	3	0	0	3	3×1
借算				1	副

(9)

图 4

于是$\sqrt{564752\frac{1}{4}}=\frac{\sqrt{2259009}}{\sqrt{4}}=\frac{1503}{2}=751\frac{1}{2}$.

《九章算术》把开方术应用于已知圆面积求圆周的问题，提出了开圆术：

> 开圆术曰：置积步数，以十二乘之，以开方除之，即得周.

设圆面积为 S，周长为 l，此即 $l=\sqrt{12S}$，显然它是圆面积公式(16)的逆运算（见第三节）. 刘徽指出："此术以周三径一为率，与旧圆田术相返覆也."

2. 开立方术

《九章算术》开立方术是：

> 开立方术曰：置积为实. 为一算，步之，超二等. 议所得，

以再乘所借一算为法，而除之. 除已，三之为定法. 复除，折而下. 以三乘所得数，置中行. 复借一算，置下行. 步之，中超一，下超二等[①]. 复置议，以一乘中，再乘下，皆副以加定法. 以定除. 除已，倍下、并中从定法. 复除，折下如前. 开之不尽者，亦为不可开. 若积有分者，通分内子为定实. 定实乃开之. 讫，开其母以报除. 若母不可开者，又以母再乘定实，乃开之. 讫，如母而一.

这也是一个具有普适性的开方程序，其原理与开平方术一致. 我们不再重复术文的阐释，而以少广章第 21 问为例说明开方程序.

又有积六万三千四百一尺五百一十二分尺之四百四十七，问：为立方几何？

即求$\sqrt[3]{63401\dfrac{447}{512}}$，先通分：$\sqrt[3]{\dfrac{32461759}{512}}$，分母、分子分别开立方：$\sqrt[3]{512}=8$. 求$\sqrt[3]{32461759}$的程序是：

(1)作五行布算：第一行记议得，即根的各位得数，第二行布置 32461759，为实. 第三行留作法，第四行留作中行. 最下行于个位上布置借算 1. 这就赋予开方式以一个三次方程的意义：$x^3=32461759$，如图 5(1)所示.

(2)将借算由个位自右向左隔两位移一步，移两步至百万位不能再移，说明根是三位数，如图 5(2)所示. 它表示代数方程：

$$10^6 x_1^3=32461759$$

(3)议得根的第一位得数 3，置于百位之上，使得借算乘 3 的平方 $10^6\times 3^2$ 除实，其商的整数部分恰是 3，即 32461759÷

① 等：鲍刻本、大典本讹作“位”，钱宝琮校正.

$10^6\times3^2=3+\dfrac{5461759}{10^6\times3^2}$,如图 5(3)所示.

(4)以 3 乘 $10^6\times3^2$,得 $3\times10^6\times3^2$,为定法.为了进行求第二位得数的除法,将其退一位,变成 $3\times10^5\times3^2$,如图 5(4)所示.

(5)以 3 乘 3,布置于中行,再借一算布置于下行个位,如图 5(5)所示.

(6)使中行 3×3 由右向左隔一位移一步,借一算隔二位移一步,这相当于减根方程:

$$10^3x_2^3+3\times10^4\times3x_2^2+3\times10^5\times3^2x_2=5461759$$

(7)于十位上议得根的第二位得数 1,在中、下行的旁边计算 $3\times10^4\times3\times1$ 及 $10^3\times1^2$,加到定法 $3\times10^5\times3^2$ 上,为 $3\times10^5\times3^2+3\times10^4\times3\times1+10^3\times1^2=2791000$,使得以它除实 5461759,其商的整数部分恰是 1,即 $5461759\div2791000=1+\dfrac{2670759}{2791000}$,如图 5(7)所示.

(8)以 2 乘下行 $10^3\times1^2$ 得 $2\times10^3\times1^2$,以 1 乘中行得 $3\times10^4\times3\times1$,加到定法上,定法成为 $3\times10^5\times3^2+6\times10^4\times3\times1+3\times10^3\times1^2=2883000$.定法退一位,中行退二位.如图 5(8)所示.

(9)以 3 乘第 2 位得数 1,得 $3\times10\times1$ 加入中行,中行成为 $3\times10^2\times3+3\times10\times1=930$,再借一算布置于下行个位,不再步之.这相当于求解减根方程:

$$x_3^3+(3\times10^2\times3+3\times10\times1)x_3^2+(3\times10^4\times3^2+6\times10^3\times3\times1+3\times10^2\times1^2)x_3=2670759$$

即: $$x_3^3+930x_3^2+288300x_3=2670759$$

的正根.

(10)议得第三位得数 9,布置在个位数上.并 9 的一次方乘中行 $3\times10^2\times3+3\times10\times1$ 得 $(3\times10^2\times3+3\times10\times1)\times9$,并 9 的

二次方 9^2 均加到定法上，得 $9^2+(3\times10^2\times3+3\times10\times1)\times9+3\times10^4\times3^2+6\times10^3\times3\times1+3\times10^2\times1^2$ 即 296751，除实 2670759，恰得 9，无剩余，因此分子的开立方 $\sqrt[3]{32461759}=319$，故：

$$\sqrt[3]{63401\frac{447}{512}}=\frac{319}{8}=39\frac{7}{8}$$

	(1)	(2)
议得		
实	3 2 4 6 1 7 5 9	3 2 4 6 1 7 5 9
法		
中行		
借算	1（在末位）	1（在首位）

	(3)	(4)
议得	3	3
实	3 2 4 6 1 7 5 9	5 4 6 1 7 5 9
法	9	2 7
中行		
借算		

	(5)	(6)
议得	3	3
实	5 4 6 1 7 5 9	5 4 6 1 7 5 9
法	2 7	2 7
中行	9	9
借算	1	1

	(7)	副
议得	3 1	
实	5 4 6 1 7 5 9	
法	2 7 9 1	
中行	9	$3\times10^4\times3\times1$
借算	1	$10^3\times1^2$

议得	3 1	
实	2 6 7 0 7 5 9	
法	2 8 8 3	
中行	9	$3\times10^4\times3\times1$
借算		$2\times10^3\times1^2$

(8)

	(9)	(10)
议得	3 1 9	3 1 9
实	2 6 7 0 7 5 9	2 6 7 0 7 5 9
法	2 8 8 3	2 9 6 7 5 1
中行	9 3	9 3
借算	1	1

(9) (10)

图 5

与开平方的情形一样,《九章算术》也提出了开立方中不可开的问题,并对被开方数是分数的问题提出了两种相应的处理方法.

《九章算术》把开立方术应用于已知球体积求球直径的问题,提出了开立圆术:

> 开立圆术曰:置积尺数,以十六乘之,九而一,所得,开立方除之,即立圆①径.

亦即,若 D 为球径,V 为球体积,开方式为:

$$D=\sqrt[3]{\frac{16}{9}V}$$

刘徽指出这个公式是错误的,它是错误的球体积公式(34)的逆运算(见第三节).后面还要详细讨论这个问题.

《九章算术》的开方术是世界上最早的多位数开方程序(梁

① 立圆:鲍刻本、大典本作"丸",聚珍版、四库本作"圆",今校正.

宗巨:《世界数学史简编》),它奠定了中国开方术历史的良好基础.开方术后来经过刘徽、《孙子算经》、王孝通、贾宪、刘益、秦九韶、李冶、朱世杰等的不断改进、发展,成为中国数学的一个重要分支,取得了具有世界意义的重大成就.

3. 开带从平方

勾股章邑方出南北门问要用开带从平方解决,即求解形如 $x^2+bx=c(b,c>0)$ 的正根.此题是:

> 今有邑方不知大小,各中开门.出北门二十步有木,出南门一十四步,折而西行一千七百七十五步见木.问:邑方几何?
>
> 术曰:以出北门步数乘西行步数,倍之,为实.并出南、北[①]门步数,为从法.开方除之,即邑方.

如图 6,城边长 $A'A''$,北门 C',北门外之木为 B,南门 C'',折西处为 C,西行见木处为 A,设 $A'A''=x$,术文表示用二次方程:

$$x^2+(BC'+C''C)x=2BC'\times AC$$

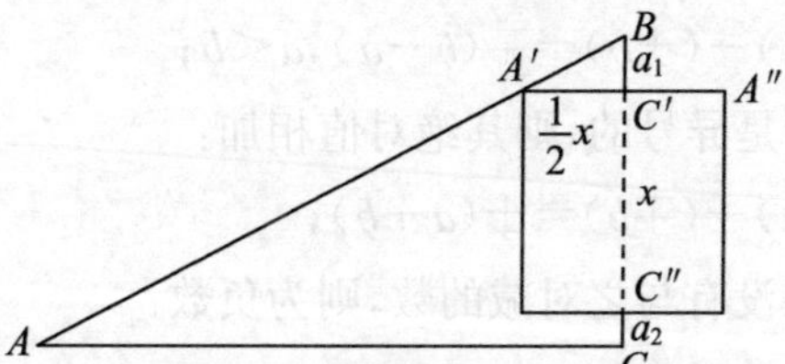

图 6

求邑方 $A'A''$.《九章算术》未给出开带从平方、带从立方的程序.但是,开方术、开立方术从求根的第二位得数起,便是分别求形如 $x^2+bx=c$,$x^3+bx^2+cx=d$(b,c,d 均大于 0)的方程的正根的程序,因此,实际上,《九章算术》已经包含了开带从方的

① 戴震辑录大典本脱"北"字,此依杨辉本.

程序.

二、正负术

下面将看到,《九章算术》在方程术直除消元时,甚至在建立方程的过程中,可能会突破正数的限制,出现负数,因而引入了负数.这是数系的又一重要扩展.这一扩展的意义十分重大.倘不引入负数,则方程术便只能应用于很少一部分方程,后来,宋元时期求解任意数字方程正根的正负开方术也不可能出现.《九章算术》提出了正负数完整的加减法则:

> 正负术曰:同名相除,异名相益,正无人①负之,负无人正之.其异名相除,同名相益,正无人正之,负无人负之.

名,名分,指称,这里表示数的符号.同名即同号,异名即不同号.除是减的意思,益是加的意思.前四句是正负数减法法则.如果两者是同号的,则是其两绝对值相减:

$$(\pm a)-(\pm b)=\pm(a-b),a>b;$$

$$(\pm a)-(\pm b)=\mp(b-a),a<b;$$

如果两者是异号的,则其绝对值相加:

$$(\pm a)-(\mp b)=\pm(a+b);$$

正数如果没有与之对减的数,则为负数:

$$0-a=-a,a>0;$$

负数没有与之对减的数,则为正数:

$$0-(-a)=a,a>0.$$

后四句是正负数加法法则.如果两者是异号的,则绝对值

---

① 此"人"字,杨辉改为"入",戴震亦改"人"作"入",钱校本、汇校本及其增补版等从,不妥.今按:"人"训"偶",不误,参见笔者《九章算术译注》(上海古籍出版社,2009,2010).

相减：

$$(\pm a)+(\mp b)=\pm(a-b), a>b;$$

$$(\pm a)+(\mp b)=\mp(b-a), a<b;$$

若两者是同号的，则绝对值相加：

$$(\pm a)+(\pm b)=\pm(a+b);$$

正数没有与之相加的，则为正数：

$$0+a=a, a>0;$$

负数没有与之相加的，则为负数：

$$0+(-a)=-a, a>0.$$

中国负数概念和正负数加减法则的提出超前其他民族几个世纪，甚至上千年. 公元628年，印度婆罗门笈多使用负数表示欠债，使用正数表示所有，他是中国以外最早使用负数的学者. 后来，负数传入欧洲，十五、十六、十七世纪许多学者还不承认负数是数. 舒凯特（? ～1500?）和斯蒂费尔（1487～1567）都把负数看成荒谬的数，帕斯卡（1623～1662）认为从0减去4纯粹是胡说，他们都是欧洲数学复兴时，微积分学产生以前有重大贡献的数学家. 这一对照，更可见负数的提出是多么了不起的成就.

三、方程术

方程术是《九章算术》最高的数学成就. 所谓方程术就是现今的线性方程组解法. 第一问提出的方程术是全章的纲；第二问提出损益问题，是列方程的方法；第三问提出正负术，是解决列方程和消元的主要方法，是方程术的必要补充. 后来的问题的解决，或者“如方程，损益之”，或者“如方程，以正负术入之”，或者是这三者结合. 因此，下面我们要阐述这三种方法，不过在此之前，先要对术语“方程”作一些探赜索隐的工作.

1. 方程

在现今数学名词中，方程是 equation（拉丁文 oequatio）的翻译. oequatio 有相等的意思，即是含有未知数的等式. 它相当于中国古代的开方式，与中国古代“方程”的含义是不同的. equation 在清初《阿尔热巴拉算法》中译作相等式；在 1859 年李善兰（1811～1882）和伟烈亚力（A. Wylie，1815～1887）合译棣么甘（De Morgan，1806～1871）《代数学》时译作方程；1872 年华衡芳（1833～1902）和傅兰雅（J. Fryer，1839～?）合译华里司（J. Wallis，1616～1703）《代数术》时译为“方程式”. 华衡芳《学算笔谈》（1896）中“方程”与“方程式”并用，前者保持《九章算术》本义，后者则指 equation. 1934 年，数学名词委员会确定用“方程（式）”表示 equation，而用线性方程组表示中国古代的“方程”；1950 年付仲孙力主省去“式”字，用方程表示 equation；1956 年科学出版社出版《数学名词》确定“方程”表示 equation，而用线性方程组表示中国古代的方程，最终改变了中国传统术语“方程”的含义. 不过，为了行文方便，本书仍在《九章算术》意义上使用术语“方程”，有时也在现今意义上使用“方程”，二者不会混淆.

为什么在中国古代把现今的线性方程组称作“方程”呢？尽管自古迄今，方程术作为一种重要数学方法流传下来，并不断改进、发展，但是，关于“方程”的本义却存在着若干分歧. 有代表性的看法是：

（1）魏刘徽注：

> 程，课程也. 群物总杂，各列有数，总言其实. 令每行为率，二物者再程，三物者三程，皆如物数程之. 并列为行，故谓之方程. 行之左右无所同存，且为有所据而言耳.

(2)唐李籍《音义》:

方者,左右也;程者,课率也.左右课率,总统群物,故曰方程.

(3)北宋贾宪《黄帝九章算经细草》:

谓方者,数之形也.程者,量度之总名.

(4)明程大位《算法统宗》:

方,正也;程,数也.

(5)清梅文鼎《方程论》:

方,比方也;程者,法程也;程,课也.数有难知者,据现在之数以比方而程课之,则不可知而知.

(6)清屈曾发《九数通考》:

方者,比也;程者,式也.设问中诸物繁冗,诸价错杂,无可置算,必须布置行列,定为一成之式.然后递互遍乘,同异加减,求其有等,作为比例,故曰方程.

(7)近人钱宝琮《中国数学史》:

联立一次方程组各项未知量的系数用算筹表示时有如方阵,所以叫做"方程".

(8)今人白尚恕《九章算术注释》说"'方'即方形,'程'即表达相课的意思,或者是表达式".梅荣照的看法与此基本一致,他说:"方"字是"指数之形而言,也就是用算筹表示方程组各项未知量系数时的形状.'课程'可以理解为按照群物的数量关系而得到的方程式,'程之'就是列出这种方程式."

我们认为,上述看法中,只有刘徽和李籍的看法符合"方程"的本义.后来的看法多少偏离了"方程"的本义,而且时间愈晚,偏颇愈烈. 为了正确理解"方程"的本义,需要考察"方"、"程"二字的古义.

方,并也. 汉许慎《说文解字》:"方,并船也. 像两舟,省总头形. "《诗经·周南·汉广》:"江之永矣,不可方思. "毛传曰:"方,泭也. "陆德明《经典释文》:"孙炎注《尔雅》云:'方木置水为柎栰也. '"《国语·齐语》:"方舟设泭",韦昭注曰:"方,并也. 编木曰泭. "泭,同桴、柎,小木筏.《仪礼·乡射礼》:"左足履物,不方足. "郑玄注曰:"方,犹并也. "《汉书·扬雄传上》:"虽方征侨与偓佺兮,犹仿佛其若梦. "颜师古曰:"方,谓并行也. "扬雄又曰:"方驰千驷,校骑万师. "颜师古曰:"方驰,并驱也. "可见,方的本义是指用竹木并合编成的筏,引申为并、併.

程的本义是度量名. 许慎《说文解字》:"十发为程,十程为分,十分为寸. "引申为事物的标准.《荀子·致仕》:"程者,物之准也. "《九章算术》中"冬程人功"、"春程人功"、"夏程人功"、"秋程人功"、"程功尺数"、"程行步数"、"程粟",等等,都是指功、尺、步、粟的标准度量. 程,又引申为计量、考核.《左传·宣公十一年》:"称畚筑,程土物. "《礼记·儒行》:"程功积事,推贤而进达之. "《商君书·战法》:"兵起而程敌. "《汉书·东方朔传》:"武帝既招英俊,程其器能. "颜师古注曰:"程,谓量计之也. "刘徽说:"程,课程也. "正是这个意思.

因此,"方程"的本义,就是"并而程之",细言之,即把诸物之间的各数量关系并列起来,考核其度量标准. 刘徽说的"群物总杂,各列有数,总言其实",就是诸物之间的各数量关系. 刘徽说"令每行为率",就是说每一个数量关系构成一个整体,投入运算,因而,一个关系可以称为一程,求二物的标准,需要二个关系,要再程,三物者三程,"皆如物数程之". 一个关系成为一行,这些关系一行行并列起来进行计算,所以叫做"方程". 因此,刘徽的诠释是完全符合方程本义的. 形象地说来,一个数量关系排成一行,像一支竹,或一条木棍,把它们一行行并列起来,恰似一条竹筏或木筏,这正是方程的形状.

方程要并列为行,当然出现左右,李籍说"方者,左右也"接近本意. 李籍的话源于《仪礼·大射礼》:"左右曰方."郑玄注:"方,出旁也."并列为行,整个看来成为方形,贾宪说"谓方者,数之形也"也接近本意. 钱宝琮等学者的理解与贾宪相近,不过也有些偏颇. 但自程大位到屈曾发的理解如"方,正也","方,比方也","方,比也",都离开了本义,因而是不正确的. 这段时间正是《九章算术》失传的时候,程大位、梅文鼎、屈曾发[①]都看不到这段刘徽注,不免望文生义,作出离开刘徽注、背离古义的理解. 后来关于方程理解的偏颇,也受他们的影响.

2. 方程术

《九章算术》卷八共 18 个问题,都要用方程术解决,其中第 1、7、9 三问只用到方程术,其他问题则要辅以"损益之"或"正负术"建立或求解. 其第 1 问是:

> 今有上禾三秉、中禾二秉、下禾一秉,实三十九斗;上禾二秉、中禾三秉、下禾一秉,实三十四斗;上禾一秉、中禾二秉、下禾三秉,实二十六斗. 问:上、中、下禾实一秉各几何?

《九章算术》给出答案之后,提出了方程术:

> 方程[②]术曰:置上禾三秉、中禾二秉、下禾一秉,实三十九斗于右方. 中、左禾列如右方. 以右行上禾遍乘中行,而以

---

① 屈曾发著《九数通考》时,戴震尚未辑录《九章算术》.

② 大典本、杨辉本无"方程"二字,戴震在屈、孔二刻本中补.

直除.又乘其次,亦以直除.然以中行中禾不尽者遍乘左行,而以直除.左方下[①]禾不尽者,上为法,下为实.实即下禾之实.求中禾,以法乘中行下实.而除下禾之实.余,如中禾秉数而一,即中禾之实.求上禾,亦以法乘右行下实,而除下禾、中禾之实.余,如上禾秉数而一,即上禾之实.实皆如法,各得一斗.

这是线性方程组的普遍解法.只是当时用抽象的语言难以表达明白,因而借助于禾来阐述,正如刘徽所说:"此都术也.以空言难晓,故特系之禾以决之."因而我们仍借助禾实阐释.

首先列出方程如图7(1)所示.若以x、y、z分别表示上、中、下禾各一秉的实的斗数,它相当于线性方程组:

$$\begin{cases}3x+2y+z=39 & (5)\\ 2x+3y+z=34 & (6)\\ x+2y+3z=26 & (7)\end{cases}$$

以右行上禾系数乘中行的所有的项,减去右行,即3×(6)－(5),直至中行上禾系数为0;又以右行上禾系数乘左行的所有项,减去右行,即3×(7)－(5),直至左行上禾系数为0,如图7(2)所示,方程组变成:

$$\begin{cases}3x+2y+z=39 & (5)\\ \qquad 5y+z=24 & (8)\\ \qquad 4y+8z=39 & (9)\end{cases}$$

再以中行中禾新的系数乘左行的所有项,减去中行:5×(9)－(8),直至左行中禾系数变为0,如图7(3)所示,方程组变成:

① 下:大典本、杨辉本讹作"上",戴震校正.

$$\begin{cases}3x+2y+z=39 & (5)\\ \quad 5y+z=24 & (8)\\ \quad\quad 4z=11 & (10)\end{cases}$$

(10)式中 z 的系数 4 称为法，11 即 4 乘下禾之实. 以法 4 乘中行下实 24，减去下禾之实 11，再除以中禾乘数 5：$(24\times4-11)\div5=17$，即 4 乘中禾之实；以法 4 乘右行下实 39，减去下禾之实 11 及中禾之实 17×2，再除以上禾乘数 3：$(39\times4-11-17\times2)\div3=37$，即 4 乘上禾之实，如图 7(4)所示. 皆以法除实，得上禾一秉实 $x=9\dfrac{1}{4}$ 斗，中禾一秉实 $y=4\dfrac{1}{4}$ 斗，下禾一秉实 $z=2\dfrac{3}{4}$ 斗.

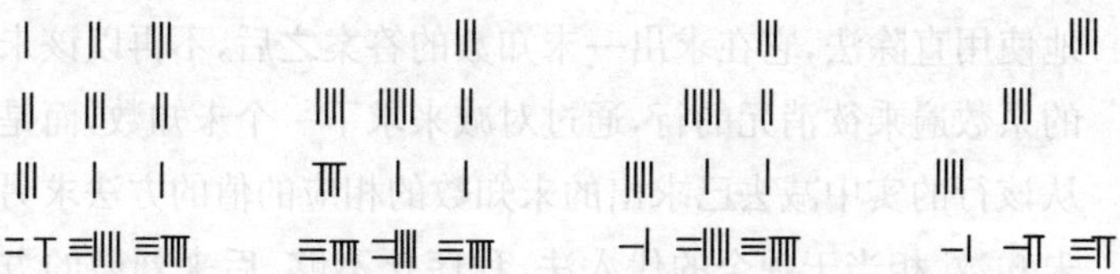

(1)　　(2)　　(3)　　(4)

图 7

方程术有几个特点. 首先，方程的建立及消元变换采用位值制记法，每个数字不必标出它是什么物品的系数，而是用所在的位置表示出来，与现代数学中的分离系数法完全一致，这种表示法比一千多年后的程大位、梅文鼎那种必须在每个系数旁边标出物品名称的表示法高明得多. 其次，《九章算术》列方程的方式，相当于列出其增广矩阵，其消元过程相当于矩阵变换. 上述图 7(1)～(4)相当于：

$$\begin{bmatrix} 1 & 2 & 3 \\ 2 & 3 & 2 \\ 3 & 1 & 1 \\ 26 & 34 & 39 \end{bmatrix} \quad \begin{bmatrix} 0 & 0 & 3 \\ 4 & 5 & 2 \\ 8 & 1 & 1 \\ 39 & 24 & 39 \end{bmatrix} \quad \begin{bmatrix} 0 & 0 & 3 \\ 0 & 5 & 2 \\ 4 & 1 & 1 \\ 11 & 24 & 39 \end{bmatrix} \quad \begin{bmatrix} 0 & 0 & 4 \\ 0 & 4 & 0 \\ 4 & 0 & 0 \\ 11 & 17 & 37 \end{bmatrix}$$

第三,这里不是采用互乘相消法消元,而是采用直除法.所谓直除就是整行与整行对减.具体说来,欲消去乙行某项系数,先用甲行该项系数乘乙行所有的项(称为遍乘),再减去甲行,直到乙行该项系数化为0为止.实际上减的次数等于乙行该项系数.显然,它比后来刘徽创造的互乘相消法繁琐,其实质却是相同的,都符合现代数学中矩阵变换的理论.此外,方程术并未自始至终地使用直除法,它在求出一未知数的答案之后,不再以该未知数的系数遍乘欲消元的行,通过对减来求下一个未知数,而是采用从该行的实中减去已求出的未知数的相应的值的方法求另外的未知数,相当于现今的代入法,程序化不够.后来刘徽的方法也与之不同.

方程术不仅是《九章算术》方程章的纲,也开创了此后中国数学在这一领域中辉煌成就的先河.后来刘徽对其正确性作了理论说明,建立了直除消元法的理论基础.

3. 损益术

损益术是建立方程要用到的一种方法.《九章算术》用“损益之”和“方程术”建立和解决的方程有第2、10、11三问,还要用到“正负术”的有第4、5、6、8、15五问,共八问.除8、15二问是三元方程组外都是二元方程组.

损益是增减的意思.损益之说本是先秦哲学家的一种辩证思想.《周易·损》:“损下益上,其道上行.”《老子·四十二章》:“物或损之而益,或益之而损.”其他学者也常用到“损益”,《论语·为政》:“殷因于夏礼,所损益可知也;周因于殷礼,所损益可知也.”《荀子·荣辱》:“不知其义,谨守其数,慎不敢损益也.”《九章算术》的编纂者借用“损益”之说,用于建立方程,其“损益”,仍是增减的意思,与《老子》之说十分接近,当然其涵义稍有不同.我们看几个例子.卷八第2问是:

今有上禾七秉,损实一斗,益之下禾二秉,而实一十斗;下禾八秉,益实一斗,与上禾二秉,而实一十斗.问:上、下禾实一秉各几何?

术曰:如方程.损之曰益,益之曰损.损实一斗者,其实过一十斗也;益实一斗者,其实不满一十斗也.

由题设,列出的关系式用现今符号相当于:

$$\begin{cases}(7x-1)+2y=10\\2x+(8y+1)=10\end{cases}$$

“损之曰益”即关系式一端损(减)某量,相当于另一端益(加)同一量;同样,“益之曰损”即关系式一端益某量,相当于另一端损同一量.正如刘徽所说:

问者之辞虽[①]?今按:实云上禾七秉,下禾二秉,实一十一斗;上禾二秉,下禾八秉,实九斗也.“损之曰益”,言损一斗,余当一十斗.今欲全其实,当加所损也.“益之曰损”,言益实以[②]一斗,乃满一十斗.今欲知[③]本实,当减所加,即得也.

于是,原方程通过损益之,变成:

$$\begin{cases}7x+2y=11\\2x+8y=9\end{cases}$$

① 虽:古通谁,何也.无脱漏.戴震加“以损益为说”,文气不通.此后诸本从戴震.

② 孔刻本删“以”字,钱校本从.

③ 知:戴震辑录大典本、杨辉本讹作“加”,李潢校正.

显然,“损益之”相当于现今由关系式的一端向另一端移项,移项后由加变减,由减变加,相当于改变符号. 这是常数项移项的情况.

第 4 问则是既有常数项移项,又有未知数移项的情况. 第 4 问是:

> 今有上禾五秉,损实一斗一升,当下禾七秉;上禾七秉,损实二斗五升,当下禾五秉. 问:上、下禾实一秉各几何?
>
> 术曰:如方程. 置上禾五秉①正,下禾七秉负,损实一斗一升正. 次置上禾七秉正,下禾五秉负,损实二斗五升正. 以正负术入之.

由题设,相当于给出方程:

$$\begin{cases}5x-11=7y\\7x-25=5y\end{cases}$$

其常数项在左端,一未知数在右端. 刘徽说:“互其算,令相折除”,损益成:

$$\begin{cases}5x-7y=11\\7x-5y=25\end{cases}$$

列出一个负系数方程. 第 5、6 问与此类似,都通过“互其算”而“损益之”. 值得注意的是第 6 问:

> 今有上禾三秉,益实六斗,当下禾一十秉;下禾五秉,益实一斗,当上禾二秉. 问:上、下禾实一秉各几何?
>
> 术曰:如方程. 置上禾三秉正,下禾一十秉负,益实六斗负②. 次置上禾二秉负,下禾五秉正,益实一斗负③. 以正负

① 秉:戴震辑录大典本讹作“禾”,依杨辉本.

② 此二“负”字,戴震辑录大典本、杨辉本作“正”,李潢校正.

③ 此二“负”字,戴震辑录大典本、杨辉本作“正”,李潢校正.

术入之.

依题设有：

$$\begin{cases}3x+6=10y\\5y+1=2x\end{cases}$$

互其算，得：

$$\begin{cases}3x-10y=-6\\-2x+5y=-1\end{cases}$$

如果李潢的校勘正确，这是实为负数的情形，是个突破.

第 11 问是更为复杂的情形. 题设是：

> 今有二马、一牛价过一万，如半马之价；一马、二牛价不满一万，如半牛之价. 问：牛、马价各几何？

其术文很简单："术曰：如方程，损益之."依题设列出方程，相当于：

$$\begin{cases}(2x+y)-10000=\dfrac{1}{2}x\\10000-(x+2y)=\dfrac{1}{2}y\end{cases}$$

损益之，为：

$$\begin{cases}1\dfrac{1}{2}x+y=10000\\x+2\dfrac{1}{2}y=10000\end{cases}$$

通分内子，方程变成：

$$\begin{cases}3x+2y=20000\\2x+5y=20000\end{cases}$$

其中既有未知数和常数项的互其算，又有未知数的合并同类项，还有通分内子. 分数系数的方程在第 10 问就出现了，根据刘徽注,《九章算术》也是通过通分内子,得到整系数方程,刘徽指出:"诸物有分者放此."

这些例子都表明,损益术是方程术必不可少的辅助方法.

4. 正负术在方程术中的应用

正负术在《九章算术》中只用于解方程,《九章算术》行文用"如方程,以正负术入之"."如方程"就是像方程术那样求解.入,纳也.总起来就是说在用方程术求解方程时援引正负术.这里有两种情况,一种是本来是正系数方程,消元过程中产生以大减小,出现负数的情形,如第3、12、13、14、16、17、18七问;一种是所建立的方程本身就是负系数方程,如第4、5、6、8、15五问,其中第4、5、6、8、15五问是通过损益术建立的.这两种情况并无本质区别.我们谨举几例说明方程术中怎样应用正负术.第3问是:

> 今有上禾二秉,中禾三秉,下禾四秉,实皆不满斗.上取中、中取下、下取上各一秉而实满斗.问:上、中、下禾实一秉各几何?
>
> 术曰:如方程,各置所取,以正负术入之.

这是一个正系数方程,按方程术求解为:

$$\begin{matrix} 1 & 0 & 2 \\ 0 & 3 & 1 \\ 4 & 1 & 0 \\ 1 & 1 & 1 \end{matrix} \qquad \text{即现今} \begin{cases} 2x+y=1 \\ 3y+z=1 \\ x+4z=1 \end{cases}$$

中行上位为0,不必消元.以右行上位系数2乘左行,减去右行,左行上位为0,中位为$0-1=-1$,方程化为:

$$\begin{matrix} 0 & 0 & 2 \\ -1 & 3 & 1 \\ 8 & 1 & 0 \\ 1 & 1 & 1 \end{matrix} \quad 即 \begin{cases} 2x+y = 1 \\ 3y+z=1 \\ -y+8z=1 \end{cases}$$

以中行中位系数 3 乘左行，与中行相加，左行中位为$-1\times3+3=0$，下位 25 为法，下禾之实为 4. 方程化为：

$$\begin{matrix} 0 & 0 & 2 \\ 0 & 3 & 1 \\ 25 & 1 & 0 \\ 4 & 1 & 1 \end{matrix} \quad 即 \begin{cases} 2x+y = 1 \\ 3y+z=1 \\ 25z=4 \end{cases}$$

以法 25 乘中行实 1 得 25，减下禾实 4，除以中禾秉数 3 得 7. 中行变为 $25y=7$. 又以法 25 乘右行实 1 得 25，减中禾实 7，除以上禾秉数 2，右行变成 $25x=9$. 方程变成：

$$\begin{matrix} 0 & 0 & 25 \\ 0 & 25 & 0 \\ 25 & 0 & 0 \\ 4 & 7 & 9 \end{matrix} \quad 即 \begin{cases} x=\dfrac{9}{25} \\ y=\dfrac{7}{25} \\ z=\dfrac{4}{25} \end{cases}$$

由这个例子可以看出，《九章算术》的方程术尽管程序化不彻底，但有时显得更简便.

第 8 问的方程本身就含有负系数.

今有卖牛二、羊五，以买一十三豕，有余钱一千；卖牛三、豕三，以买九羊，钱适足；卖六羊、八豕[①]，以买五牛，钱不足六百. 问：牛、羊、豕价各几何？

---

① 孔刻本改作："羊六、豕八"，钱校本从，无必要.

术曰：如方程．置牛二、羊五正，豕一十三负，余钱数正；次[①]，牛三正，羊九负，豕三正；次[②]，五牛负，六羊正，八豕正[③]，不足钱负．以正负[④]术入之．

损益之，互其算，建立方程：

$$\begin{matrix} -5 & 3 & 2 \\ 6 & -9 & 5 \\ 8 & 3 & -13 \\ -600 & 0 & 1000 \end{matrix} \quad 即 \begin{cases} 2x+5y-13z=1000 \\ 3x-9y+\ 3z=0 \\ -5x+6y+\ 8z=-600 \end{cases}$$

以右行上禾乘中行，三度减右行，中行上位为 0，中位为 $-9\times2-5-5-5=-33$，下位为 $2\times3-(-13)-(-13)-(-13)=45$，实为 $0-1000-1000-1000=-3000$ 即 $-33y+45z=-3000$．以 -3 约，$(-33)\div(-3)=11$，$45\div(-3)=-15$，$(-3000)\div(-3)=1000$．以原中行上位乘左行，五度加中行，左行上位为 0，中位为 $18+(-9)+(-9)+(-9)+(-9)+(-9)=-27$，下位为 $24+3+3+3+3+3=39$，实为 $-600\times3=-1800$，以 3 约，中位为 $-27\div3=-9$，下位为 13，实为 $-1800\div3=-600$．方程变成：

$$\begin{matrix} 0 & 0 & 2 \\ -9 & 11 & 5 \\ 13 & -15 & -13 \\ -600 & 1000 & 1000 \end{matrix} \quad 即 \begin{cases} 2x+5y-13z=1000 \\ 11y-15z=1000 \\ -9y+13z=-600 \end{cases}$$

以中行中位乘左行，九度加中行，左行中位为 $-9\times11+9\times11=0$（此以 9×11 表 9 次加 11），下位为 $13\times11+9\times(-15)=8$，实为 $-600\times11+9\times1000=2400$，以 8 约，为 $z=300$．方程变为：

---

①② 孔刻本此二处添“置”字，钱校本从，无必要．

③ 孔刻本改作“牛五负、羊六正、豕八正”，钱校本从，无必要．

④ 杨辉本、戴震辑录大典本此处衍“求”字，孔刻本删．

$$\begin{array}{ccc} 0 & 0 & 2 \\ 0 & 11 & 5 \\ 1 & -15 & -13 \\ 300 & 1000 & 1000 \end{array} \quad 即 \begin{cases} 2x+5y-13z=1000 \\ 11y-15z=1000 \\ z=300 \end{cases}$$

在中行下实加 15×300,中行变成 $11y=1000+15\times300=5500$, $y=500$. 在右行下实中减 5×500,加 15×300,变成 $2x=1000-5\times500+13\times300=2400$, $x=1200$.

在这些运算中,不仅使用了正负数加减法则,也必须使用正负数的乘、除法. 因此,尽管《九章算术》未明确给出正负数乘除法则,但在实际上已正确地运用了这些法则. 后来,十三世纪朱世杰明确提出了正负数乘法法则.

第三节 《九章算术》的几何成就

《九章算术》的几何内容包括面积、体积和勾股测望三部分.

一、度量单位

与古希腊几何学一般不考虑具体数值的计算相反,《九章算术》的几何问题全部归结到计算,即要计算出线段的长度、平面图形的面积、立体的体积. 为此,我们首先要介绍一下《九章算术》中所使用的表示长度、面积、体积的单位.

《九章算术》使用的长度单位有寸、尺、丈以及步、里等. 寸、尺、丈为十进.《司马法》云:"六尺为步",300 步为一里.《汉书·律历志》说:度者"本起黄钟之长. 以子谷秬黍中者一黍之广,度之九十分,黄钟之长. 一为一分,十分为寸,十寸为尺,十尺为丈,十丈为引,而五度审矣."《九章算术》未使用分、引等单位,更未使用毫、厘,《礼记·经解》云"《易》曰:君子慎始,差若毫厘,谬以千里.”毫厘在当时好像只表示极微小的东西，并未作为长度单位.《汉书·律历志》有“度长短者不失毫厘”的话，此时好像已用作长度单位.王莽铜斛的铭文使用了毫、厘.刘徽更使用秒、忽.忽、秒、毫、厘、分均取十进.《孙子算经》说：“蚕所生吐丝为忽，十忽为秒，十秒为毫，十毫为厘，十厘为分”①，后来一直沿用，只是宋朝将秒改作丝.

面积单位是长度单位的平方，体积单位为长度单位的立方，现今分别称为平方尺、平方寸，立方尺、立方寸等，中国古代却不加“平方”、“立方”，径直称为尺、寸等.《九章算术》还经常使用积尺、积步、积里等度量单位，它们实际上源于这样一个简单而又深刻的事实：线之积累形成面积，面之积累形成体积.积尺（步、里）就是尺（步、里）之积，既可以指面积，如圆田术“半周半径相乘得积步”，又可以指体积，如城、垣、堤、沟、堑、渠术“并上下广而半之，以高若深乘之，又以袤乘之，即积尺.”至于尺、寸、步、里等到底是表示长度，还是表示面积、体积，只能靠上下文判断，这一般不会引起误会.其进位制自然是由长度单位递推出来.但是，在复名数的情况下要注意，小单位的涵义由所用最大单位规定.如商功章委粟术：“程粟一斛，积二尺七寸”，刘徽注：“二尺七寸者，谓方一尺深二尺七寸，凡积二千七百寸”.就是说，“积二尺七寸”并不是 2 尺^{3}7 寸^3，而是 2 尺^{3}7 尺^2 寸＝2700 寸^2.同样，“幂一尺六寸二分”也不是 1 尺^{2}6 寸^{2}2 分^2，而是 1 尺^{2}6 尺寸 2 尺分＝16200 分^2＝162 寸^2.面积单位还有亩、顷.周朝一百步为一顷；战国秦商鞅变法后规定二百四十步为一亩，一百亩为一顷，三百七十五亩为一里，《九章算术》采用后者.

顺便提一下容积单位和重量单位，这在前面的计算中已经

① 此依《隋书·律历志》，传本《孙子算经》“秒”作“丝”，疑为宋人刊刻时改.

用到.《汉书·律历志》云量者“本起于黄钟之龠.用度数审其容,以子谷秬黍中者千有二百实其龠,以井水准其概.合龠为合,十合为升,十升为斗,十斗为斛,而五量嘉矣.”即 2 龠=1 合,10 合=1 升,10 升=1 斗,10 斗=1 斛.《九章算术》只用升、斗、斛三种单位.《孙子算经》说:“六粟为圭,十圭为秒,十秒为撮,十撮为勺,十勺为合”[①],皆为十进,历代相承(宋代将秒、撮易位).汉代又引用权衡的单位石为量的单位,开始时 10 斗为 1 石,与斛同;宋代以后改作 5 斗为 1 斛,2 斛为 1 石.《汉书·律历志》云:权者“本起于黄钟之重.一龠容千二百黍,重十二铢,两之为两.二十四铢为两.十六两为斤.三十斤为钧.四钧为石.”宋以后不用铢,而设钱、分、厘、毫、丝等单位,十钱为两,两以下皆十进.

可见,随着计算技术的提高、发展,度量衡的单位不断精确化.也只有在中国古代这样的计算技术高度发达的地区,其单位才有可能在公元元年前后就精确到丝、毫这样微小的单位.

二、面积

《九章算术》提出了方田、圭田、邪田、箕田、圆田、宛田、弧田、环田等图形的面积公式.

1.直线形面积

方田即现今矩形,如图 8(1)所示.《九章算术》的公式是:

> 方田术曰:广从步数相乘得积步.

设广为 a,从为 b,则面积 S 为:

$$S=ab \tag{11}$$

圭田是三角形,如图 8(2)所示.《九章算术》的公式是:

---

① 此依《隋书·律历志》,传本《孙子算经》“秒”作“抄”,抄、撮倒置,符合宋制,疑系宋人刊刻时改.

> 圭田术曰：半广以乘正从.

广即三角形的底，设为 a；正从即其高，设为 h，则面积 S 为：

$$S=\frac{1}{2}ah \tag{12}$$

邪田、箕田都是梯形. 根据刘徽注“中分箕田则为两邪田”的说明，箕田是等腰梯形，如图 8(4)所示；邪田为直角梯形，如图 8(3)所示. 邪田的面积公式是：

> 术曰：并两邪而半之，以乘正从若广. 又可半正从若广，以乘并. 亩法而一.

设两广为 a_1，a_2，正从为 h，则其面积 S 为：

$$S=\frac{a_1+a_2}{2}h \tag{13}$$

或

$$S=\frac{h}{2}(a_1+a_2) \tag{13'}$$

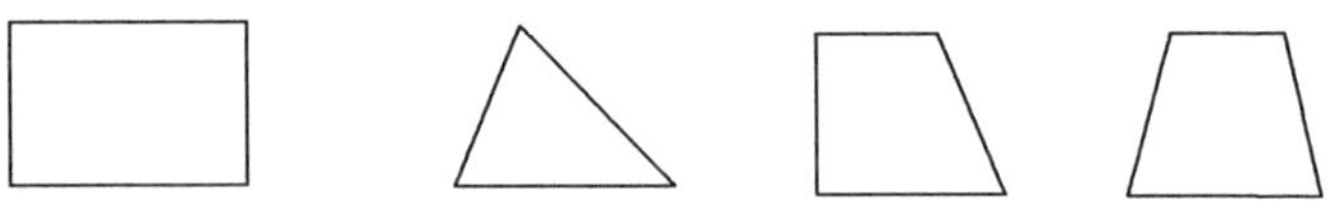

(1)　(2)　(3)　(4)

图 8

现在一般将广、从分别理解为宽和长，从数学上说这无什么不可. 但是，实际上，古代的广、从并不一定对应于现今的宽、长，而是东西曰广（或横），南北曰从（或袤、轮、经）. 战国时“张仪为秦连横”（《战国策·齐策》），说张仪游说六国共同事秦，因秦与六国为东西方向，故曰连横. “天下之士合从相聚于赵，而欲攻秦”（《战国策·秦策三》），说苏秦游说六国联合抗秦，六国地南北相连，故曰“合从”.《荀子·赋》：“以能合从，又若连衡.”《周髀算经》：“天地之广袤”，赵爽注：“东西、南北谓之广、长.”《史记·

楚世家》:"张仪乃起朝,谓楚将军曰:'子何不受地? 从某至某,广袤六里.'"广袤,《战国策·秦策二》作"广从".《周礼·地官·大司徒》:"以天下土地之图,周知九州之地域广轮之数."贾公彦疏引"马融云东西为广,南北为轮".因此,古代,广(横)、从(袤)表示方向的意义比比较大小的意义更强烈.《墨子·备城门》有突"袤九尺,广十尺"的记载,广大于袤.不过通常认为东西短,南北长.上引贾公彦疏下按:"王制南北两近一遥,东西两遥一近,是南北长,东西短."《九章算术》方田章大部分方田例题都是从长广短,但也不尽然,如乘分术的第三个例题"又有田广五分步之四,从九分步之五,问:为田几何?"便是广长从短.

2. 曲边形面积

《九章算术》提出面积公式的平面曲边形有圆田、弧田、环田三种.圆田即圆,如图 9(1)所示.《九章算术》提出了四个公式:

术曰:半周半径相乘得积步.

设周长 l,半径 r,面积 S,则:

$$S=\frac{1}{2}lr \tag{14}$$

又术曰:周径相乘,四而一.

即:

$$S=\frac{1}{4}ld \tag{14'}$$

其中 d 是直径.

又术曰:径自相乘,三之,四而一.

即:

$$S=\frac{3}{4}d^2 \tag{15}$$

又术曰:周自相乘,十二而一.

即：$$S=\frac{1}{12}l^2 \tag{16}$$

(14)～(16)式中，(14)、(14′)两式在理论上是完全正确的，只要周、径取得精确，就可以由此计算出圆的准确面积. 但是，实际上圆田术所属的两个例题一为周 30 步，径 10 步，一为周 181 步，径 $60\frac{1}{3}$ 步，皆相当于周三径一，即 $\pi=3$，无法求出准确的圆面积.(15)、(16)两式都是基于 $\pi=3$ 的公式，因而是不准确的，后来刘徽对之作了修正.《九章算术》没给出(15)、(16)两式的应用题.

弧田今称弓形，如图 9(2)所示.

> 术曰：以弦乘矢，矢又自乘，并之，二而一.

设弦为 c，矢为 v，则面积 S 为：

$$S=\frac{1}{2}(cv+v^2) \tag{17}$$

后来刘徽证明了这个公式是不正确的.

环田即今圆环.

> 术曰：并中外周而半之，以径乘之，为积步.

圆环是两个同心圆之间的部分，如图 9(3)所示. 设中圆周长 l_1，外圆周长 l_2，径(即两圆半径之差)d，则面积为：

$$S=\frac{1}{2}(l_1+l_2)d \tag{18}$$

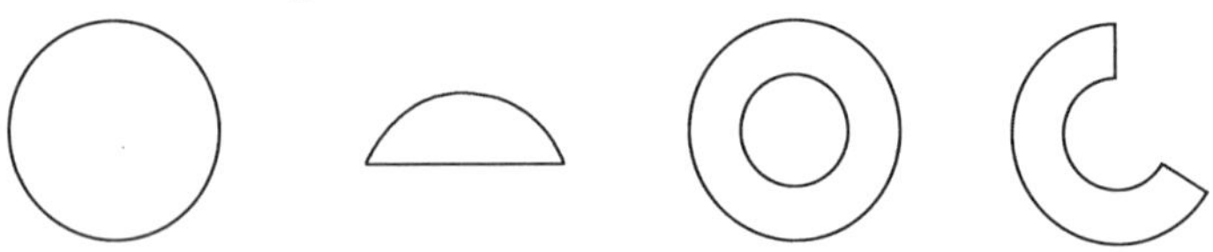

(1)　　(2)　　(3)　　(4)

图 9

与圆面积公式(14)、(14′)类似，只要周、径取得准确，则(18)式是正确的，而其第1个例题中 $l_1=92$ 步，$l_2=122$ 步，$d=5$ 步，刘徽指出此“与周三径一之率相应”，题设不准确，求不出准确值. 环田术的第二个例题不是通环，而是环缺形，如图9(4)所示：

又有环田，中周六十二步四分步之三，外周一百一十三步二分步之一，径十二步三分步之二. 问：为田几何？

刘徽指出“此田环而不通匝，故径十二步三分步之二.”经验算，此环缺之角应为240°强，可见《九章算术》的编纂者是以240°的环缺为模型设题. 除取周三径一不准确外，其余各项都十分正确，足见当时这方面已具备了相当丰富的知识. 环缺必然出现分数，《九章算术》又提出了处理这类更精确问题的方法：

密率术曰：置中、外周步数，分母[①]、子各居其下. 母互乘子，通全步，内分子. 以中周减外周，余半之，以益中周[②]. 径亦通分内子，以乘周为密实. 分母相乘为法. 除之为积步，余，积步之分. 以亩法除之，即亩数也.

3. 曲面形面积

宛田是一种中央隆高的曲面形. 在《孙子算经》、《五曹算经》中称为丘田，赝本《夏侯阳算经》[③]称为丸田. 朱世杰《四元玉鉴》中既有宛田，又有窊田，后者是中间低洼的一种曲面形. 肖作政认为它不是球冠形，而是一种优扇形. 从赝本《夏侯

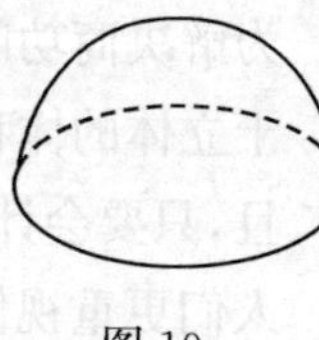

图10

① 鲍刻本、大典本脱“母”字，戴震补.

② 鲍刻本、大典本脱“以益中周”四字，钱宝琮补.

③ 宋朝元丰年间刊刻《算经十书》时，真本《夏侯阳算经》已佚，以唐中叶一部实用算术书充之，盖该书首有“夏侯阳曰”云云.

阳算经》称之为丸田看，古人还是把宛田看成今天的球冠形的，如图 10 所示. 盖《九章算术》许多方法的应用例题，是从现实生活中产生的，但不一定完全照搬现实生活中的问题. 如少广章开立圆术的例题有球"积一万六千四百四十八亿六千六百四十三万七千五百尺"，求球直径的问题，《九章算术》的答案是直径一万四千三百尺，约合现今 3289 米，当时的现实生活中没有这么大的球，我们宁可把这类问题只看成数学方法的应用例题.《九章算术》提出的宛田术是：

术曰：以径乘周，四而一.

设 l 是下周，d 是宛田的表面径，则面积 S 为：

$$S=\frac{1}{4}ld \tag{19}$$

取与圆面积公式(14′)同样的形式. 刘徽指出"此术不验"，即不正确. 不过，这个不正确的公式一直在中国古代沿用下来.

三、体积和商功问题

体积和商功问题主要集中在商功章. 另外，少广章开立圆术蕴涵的球体积公式是商功章所没有的，人们往往也把它考虑在内. 商功章的主题本在商功，即讨论土方工程量的分配问题，而为解决商功问题，必须解决若干体积问题.《九章算术》提出了若干立体的体积公式，加之后来刘徽为这些公式写了极好的注，而且，只要会计算体积，则商功问题只不过是一般算术问题，所以人们更重视体积问题. 因此在商功章中，体积问题有点喧宾夺主. 商功章的内容除体积和商功两类问题外，还有委粟问题及已知立体体积反求广、长、周等与体积有关的问题.

1. 体积问题

《九章算术》提出了 24 种立体体积的计算公式.《九章算术》

没有规定这些立体的定义,我们只能根据题设、术文和刘徽注来理解.

城、垣、隄、沟、堑、渠的形状都是上下两底为其长相等、其宽不等的互相平行的两矩形,两侧为相等的两矩形,两头为垂直于底的相等的两等腰梯形.不过城、垣、隄是地面上的土方工程,都是上广小于下广,而沟、堑、渠是挖掘而成的地面下的工程,都是上广大于下广.城是都邑四周筑的防御用墙,墙有两重.《管子·度地》:“内为之城,城外为之郭.”垣,矮墙.《尚书·周书·梓材》:“若作室家,既勤垣墉,惟其涂塈茨.”孔氏传曰:“马云卑曰垣,高曰墉.”隄,同堤.《礼记·月令》:“修利隄防,道达沟渎.”沟是田间水道,《周礼·考工记·匠人》:“九夫为井,井间广四尺,深四尺,谓之沟.”堑是护城河,《史记·高祖纪》:“郎中郑忠乃说止汉王,使高垒深堑,勿与战.”堑又是深坑,《墨子·备城门》:“堑中深丈五,广比肩(按:约八尺),堑长以力为度,堑之末为之县.”《九章算术》的堑就是这类坑.渠是更大的水利工程.《九章算术》的例题渠长 51824 尺,以汉尺计合今约 11971 米.相传大禹曾“厮二渠以引其河”(《史记·河渠书》),以后商、周、春秋、战国、秦、汉更挖掘了若干河渠.由于城、垣、隄、沟、堑、渠从数学上看是同一形状的立体,如图 11(1)所示,《九章算术》说它们同术.

城、垣、隄、沟、堑、渠皆同术.术曰:并上、下广而半之,以高若深乘之,又以袤乘之,即积尺.

设上、下广分别是 a_1、a_2,长 b,高 h,则体积 V 便是:

$$V=\frac{1}{2}(a_1+a_2)bh \tag{20}$$

方堡垿即今正方柱体,如图 11(2)所示.刘徽说:“堡者,堡城也;垿,……谓以土拥木也.”《说文解字》:“垿,保也,高土也.”

其体积为：

术曰：方自乘，以高乘之，即积尺.

设其底每边长 a，高 h，则其体积 V 为：

$$V=a^2h \tag{21}$$

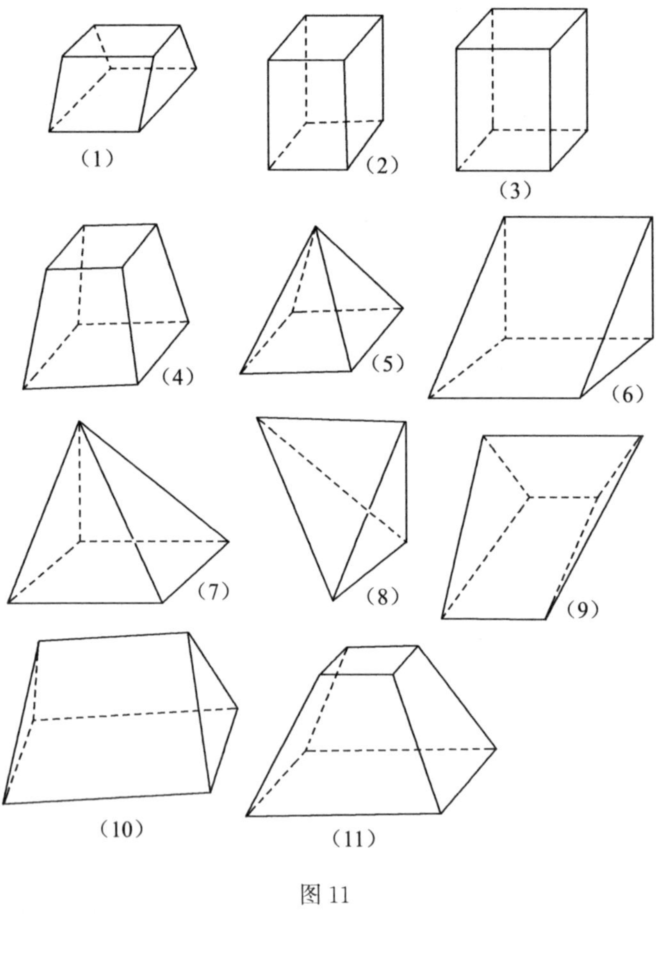

图 11

《墨子·备城门》说:“三十步一突,袤九尺,广十尺,高八尺,”看来突是底为长方形的堡垮,即一般的长方体,如图 11(3)所示.《九章算术》没给出长方体的体积公式,但商功章有一已知粮仓的容积一万斛,及仓的广、袤,求仓高的问题:

术曰:置粟一万斛积尺为实,广、袤相乘为法,实如法而一,得高尺.

这是长方体体积问题的逆运算,可见,《九章算术》是蕴涵了长方体体积公式:

$$V=abh \tag{21'}$$

的,其中 a、b 分别是其广、袤.

方亭即今之正锥台,如图 11(4)所示.亭是古代供行人停留食宿的建筑.《说文解字》:“亭,民所安定也.亭有楼.”《墨子·备城门》中载,对上述突“凿广三尺,袤二尺,为亭.”此亭的形状为下袤九尺,广十尺,上广、袤各七尺,高八尺,与《九章算术》的方亭基本一致.《九章算术》方亭术是:

术曰:上下方相乘,又各自乘,并之,以高乘之,三而一.

设上底边长 a_1,下底边长 a_2,高 h,则体积为:

$$V=\frac{1}{3}(a_1a_2+a_1^2+a_2^2)h \tag{22}$$

《九章算术》给出的方锥(图 11(5))体积为:

术曰:下方自乘,以高乘之,三而一.

设下方为 a,高 h,则体积为:

$$V=\frac{1}{3}a^2h \tag{23}$$

堑堵是沿长方体相对两棱剖开所得的楔形体,如图 11(6)

所示. 刘徽说:“斜解立方得两堑堵,虽复随[①]方,亦为堑堵”;又说:“推其物体,盖为堑上叠也. 其形如城而无上广. 与所规棋形异而同实. 未闻所以名之为堑堵之说也.”刘徽描绘了堑堵的形状及与椭方、城的关系,但不知道为什么称之为堑堵.《九章算术》的堑堵体积公式是:

术曰:广袤相乘,以高乘之,二而一.

若下广、袤分别为 a、b,高 h,则其体积为:

$$V=\frac{1}{2}abh \tag{24}$$

阳马是直角四棱锥,如图 11(7)所示. 刘徽说:“阳马之形,方锥一隅也. 今谓四柱屋隅为阳马.”阳马又是建筑名词,即引出以承短椽的屋周四角. 何晏《景福殿赋》:“承以阳马,接以员方.”李善注:“阳马,四阿长桁也. 禁椽列布,承以阳马. 众材相接,或员方也”. 马融《梁将军西第赋》曰:“腾极受檐,阳马承阿.”阿是屋栋.《九章算术》提出的阳马体积公式为:

术曰:广袤相乘,以高乘之,三而一.

设 a 是底之广,b 是袤,高 h,体积 V 是:

$$V=\frac{1}{3}abh \tag{25}$$

鳖臑是一个有下广,无下袤,有上袤,无上广的四面体,其每一面都是勾股形,如图 11(8)所示. 刘徽说:“臑者,臂骨也,或曰半阳马,其形有似鳖肘,故以名云.”斜解一堑堵,就得到一个阳马、一个鳖臑.“鳖臑之物,不同器用”,刘徽认为,鳖臑这种立体,不是来源于实际应用,而是立体分割的产物.《九章算术》提出的

① 随:音、义通椭. 戴震辑录大典本作椭. 椭方,即长方体.

鳖臑体积是:

术曰:广袤相乘,以高乘之,六而一.

若下广 a,上袤 b,高 h,则:

$$V=\frac{1}{6}abh \tag{26}$$

后来,刘徽证明了其他形状的四面体都可用(26)式求解,他把这些四面体也称作鳖臑,并认为,鳖臑体积的解决是多面体体积的关键.

羡除也是一种楔形体.一般说来,其上广、下广、末广不等(若三广相等,便是堑堵),长所在的面与高所在的面互相垂直,如图 11(9)所示.羡,通埏,墓道也.《史记·卫康叔世家》:和"以袭攻共伯于墓上,共伯入厘侯羡自杀."司马贞索隐曰:"羡,音延.延,墓道."郑玄注《周礼》曰:"隧,羡道也."除是台阶.所以刘徽说:"羡除,实隧[1]道也.其所穿地,上平下邪,似两鳖臑夹一堑堵,即羡除之形."《九章算术》提出的羡除体积算法是:

术曰:并三广,以深乘之,又以袤乘之,六而一.

设上、下、末广分别为 a_1、a_2、a_3,深 h,袤 b,则羡除体积 V 为:

$$V=\frac{1}{6}(a_1+a_2+a_3)bh \tag{27}$$

刍甍是另一种楔形体,如图 11(10)所示,下有广、袤,上有袤无广,下袤大于上袤.刍,草.《周礼·秋官》:"刍薪倍禾皆陈."《诗经·小雅·白驹》:"生刍一束,其人如玉."《说文解字》:"刍,刈草也."甍,屋脊.《左传·襄公二十八年》:"犹援庙桷动于甍."杜预注:"甍,屋栋."孔颖达疏:"张衡《西京赋》曰:'甍宇齐平',

① 隧:鲍刻本讹作"遂",杨辉本、大典本不误.

言诸屋栋檐，高下等也.《说文》云‘甍，栋梁也’，是又名为梁. 此是屋上之长材，椽所以凭依者也，今俗谓之屋脊.”《释名》:“屋脊曰甍. 甍，蒙，在上覆蒙屋也.”刘徽引用前人的话说:“推明义理者，旧说云:凡积刍[①]有上下广曰童，甍谓屋盖之茨[②]也.”因此，刍甍是屋脊形的草垛. 刘徽又说:“是故甍之下广、袤与童之上广、袤等. 正斩方亭两边，合之即刍甍之形也.”指明了刍甍与刍童、方亭等立体的关系.《九章算术》提出的刍甍体积算法为:

> 术曰:倍下袤，上袤从之，以广乘之，又以高乘之，六而一.

设下广、袤为 a、b_1，上袤为 b_2，高为 h，则刍甍体积 V 为:

$$V=\frac{1}{6}(2b_1+b_2)ah \tag{28}$$

刍童也是草垛，其意义在上已论及，它与刍甍的区别仅在于有上广，如图 11(11)所示. 西汉皇帝的陵墓，地上部分取刍童形状.《九章算术》还提出盘池、冥谷等立体，它们都是挖掘的地下工程，后者可能是豪华的墓穴，从数学上说，其形状与刍童相同. 又有曲池，是上宽下窄、上长下短的环缺状深槽，如图 12(4)所示. 在求出其上、下袤之后，也与刍童相类.《九章算术》提出它们的体积算法是:

> 刍童、曲池、盘池、冥谷皆同术. 术曰:倍上袤，下袤从之;亦倍下袤，上袤从之，各以其广乘之，并，以高若深乘之，皆六而一. 其曲池者，并上中、外周而半之，以为上袤;亦并下中、外周而半之，以为下袤.

---

① “刍”下，鲍刻本、大典本、杨辉本均有“甍”字，依钱校本删.

② 茨:李籍所引与大典本均作“苫”，两通.

设下广、袤分别是 a_1、b_1，上广、袤为 a_2、b_2，高 h，则刍童、盘池、冥谷的体积公式为：

$$V=\frac{1}{6}[(2b_2+b_1)a_2+(2b_1+b_2)a_1]h \tag{29}$$

设曲池下中、外周分别为 l_1、L_1，上中、外周分别为 l_1、L_1，则其体积为：

$$V=\frac{1}{6}\left\{\left[(l_2+L_2)+\frac{1}{2}(l_1+L_1)\right]a_2+\left[(l_1+L_1)+\frac{1}{2}(l_2+L_1)\right]a_1\right\}h \tag{30}$$

从公式(20)～(30)，都是《九章算术》给出的各种多面体的一般性公式，它们是不依赖于各特定立体的尺寸而独立存在的.那些具体的多面积体积的计算，只是它们的例题.

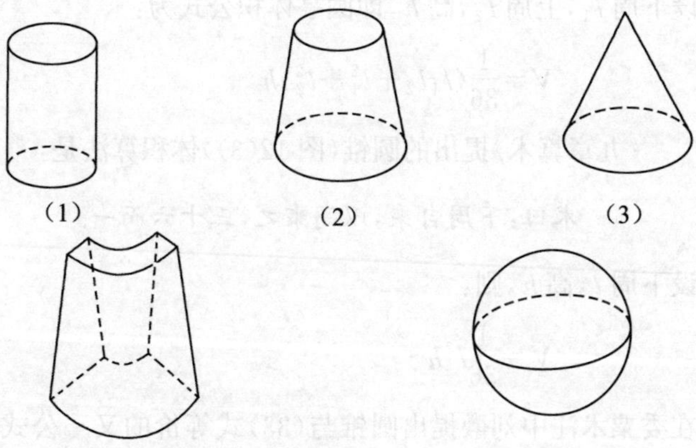

图 12

《九章算术》还提出了圆柱、圆锥、圆亭的体积公式，并实际上包含了球体积公式.

圆柱体在《九章算术》中称为圆堡𡔈，又称为圆囷，如图 12

(1)所示.刘徽说:"圆囷,廪也,亦云圆囤也."可见,圆柱体的原型除来源于土木工程外,还来源于粮仓.《九章算术》的圆囷求周问就是一个高约 3 米,直径约 4 米的圆柱形仓.《九章算术》的算法是:

术曰:周自相乘,以高乘之,十二而一.

设周 l,高 h,则其体积为:

$$V=\frac{1}{12}l^2h \tag{31}$$

圆亭即今圆台,如图 12(2)所示.《九章算术》的算法是:

术曰:上下周相乘,又各自乘,并之,以高乘之,三十六而一.

设下周 l_1,上周 l_2,高 h,即圆亭体积公式为:

$$V=\frac{1}{36}(l_1l_2+l_1^2+l_2^2)h \tag{32}$$

《九章算术》提出的圆锥(图 12(3))体积算法是:

术曰:下周自乘,以高乘之,三十六而一.

设下周 l,高 h,则:

$$V=\frac{1}{36}l^2h \tag{33}$$

在委粟术注中刘徽提出圆锥与(33)式等价的又一公式(其中 d 为圆锥底径):

$$V=\frac{1}{4}d^2h \tag{33$'$}$$

此外,《九章算术》开立圆术实际上蕴涵了球体积公式:

$$V=\frac{9}{16}d^3 \tag{34}$$

其中 d 为球径.

公式(31)～(33)在理论上是正确的,但它们是基于周三径一之率的,因而不准确,正如刘徽所指出的:“此章诸术亦以周三径一为率,皆非也.”公式(34)不仅使用了周三径一之率,而且得出这个公式时犯了数理错误,刘徽指出它是不正确的,这在下面还要详细阐述.

2. 商功问题

《九章算术》的商功问题有三种类型.

(1)给出穿地(挖掘的土地)与坚土(刘徽称为筑土,即夯实的土,《诗·大雅·绵》:“筑之登登.”)、壤土(刘徽称为息土)、墟土(刘徽称为穿坑)的比例:“穿地四,为壤五,为坚三,为墟四”,由穿地求坚、壤、墟土,这就是商功章的第 1 问,用今有术即可求解.

(2)给出冬程人功、春程人功、夏程人功、秋程人功,求修挖一段堤、沟、堑、渠所需的人数及工程量的分配. 以定功为法,积尺为实,实如法即用徒人数. 这类问题分别附于求堤、沟、堑、渠体积的问题. 如夏天挖一条堑,已算出堑的体积 $10943\frac{8}{10}$尺^3,夏程人功 871 尺^3/人,出土功是其$\frac{1}{5}$,砂砾水石之功是其$\frac{2}{3}$,那么定功为:

$$871\text{尺}^3/\text{人}\times\left(1-\frac{1}{5}\right)\times\left(1-\frac{2}{3}\right)=232\frac{4}{15}\text{尺}^3/\text{人}$$

所以用徒人数为:

$$\text{人数}=\frac{\text{积尺}}{\text{定功}}=\frac{10943\frac{8}{10}\text{尺}^3}{232\frac{4}{15}\text{尺}^3/\text{人}}=47\frac{409}{3484}\text{人}$$

如若干人先到，求其应分配的工程的长度，则“以一人功尺数乘先到人数为实”，以所挖工程的截面积为法，“实如法得袤尺”. 如秋程人功 300 尺^3/人，所挖渠的上广 1 丈 8 尺，下广 3 尺 6 寸，深 1 丈 8 尺，先到 1000 人所应分配的工程长度便是：

$$\frac{300\text{ 尺}^3/\text{人}\times1000\text{ 人}}{\frac{1}{2}(18\text{ 尺}+3\frac{6}{10}\text{尺})\times18\text{ 尺}}=154\text{ 丈 }3\text{ 尺 }2\frac{8}{81}\text{寸}$$

这实际上是体积问题的逆运算.

(3)负土术和载土术. 负土是用土笼(筐)运土，载土是用车辆运土. 已知所运土方的体积、人功、运输距离、土笼(或车)的容积，求人到积尺及用徒人数. 其方法是：以一笼(或一车)积尺乘程行步数为实，定距离为法，除之，所得即一人所到尺. 比如盘池容积 $70666\frac{2}{3}$尺^3，秋程人功行 $59\frac{1}{2}$里/人，一笼容积 $1\frac{6}{10}$尺^3，负土来回距离 70 步，其中有 20 步为棚除(竹木搭成的台阶)，走棚除时 2 当 5，负笼时踟蹰 10 加 1，盛土、卸土时相当于 30 步，因此，一人定往返为：

$$(70-20)+20\times5\div2+[(70-20)+20\times5\div2]\times\frac{1}{10}+30=140(\text{步})$$

所以一人到积尺为：

$$\frac{1\frac{1}{6}\text{尺}^3\times59\frac{1}{2}\text{里}}{140\text{ 步}}=204\text{ 尺}^3$$

以所到约积尺，便得到用徒人数. 挖掘盘池用徒人数为：

$$\frac{\text{盘池积尺}}{\text{人到积尺}}=\frac{70666\frac{2}{3}\text{尺}^3}{204\text{ 尺}^3/\text{人}}=346\frac{62}{153}\text{人}$$

3. 委粟问题

《九章算术》的委粟问题是求圆锥、半圆锥、$\frac{1}{4}$圆锥的体积及所容的粟米数量.

> 委粟术曰：下周自乘，以高乘之，三十六而一. 其依垣者，十八而一. 其依垣内角者，九而一. 程粟一斛积二尺七寸；其米一斛积一尺六寸五分寸之一；其菽、荅、麻、麦一斛皆二尺四寸十分寸之三.

刘徽说：委粟，"此犹圆锥也"；其依垣者，"居圆锥之半也"；其依垣内角者，"居圆锥四分之一也". 因此，求其体积用(33)式及其推论即可. 而一斛之程粟、程米、程菽(及荅、麻、麦)的体积不相等，如刘徽所说："此为以精粗为率，而不等其概也."概是量粟米时刮平斗、斛的器具.《礼记·月令》："角斗甬，正权概."如委米问：

> 今有委米依垣内角，下周八尺，高五尺. 问：积及为米各几何？

一斛米积一尺六寸五分寸之一是 $1\frac{31}{50}$尺^3，依术得：

$$容积=\frac{1}{9}(8\text{尺})^2\times 5\text{尺}=35\frac{5}{9}\text{尺}^3$$

$$为米=\frac{35\frac{5}{9}\text{尺}^3}{1\frac{31}{50}\text{尺}^3/\text{斛}}=21\frac{691}{729}\text{斛}$$

4. 体积的逆问题

《九章算术》商功章提出了几个不是开立方问题的体积的逆运算问题，如第 27 问：

> 今有仓，广三丈，袤四丈五尺，容粟一万斛. 问：高几何？
>
> 术曰：置粟一万斛积尺为实. 广袤相乘为法. 实如法而一，得高尺.

一斛粟的积是二尺七寸即 $2\frac{7}{10}$尺^3，那么：

$$高=\frac{1万斛积尺}{广\times袤}=\frac{2\frac{7}{10}尺^3\times10000}{30尺\times45尺}=20尺$$

四、勾股和一次测望问题

勾股章共 25 问，内容十分丰富，第 1～5 问是勾股定理及其直接应用；第 6～13 问和第 24 问①是解勾股形问题，其中第 6～10 问是已知勾 a 与股弦差 $c-b$，求股 b、弦 c，第 12 问是已知勾 a 与股弦和 $c+b$，求股 b、弦 c，第 11 问是已知勾股差 $b-a$ 与弦 c 求勾 a、股 b，第 24 问是已知勾弦差 $c-a$、股弦差 $c-b$，求勾 a、股 b、弦 c，第 13 问是已知股率与勾弦并率及勾，求股、弦，实际上给出了勾股数组的一般公式；第 14、15 问是勾股容方、容圆问题；第 16～23 问是测望问题，其中第 16～20 问是测望方邑，第 21～23 问分别是测望木远、山高、井深. 下面分别叙述.

1. 勾股定理

《九章算术》已知勾、股、弦三者之二求第三者的例题是很特殊的勾股数组(3，4，5)，但其术文却是相当抽象的：

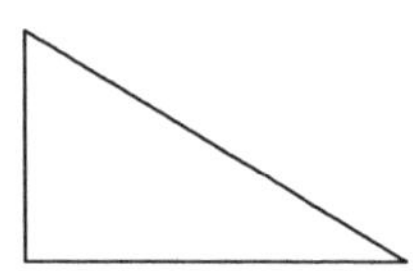

图 13

> 勾股术曰：勾、股各自乘，并，而开

① 此依以戴震辑录大典本为底本的汇校本《九章算术》顺序，杨辉本同. 孔刻本将第 24 问移作第 12 问，钱校本从.

方除之,即弦.

又,股自乘,以减弦自乘,其余,开方除之,即勾.

又,勾自乘,以减弦自乘,其余,开方除之,即股.

它们分别相当于:

$$c=\sqrt{a^2+b^2} \tag{35}$$

$$a=\sqrt{c^2-b^2} \tag{36}$$

$$b=\sqrt{c^2-a^2} \tag{37}$$

当然,它们都来自于勾股定理:

$$a^2+b^2=c^2 \tag{38}$$

第4、5问是勾股定理的直接应用,应用中反映了《九章算术》编纂者广博的几何知识和处理问题的技巧.第4问是:

今有圆材径二尺五寸,欲为方板,令厚七寸.问:广几何?

术曰:令径二尺五寸自乘,以七寸自乘减之.其余,开方除之,即广.

方板截面的对角线即圆直径,它与方板的厚、广形成勾股形,如图14所示.这是已知勾、弦求股的问题,由(37)式,计算十分简单.不过显然当时已经谙熟圆径所对的圆周角是直角这一圆的重要性质.

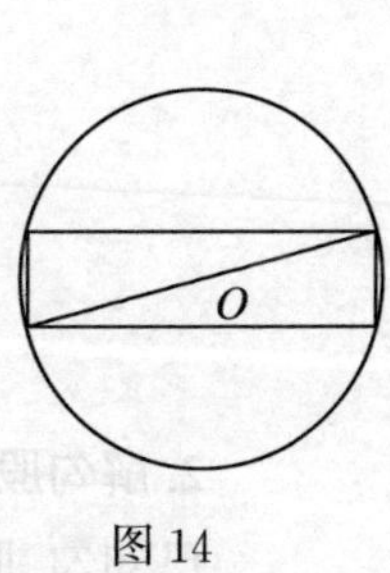

图14

第5问是:

今有木长二丈,围之三尺.葛生其下,缠木七周,上与木齐.问:葛长几何?

术曰：以七周乘[①]围为股，木长为勾，为之求弦.弦者，葛之长.

刘徽这样说明《九章算术》作者的求解思路：

据围广，求从为木长者其形葛卷裹袤，以笔管青线宛转，有似葛之缠木.解而观之，则每周之间自有相间成勾股弦.则其间葛长，弦.七周乘围，并合众勾以为一勾；木长而股，短，术云木长谓之股，言之倒.勾与股求弦，亦无围，弦之自乘幂出上第一图.勾、股幂合为弦幂，明矣.[②]

亦，训若，如.这里巧妙地将一条绕木宛转向上的曲线化成直线，将曲线问题化成勾股形求解，如图 15 所示.刘徽说明了在这种情况下，勾与股求弦，如同不宛转的平面情况，其图形也同于勾股术中的第一图(原图已佚，戴震补图不合原意)，因而可以用勾股定理(35)式求解.

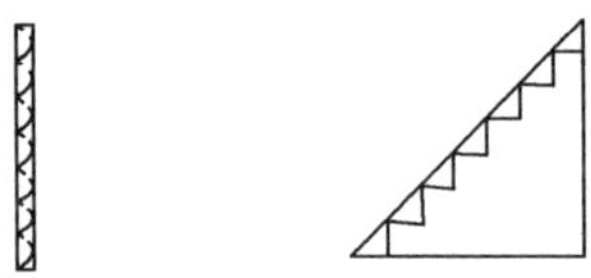

(1)　　　　(2)

图 15

2. 解勾股形问题

已知勾、股、弦的某些和差关系，求勾、股、弦，是勾股定理的

① 大典本、杨辉本“围”上衍“三”字，依李潢删.

② 大典本、杨辉本“长”讹作“青”，“弦七”误倒，“围”上衍“三”字，“勾与股”的“勾”下衍“五”字，“亦无围”下衍“二十五青”，“图”讹作“围”.戴震校勘不合理，此为重校.

更复杂的应用.《九章算术》解决了三种情况.

(1)已知勾与股弦差(或并)求股、弦的问题. 如第 6 问:

> 今有池方一丈,葭生其中央,出水一尺. 引葭赴岸,适与岸齐,问:水深、葭长各几何?
>
> 术曰:半池方自乘,以出水一尺自乘,减之. 余,倍出水除之,即得水深. 加出水数,得葭长.

这是一条应用于具体问题的术文,而其原理则具有普适性. 如图 16 所示,刘徽说:"此以池方半之,得五尺为勾,水深为股,葭长为弦."因此,术文用字母表示出来便是:

$$b=\frac{a^2-(c-b)^2}{2(c-b)} \tag{39}$$

$$c=b+(c-b)$$

第 7、8、9、10 问与此相同.

(1)（采自杨辉本）　　(2)

图 16

第 12 问是已知勾与股弦和求股的问题.

> 今有竹高一丈,末折抵地,去本三尺. 问:折者高几何?
>
> 术曰:以去本自乘,令如高而一. 所得,以减竹高,而半余,即折者之高也.

同样,术文未离开题设但具有普适性. 如图 17 所示,刘徽说:"此去本[1]三尺为勾，折之余高为股”．因此，术文表示为：

$$b=\frac{1}{2}\left[(c+b)-\frac{a^2}{c+b}\right]=\frac{(c+b)^2-a^2}{2(c+b)} \qquad (40)$$

第二个等号之后，是刘徽的改写．他说：“亦可如上术，令高[2]自乘为股弦并幂，去本自乘为矩幂，减之，余为实．倍高为法，则得折之高数也．”比较(40)、(39)两式，我们发现它们的形式极为类似，所以刘徽说：“此术与系索之类更相返覆也．”

(1)（采自杨辉本）

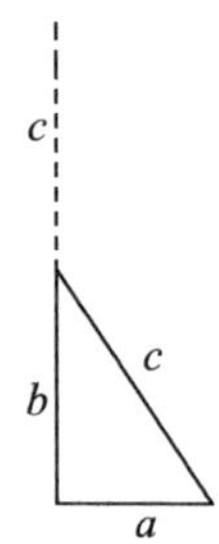

(2)

图 17

将(40)式中 a、b 对易，当然仍然成立．第 13 问便在此基础上提出了更高明的公式：

今有二人同所立．甲行率七，乙行率三．乙东行．甲南行十步而斜东北与乙会．问：甲、乙行各几何？

术曰：令七自乘，三亦自乘，并而半之，以为甲斜行率．斜行率减于七自乘，余为南行率．以三乘七为乙东行率．置南行十步，以甲斜行率乘之．副置十步，以乙东行率乘之，各自为实．实如南行率而一，各得行数．

① 杨辉本、戴震辑录大典本脱“本”字，戴震在孔刻本中补．

② 大典本脱“高”字，依杨辉本补．

这也是基于题设的术文. 刘徽说:“此以南行为勾,东行为股,斜行为弦. 并勾弦[①]率七.”此题设$(c+a):b=7:3$. 若以m表示并勾弦率,n表示股率,即$(c+a):b=m:n$,术文就成为:

弦率:$\frac{1}{2}(m^2+n^2)$

勾率:$m^2-\frac{1}{2}(m^2+n^2)=\frac{1}{2}(m^2-n^2)$

股率:mn

或 $$a:b:c=\frac{1}{2}(m^2-n^2):mn:\frac{1}{2}(m^2+n^2) \tag{41}$$

若m,n互素,(41)式给出了勾股数组的通解公式(李继闵:《刘徽对整数勾股形的研究》). 勾股数组,又称整勾股形,是指满足(38)式的所有正整数解. 第 13 问中$m=7,n=3$,为互素. 在第 20 问中,再一次使用了公式(40). 那里,$m=5,n=3$,亦为互素,说明《九章算术》的编纂者对这一通解公式有了相当深刻的认识. 由公式(41),根据已知勾(甲南行),援引今有术,便可求出股即乙东行步数,及弦即甲斜行步数.

《九章算术》的勾股数公式在世界上占有重要地位. 古希腊的大数学家毕达哥拉斯、柏拉图、欧几里得等都研究过这类问题. 毕氏认为,若一奇数$2a+1=m^2$,那么$a,m,a+1$便是一组勾股数. 显然,这是(41)式中$n=1$的特例,并不能表示出所有的勾股数组. 柏拉图以$2m,m^2-1,m^2+1$为勾股数公式,欧氏则以:

$$a:b:c=\sqrt{uv}:\frac{1}{2}(u-v):\frac{1}{2}(u+v)$$

或: $$a:b:c=mnpq:\frac{mn}{2}(p^2-q^2):\frac{mn}{2}(p^2+q^2)$$

---

① 大典本脱“弦”字,依杨辉本补.

为勾股数公式(Heath:《A History of Greek Mathematics》),显然都不如《九章算术》的(41)式简洁、完整. 世界数学史家津津乐道的希腊不定方程大师丢番图用:

$$a=\frac{2mc}{m^2+1}\qquad b=ma-c=\frac{m^2-1}{m^2+1}$$

表示勾股形的有理数边. 但是,它只有作$\frac{u}{v}=m,c=u^2+v^2$的变换,才是勾股数的通解公式(Dickson:《History of the Theory of Numbers》). 丢番图大约与《九章算术》的注释者刘徽同时,比《九章算术》晚了三百多年. 可见,《九章算术》不仅开创了古希腊数学所未涉足的若干领域,成绩斐然,即使在古希腊数学所擅长的勾股知识的某些方面,也已走到了它的前面. 下面的例子更能说明这个问题.

(2)已知弦与勾股差求勾、股的问题. 勾股章第11问就是这类问题.

> 今有户高多于广六尺八寸,两隅相去适一丈. 问:户高、广各几何?
>
> 术曰:令一丈自乘为实. 半相多,令自乘,倍之,减实,半其余,以开方除之. 所得,减相多之半,即户广;加相多之半,即户高.

如图18所示,刘徽说:"令户广为勾,高为股,两隅相去一丈为弦,高多于广六尺八寸为勾股差."此术实际上给出了公式:

$$\begin{aligned}a&=\sqrt{\frac{c^2-2\left(\frac{b-a}{2}\right)^2}{2}}-\frac{b-a}{2}\\b&=\sqrt{\frac{c^2-2\left(\frac{b-a}{2}\right)^2}{2}}+\frac{b-a}{2}\end{aligned}\tag{42}$$

若令 $c:(b-a)=p:q$,则(42)式也是勾股数组的通解公式(笔者:《〈九章算术〉中的整数勾股形研究》).南宋大数学家秦九韶利用勾股差率列出了遥度圆城问的十次方程,就是利用了这一通解公式(笔者:《学习〈数书九章〉札记二则》).在中国以外,人们很晚才发现勾股数组的这一表示方式.

图 18　(采自杨辉本)

(3)已知勾弦差、股弦差求勾、股、弦的问题.勾股章第 24 问便是这类问题.

> 今有户不知高、广,竿不知长短.横之不出四尺,从之不出二尺,斜之适出,问:户高、广、袤[①]各几何?
>
> 术曰:从、横不出相乘,倍,而开方除之.所得,加从不出,即户广;加横不出,即户高;两不出加之,得户袤.

如图 19 所示,刘徽说:"此以户广为勾,户高为股,户袤为弦."术文实际上给出了:

$$
\begin{aligned}
a&=\sqrt{2(c-a)(c-b)}+(c-b)\\
b&=\sqrt{2(c-a)(c-b)}+(c-a)\\
c&=\sqrt{2(c-a)(c-b)}+(c-b)+(c-a)
\end{aligned}
\tag{43}
$$

1894 年,美国数论学家狄克逊(Dickson)指出(38)式的通解公式可以表示成 $r+s, r+t, r+s+t$ 的形式,其中 $r^2=2st$ 是一个完全平方数.显然,在(43)式中令 $c-b=s, c-a=t, r=\sqrt{2(c-a)(c-b)}$,便是狄克逊所指出的形式.

① 袤,戴震辑录大典本、杨辉本讹作袤,依李潢校正.下同.

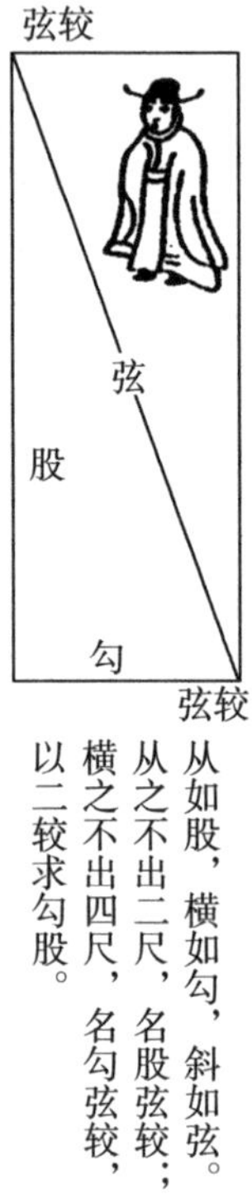

图 19 （采自杨辉本）

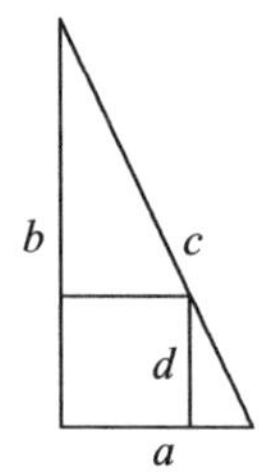

图 20

3. 勾股容方、容圆问题

勾股容方、容圆问题在中国古算中占有重要地位. 勾股容方问是勾股章第 14 问(图 20)：

> 今有勾五步，股十二步. 问：勾中容方几何？
>
> 术曰：并勾、股为法，勾、股相乘为实. 实如法而一，得方一步.

这是一条抽象程度较高的术文. 若勾中容方的边长为 d，则：

$$d=\frac{ab}{a+b} \tag{44}$$

勾股容圆问为第 15 问:

> 今有勾八步,股一十五步.问:勾中容圆径几何?
>
> 术曰:八步为勾,十五步为股,为之求弦.三位并之为法.以勾乘股,倍之为实.实如法得径一步.

术文的主要部分也具有较高的抽象性.如图 21 所示,设勾中容圆之直径为 d,术文给出:

$$d=\frac{2ab}{a+b+c} \tag{45}$$

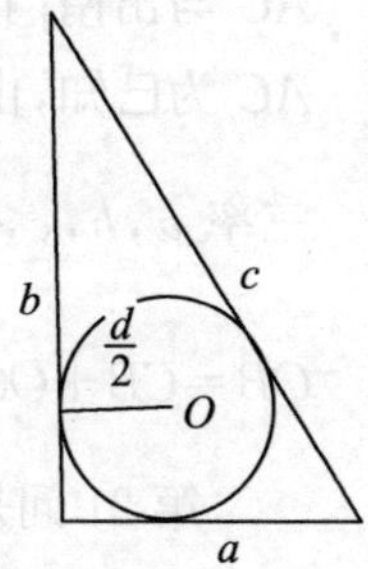

图 21

勾股容圆问题在以后获得更大的发展.刘徽提出了几个新的公式.宋金间有洞渊九容之说,便是在《九章算术》勾股容圆问的基础上发展起来的.至元初,李冶又演绎成名著《测圆海镜》(1248),讨论了勾股形与圆的各种关系,使中国数学中的这一课题形成了完整的体系.

4. 测望问题

《九章算术》中的测望问题都比较简单,即刘徽所说"皆端旁互见"者.勾股章第 19 问测邑方引出开带从平方问题,在第二节中已经述及,那是城邑问题中比较复杂的.我们再看一下第 20 问:

> 今有邑方一十里,各中开门.甲、乙俱从邑中央而出:乙东出;甲南出,出门不知步数,斜向东北,磨邑隅[①],适与乙会.率:甲行五,乙行三.问:甲、乙行各几何?
>
> 术曰:令五自乘,三亦自乘,并而半之,为斜行率.斜行率减于五自乘者,余为南行率.以三乘五为乙东行率.置邑方,半之,以南行率乘之,如东行率而一,即得出南门步数.

① 戴震辑录大典本"北"讹作"门",脱"隅"字,依杨辉本校补.

以增邑方半，即南行.置南行步，求弦者，以斜行率乘之；求东行[①]者，以东行率乘之，各自为实.实如法，南行率，得一步.

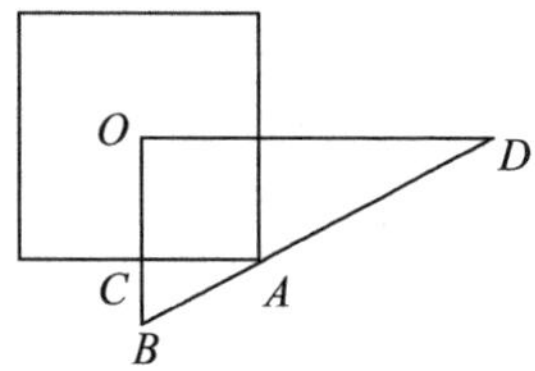

图 22

该术文首先再一次给出了求勾、股、弦三率的(41)式，所以刘徽说“此术与上甲乙同”.如图 22 所示，半邑方 AC 与出南门 CB 构成勾股形 ABC，AC 为已知，由(41)式求出勾、股、弦三率 a,b,c，$BC=\frac{AC\cdot a}{b}$，则南行 $OB=CB+OC$，东行 $OD=\frac{OB\cdot b}{a}$，斜行 $BD=\frac{OB\cdot c}{a}$.

第 21 问是立四表望远：

今有木去人不知远近.立四表，相去各一丈，令左两表与所望参相直.从后右表望之，入前右表三寸.问：木去人几何？

术曰：令一丈自乘为实，以三寸为法，实如法而一.

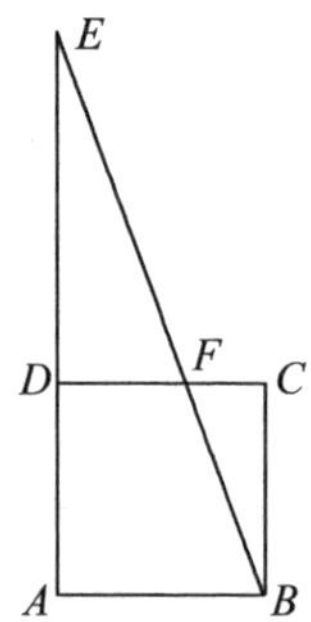

图 23

这里的表实际上只起界定地面上的点的作用.如图 23 所示，木为 E，四表分别为 A、B、C、D，入表为 CF.刘徽认为《九章算术》以勾股形 BCF 的勾、股作为勾股形 EAB 的勾率、股率：“此以入前右表三寸为勾率，右两表相去一丈为股率，左右两表相去一丈为见勾.所问木去人者，见勾之股.”援引今有术 $AE=\frac{BC\times AB}{CF}=\frac{BC^2}{CF}$.

① 戴震辑录大典本脱“行”字，依杨辉本补.

第 22 问是因木望山：

> 今有山居木西，不知其高. 山去木五十三里，木高九丈五尺[①]. 人立木东三里，望木末，适与山峰斜平. 人目高七尺. 问：山高几何？
>
> 术曰：置木高，减人目高七尺，余，以乘五十三里为实. 以人去木三里为法. 实如法而一. 所得，加木高，即山高.

刘徽说："此术勾股之义."又说："此以木高减人目高七尺，余有八丈八尺，为勾率. 去人目三里为股率，山去木五十三里为见股，以求勾."[②]如图 24 所示，人目、木末、山峰依次为 A、B、P. 刘徽认为，这是以勾股形 ABC 的勾 BC、股 AC 作为勾股形 BPQ 的勾率和股率. 股 BQ 为已知，为见股，因此，由今有术，勾 $PQ=\dfrac{\text{见股}\times\text{勾率}}{\text{股率}}=\dfrac{BQ\times BC}{AC}=\dfrac{53\text{里}\times 8\text{丈}8\text{尺}}{3\text{里}}=164$ 丈 9 尺 $6\dfrac{2}{3}$ 寸.

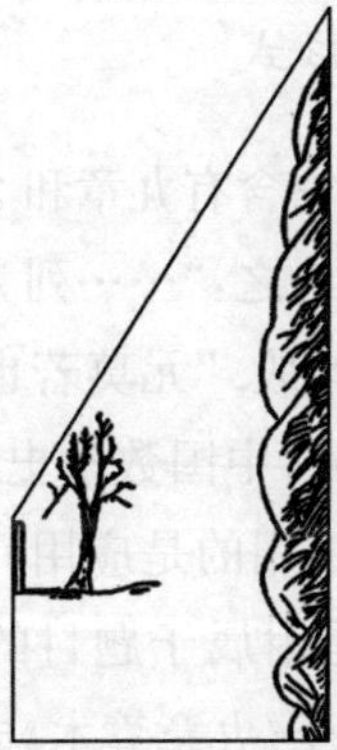

（1）（采自杨辉本）

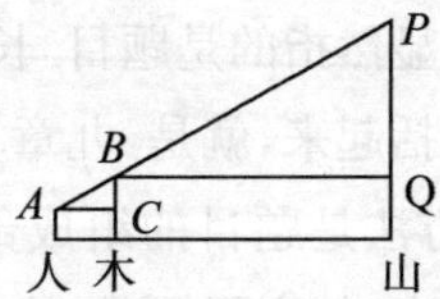

（2）

图 24

① "九丈五尺"，戴震辑录大典本讹作"九尺五寸"，此依杨辉本.

② 大典本、杨辉本"以"下衍"木高为见股"五字，汇校本删.

第二章

算经之首《九章算术》(下)

第一节 《九章算术》的结构和特点

一、术文统率应用问题的形式

对《九章算术》,人们往往强调它含有九章和 246 个应用题,而忽视它的术文.南宋荣棨这样描绘之:"……列为九章,立术二百四十有六,始之以方田,终之以勾股."元莫若也作如是说.此处"术",显然指的是题目.长期以来,中国数学史界流行着一种说法,概括起来,就是《九章算术》采用的是应用问题集的形式,术文即方法是题目的组成部分,是附属于题目的.这并不符合《九章算术》的实际情况.从上面关于《九章算术》成就的介绍,可以看出,在那里主要是介绍术文即非常抽象的算法,所涉及的应用题大都是作为术文的例题出现的.《九章算术》的实际情况正是如此.为了说明这个问题,我们首先分析《九章算术》各卷中术文和题目的编排,有以下几种情况:

(1)先列例题,后给出抽象性术文者:

卷	Ⅰ																
题数	2	2	2	3	2	3	2	2	3	3	2	2	2	2			
术	方田	里田	约分	合分	减分	课分	平分	经分	乘分	大广田	圭田	邪田	箕田	圆田	又术	又术	又术

卷	Ⅰ				Ⅱ					Ⅳ					Ⅴ	
题数	2	2	2		2	4	6	3		5	2	4	2		1	1
术	宛田	弧田	环田	密率	经率	经率	其率	反其率		开方	开圆	开立方	开立圆		穿地	方堡铸

卷	Ⅴ															Ⅵ	
题数	1	1	1	1	1	1	1	1	1	1	3	1	1	1		1	1
术	圆堡铸	方亭	圆亭	方锥	圆锥	堑堵	阳马	鳖臑	羡除	刍甍	委粟	求广	仓高	求周		均输粟	均输卒

卷	Ⅵ		Ⅶ							Ⅸ						
题数	1	1	4		2		2			3			1	1	5	
术	均赋粟	均赋粟	盈不足	其一术	两盈两不足	其一术	盈适足	不足适足		勾股	又术	又术	容方	容圆	方邑	5

共64术,含有106个例题.第一卷的全部,第四、五卷的大部分,第二、六、七、九卷的一部分属于这种情况.这些术文大都离开了题设的特定对象或数字,具有高度的抽象性、概括性和普适性.而例题都只有题目和答案,不再有具体演算的术文.

(2)先给出抽象性术文,后列出例题,例题只有题目、答案而没有演算术文者:共10术,10个例题,即商功章的城、垣、堤、沟、堑、渠等术,刍童、曲池、盘池、冥谷等术,以及它们的例题.

(3)先给出抽象性术文,后列出例题,而例题含有题目、答案、术文三项，术文是前面抽象性术文的应用者：

卷	Ⅱ	Ⅲ		Ⅳ	Ⅶ	Ⅷ		
术	今有	衰分	返衰	少广	盈不足	方程	正负	损益
题数	31	7	2	11	11	18		

共 8 术，含有 80 个例题. 第二、三、七卷各约一半，第四卷的部分都属这种情况. 第八卷的方程术未离开禾实，是“恐空言难晓”，特系之禾. 方程术、正负术和损益法的抽象性都是很高的，也列入此类. 盈不足章有盈不足术的 11 个例题，也列入此类. 与第一种情况一样，这些术都具有很高的抽象性、概括性和普遍性.

(4)一题一术且术文未离开题设的特定对象甚或数字者：第三卷后 11 问，第六卷后 24 问，第七卷未用到盈不足术的玉石隐互问(下面将忽略此问)，第九卷的解勾股形及因木望山等共 14 问. 共 50 问，50 条术文. 其格式都是题目、答案、特定术文.

由上面的分析可以看出，第(1)、(2)、(3)三种情况，即给出抽象性术文及术文的例题者，共 82 条术文，196 个题目，在《九章算术》246 个问题中占将近 80%，覆盖了第一、二、四、五、七、八卷的全部，第三、六、九卷的一部分.“术”是先秦以至后来思想界一个重要术语，在数学中，它表示数学方法.《淮南子·人间训》中对“术”作了很精辟的界说：“见本而知末，观指而睹归，执一而应万，握要而治详，谓之术.”就是说，术是普遍方法，掌握了一种方法，可以解决若干同类问题. 上述《九章算术》中的这 82 条术文，都是具有这种作用的普遍方法.

《九章算术》中一题一术且术文未离开题设的特定对象甚或具体数字者，仅占 246 个题目的 20.33%，即只有五分之一. 当然,即使这些术文,其实质和原理也具有普遍性,只是概括得不够,抽象程度不高而已.

因此,在《九章算术》中起主导作用、核心作用的不是应用题,而是术,246个题目只是术文的应用对象.正如李迪所指出的:"对于每类应用问题,《九章算术》都有统一的解法,相当于一些初等数学定理和公式."(《中国数学史简编》)吴文俊更进一步指出:"条目三称为'术',一般说来乃是解答与条目同一种类型问题的普遍方法,实际上就相当于现在计算机科学中的'算法',但有时也相当于一个公式或一个定理."(《对中国传统数学的再认识》)总之,说《九章算术》采用的是应用问题集的形式是不科学的,比较恰当的提法应该是以术文统率应用问题的形式.

数学史上出现过与《九章算术》形式不同的著作.一种是以欧几里得《几何原本》为代表,用演绎逻辑从几个公理、公设出发,把书中所有的命题推演出来,联系起来,形成一个公理化体系.另一种如丢番图的《算术》,每个问题都用特殊的方法解决,没有一般法则,正如德国数学史家韩克尔(1839～1873)所指出的:近代数学家研究了丢番图100个问题后,去解第101个问题,仍然感到困难.显然,把《九章算术》称为应用问题集,不仅不符合《九章算术》的实际情况,而且会给人们造成《九章算术》以应用题为核心,术文只是像丢番图的《算术》那样针对一些具体问题的特殊方法的错误印象.有些学者认为中国古代数学只有成就,没有理论,成就只是经验的总结,这种错误的看法不能不说与对《九章算术》的形式的不恰当概括有关.

二、《九章算术》的特点

1. 密切联系实际

《九章算术》的内容都是以应用为目的. 刘徽指出了各章的应用范围：方田——以御田畴界域，计算田地面积问题；粟米——以御交质变易，服务于市场交换问题；衰分——以御贵贱禀税，用于按等级分配或纳税等问题；少广——以御积幂方圆，解决面积、体积的逆问题；商功——以御功程积实，解决土木工程中的体积及工作量分配问题；均输——以御远近劳费，解决徭役租税中的平均负担问题；盈不足——以御隐杂互见，解决盈亏类问题；方程——以御错糅正负，解决要用到正负数的各种混杂问题；勾股——以御高深广远，解决勾股测望问题. 就是说，《九章算术》数学方法的应用范围包括了人们日常生活、生产的实际问题的各个方面，相当多的题目都是从这些实际问题中升华而来的. 数学理论、数学方法密切联系实际应用，是《九章算术》的一个鲜明特点.

2. 以计算为中心

《九章算术》密切联系实际，决定了它以计算为中心的特点. 它的任何问题，都要计算出具体的数字作为答案，而其术文，全部是公式和计算程序，即算法，几乎没有任何关于数的性质、图形的定性关系的命题. 即使是几何问题也不考虑图形的性质，以及诸如三角形全等、相似的条件等等，而是必须计算出长度、面积及体积. 这是与欧几里得《几何原本》的又一显著区别.

中国古代优越的记数法和计算工具为《九章算术》以计算为中心准备了得天独厚的条件. 我们的先民什么时候掌握了记数法，无可考. 出土的史前期文物中已有数字符号. 甲骨文中的数字已经是十进的，目前发现的最大数字是 30000，其数字记

法是:

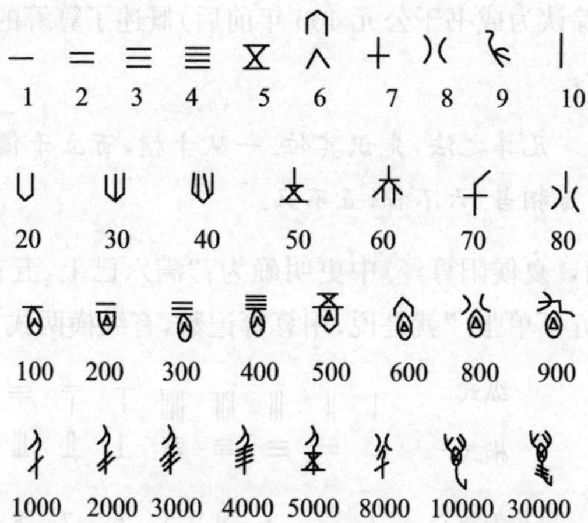

其中 20～80,200～900,2000～8000 都采用合文.显然这些数字已有位值制的萌芽,后来经过金文等阶段,发展为《九章算术》中所使用的数字写法.至于计算工具,《九章算术》没有任何提示.不过,它使用算筹是没有疑问的.刘徽在谈到人们当时无法用计算工具表示出极限过程时说:"数而求穷之者,谓以情推,不用筹算."筹算什么时候开始使用,也无可考.《老子》曰:"善数不用筹策."说明春秋时代已通用.春秋战国时期各诸侯国的货币上有若干算筹数字.算筹的使用加速了十进位值制记数法的完成.《墨子·经下》:"一少于二而多于五,说在建位."《经说下》解释道:"一,五有一焉;一有五焉;十,二焉."这是说,同一个数字 1,放在个位上,比 2 小,而放在十位上,则表示 10,却比 5 还多.个位上的 5 有五个 1,十位上的 1 包含了 5,10 有二个 5.这是明确的位值制表述.《左传·襄公三十年》(公元前 542 年)在谈到绛县老人用"亥"字表示自己的岁数七十三岁时,史赵说:"亥有二首六身,下二如身,是其日数也."士文伯曰:"然则二万六千六百有六旬也."是说,"亥"字是由＝丅丄丅组成的,表示 26660 日,

合七十三岁，也是算筹记数法. 后来的启蒙数学著作《孙子算经》(钱宝琮认为成书于公元400年前后)概述了算筹的十进位值制计数法：

> 凡算之法，先识其位. 一从十横，百立千僵，千十相望，万百相当. 六不积，五不只.

后两句，《夏侯阳算经》中更明确为："满六已上，五在上方，六不积算，五不单张."就是说，用算筹记数，有纵横两式：

纵式	𝍠	𝍡	𝍢	𝍣	𝍤	𝍥	𝍦	𝍧	𝍨
横式	𝍩	𝍪	𝍫	𝍬	𝍭	𝍮	𝍯	𝍰	𝍱
阿拉伯数	1	2	3	4	5	6	7	8	9

纵式表示个、百、万……10^{2n} ($n=0,1,2$……)位上的数字，横式表示十、千、十万……10^{2n-1} ($n=1,2,3$……)位上的数字. 0用空位表示. 那么，任何一个数字都可以由上述18个符号及空位表示出来. 西汉以前算筹的形制不清楚.《汉书·律历志》记载了西汉算筹的形制："其算法用竹，径一分，长六寸，二百七十一枚而成六觚，为一握."即当时的算筹是截面为圆形，径为0.23厘米，长13.86厘米的竹棍. 1971年陕西省千阳出土的算筹长者13.80厘米，短者12.60厘米，大多为13.50厘米，说明《汉书·律历志》的记载是可靠的. 算筹太长，布算面积太大，截面为圆形，容易滚动，造成错乱. 随着计算的数字越来越大，计算程序越来越复杂，人们不断改进算筹，将其截面由圆形改成方形，使之不易滚动，并缩短其长度，减小布算面积. 北周甄鸾和《隋书·律历志》记载了截面为方形的算筹. 根据1980年石家庄市郊出土的东汉算筹，在公元一世纪下半叶已完成了这个转变. 石家庄算筹长为7.9～8.9厘米，截面边长为0.4厘米. 一握算筹长短不等，

是为了摆出整齐的数字(郭书春等:《石家庄出土东汉算筹》).用算筹计算,叫做筹算,《九章算术》和刘徽正是以算筹为主要工具,以筹算为中心,做出了杰出的数学贡献.

3. 机械化与构造性

吴文俊说:"我国古代数学,总的说来就是这样一种数学,构造性与机械化是其两大特色."(《从〈数书九章〉看中国传统数学构造性与机械化的特色》,载《吴文俊论数学机械化》,山东教育出版社,1995年)《九章算术》是这两大特色的奠基性著作和突出代表.它的算法,特别是开方术、开立方术、方程术等都是计算程序,是典型的机械化方法,有典型的构造性特点.

第二节 《九章算术》的编纂

一、《九章算术》成书诸说

据现存史料和文物,《九章算术》的名称最早出现在东汉灵帝光和大司农斛、权(公元179年)的铭文中.该铭文称:"依黄钟律历、《九章算术》,以均长短、轻重、大小,用齐七政,令海内都同."又,《后汉书·马援传》载:马续"善《九章算术》".《九章算术》成书于什么时候,历来是学者们聚讼的问题.归纳起来,大致有以下几种意见:

1. 西汉张苍、耿寿昌在先秦遗文基础上删补而成说

刘徽首先提出了这一看法.他说:

> 周公制礼而有九数.九数之流,则《九章》是矣.往者暴秦焚书,经术散坏.自时厥后,汉北平侯张苍、大司农中丞耿寿昌皆以善算命世.苍等因旧文之遗残,各称删补.故校其目则与古或异,而所论者多近语也.

2. 周公所作说

唐王孝通说:“昔周公制礼而有九数之名. 窃寻九数即《九章》是也.”南宋鲍瀚之说:“《九章算经》九卷,周公之遗书,而汉丞相张苍之所删补者也.”清屈曾发认为“《九章》即《周官·大司徒》保氏所教之九数”,与王、鲍二人看法相同. 这种看法是刘徽看法的修正,即把刘徽所说“周公制礼而有九数,九数之流,则《九章》是矣”,修改为“周公九数即《九章》”.

3. 黄帝隶首所作说

以唐赝本《夏侯阳算经序》、北宋贾宪、南宋荣棨、元莫若等为代表. 贾宪将其为《九章算术》写的细草定名为《黄帝九章算经细草》. 荣棨刊刻《黄帝九章》时序云:“爰昔黄帝推天地之道,究万物之始,错综其数,列为《九章》,立术二百四十有六. 始之以‘方田’,终之以‘勾股’,其为用也,大矣.”莫若为《四元玉鉴》作序,引用了这段话. 鲍瀚之在批评这种说法时说:“题之曰《黄帝九章》,岂以其为隶首之所作欤?”

4. 成书于西汉中叶之后说

戴震为《四库全书》本、聚珍版撰《九章算术提要》说:“今考书内有长安、上林之名. 上林苑在武帝时,苍在汉初,何缘预载?知述是书者,在西汉中叶后矣.”否认张苍参与删补《九章算术》事. 戴震此说一出,其后论者无再持《九章算术》成书于西汉中叶以前之说者,而在西汉中叶至东汉中叶之间各抒已见. 其中有西汉中期齐人作品说,宣帝时即公元前一世纪前半期成书说,公元前一世纪与《周髀》同时成书说,新莽时期刘歆完成说,公元一世纪下半叶说,马续即《九章算术》编纂者完成说,以及公元 100 年前后说,等等. 其中以钱宝琮所主张的公元一世纪下半叶之说影响最大. 钱老是中国数学史学科的奠基者之一,治学历来以严谨著称,他说的实际上是《九章算术》的成书下限.

二、九数与《九章算术》

以上意见不管如何相左,但都认为《九章》与九数有密切关系,《九章》是在九数基础上发展起来的.

我们认为,这些意见中,以刘徽的说法最可靠,最为可信.为了说明这个问题,我们再进一步分析《九章算术》的结构.上一节列出了《九章算术》的术文、题目编排关系一览表,并得出结论:方田、粟米、少广、商功、盈不足、方程等六章的全部,以及衰分、均输两章的衰分(包括返衰)、均输的内容,勾股章的勾股术及勾股容方、容圆、测邑诸术,都采取术文统率应用问题的形式.而勾股容方术,贾宪、杨辉都称为勾股旁要术.勾股章是在旁要基础上扩充而成的.如果将勾股章的上述内容,冠以"旁要"之名,那么,显然,《九章算术》中方田、粟米、衰分、少广、商功、均输、盈不足、方程、旁要九部分与章名相称的内容全部都采取术文统率应用问题的形式,这与二郑所说的古九数完全吻合.

九数之名,见于《周礼》.《周礼·地官司徒·保氏》曰:"保氏掌谏王恶而养国子以道,乃教之六艺:一曰五礼,二曰六乐,三曰五射,四曰五驭,五曰六书,六曰九数."《周礼》是先秦作品,保存了西周或更晚时期的各种制度.九数即数学的九部分内容.东汉末经学大师郑玄(127～200)《周礼注》引东汉初大司农郑众(?～83)说:

> 九数:方田、粟米、差分、少广、商功、均输、方程、赢不足、旁要.今有重差、夕桀、勾股也.

唐陆德明(约550～630)《经典释文》云"'夕桀'二字非郑注".贾公彦(七世纪)《周礼疏》曰:"云'九数'者,方田已下,皆依《九章算术》而言,云'今有重差、夕桀、勾股也'者,此汉法增之.马氏注以为'今有重差、夕桀',夕桀亦是算术之名,与郑异."孔颖达(574～648)引郑注亦无"夕桀",又说:"先师马融、干宝等更云今有、夕桀各为一篇,未知所出."(《礼记正义·少仪》)这些注疏都表明:二郑关于九数细目的原文中无"夕桀"二字,不过唐以前已将其滥入郑注.

方田、粟米、衰分、少广、商功、均输、盈不足、方程、勾股的涵义有《九章算术》在,重差的涵义有刘徽《海岛算经》传世,都无疑义.而对旁要、夕桀的涵义,自清中叶至今,不少经学家、数学史家各抒己见.清孔广森(1752～1786)认为"旁要即今三角法也",要即腰字,而底古谓之旁,它比勾股的内容广泛,"至汉旁要法亡,始以重差、勾股足之."(《礼学卮言》)孙诒让认为"旁要即勾股,古今异名耳."孔继涵认为"旁要云者,不必实有是形,可自旁假设以取要之."(《九章算术跋》)钱宝琮同意孔继涵的看法,认为旁要即"勾股相似比例之术"(《九章问题分类考》).夕桀的涵义更为晦涩.秦九韶《数书九章》(1247)卷四"望敌圆营"问"术曰:以勾股求之,夕桀入之."显然,他认为夕桀是勾股容圆问题的解法.张文虎(1808～1885)《舒艺室随笔》认为夕桀"盖揭表而邪望之,即刘徽所云孤离者也."孙诒让同意张氏意见(《周礼正义》).然解决孤离者问题是重差的内容,张、孙的意见似不合理.钱大昕(1728～1804)认为夕桀"乃互乘之脱误"(《十驾斋养新录》).我们根据贾宪将勾股容方问题称作勾股旁要,及孔继涵、钱宝琮的看法,认为旁要包括勾股术、勾股容方、容圆和简单的测望问题(主要是测邑方诸问)等内容.它确是先秦的数学分支之一.在汉代,复杂的勾股弦互求的解勾股形问题和重差问题发展起来,更引起人们的兴趣,因旁要类也都要用到勾股形,张苍(或耿寿昌)便将勾股问题与旁要问题并为一类,改称勾股,废去旁要之名,以合"九数"之数.而重差,当时只是萌芽,只用来测高、望远,未大发展,没有编入.至于马融把今有、夕桀都当成九数之一,是不足为据的.今有术是粟米章的一条最重要方法,马融列为一篇,是他的误解;夕桀与此类似,如钱大昕所说乃互乘之脱误,也是一种数学方法,被马融误解为篇名.马融是经学大师,马续之弟,郑玄的老师,开始他瞧不起郑玄,"三年不得相见",马融"尝算浑天不合,诸弟子莫能解.或言玄能者,融召令算,一转便决,众咸骇服"(《世说新语》卷上之下).可见,马融的数学造诣并不深,他的话是不足征信的.

总之,自先秦至汉,数学的分类有一个发展过程.正如二郑所云,自方田至旁要九类是先秦九数的细目,至汉朝,又增加了勾股、重差二类.张苍、耿寿昌整理先秦遗文,将旁要勾股并成一类,冠以勾股这一更为直观的名称.这恰恰与刘徽所说的"故校其目则与古或异"相吻合.

三、秦汉数学简牍、先秦典籍与《九章算术》

1983年湖北张家山汉墓出土汉简《算数书》.近年湖南大学岳麓书院收藏了秦简《数》,北京大学收藏了秦简《算书》,湖北云梦睡虎地出土了汉简《算术》.它们含有分数四则运算法则、比例算法、衰分术、盈不足术、少广术以及面积、体积公式,甚至还有勾股问题.大量算法甚至有的题目与《九章算术》相同.这些秦汉数学简牍虽然不是《九章算术》的前身,但这些内容应该是先秦数学界的共识.

先秦典籍的资料也为这种看法提供了佐证.人类文明从游猎为主发展到以农业为主之后,便需要丈量土地、计算田域面积的方法.《周礼·地官司徒》:"遂人掌邦之野,以土地之图,经田野,造县鄙形体之法.……皆有地域沟树之使,各掌其政令刑禁,以岁时稽其人民,而授之田野,简其兵器,教之稼穑."华夏民族为发展农业生产，而必须丈量土地，自然会产生“以御田畴界域”的各种图形的面积计算方法即方田章诸术.随着生产的发展，农牧产品和手工业产品的以物易物的交换和以货币为等价物的交换产生了.《周易·系辞》曰：“神农氏作，斫木为耜，揉木为耒.耒耨之利，以教天下，盖取诸益.日中为市，致天下之民，聚天下之货，交易而退，各得其所，盖取诸噬嗑.”人们在交易中总结出“以御交质变易”的粟米章诸术，是情理中事.《周礼·夏官司马》云：“凡令赋，以地与民制之.上地，食者参之二，其民可用者，家三人；中地，食者半，其民可用者，二家五人；下地，食者参之一，其民可用者，家二人.”《地官司徒》中亦有类似的记载.《国语·齐语》曰“相地而衰其政”，政，训征，《管子》、《荀子》中都有类似的提法，可见，解决“以御贵贱禀税”的衰分方法，在先秦也已掌握.《周礼·地官司徒》：“凡治野，夫间有遂，遂上有径，十夫有沟，沟上有畛.百夫有洫，洫上有涂.千夫有浍，浍上有道.万夫有川，川上有路.”这里遂、沟、洫、浍等都是人工挖掘的水利工程.郑玄注曰：“遂广深各二尺，沟倍之，洫倍沟，浍广二寻，深二仞.”《墨子·备城门》记载的亭、堑等立体之形制，与《九章算术》的一致.《吕氏春秋·审分览·知度》：“大匠之为宫室也，量大小而知材木矣，訾功丈而知人数矣.”可见，修水利、造宫室等工程中，立体体积的计算及工作量的分配等商功问题是必须掌握的.《左传》中有两次筑城的详细记载.一次是宣公十一年(公元前598年)：“令尹蔿艾猎城沂，使封人虑事，以授司徒.量功命日，分财用，平板干，称畚筑，程土物，议远迩，略基趾，具糇粮，度有司，事三旬而成，不愆于素.”一次是昭公三十二年(公元前511年)：“士弥牟营成周，计丈数，揣高卑，度厚薄，仞沟洫物土方，议远迩，计徒庸，虑财用，书糇粮，以令役于诸侯，属役赋丈.”这两次记载虽未列出算式和数学，然其中的“具糇粮”、“书糇粮”是粟米问题,“分财用”、“虑财用”要用到衰分方法,“程土物”、“物土方”、“仞沟洫”要计算立体体积,而“议远迩”、“计徒庸”、“量功命日”都是商功问题,甚至还得考虑测望和均输问题.事情确实像钱宝琮所深刻指出的:“无可怀疑的是《九章算术》方田、粟米、衰分、少广、商功等章中的解题方法,绝大部分是产生于秦以前的.”同时,由《算数书》我们可以更进一步地说,不仅《九章算术》的上述诸章的方法,就是其章名,甚至许多题目,都是先秦留下来的.

我们再考察后四卷.戴震等学者否认张苍参与编纂《九章算术》的主要根据来自于均输章,实际上都是不能成立的.《史记·秦始皇本纪》载始皇三十九年(公元前212年)“乃营作朝宫渭南上林苑中”,可见秦朝就已存在上林苑,戴震认为汉初的张苍不可能知道上林苑的说法不攻自破.与《算数书》同时出土的竹简中有“均输律”,说明最迟在秦及汉初,而不是汉武帝时,就已有均输法,否认张苍参与编纂《九章算术》的主要根据,也不复存在.我们知道,均输律离开配分方法,是不可能的,数学上的均输术最迟在秦或汉初已经存在.实际上,先秦典籍中就有均输的萌芽.《周礼·地官司徒》曰:“均人掌均地政、均地守、均地职、均人民牛马车辇之力政.凡均力政,以岁上下,丰年则公旬用三日焉,中年则公旬用二日焉,无年则公旬用一日焉.凶札则无力政,无财赋,不收地守、地职,不均地政.三年大比,则大均.”郑玄注:“政,读为征.地征谓地守、地职之税也.地守,衡虞之属;地职,农圃之属.力政,人民则治城郭涂巷沟渠,牛马车辇则转委积之属.”这都是讨论平均负担问题,与后来的均输法“令劳费均等”,其本质无二致.均输律和数学上的均输法可能就是在这基础上发展起来的.上面提到,《左传》载两筑城问题也得考虑均输问题.《管子·事语》篇载:“故准徐疾赢不足”,马非百认为此即《九章算术》之盈不足法．测望问题产生得当更早．相传大禹治水，巡行天下，“左准绳，右规矩”(《史记·夏本纪》)，测望是必不可少的．《周礼·地官司徒》：“以土圭之法测土深，正日景，以求地中．”又云：“日至之景，尺有五寸，谓之地中．”谈的是测天的问题，刘徽《九章算术注序》中引用过．《周礼》同篇又云“大司徒之职，掌建邦之土地之图，与其人民之数，以佐王安抚邦国．以天下土地之图，同知九州之地域广轮之数．”这谈的是量地．不管是测天，还是量地，都要用到测望技术及有关的计算方法．上述两筑城事中，略基趾，计丈数，揣高卑，都是测望问题．《管子·君臣》：“上下相命，若望参表，则邪者可知也．”孙诒让认为“参表即九数重差之法”，此恐未必，然是测望问题，当无可疑．

综上所述，除“方程”尚未从先秦典籍中找到资料外——从文史典籍中找数学方法的资料本来就是很难的——其余八章的数学方法，甚至某些题目，都能从先秦典籍和出土文物中找到根据．

此外，日本堀毅考察了《九章算术》与《史记》、《汉书》及居延汉简等的物价，得出结论：尽管有的物价相当接近，但总的来说，“认为《九章算术》里的物价即汉代物价是颇勉强的”，“《九章算术》基本上反映出战国、秦时的物价”．这为刘徽的论断提供了佐证．

因此，刘徽说西汉张苍、耿寿昌在先秦遗文的基础上删补编成《九章算术》，是可信的．

四、张苍、耿寿昌与《九章算术》

我们相信刘徽的说法，除征之于现有史料外，还因为，刘徽的话是值得相信的．后面将看到，刘徽不仅是一位数学上有突出贡献的杰出数学家，也是一位品德高尚、治学严谨的伟大学者．

他言必有据，实事求事.对隶首作数，因史料不多，他说“其详未之闻也”.对堑堵，他没弄清其名称的来源，便说“未闻所以名之为堑堵之说也”.他对自己设计的牟合方盖，经过努力未能求出其体积，便老老实实记下了自己的困惑，表示“以俟能言者”.他注《九章算术》，参考过前人和当代人的资料，便在《序言》中声明曾“采其所见”.《九章算术》处处体现了刘徽“知之为知之，不知为不知”，绝不不懂装懂的优良学风.因此，对《九章算术》的编纂过程这样严肃的问题，刘徽没有充分的确凿的资料为依据，是绝不会作如是说的.事实上，从他对持之作底本的张苍、耿寿昌编纂的《九章算术》的评价——“校其目则与古或异，而所论者多近语也”来看，说明他是作过一番对校考证工作的.

汉朝是我国历史上第二个统一的封建王朝.它废除秦朝苛政，与民生养休息，社会生产力得到进一步发展，数学也取得了长足进步.张苍是我国早期的历算学家.他“秦时为御史，主柱下方书”，“明习天下图书计籍”.后归汉，高祖六年(公元前 202 年)，以功封北平侯.由于他长于计算，“迁为计相”，“更以列侯为主计四岁”，负责典校郡国簿书.“苍又善用算律历，故令苍以列侯居相府，领主郡国上计者.”“苍本好书，无所不观，无所不通，而尤善律历”，“汉家言律历者，本之张苍”.吕后八年(公元前 180 年)为御史大夫，文帝四年(公元前 176 年)为丞相.孝景前元五年(公元前 152 年)去世，年百余岁.(《史记·张丞相列传》、《汉书·张苍传》)刘邦以武力统一中国，将相公卿皆军吏，像张苍这样的学者居相位，是凤毛麟角，司马迁对他十分推崇.他的学问，他的经历，他的官位，使他有条件收集先秦历、算方面的遗文.宣帝时大司农中丞耿寿昌也是一位大学问家.他“善为算，能商功利”，得到宣帝的宠信.他“习于商功分铢之事”.五凤(公元前 57～54 年)中，他建议“籴三辅、弘农、河东、上党、太原郡谷足供京师，可以省关东漕卒过半”．宣帝听从他的意见，收到了良好的社会效益．耿寿昌又“令边郡皆筑仓，以谷贱时增其贾而籴，以利农，谷贵时减贾而粜，名曰常平仓，民便之”．（《汉书·食货志》）耿寿昌还通天文、历法，甘露二年（公元前 52 年）他奏称“以图仪度日月行，考验天运日月行赤道”．（《后汉书·律历志》）有《月行帛图》二百三十二卷、《月行度》二卷．（《汉书·艺文志》）耿寿昌是一位关心国计民生的数学家．他在大司农中丞任内，总结收集人们的数学创造，加以发展、提高，增补《九章算术》，是可以理解的．正如李学勤先生所指出的：“说汉代张苍、耿寿昌等根据旧文遗残，进行删补，更符合古籍形成过程的规律．刘徽的说法一定师传有自，综合了秦汉以来的成说．”（汇校《九章算术》跋）

张苍、耿寿昌删补《九章算术》的工作，除上面所说的将汉朝发展起来的以解勾股形为主的勾股知识编入第九卷并改“旁要”为“勾股”外，还有以下几项：

一是对先秦遗文进行加工整理，包括术文梳理、文字润色以及例题的补充，比如衰分章衰分术例题三乡算数问，明显是一个汉朝的题目．《汉书·高帝纪》：高祖四年（公元前 203 年）“八月，初为算赋”．如淳曰：“《汉仪注》：民年十五以上至五十六出赋钱，人百二十为一算，为治库兵车马．”这类情况当然还有很多．

二是将一些适应于当时生产、生活、社会活动需要的算术问题收集、加工，分别归入第三卷和第六卷．具体说来，将丝布的交易、粟田产量、雇工、借贷等直接用今有术便可解决的比较简单的问题并入第三卷衰分章，而将禀粟、持米（或金）出关、负笼、程传、丝类粟米互换及成瓦、程耕、假田、矫矢、九节竹、金箠、持衣追客、追及等比较复杂的算术问题并入第六卷均输．实际上，除均输问题外，人们据以断定《九章算术》是汉代作品的所谓耕作制度、作物产量、劳动生产率、物品价格等题目，主要在这两部分.这两部分和勾股章解勾股形诸问与《九章算术》比起来有明显的不同.首先,这些题目的数学方法概括性、抽象性不够,对同类的问题没有提出统一的术文,而是一题一术,而这些术文又未离开题设特定的对象及数字,即上一节中所论术文与题目编排的第(4)种情况.其次,分别归于衰分、均输两章的题目从数学方法上说不属于衰分、均输问题,题目与章名不相协调,分类混乱.衰分章后11问、均输章后24问及勾股章解勾股形诸问就《九章算术》的整体而主,有明显的补缀性质.

至于《九章算术》中哪些是张苍所为,哪些是耿寿昌所为,无从考察.大体说来,张苍应以抢救幸免于秦火和战乱的先秦遗文并加工整理为主,耿寿昌应以增补卷三、卷六、卷九及其他各章的某些题目为主.

至于《汉书・艺文志》未著录《九章算术》,而有《许商算术》二十六卷、《杜忠算术》十六卷,我们认为,这不能成为刘歆以前(《汉书・艺文志》是根据刘歆《七略》删补而成的)不存在《九章算术》的确证.现存史料未记载的,并不表示历史上不存在.《九章算术》成书到现在二千余年,经过无数次战乱、变故,每次战乱、变故,书籍文献都会遭到极大的破坏,就两汉史料而言,现今所存者,与刘徽所能看到的相比,百无一二.以现今残存的史料未记载,否定去古未远的刘徽的论述,是不妥当的.而许商、杜忠的著作,很可能不是有别于《九章算术》的数学书,而是《九章算术》的某种注释.宋《广韵》卷四"算"字条下载:"又有《九章》术,汉许商、杜忠、吴陈炽、魏王粲并善之",说明宋朝人认为许商、杜忠通《九章算术》.

总之,《九章算术》是由先秦九数发展而来的,是张苍、耿寿昌在先秦遗文的基础上先后整理、加工、增补而成的,它的最后编定者是耿寿昌,时在公元前一世纪中叶.

第三节 《九章算术》的历史地位

一、中国古算经之首

《九章算术》由于其内容深刻、广博，它一成书，就占据了中国数学舞台的中心位置. 公元 2 世纪就被中央政府赋予与反映自然规律的黄钟律历同等的地位，成为制造度量衡标准器具的依据. 历史上常有这样的情形：当一部内容全面而深刻的著作面世之后，其他同类著作常因相形见绌而被历史淘汰. 古希腊欧几里得《几何原本》诞生之后，它以前的大量数学著作大都失传. 《九章算术》之前的中国数学著作没有一部传世[①]，除暴秦焚书之外，应该说，《九章算术》的内容足可以包容以往任何一部著作，是一个重要原因. 正如刘徽注的出现，也使他以前的《九章算术注》在数学上(而不是数学史上)失去了存在价值一样. 甚至在《九章算术》成书之后，直至《孙子算经》诞生，四五百年间，除了《数术记遗》与依附于《九章算术》的刘徽注外，也没有一部数学著作留传到现在.《九章算术》之于中国古代数学，较欧几里得《几何原本》之于古希腊数学更有过之而无不及，成为自先秦至公元 400 年前后几千年中唯一传世的数学著作. 这是《九章算术》成书前后的情况.

自《孙子算经》起，有另外一些数学著作传世，这些著作都收集在唐初李淳风等编纂的十部算经(清之后称为《算经十书》)中. 我们考察一下除《周髀》、《九章》、《海岛》之外其他算经的水平，更可以理解《九章算术》的成就和地位. 祖冲之父子的《缀术》

① 《周髀算经》实际上是一部含有数学方法的天文学著作.

在唐朝"学官莫能究其深奥,是故废而不理"(《隋书·律历志》),遂失传,其内容不得而知,不过,它是一部数学内容相当高深的杰作,则是无疑的.而自《孙子算经》起,其余六部著作,没有一部可与《九章算术》相颉颃.甄鸾的《五曹算经》只是供下级行政官员使用的十分粗陋浅显的应用算术,《五经算术》则是利用已有的数学知识对儒家经典作一些有时是牵强附会的解释,更是等而下之.《孙子算经》的物不知数问,开创了一次同余方程组解法的先河,是《九章算术》所没有的新内容,其开方术也比《九章算术》有所改进.《张丘建算经》的百鸡问题是不定方程组问题,又补充了若干等差级数各元素互求的公式,并且有了最小公倍数的完整求法.但是,总的说来,它们与《九章算术》相比,是初等的著作,尤其是《孙子算经》,应该看作是学习数学的启蒙读物.《夏侯阳算经》真本失传,无从考察.至于唐初王孝通的《缉古算经》,它用开带从立方求三次方程的正根,解决了若干复杂的工程问题和勾股问题,超过了《九章算术》,也是《缀术》失传后,我国数学著作中关于开带从立方的最早记载,不过二十个问题主要在商功、勾股的某些问题上有所发挥,其广度是远不如《九章算术》的,按王孝通的本意,它是《九章算术》的补充.而且,王孝通在数学上甚至没有达到祖冲之父子的水平,王孝通指责《缀术》"方邑进行之术全错不通,刍甍方亭之问于理未尽".我们认为,错误的不是祖冲之父子,而是自命不凡的王孝通.他对祖冲之父子的贬斥与明顾应祥对元李冶《测圆海镜》天元术的指责一样,是五十步笑百步.因此,十部算经中,除失传的《缀术》外,当推《九章算术》最为广博、深刻.

《九章算术》从整体上雄踞于其他算经之上的情况,在王孝通《缉古算经》之后,又继续了五六百年.唐中叶之后,人们在商业算术方面着力较多,理论建树极少.11 世纪北宋贾宪撰《黄帝九章算经细草》，实际上是另一种形式的《九章算术》注. 贾宪提出了贾宪三角和增乘开方法，并把《九章算术》抽象得不够的术文进一步抽象化，有重大贡献. 12 世纪刘益撰《议古根源》，在祖冲之之后首次引入了负系数方程，突破了此前方程式系数必须为正的限制(常数项相当于在等号的右端). 不过，所涉及的问题局限于由田积引出开方即求方程的正根的问题. 直到 1247 年，南宋秦九韶《数书九章》问世，才在数学方法及问题设问的深度和广度这两个方面上全面超过了《九章算术》.

因此，自《九章算术》成书的西汉末年(公元前 1 世纪中叶)至南宋末年(13 世纪中叶)的 1400 年间中，现有传本的数学著作就其内容广博和数学成就之深刻而言，无居《九章算术》之右者. 刊刻贾宪细草的南宋数学家荣棨说:"选《九章》以为算经之首，盖犹儒者之六经，医家之《难》、《素》，兵家之《孙子》欤. "又说:"自古迄今，历数千余载，声教所被，舟车所及，凡善数学者，人人服膺而重之. "概括了自汉迄宋人们对《九章算术》的看法. 这种看法是符合事实的.

《九章算术》居中国古算经之首的地位，更重要地表现在它对中国数学的影响上. 自《九章算术》成书之后，中国数学著述基本上采取两种方式，一是为《九章算术》作注；一是以《九章算术》为楷模编纂新的数学著作. 这两方面都取得了极其伟大的成绩.

《九章算术》成书后，注家蜂起. 历代《九章算术》的注本，成为正史《艺文志》、《经籍志》所列数学著作中占比重最大的内容. 这些著作大都失传. 流传至今的有曹魏刘徽注、唐李淳风等注、北宋贾宪细草(部分)、南宋杨辉详解(部分)，而其成绩当推刘徽和贾宪最为显赫. 刘徽全面证明了《九章算术》的公式、解法，建立了《九章算术》从而也是中国古代数学的理论基础，完成了中国古代数学的理论体系. 他在数学证明中所使用的极限思想之深刻,超过了古希腊数学中的同类思想. 贾宪创造增乘开方法,进一步提高《九章算术》的抽象化程度,在算法理论上贡献尤为突出,推动了宋元数学高潮的到来.

而《九章算术》本身也成为后世编纂新的数学著作的楷模,如《孙子算经》(公元400年前后)、《张丘建算经》(5世纪)、《缉古算经》(7世纪)、《数书九章》(1247)、《测圆海镜》(1248)、《益古演段》(1259)、《杨辉算法》(1274~1275)、《算学启蒙》(1299)、《四元玉鉴》(1303)等等,都为中国古代数学增添了新的内容,秦九韶、李冶、杨辉、朱世杰等的著作更使中国古代数学在13世纪下半叶达到了顶峰,演出了中世纪世界数学史上最光彩夺目的一幕.

《九章算术》的形式、风格和特点都被继承下来了. 新编纂的数学著作大都保持了术文统率应用问题的形式. 当然,《孙子算经》、《张丘建算经》、《缉古算经》的形式不如《九章算术》,它们都采取一题一术,术文未离开题设甚至数字的应用问题集形式,尽管这些术文实质上也具有普适性,但毕竟没有《九章算术》那样抽象性很强的术文,这是一个退步. 但是到了宋元时代,都恢复发展了《九章算术》的传统. 贾宪为《九章算术》作细草不管是独创的方法,还是对《九章算术》术文的改写,都采取极其抽象的形式,如解勾股形诸术,连术文名称都采取数学语言,而将涉及具体数字的细草另列,或用小字夹注术文中①.《数书九章》的形式基本与《九章算术》一致. 而李冶的《测圆海镜》则在全书之前列出了圆城图式、总率名号、识别杂记,包括了后面各卷解题中所要用的数学概念和主要公式,其抽象程度更进了一步.

《九章算术》数学理论密切联系实际的风格、以计算为中心

① 传本错讹较多,宋景昌校勘不精,宋校本大小字互误的情况很多.

以及机械化、构造性的特点，更深刻地影响了后世的数学.数学著作以“经世务”、“施之人事”即以解决实际需要为主要目的，所有的数学方法都是公式或解法，并必须有应用的题目，所有的题目都必须算出具体的数值.这方面以《数书九章》最为突出，它的数值计算空前复杂，如“计定筑城”问题设数据多至 88 条，“复邑修赋”问的答案竟达 180 条.钱宝琮先生认为，《数书九章》反映南宋社会经济情况之翔实可靠，不让于正史所载.

《九章算术》方田、粟米、衰分、少广、商功、均输、盈不足、方程、勾股九章，建立了中国古代数学的框架.此后的中国数学基本上在这个框架上增补个别的分支，如《孙子算经》的物不知数问，发展为《数书九章》中的一次同余方程组解法，便是一个新的分支.《数书九章》的“九章”，来源于《九章算术》，其各类，除大衍、天时、军旅这三类外，田域、测望、赋役、钱谷、营建、市易这六类都是《九章算术》各卷名称的演变.朱世杰的《算学启蒙》卷中七门：田亩形段、仓囤积粟、双据互换、求差分和、差分均配、商功修筑、贵贱反率，卷下五门：之分齐同、堆积还原、盈不足术、方程正负、开方释锁，深深地烙有《九章算术》各卷名称和主要方法的印记.明朝理论数学衰落，《九章算术》散佚.“九章”之名却深入人心.吴敬《九章算法比类大全》(1450)、程大位《算法统宗》(1592)甚至直接使用了《九章算术》各卷的章名.以至于清中叶，西方数学传入中国近二百年，屈曾发撰《九数通考》(1773)以西学为主，融会中西数学，此时他虽未见到《九章算术》，其卷二～十仍以方田、粟米、衰分、少广、商功、均输、盈不足、方程、勾股命名，可谓以“九章”之旧瓶，装西方数学之新酒.

宋元数学高度发达，出现了若干专题研究，这些专题，大都从《九章算术》的一章或者一个题目演绎而来.测圆问题是宋元时期的一个重要课题，洞渊九容提出了勾股形和圆的九种关系式，便宗于《九章算术》的勾股容圆术. 李冶从洞渊九容演绎成洋洋大观十二卷、170 问的《测圆海镜》. 刘益的《议古根源》(12 世纪)主要以开方术解决各种田积问题，宗于《九章算术》方田章和少广章开方术，杨辉又在此基础上发挥，撰《田亩比类乘除捷法》. 吴文俊先生说:《九章算术》"直至明代以前，向为中国数学上各种重大发现的源泉"(汇校《九章算术》序)，这是一点也不过分的.

明代以前，《九章算术》是中国人学习数学的主要教材之一. 历来通历算者，必须学习《九章算术》. 隋、唐时期，经常在国子监内设算学，相当于现今大学数学系，设算学博士、助教负责教授. "算学博士掌教文武官八品以下及庶人子之为生者. 二分其经以为之业，习《九章》、《海岛》、《孙子》、《五曹》、《张丘建》、《夏侯阳》、《周髀》、《五经算》十有五人，习《缀术》、《缉古》十有五人."(《唐六典》卷二十一)科举中又设明算科，每年考试一次. "凡算学:录大义本条为问答，明数造术详明数理然后为通. 试《九章》三条，《海岛》、《孙子》、《五曹》、《张丘建》、《夏侯阳》、《周髀》、《五经算》各一条，十通六，《记遗》、《三等级》帖读十得九，为第."可见，《九章算术》是隋唐时算学馆的主要教材和明算科的主要考试内容. 北宋也曾设过算学. 当然，由于教育方法落后，教师水平低，算学博士及明算科及第后待遇低，这类教育收效不是很大.

随着中外交流的发展，《九章算术》与中国其他著述一道，传入朝鲜、日本、越南等国家，对这些地区的数学发展，发挥了有益的作用. 七八世纪时，新罗(当时朝鲜的三国之一)像唐朝一样，在国学中设算学科，日本也设立了类似唐朝的教育制度和考试制度，《九章算术》也是他们的主要数学教材和考试内容. 在古代，这些国家的学者实际上也把《九章算术》视为算经之首.

二、《九章算术》对印度的影响

《九章算术》向东传播的情况有所在国大量史籍记载，确凿无疑. 向西流传的情况却无历史记录. 不过，从印度数学著述中比《九章算术》晚出的方法与《九章算术》极为类似来看，说它们受到《九章算术》和中国数学直接或间接的影响，是不会错的. 公元五六世纪后，印度数学才开始有长足的进步. 印度的加、减、乘、除法都是由左向右进行，其计算步骤和原则，都同于中国的筹算四则运算.《九章算术》建立起世界上最早的分数理论，印度人关于分数、带分数的记法，分数四则运算也都与《九章算术》和中国数学相同.《九章算术》的今有术是非常重要的一条数学方法，印度的三率法与此相仿. 阿耶波多(公元 499 年)说:“在三率法中，phala 以 iccha 乘，以 pramana 除，所得的商是与 iccha 对应的果实.”phala 原意是果实，相当于今有术的所有数，iccha 原意是要求，相当于所求率，pramana 原意是尺度，相当于所有率. 印度婆罗门笈多(7 世纪)书中有一个问题:“竹高十八尺，为风吹断，竹尖抵地，离根六尺，求两段的长.”与《九章算术》勾股章的竹高折地问极为相似. 拜斯卡拉(1114～1185?)是 12 世纪印度最杰出的数学家，他记下的著名的印度莲花问题，至今还常见之于中国人编的数学参考书，它实际上是《九章算术》勾股章的引葭赴岸问的翻版. 拜斯卡拉所用的证明勾股定理的图与赵爽《周髀算经注》的图相同. 如果说，两个不同的民族先后得到相同的成就，不能成为后来者传自先发现者的确证的话，那么，如果他们使用了错误的公式，并且错误都相同，则可以断定晚出的一定抄自先出的.《九章算术》的弧田公式和开立圆术都是错误的. 摩诃毗罗(约 850)著有《计算精华》一书，他计算弓形面积的公式是 $S=\frac{1}{2}(c+v)v$，球体积公式是 $V=\frac{9}{16}d^2$，分别与《九章算术》公式(17)、(34)相同.可见,他看到过中国的数学著作.此外如负数的引入、联立一次方程组解法、开方法等也都可能受到《九章算术》的影响.李约瑟博士认为,数学上"在公元前250年到公元1250年之间,从中国传出的东西比传入的东西多得多",这里主要是指由中国向南向西的传播.

三、与《几何原本》东西辉映

《九章算术》在世界数学史上的崇高地位,不仅在于它居中国这样一个数学大国的算经之首,也不仅在于它对中国以外的地区和民族产生了深远影响,而且还在于它在世界数学史上开创了一个新的时代.

《九章算术》成书之前,还在中国的先民为《九章算术》准备素材的时候,数学在东地中海沿岸的希腊地区得到了高度发展.希腊的数学家们,以欧几里得、阿基米德为杰出代表,以几何学研究为中心,追求推理的严谨,理论的系统,形成了严整的公理化体系,历来被人视为数学严谨、优美的楷模.然而,自公元前3世纪阿基米德之后,希腊数学开始出现衰落的趋势,到公元前1世纪,已是强弩之末.大约在此时,《九章算术》却如异军突起,出现在亚洲东方的地平线上.此后,中国数学逐步发扬光大,印度和阿拉伯数学也发展起来,而希腊乃至整个欧洲,在公元3世纪丢番图之后,却进入了被称作数学上黑暗时期的中世纪.希腊数学的衰落,《九章算术》的兴起,是世界数学史上一个划时代的事件.

首先,它意味着世界数学研究重心的一次大转移.根据现有资料,人类的数学知识最先在两河流域的巴比伦得到发展.出土的各种泥板的楔形文字的破译,显示那里的人们长于计算,并取得了较高的成就.随着巴比伦的衰败,希腊奴隶制的发达、昌盛,数学重心转移到希腊及其殖民地.希腊数学繁荣了几个世纪,到公元前1世纪《九章算术》出现,标志着希腊失去了世界数学重心的地位,而让位给《九章算术》的故乡中国.世界数学重心从东地中海沿岸转移到了太平洋的西岸.印度数学与阿拉伯数学的特点与中国数学相近.亚洲大陆占据世界数学重心长达十五六个世纪.

其次,它还意味着数学形态的一次大转变.数学是统一的,但各个时期、各个地区的研究侧重点并不相同,表现形态也各异,在交通不发达的古代和中世纪,这是不可避免的.希腊数学和中国数学都是科学真理,它们都反映了数和形的本质关系.但是,希腊数学以空间形式的研究为主,以几何研究为中心,其表现形态是严密的公理化体系.希腊数学的衰微,以《九章算术》为代表的中国数学的兴起,在世界数学史上意味着这种形态告一段落,代之以以数量关系的研究为主,以计算为中心,以机械化为特征,以术文即算法统率应用问题为其表现形式的数学.随后,这种形态的数学在中亚、南亚地区也发达起来.西方数学史家经常将中国古代数学排除在世界数学的发展主流之外,这是不公正的.吴文俊指出:“在历史长河中,数学机械化算法体系与数学公理化演绎体系曾多次反复互为消长交替成为数学发展中的主流.”这在理论上回答了什么是世界数学发展的主流的问题.而以《九章算术》奠基的中国和东方数学是数学机械化算法的杰出代表,在公元前二三世纪到公元十四世纪初成为世界数学发展的主流.

欧洲文艺复兴以后,以几何研究为中心的希腊数学被重新发现,以计算为中心的数学传入欧洲,笛卡儿(1596～1650)、费尔马(1601～1665)等数学家将两者结合起来,取长补短,适应当时科学研究中以研究运动为中心的需要,将变量引入数学,创造了解析几何学.世界数学掀开了新的一页.

当然,这也是奴隶制文化形态下的数学向封建文化形态下的数学的转变.人类历史发展长河中,奴隶制在希腊地区发展得最为充分,希腊文化获得高度发达,数学因此高度繁荣,此时其他地区的数学知识都处于曚昧或萌芽状态,中国也是学在官府,没有留下数学专著.相反,人类的封建制度在中国得到高度发达,封建文化十分繁荣,适应生产力的发展,数学取得了高于其他民族的成就.

第四节　《九章算术》的缺点

在表彰《九章算术》杰出成就的同时,我们不能不指出它忽视数学理论的缺点.说《九章算术》没有理论,当然是不对的.上面已经指出,《九章算术》的主体是具有普适性的抽象程度很高的术文即公式、解法,即现今的算法,而大部分应用题是作为这些算法的例题而存在的.这些术文本身就是理论.不过,我们也不能讳言《九章算术》存在严重缺点,主要是对数学理论研究不够重视.

其一,《九章算术》数学内容的分类及各章名称的选定,没有统一标准.有的是按应用对象,如方田、粟米、商功、均输等章,有的是按数学方法,如衰分、少广、盈不足、方程、勾股等章,在分类上,违背了同一性原则.显然,九数本身就存在着这个缺点.

其二,许多章在内容上有交叉,有的内容与章名极不协调.上面已经指出,我们认为是张苍、耿寿昌增补的衰分章后 11 问,从数学方法上是今有问题,不是衰分问题;均输章后 24 问只有 5 问是衰分问题,与均输问题接近,另 19 个问题是各种复杂的算术问题,包括今有、重今有、合分、分率、衰分、行程、追及等问题，与均输问题无关. 另外，方田章的分数四则问题除乘分术的例题外，并不以方田为应用对象，作者将它们放在第一章，足见用心之良苦，但从数学上说，并不合理. 另，方田章经分术与粟米章的经率术属同一方法，或一类方法，粟米章出现两经率术. 即使以数学方法命名的盈不足章也掺入了不用盈不足术求解的玉石隐互问.《九章算术》的编纂者很可能囿于儒家经典中九数的规定，在数学向前发展，数学方法不断创造出来之后，不敢打破九数的格局，只好把新的题目、新的方法增补到旧有的九数中去. 但即使按九数的格局，有些缺点也是可以并且应该避免的.

其三，上面已经指出，我们认为是张苍、耿寿昌增补的三部分，即衰分章后 11 问，均输章后 24 问，勾股章解勾股形诸问，其术文抽象性不高. 同类的问题没有提出同一的术文，各条术文没有离开题设特定的对象甚或具体数字.

其四，《九章算术》没有任何数学概念的定义.《九章算术》中数学概念的含义，完全靠约定俗成来确定，这就使人们在使用数学概念时难以保持概念的同一性，像《九章算术》这样并非由一人一时编著的作品，更是如此. 比如，粟米章两经率术中关于率的应用，表明其含义与今有术中率的含义不同，偏离了先秦以来人们关于率的约定俗成的含义.

其五，最重要、最突出的，就是《九章算术》没有数学推导和证明. 我们这样说，并不是说，当时根本就不存在推导和证明. 事实上，在探讨《九章算术》的成就时我们已经看到，许多公式、解法已经相当复杂，已非经验所能及，没有某种形式的或严格或粗疏的推理过程，是不可想象的. 但是，《九章算术》的编纂者感兴趣的只是算法和应用题，对推导和证明不重视，编纂时全部略去.

钱宝琮先生认为，《九章算术》之所以取这种体例，“与儒家的传统思想有密切关系”. 钱老特别指出荀派儒学对概念含义的“约定俗成”的思想和“学有所止”的主张对《九章算术》的编纂工作的重大影响. 我们认为，钱老的看法是有道理的. 第二章中我们已经指出，占《九章算术》五分之四的篇幅的以术文统率应用问题的部分，主要是先秦九数的内容. 当然，张苍、耿寿昌对其文字作过加工，对题目作过删补，而其框架却是先秦建立的. 原先是否包括某些推理过程，不得而知. 无论如何，采取术文统率应用问题的形式，要比后来补充于衰分、均输、勾股章的三部分内容以及《孙子算经》、《张丘建算经》显得理论水平高. 这是与先秦的社会思潮密切相关的. 先秦诸子百家争鸣期间，学者们对数学和科学技术虽远不如同时代的古希腊的同行们那样重视，但知识阶层的理论思维水平由于互相辩难攻诘的激发，是比较高的. 虽然我们无从知道哪些人从事数学工作，他们受哪个学派影响较大，但是，长于计算的知识分子总结出一些普遍的计算方法，并附以例题，是可以理解的. 秦始皇统一中国，建立了中国历史上第一个中央集权的封建专制国家，他焚书坑儒，使文化典籍惨遭浩劫. 不久，汉代秦. 先秦较重视理论思维，重视数学和科学技术，进而提出过若干数学命题的墨家，在秦汉遭到镇压，名家亦湮没不彰. 儒家开始成为封建社会的正统思想，道、法等学派经过改造，也在封建社会统治思想中占一席之地. 老庄道家还不时与儒家争夺正统地位，到汉武帝接受董仲舒建议，独尊儒术，实际上是搞内法外儒. 儒、道、法诸家在名辩方面，在对数学和自然科学的重视上，都远不如墨家，也不如名家. 总之，西汉时期，学术界的理论思维，在有的方面超过先秦，也出现过像《淮南子》这样的集体创作的理论巨著，但从总体上说，是低于先秦诸子的，而对数学和科学技术的态度，没有一个学派能与先秦墨家相匹敌. 值得注意的是荀派儒学，它在两汉的影响较大. 与张苍同时的贾谊，建议罢黜百家、独尊儒术的董仲舒，稍后于耿寿昌的刘向等学者都高度评价了荀子学说. 荀子肯定物质世界有一个不依人们主观意志为转移的“常道”，主张制天命而用之，总结了诸子的逻辑思想，建立了关于概念、判断、推理三大思维形式的系统理论，有独到贡献. 但他很少谈到数学和自然科学. 同时，他说：“名无固宜，约之以命. 约定俗成谓之宜，异于约则谓之不宜.”(《荀子·正名》)不主张给概念以明确的定义. 他又主张“故学也者，因学止之也”(《荀子·解蔽》)，即搞学问要适可而止. 经过张苍、耿寿昌删补编定的《九章算术》只有术文和应用题，没有任何定义，其概念完全靠约定俗成确定其含义，对公式、解法没有任何推导和证明，衰分、均输、勾股新补充的解法甚至没有抽象出一般术文，而是应用问题的堆砌，表现出编纂者以能够解答生产、生活实践中提出的应用问题为满足，严重忽视理论概括和研究. 这都与荀子约定俗成、学有所止的思想有关. 张苍是荀子的学生，信奉荀派儒学的贾谊是张苍的学生. 由此可以推知张苍信奉荀派儒学. 因此汉代编纂《九章算术》时受荀派儒学影响较大，是自然的.

第三章

采所见 悟其意

——刘徽《九章算术注》

《九章算术》杰出的成就，使它成为后人学习数学的主要教材，而缺乏定义、推理和证明，忽视系统理论的严重缺点，又给后来人留下了施展数学才能的广阔天地. 为《九章算术》作注，便是此后数学研究的重要课题和形式. 其佼佼者，当推三国魏刘徽《九章算术注》. 他一方面采其所见，搜集了前人和同代人研究《九章算术》的成果，一方面深入研究，“探赜之暇，遂悟其意”，写下了自己伟大的数学创造.

第一节 刘徽《九章算术注》的构成

刘徽注是目前留存下来的最早、保存得最完整，而且也是最重要的《九章算术》注释. 那么，刘徽《九章算术注》的内容是不是全都是刘徽所首创的呢？回答是否定的.

刘徽这样描述他研习并注释《九章算术》的过程：

> 徽幼习《九章》，长再详览. 观阴阳之割裂，总算术之根源. 探赜之暇，遂悟其意，是以敢竭顽鲁，采其所见，为之作注.

这是说,刘徽深入研究了《九章算术》,弄通了它的数理,同时,又广泛搜集了他所见到的前代和同代人研究《九章算术》的心得,写出了杰作《九章算术注》.换言之,刘徽注包括两方面内容:一是他自己的数学创造,二是他以前或同代人的数学研究.

钱宝琮先生已经注意到了这个问题.在《中国数学史》中,钱老把圆周率和圆面积、圆锥体积和球体积、十进分数、方程新术等内容称作刘徽在"《九章算术注》中的几个创作",而把齐同术、图验法、棋验法视为《九章算术注》中"整理了各项解题方法的思想系统,提高了《九章算术》的学术水平"的部分.他指出:

> 刘徽少广章开方术注"术或有以借算加定法而命分者,虽粗相近不可用也".方程章正负术注"方程自有赤黑相取,左右数相推求之术".据此可知刘徽的注释是有所依据的.少广章开立圆术注引张衡的球体积公式,勾股章第5题、第11题注引赵爽勾股图说,这些无疑是他的参考资料.

后来严敦杰先生(1917～1988)更明确地指出了这个问题.他说:

> 刘徽的学习九章,有两种情况:
>
> (一)刘徽注文引《九章》以前的旧说
>
> 商功章第18题,注文说:"推明义理者,旧说云……"这里所引旧说,乃是刘徽以前的注文,但没有说明是谁的言论.
>
> 均输章第17题,注文说:"此虽迂回,然是其旧,故就新而言之也."
>
> 方程章第18题,注文说:"未暇以论其设动无方,斯胶柱调瑟之类.聊复恢演为作新术,著之于此."以上两则都是以新易旧,旧术为刘徽之前的方法,新术为刘徽的方法.

商功章第16题,注文说:"或曰,半阳马其形有似鳖肘,故以名云."这或曰也是刘徽前的说法.

商功章第10题,注文说:"盖说算者乃立棋三品,以效高深之积."说算者乃指刘徽以前的注释家.

少广章第16题,注文说:"术或有以借算加定法而命分者,虽粗相近,不可用也."此是刘徽批评开方的旧方法.

方程章第2题,注文说:"问者之辞."此问者为刘徽假设,但当也有所指.

方田章第32题,注文说:"世传此法,莫肯精核,学者踵古,习其谬失."世传此法指旧法也,即指周三径一之率.

只此几条,已可知刘徽研究《九章》的一些过程.批评旧的谬误,才可有新的创造.至于刘徽同意的旧术有一条,即方田章第36题注文:"若但度田,取其大数,旧术为约耳."

(二)刘徽参考了他稍前或同时的各家《九章》

(1)刘洪《九章》.慧琳《一切经音义》卷四十九,大般若波罗密多经,十二京条引刘洪《九章》.按刘洪撰《乾象历》.历中有盈不足及正负术,说明刘洪是熟悉《九章》的.《乾象历》正负术说"无对互之".而刘徽《九章注》方程章第3题注文:"其异名者,非其类也.非其类者,犹无对也."此用无对一词两家相同.又《乾象历》步五星有益疾、减迟等名.刘徽注盈不足章第19题注文"求初末益疾减迟之数者",即袭用历法中之词.刘洪在刘徽之前.

(2)徐岳《九章》.《隋书·经籍志》著录.《太平御览》卷754引魏王朗《塞势》:"余所与游处,惟东莱徐先生(岳)素习《九章》,能为计数",按《晋书·律历志》称:"魏文帝黄初中太史丞韩翊造黄初历,韩翊课难徐岳.……乾象消息但可减,不可加.岳云:本术自有消息,受师法,以消息为奇,辞不

> 能改.故列之正法消息."刘徽注方田章圆田术中也用消息二字.此两家用语相同.徐岳较刘徽稍前.
>
> (3)阚泽《九章》.见《初学记》器物部引《九章》粟米章原文(与刘徽所据本有些不同).阚泽与刘徽同时.刘徽注文中引他以前的数学著述而具名的只有少广章开立圆术注中所引的"张衡算"一节."张衡算"的"算"字可以作算法讲,也可以作算术讲.张衡说:"立方为质,立圆为浑."以质解释为立方后来很少用.刘徽说:"衡说之自然,欲协其阴阳奇耦之说而不顾疏密矣."关于阴阳奇耦之说,注文引述太略,具体内容不详.

(《刘徽简传》)严先生还指出刘徽与赵爽同时.

钱、严二先生的论述很精辟.我们再强调几个问题.《九章算术》涉及圆的内容,不管是圆、弧田、环田等平面图形问题,还是圆堡垮、圆锥、圆亭、球等立体求积问题,亦或开圆、开立圆问题,从题设到答案,所有的术文,都在实际上使用周三径一.刘歆、张衡曾试图改进这个值,成绩不佳,更多的人则拘守周三径一.刘徽在方田章圆田术注中尖锐地批评:"世传此法,莫肯精核,学者踵古,习其谬失."在商功章圆堡垮术注中他又指出:"此章诸术亦以周三径一为率,皆非也."他用自己创造的科学方法求得了周 157、径 50 及更精确的周 3927、径 1250 两个圆周率,并用前者修正了所有有关的术文、题设及答案.刘徽对周三径一之率的否定是坚决的.然而刘徽注中对术文的修正之前都有基于周三径一的论证文字.显然,这些内容都不是刘徽的首创,而是他"采其所见"者.

刘徽在方亭术注开头说:"此章有堑堵、阳马,皆合而成立方.盖说算者乃立棋三品,以效广深之积."所谓三品棋,是指长、宽、高皆为一尺的立方棋、堑堵棋、阳马棋.用它们拼合成长方体来验证立体的体积公式,后来称为棋验法.商功章方亭、阳马、羡除、刍甍、刍童术的刘徽注都分成几段,其中第一段都是使用三品棋的棋验法.说算者无疑是他以前或同时代的数学家,说明棋验法并不是刘徽首先使用的,而是先人传下来的,很可能是在《九章算术》成书过程中就使用的方法.刘徽在阳马术注中明确指出了棋验法的局限性,使用它无法证明长、宽、高不等的阳马的体积公式:

> 鳖臑殊形,阳马异体.然阳马异体,则不可纯合.不[①]纯合,则难为之矣.

刘徽实际上是否定棋验法的,并不认为它是证明一般体积公式的有效方法.上述诸术刘徽注中另外几段文字或者对《九章算术》原术文提出新的证明方法,或者提出新的公式及其证明方法,实际上是对棋验法的否定.严先生已引用过的刘徽说"或曰半阳马其形有似鳖肘,故以名云",及"推明义理者,旧说云……",更是前人研究过立体分解的明证.用棋验法验证某立体的体积公式时,所拼合成的几个长方体,恰恰由《九章算术》该立体术文表示出来,也是《九章算术》成书时已通晓棋验法的明证.

与立体的情况相类似,平面图形中的图验法,也不是刘徽所首先使用的,而是刘徽前久已存在的方法.在勾股章解勾股形诸术注中,刘徽证明勾、股、弦互求各公式的方式,有许多与赵爽《周髀算经注》"勾股圆方图"的论述一致,只是个别术语有别,表明这些出入相补的方法是当时人们的共同知识,在刘徽、赵爽之前,甚至《九章算术》勾股章的编纂过程中,就已经被人们所掌握,赵爽取之注《周髀》,刘徽采之写入《九章算术注》.

---

① 鲍刻本、杨辉本脱"不"字,此依戴震辑录大典本补.

《九章算术》开立圆术包含了错误的球体积公式(34). 刘徽批评了《九章算术》的错误，指出其错误的原因是把球与外切圆柱体体积之比看成 $\pi:4$，并记述了这个错误公式的整个推导过程. 在推导的开头，刘徽指出“为术者盖依周三径一之率”，说明这个错误的推导，不是刘徽的模拟，而是在刘徽之前流行于数学界的.

盈不足章章首有一段刘徽注，其中说：“注云若两设有分者，齐其子，同其母.”“又云令下维乘上，讫，以同约之.”此处“注云”、“又云”被戴震删去，是不妥当的.“注云”、“又云”的主体，当是刘徽之前的数学家，是刘徽引前人注的证据.

齐同原理也不是刘徽首先使用的.《算数书》和《九章算术》都有“同”的概念. 赵爽《周髀算经注》说：“可以齐同，故细言之.”便是明证.

刘徽还有一些注文采自经史著作或其注疏. 有的刘徽已经说明，如采自《墨子》、《考工记》、《春秋左氏传》，还有许多，刘徽没有标明. 如商功章“程粟”刘徽注引用了《左传·昭公三年》的“釜十则钟”；而“釜六斗四升，方一尺，深一尺，其积一千寸”，则采自郑玄《周礼·考工记》注：“鬴六斗四升也. 鬴十则钟，方尺，积千寸”.

要完全区分出哪些是刘徽的创造，哪些是采其所见者，几乎是不可能的. 这主要是因为资料太少，由于刘徽以前的《九章算术》注释全部亡佚，失去了主要的比较参照物. 还因为，许多注文本身很难区分：刘徽的创造会受到采其所见者的启发、提示，而他记述采其所见者时，也会进行加工，甚或融进自己的创造.

认识到刘徽注包括他自己的创造和他采其所见者两部分是非常有意义的. 首先，我们可以据此了解刘徽之前，《九章算术》之后我国数学的发展情况，这一段由于资料很少，至今基本上是空白,这一研究在某种程度上起着拾遗补阙的作用.其次,可以更明确更深刻地认识刘徽的数学贡献和数学思想,认识刘徽比他前人高明的地方.还有,这对于《九章算术》的校勘,也是个重要前提.戴震整理《九章算术》,提出若干正确校勘的同时,也有若干错校.其原因是多方面的,但他不明白刘徽注中有注,注中包括了采其所见者,是一个重要原因,如上文提到的删去"注云"、"又云",又把许多文从字顺的段落看成文理不通,甚或改成李淳风注,都属此类.所有这些,下面还要详细论述.

第二节　刘徽之前关于《九章算术》的研究

一、刘徽之前的《九章算术》研究者

由于《九章算术》只有术文、例题,没有定义和推理,它成书后,注家蜂起.对刘徽之前研究《九章算术》的学者,李俨、钱宝琮、严敦杰等前辈都作过详细论述.我们再作一系统的回顾.

西汉许商,《汉书·艺文志》载《许商算术》二十六卷、《杜忠算术》十六卷.宋《广韵》卷四"算"字条下称:"又有《九章》术,汉许商、杜忠、吴陈炽、魏王粲并善之."李学勤先生据此认为"许、杜所为即是《九章》术,并非别为一书.所谓《许商算术》、《杜忠算术》,犹如《毛诗》、《左氏春秋》之类,只是推衍《九章算术》的两家作品."(汇校《九章算术》跋)这种看法很有道理.许商,字长伯,长安人,汉成帝(公元前33年~前7年在位)时先后任博士、将作大匠、河堤都尉、侍中光禄大夫、大司农等职,曾多次领导治河工程.今山东省商河即因他领导挖掘而得名.他"善为算,能度功用","明计算,能商功利."(《汉书·沟洫志》)由他担任的职务可以看出他既懂土木建筑,又懂水利工程,还懂农业生产,精通数

学是可想而知的. 杜忠生平不详,当为西汉末年人.

东汉马续,扶风人,汉名将马援侄孙,马严(17～98)之子,马融(79～166)之兄."博观群籍,善《九章算术》".(《后汉书·马援传》). 马续既是屡建战功的将军,又是精通经史、历算的学者,曾帮助班昭(约 49～120)完成《汉书·天文志》,研究《九章算术》当在公元一世纪下半叶.

东汉郑玄(127～200),北海高密人. 是汉末综合今、古文经学的大师. 他"少学书数"(刘孝标:《世说新语》卷上之下),后师事京兆第五元先,"始通京氏《易》、《公羊春秋》、《三统历》、《九章算术》."(《后汉书·郑玄传》),又师从马融,三年不得见,因帮助马融解决了浑天计算中的难题受到重视. 晚年曾向刘洪学习《乾象历》. 他注《周礼》"九数",引郑众说,历来奉为圭臬.

刘洪,泰山蒙阴人,约 135～210 年在世. 曾任郎中,检视东观著作《律历记》. 后为谷城门侯,会稽都尉,丹阳、会稽太守."能为算,造乾象历."(《后汉书·律历志》下)清姚振宗引唐释慧琳《大藏经音义》卷六:"刘洪《九京算术》",根据蔡邕称"洪密于用算",认为《九京算术》当是《九章算术》之误. 徐岳受《乾象历》时,"并受《九章算术》于洪而为之注."(姚振宗补《后汉书·艺文志》)其《乾象历》有正负术:"强正弱负,强弱相并,同名相从,异名相消;其相减也,同名相消,异名相从,无对互之."与传本《九章算术》大致相同.

东汉徐岳,字公河,东莱人(今山东省莱州市、龙口市一带). 自云受业于刘洪. 王朗(? ～228)《塞势》称:"余所与游处,唯东莱徐先生素习《九章》,能为计数."《隋书·经籍志》载他注《九章》甚多:"《九章算术》二卷,徐岳、甄鸾重述;《九章别术》二卷、《九章算经》二十九卷,徐岳、甄鸾等撰;《九章算经》二卷,徐岳注."《新唐书·艺文志》还有:"徐岳《九章算术》九卷."这些著作全部亡佚,它们是不同的注本,还是同一部著作的不同抄本,不得而知.传本《数术记遗》题徐岳撰.

魏王粲(177～217),山阳高平(今山东省金乡县)人,著名文学家,建安七子之一.哲学家王弼的叔祖."性善算,作《算术》,略尽其理."(《三国志·魏书·王粲传》)《广韵》说他善《九章》术.

吴阚泽(?～243),字德润,会稽山阴人.吴中书令、太子太傅.受《乾象历》于徐岳,著有《乾象历注》.唐徐坚(659～729)《初学记·器物部》引"阚泽《九章》曰:粟饭五十,粝饭七十,稗饭五十,凿饭四十八,御饭四十二."可见其注本《九章》至唐犹存.

此外,西汉刘歆(?～23)、东汉张衡(78～139)、蔡邕(133～192)、吴陆绩、赵爽、王蕃(228～266)都是知名的数学家和历算学家.刘歆为王莽制造标准度量衡器,在中国度量衡史、数学史上占有重要地位,刘徽曾多次提到王莽铜斛.今人计算,他在制造王莽铜斛时实际上使用 $\pi=3.1547$,可谓是改进传统沿用的周三径一的尝试.张衡是著名天文学家、文学家,著有《算罔论》,已失传.据刘徽记载,他也曾试图改进圆周率值,实际上使用 $\pi=\sqrt{10}$,并曾试图解决球体积.赵爽注《周髀算经》,其勾股圆方图是一篇关于勾股理论的杰作,其中的命题全来自《九章算术》.王蕃是刘徽的同代人,提出圆周率为142/45.

二、刘徽之前中国数学概况

以上诸家的数学著作,除赵爽的之外,全部亡佚,其具体情况,难以详考.不过,如我们在本章第一节所指出的,从刘徽《九章算术注》采其所见者,我们可以了解其梗概.

1."以盈补虚"或"出入相补"是刘徽以前的传统方法

方田章圭田术(12)、邪田术(13)注都提出"以盈补虚",将三角形、梯形化成长方形,证明其面积公式.勾股章勾股术(35)～

(37)注中,刘徽又将其称为“出入相补”.刘徽之前,人们还把以盈补虚的方法用之于近似地证明圆面积公式(14).根据刘徽的记载,方法是:

> 按:半周为从,半径为广,故广从相乘为积步也.假令圆径二尺,圆中容六觚①之一面,与圆径之半,其数均等,合径率一而弧②周率三也.

文字很简括.显然,这里以圆内接正12边形的面积取代圆面积,以圆内接正6边形的周长取代圆周长,以推证(14)式.如图25所示.将圆内接正12边形分割成Ⅰ、Ⅱ、Ⅲ、Ⅳ、Ⅴ及1、2、3、4、5、6、7、8、9、10、11共16部分,使Ⅰ及1不动,而将Ⅱ、Ⅲ、Ⅳ、Ⅴ及2～11分别移到Ⅱ′、Ⅲ′、Ⅳ′、Ⅴ′及2′～11′处,于是,圆内接正12边形被移补成以圆半径为高,以圆内接正6边形周长之半为长的长方形,从而认为(14)式是正确的.刘徽指出,此“合径率一而弧周率三”,并不认为这是一个严格的证明.

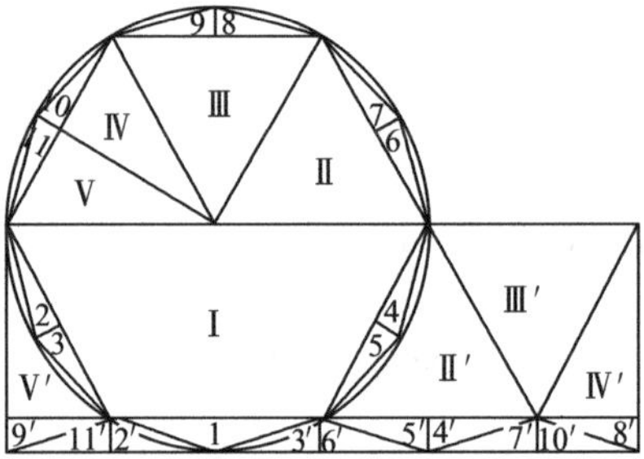

图25

① 觚:鲍刻本、大典本讹作“弧”,戴震校正,下同.

② 合:南宋鲍刻本讹作“令”,此依戴震辑录大典本.弧:此依鲍刻本,戴震辑录大典本作“外”,两通.

圆面积公式(16)是一个基于周三径一的近似公式，刘徽之前，人们也以圆内接正12边形面积作为圆面积，正6边形周长为圆周长，用出入相补来推证，根据刘徽的记载，方法是：

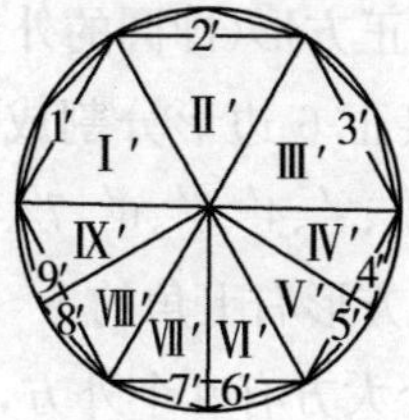

（1）

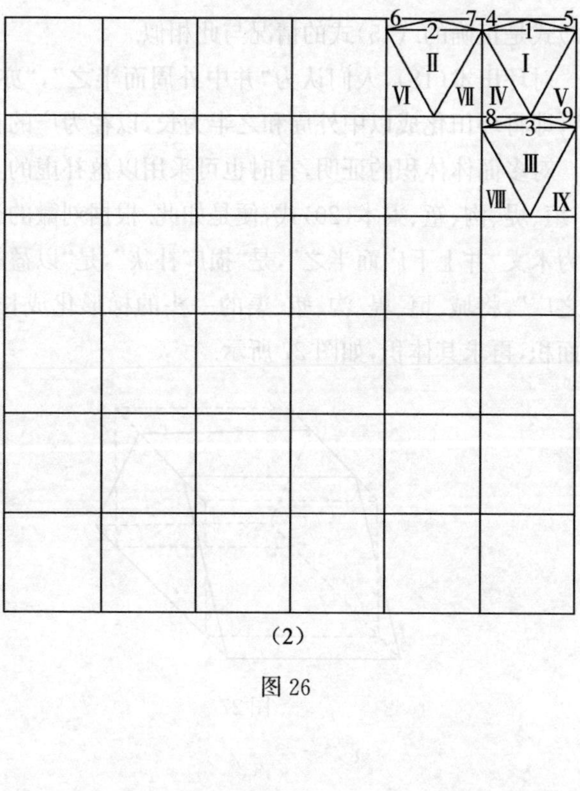

（2）

图 26

> 六觚之周，其于圆径，三与一也．故六觚之周自相乘为幂，若圆径自乘者九方．九方凡为十二觚者十有二，故曰十二而一，即十二觚之幂也．

此以圆内接正6边形的周长为边长作大正方形，其面积等于九个以圆径为边长的正方形(即圆的外切正方形，称为外方)，如图26(2)所示．将圆接正6边形分割成Ⅰ′、Ⅱ′、Ⅲ′、Ⅳ′、Ⅴ′、Ⅵ′、Ⅶ′、Ⅷ′、Ⅸ′及1′、2′、3′、4′、5′、6′、7′、8′、9′，如图26(1)所示，将它们分别移到大正方形右上角的Ⅰ～Ⅸ及1～9上，恰恰填满一个外方的3/4．一个大方有9个外方，即可被12个正12边形填满．因此，一个正12边形的面积是大方面积的1/12，从而说(16)式是正确的．(15)式的情况与此相似．

对环田术(18)，人们认为"并中外周而半之"，"亦以盈补虚也"，即将环田化成以中外周和之半为长，以径为广的长方形．

对多面体体积的证明，有时也可采用以盈补虚的方法．如对城、垣、堤、沟、堑、渠术(20)式，便是如此．根据刘徽的记载，人们认为术文"并上下广而半之"，是"损广补狭"，是"以盈补虚，得中平之广"，将城、垣、堤、沟、堑、渠的一头的梯形化成长方形而求其面积，再求其体积，如图27所示．

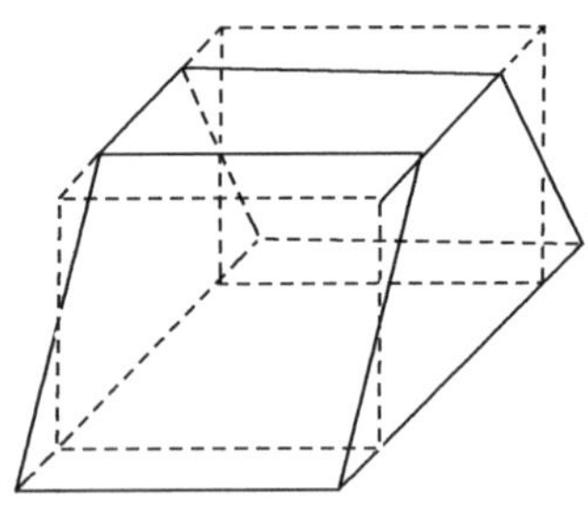

图27

显然,“以盈补虚”的方法对于直线形的平面图形和多面体的求积公式的证明,是严格的、准确的,而对圆、圆环而言,则不是有效的方法.

2. 棋验法

人们对棋验法有许多误解.一是许多学者把它看成刘徽的创造,前已指出,这是不妥当的,它是刘徽之前的方法;二是从戴震起,没有真正理解棋验法的含义,并且因此把棋验法看成解决体积问题的一种有效方法,夸大了棋验法的作用.

第一位正确阐释棋验法的学者是杜石然先生.他在《我国古代的体积计算》一文中,以方亭为例,按刘徽记述的文字,详细阐述了棋验法.我们再以刍甍为例说明之:

> 推明义理者:旧说云,凡积刍有上下广曰童,甍谓其屋盖之茨[①]也.是故甍之下广、袤与童之上广、袤等.正斩[②]方亭两边,合之即刍甍之形也.假令下广二尺,袤三尺,上袤一尺,无广,高一尺.其用棋也,中央堑堵二,两端阳马各二.倍下袤,上袤从之,为七尺,以[③]广乘之,得幂十四尺,阳马之幂各居二[④],堑堵之幂各居三.以高乘之,得积十四尺.其于本棋也,皆一而为六,故六而一,即得.

这段文字包括义、理两个方面,无疑都是刘徽所录“旧说”的内容.其义是阐明刍甍的形状及与刍童的关系,其理是棋验法.这里取上长1尺、无广,下长3尺、广2尺,高1尺的刍甍,我们称为标准刍甍,将其分解成2个堑堵棋,居中央,4个阳马棋,居两

① 茨:李籍《九章算术音义》所引及大典本作“苫”,两通.
② 斩:李籍所引及大典本均作“解”,两通.
③ 鲍刻本、戴震辑录大典本“以”下衍“高”字,李潢校删.
④ 鲍刻本、戴震辑录大典本“二”讹作“一”,李潢校正.

端,如图 28(1)所示.然后,按照术文重新构造一个长方体:其长为 7 尺,即刍甍下长的 2 倍加上长,宽、高与原刍甍同,分别为 2 尺、1 尺,如图 28(2)所示.考虑该长方体的底面积 14 尺^2,使刍甍中一个堑堵棋占 3 个正方形的面积,2 个堑堵,共 6 个正方形;一个阳马棋占 2 个正方形的面积,4 个阳马,共 8 个正方形.以高 1 尺乘其底,长方体体积为 14 尺^3,即 14 个小立方棋.1 个堑堵棋变成了 3 个立方棋,即 6 个堑堵棋,图 28(1)中的两个堑堵棋,变成了图 28(2)中的 6 个立方体,每个立方体的分解如图 28(3)所示.1 个阳马棋占 2 个立方棋,亦 6 个阳马棋,图 28(1)中的四个阳马棋,变成了图 28(2)中的 8 个立方体,每个立方体的分解如图 28(4)所示.总之,所构造的长方体所含堑堵、阳马棋的个数分别是标准刍甍中堑堵、阳马棋个数的 6 倍.因此,标准刍甍的体积应是此长方体体积的 1/6.棋验法认为,这就说明了《九章算术》刍甍体积公式(28)的正确性.

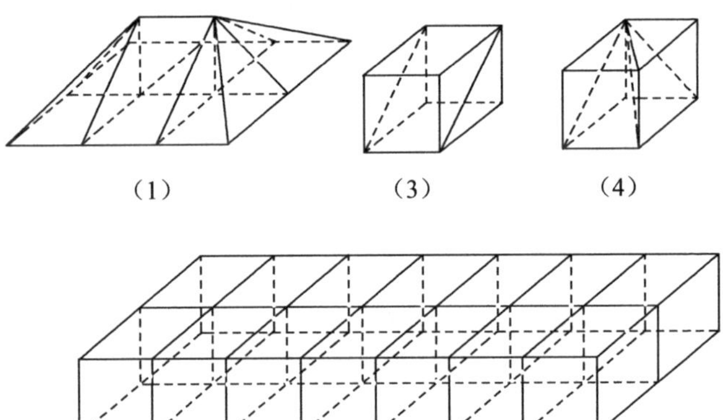

图 28

方亭、方锥、阳马、鳖臑、羡除、刍童术注中的棋验法也类似于此.唯对标准鳖臑、阳马不是分解,而是将六个标准鳖臑合成一个正方体,将三个阳马合成一个正方体;而方亭、刍童的棋验法还要用到立方棋,各要构造二个或三个长方体,所以刘徽说"说算者乃立棋三品".综观这些内容,我们认为,所谓棋验法就是:考虑要求积的多面体的标准形状,即能分解或拼合成三品棋的标准多面体,将其分解或拼合成三品棋,然后构造一个或几个特定的长方体,使所含各三品棋的个数之和分别是标准多面体所含三品棋的同一倍数,那么,标准多面体的体积就是这一个或几个长方体体积之和的该倍数之一.

这里有三个问题值得注意:一是堑堵、阳马在棋验法中只起拼合作用,并不要求首先解决堑堵、阳马的体积,只要知道长方体体积即可.二是棋验法对一般多面体是无能为力的.因为,在不能分解为三品棋的非标准多面体的情况下,不管加什么倍数,都无法用这些立方、堑堵、阳马拼合成长方体.比如在刍甍中,一般刍甍所分解出的四个阳马,任取三个是无法拼合成长方体的,因为这四个小阳马都全等,而一个长宽高不等的长方体是不可能由三个全等的阳马拼合成的.因此,实际上用棋验法并未证明多面体的一般公式(22)、(23),(25)~(29),只是验证了一种特殊情形.刘徽已经认识到这一点.因此,把棋验法看成解决多面体体积问题的一种有效方法,并由此建立古代的体积理论,是不符合刘徽的思想的.三是棋验法并不等同于使用棋.除了棋验法外,刘徽体积公式的真正证明中仍常使用棋,比如在阳马术注中就谈到"棋或修短,或广狭."

3. 比较立体底面积求积法

刘徽在批评《九章算术》开立圆术的错误时,叙述了《九章算术》错误的球体积公式(34)的推导过程:

> 为术者盖依周三径一之率.令圆幂居方幂四分之三,圆囷居立方亦四分之三.更令圆囷为方率十二,为丸率九,丸

居圆囷又四分之三也. 置四分自乘得十六, 三分[①]自乘得九, 故丸居立方十六分之九也.

这里提出圆柱(即圆囷,又称为圆堡壔与外切立方体的体积之比等于圆与外切正方形面积之比,即 3∶4;球(即立圆,刘徽称作丸)与外切圆柱体的体积之比亦为圆与外切正方形的面积之比,即 3∶4,由此得出(34)式. 刘徽指出,“然此意非也.”造成错误的关键在于把球与其外切圆柱体的体积之比看成圆与外切正方形的面积之比. 显然,其错误的原因是只考虑了球与圆柱的大圆和大方,如图 29(1)所示,而未顾及到,两者凡离开大圆与大方的其他截面的面积之比均不等于圆与外切正方形的面积之比,如图 29(2)所示. 这说明,在刘徽之前,人们已经懂得通过比较欲求积的立体与体积为已知的立体的某一截面积解决立体的求积问题,但尚未认识到必须比较任意等高处的截面积.

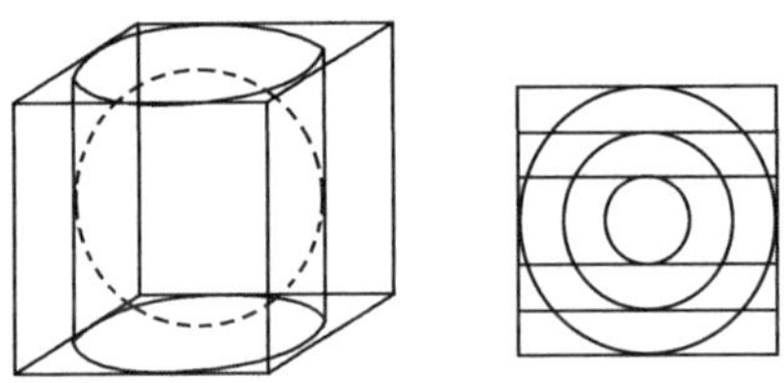

(1)　　(2)

图 29

《九章算术》中圆堡壔与方堡壔、圆锥与方锥、圆亭与方亭都是成对出现,说明也是通过比较其大圆与大方即其底面积,由方体推导圆体体积的(球与圆柱体,从大圆和大方处中分,其大圆、大方可以看成两个半球与半圆柱体的底).

---

① 三分:系鲍刻本、戴震辑录大典本原文,不误. 钱校本改作“分三”,“分”连上读,不妥.

商功章刘徽注引述这类记述更多：

(1)关于圆锥体积公式(33)的推导：

按：此术圆锥下周以为方锥下方．方锥下方今[1]自乘，以高乘之，令[2]三而一，得大方锥[3]之积．大锥方[4]之积合十二圆矣．今[5]求一圆，复合十二除之，故令三乘十二得三十六而连除．

这是以圆锥下周长 l 为底边长作一与圆锥同高的大方锥，如图30所示．由(23)式，其体积为 $\frac{1}{3}l^2h$，由于在 $\pi=3$ 的情况下，此大方锥之底合12个圆锥之底(见图26)，即圆锥与大方锥底面积之比为1∶12，于是，圆锥与大方锥体积之比亦为1∶12，推得(33)式．

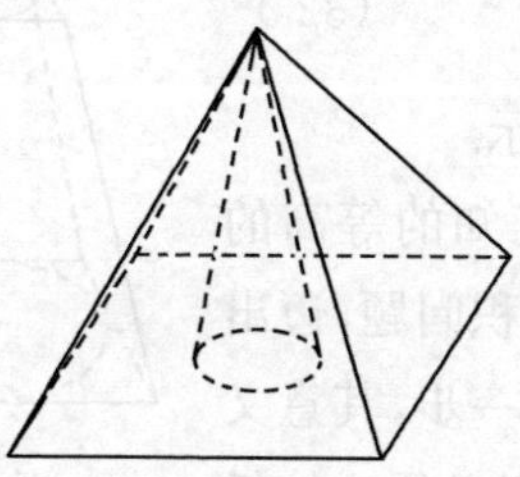

图30

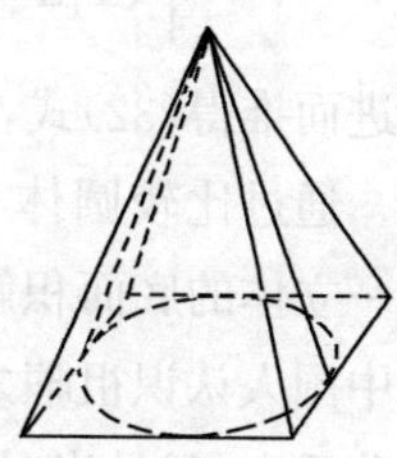

图31

(2)关于又一圆锥体积公式(33′)的推导：

---

① 今：戴震辑录大典本作“令”，两通．

② 令：鲍刻本、大典本、杨辉本讹作“合”，今校正．

③ 鲍刻本、戴震辑录大典本“方锥”误倒，李潢校正．

④ 大锥方：系鲍刻本、戴震辑录大典本、杨辉本原文，指大方锥的底方．李潢改作“大方锥”，钱校本从，不妥．

⑤ 今：鲍刻本讹作“令”，大典本、杨辉本不误．

> 从方锥中求圆锥之积，亦犹方幂求圆幂，乃当三乘之，四而一，得圆锥[①]之积.

此亦以周三径一为率，由外切方锥体积 $V=\frac{1}{2}d^2h$ 推出圆锥体积(33′)，如图 31 所示.

(3)关于圆亭体积公式(32)的推导：

> 从方亭求圆亭之积[②]，亦犹方幂中求圆幂. 乃令圆率三乘之，方率四而一.

此仍以周三径一为率，由外切方亭体积 $V=\frac{1}{3}(d_1d_2+d_1^2+d_2^2)$ 推得圆亭体积公式：

$$V=\frac{1}{4}(d_1d_2+d_1^2+d_2^2) \qquad (32')$$

并进而推得(32)式，如图 32 所示.

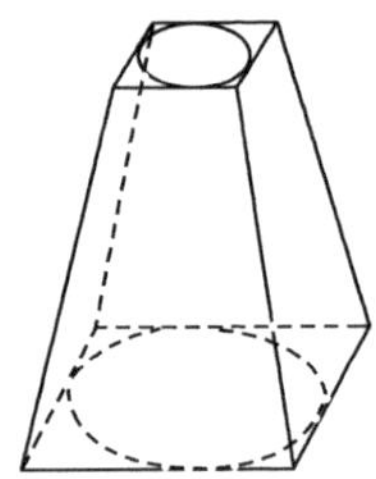

图 32

通过比较圆体与体积为已知的等高的某一立体的底面积解决圆体体积问题，迈出了中国人认识祖暅之原理的第一步，其意义十分重大. 只是当时并未认识到必须比较任意高处的截面积，这对圆锥、圆亭都不会出问题，但由于球的外切体选取得不恰当，便造成了错误，而长期未得到纠正.

4. 算术和代数计算方面

上面已经指出，在算术和代数计算方面确定刘徽注中哪些是采其所见者，十分困难. 根据现有资料，起码有以下几项：

---

① 鲍刻本、大典本、杨辉本"锥"讹作"幂"，"得"前衍"方锥"二字，依戴震校删.

② 鲍刻本、大典本、杨辉本脱此八字，戴震依委粟术校补.

齐同原理. 秦汉数学简牍和《九章算术》中有同的概念，赵爽也使用过“齐同”. 刘徽注中应用齐同极多，要完全区分是不可能的，不过盈不足术在两所出都是分数的情况下如何施以齐同术，则是刘徽以前的.

开方不尽时，以一个含有定法的分数表示无理根的近似值. 在开平方中，刘徽说：“术或有以借算加定法而命分者，虽粗相近，不可用也.”即 $\sqrt{N}=a+\frac{N-a^2}{2a+1}$. 在开立方的情况，刘徽说：“术亦有以定法命分者.”它表示 $\sqrt[3]{N}=a+\frac{N-a^3}{3a+1}$. 等等.

这种论述当然不可能是全面的，然而也足可以看出，《九章算术》成书过程中及之后，人们在探讨《九章算术》的公式、解法的正确性、合理性方面作了大量的可贵努力. 这些工作很素朴、很原始，不全面，甚至不正确. 尤其是，《九章算术》若干最重要的公式、解法的正确性，并没有在数学上得到证明，若干错误和不准确之处，没有被指出、被纠正. 总之，这一段的数学理论建树并不显著，其数学思想和数学方法没有在《九章算术》的基础上向前推进多少. 但是，不足与错误常常是正确的先导，刘徽之前的这些研究不仅成为刘徽学习和注释《九章算术》的素材，而且必定启发刘徽进一步思考和研究这些问题，走上彻底解决这些问题的道路，其功绩是不可埋没的.

第三节　悟其意——刘徽的数学成就举要

《九章算术》成书到刘徽之间三百余年间的数学研究给刘徽作注准备了丰富的资料，给他以启发，也给他留下了施展数学才能的广阔天地. 无疑，刘徽的数学贡献主要是数学方法和数学理论方面的.

他大大发展了《九章算术》的率概念和齐同原理，给出了率的定义，阐明了率的性质和等量变换，并将率的应用从《九章算术》的少量术文和部分题目，拓展到大部分术文、二百个左右的题目.他不仅借助率论证了许多算术方法，用来解决算术问题，而且用之于方程术.他指出率是运算的纲纪，借助率把中国古代数学的算法提高到理论的高度.

他继承发展了传统的出入相补原理.用它论证了平面直线形面积公式、多面体体积公式，以及若干勾股问题，给开方问题以几何解释.他还设计并解决了若干复杂的测望问题，即重差问题.同时，他对有限次的出入相补无法解决圆面积和四面体的求积问题，有清醒的认识.

将无穷小分割方法与极限思想引入数学证明，是刘徽最杰出的贡献.他用极限思想严格证明了《九章算术》提出的圆面积公式(14)，鳖臑和阳马体积公式(26)和(25)，其极限思想的深度超过古希腊的同类思想.他把极限思想用于近似计算，在中国第一次提出了求圆周率的科学方法和正确可行的程序，提出了计算弧田面积的精确近似值的程序，以及开方不尽求“微数”，即十进分数的方法，从而奠定了我国圆周率计算在世界上领先千余年的基础.刘徽发展了《九章算术》比较底面积以解决圆体体积的思想，提出等高的两立体，若每一层截面积都成定比，则其体积必成定比，类似于后来西方的卡瓦列利原理，是为中国人完全认识祖暅之原理的关键一步.据此，他指出了《九章算术》开立圆术的错误，设计了牟合方盖，开辟了解决球体积的正确途径.

他修正了《九章算术》的若干错误和不精确之处，提出了若干新的公式，大大改善并丰富了《九章算术》的内容.

他给若干重要的数学概念提出了明确的定义，改变了《九章算术》约定俗成的作法.他的定义基本上符合现代数学和逻辑学关于定义的要求,并在使用中保持了同一性.

刘徽全面论证了《九章算术》的公式、解法.他的论证继续使用归纳和类比,而更主要地,则是使用演绎逻辑,包括三段论、联言推理、假言推理、关系推理,以至二难推理等演绎推理.因此,他的论证,常常是真正的数学证明.

刘徽分析了各种数学概念、方法、命题之间的关系,他的面积、体积、勾股等类数学内容都形成了各自的理论系统,特别指出四面体体积的解决是体积理论的核心和关键.他认为,数学像枝条虽分而同本干的大树,发于一端.这个端就是规矩度量的统一,即空间形式和数量关系的统一,因此,可以形成一个通而不黩、约而能周的完整体系.

《九章算术》建立了中国古代数学体系的框架,提出了若干概念、判断和命题,刘徽则通过“析理以辞、解体用图”,给概念以定义,给判断和命题以逻辑证明,并建立了它们之间的有机联系.刘徽《九章算术注》的出现,标志着中国古代数学理论体系的完成.

所有这些,是刘徽注的核心,也是本书的主要内容.

第四章

算法之纲纪——率

中国古代数学长于计算,要计算错综复杂的问题,首先必须找到一种量作标准,进而求出各种量之间的关系.数学概念"率"承担了这个职责.

在第一章中我们已经看到,《九章算术》在有的术文和题目中使用了率.而刘徽则认为,"凡九数以为篇名,可以广施诸率",把率看成运算的纲纪,将率的应用拓展到大部分算法的论证和二百个左右的题目的解法中.这一课题在以往的数学史研究中未受到足够重视.实际上,不弄清率概念及其应用,便不能真正理解《九章算术》和刘徽的算法理论和数学体系,也无法理解中国古代数学的特点.

第一节　率的定义和性质

一、率的沿革

率的本意是标准、法度、准则.《礼记·祭义》:"古之献茧者,其率用此欤?"孔颖达疏:"率,法也."《九章算术》粟米章首列出各种谷物的率,称为"粟米之法",便是用其本意的痕迹.《孟子·尽心上》:“大匠不为拙工改废绳墨,羿不为拙射变其彀率.”《汉书·李广传》:“诸将多中首虏率为侯者.”颜师古曰:“率谓军功封赏之科,著在法令者也.”率又引伸为计.《汉书·高帝纪》:“各以其口数率.”颜师古曰:“率,计也.”相关的各种东西,在同一数量标准下有不同的数量表现,就是标准量.相关的各种东西在同一标准下的标准量,就构成了率.《孟子》中的彀率,已从标准、法度引申到标准量.弓满曰彀,彀率是相对于弦而言的,对一定的标准而言,彀率和弦率是常数,这已有数学上率的萌芽.

《墨子·备城门》说:“城下楼卒,率一步一人,二十步二十人.城大小以此率之.”率一步一人,指士兵在城楼上的密度是一步一人,换言之,士兵数与步数为1∶1.此处的率已完全具有数学上“率”的含义.“以此率之”的“率”是动词,指用“率”来计算.根据已知的率,由士兵的人数,可以算出城的大小(即周长).这种算法与《九章算术》中的今有术完全一致,是率在计算中的较早应用.但由于率的数学含义尚未完全确定,需要在“率一步一人”后再补充一句“二十步二十人”,重申率的意义.《周髀算经》关于率的应用与《墨子》类似,其卷上说:“由此观之,率八十寸而得径一寸,以率率之,八十里得径一里.”在率的应用上,比《墨子》更为数学化,不过此处是两个长度即同类的率,而《墨子》是人数与长度即异类的率.

《九章算术》关于率的应用在第一章已经作过介绍.显然,其应用的广泛深刻及成就之大,远远超过先秦到西汉的任何著作.然而由于从先秦到《九章算术》,“率”的含义始终靠约定俗成,没有明确的定义,因此,在率的应用广泛展开时,尤其是由于《九章算术》不是一人一时编纂的,率的含义有时偏离了其本意.

二、率的定义

刘徽把率的应用拓展到《九章算术》的大部分术文和约二百个题目，如不明确规定率的含义，可能会造成更大的混乱. 刘徽以他高超的概括能力给率作出了明确的定义：

凡数相与者谓之率.

（方田章经分术注）这里的数实际上相当于现今数学中的量，在古代如各种粟米，各种丝，圆周长和直径，勾、股、弦，行程与时间，等等，甚至可以是几组有序的数组，如方程中的"行". "相与"，在中国古代有两种含义，一是相关，如《周易》："二气感应以相与. "《左传·昭公三年》："叔向从之宴，相与语. "《吕氏春秋·慎行》："始而相与，久而相信. "《墨子·经下》："一法者之相与也尽类. "皆是相关的意思. 二是共同的意思，《左传·昭公二十九年》："相与偕出. "刘徽此处取前者的意思，将其引申到数学中，讨论若干量之间的相关性，即其相对的数量关系. 这里实际上是一种线性相关. 比例关系无疑是一种最直观、最常用的率关系，如圆的周率与径率，相似勾股形中的勾率、股率与弦率，今有术中的所有率与所求率，等等，都是正比例关系. 但是，率关系并不等同于正比例关系，下面将看到，刘徽在方程中令每行为率，便不是正比例关系. 古希腊数学与现今数学中好像没有能与之完全对应的术语. 将其译成西方文字，更是一个棘手的问题，西方学者将其意译，所取术语常常只反映了"率"的含义的一个侧面. 刘徽关于率的定义反映了相关的事物之间的数量关系的本质属性，并且与先秦以来关于率的约定俗成的含义完全一致.

怎样求出诸量之间的相与关系，即其率呢？刘徽说：

少者多之始，一者数之母. 故为率者必等之于一. 据粟

> 率五、粝率三，是粟五而为一，粝米三而为一也. 欲化粟为米者，粟[①]当先本是一. 一者，谓以五约之，令五而为一也. 讫，乃以三乘之，令一而为三. 如是，则率至于一，以五为三矣.

就是说，为了求出诸物的率，要有一个公度作标准. 这个公度就是单位度量，亦即一. 刘徽称之为“数之母”. 那么，诸物的率就是它们各自相对于这一单位度量的数量. 比如五单位粟可以化成一，粟率便为五；三单位粝可以化成一，粝率便为三，粟五、粝三便是粟、粝的相与之率. 当然，一般说来，求相关诸物的率，通常不必经由等至于一这一步，而是直接考虑它们的相对关系，就求出了率. 刘徽求圆的径率与周率，方率与圆率等等，便未经过等之于一这一步. 率，可由同类同级的单位得出，所谓“可俱为铢、可俱为两、可俱为斤，无所归滞也”；也可由同类不同级的单位得出，如衰分章第 17 问注提出“斤两错互而亦同归”，可以“使干丝以两数为率，生丝以斤数[②]为率”；还可以由不同类的物得出，如上面所引《墨子》中的率，便是由人数和步数这两类完全不同而相关的事物中得出的，《九章算术》这类情况则更多，如其率术的石(钧、斤、两)率之，便是钱与重量的率，所谓“譬之异类，亦各有一定之势”. 此时率表示某物的度量对另一物的度量的相对关系，相当于现今的密度、比重、单价、速度等意义. 因此，分数的分子与分母也是相与关系，可以看成率关系. 现代算术理论中关于分数的定义是：第一量与第二量两量之比是一个分数，分子表示第一量含公度的倍数，分母表示第二量含公度的倍数. 这个定义与刘徽的理论惊人地一致. 由此也可以看出刘徽的理论多么高超. 刘徽把一称为数之母，使他可以毫无顾忌地求任何数的精确

① 粟：鲍刻本、大典本讹作“粝”，戴震校正.

② 斤数：鲍刻本、大典本讹作“类”，戴震校正.

值或精确近似值，甚至开方不尽时，求十进分数，后面将看到，其实践意义十分大. 但是，也存在着理论上的失误，这就是关上了彻底认识无理数的大门. 因为，许多量关系不能以一为公度，如正方形的对角线和边长，圆的周长和直径.

三、率的性质

刘徽指出，率有下述性质：

> 凡所得率知，细则俱细，粗则俱粗，两数相抱而已.

“知”训“者”. 古籍中“者”与“之”互训，用作指事之辞，“‘者’，犹‘之’也”，“‘之’犹‘者’也.”(裴学海《古书虚字集释》卷九)，又“‘知’犹‘之’也. 语助也.”(同上书，卷六)故“知”也可用作指事之词，与“者”同义.“相抱”是互相转取的意思.“抱”，古通“捊”. 汉许慎《说文解字》卷十二：“捊，或从包”，“捊，引取也.”又《淮南子·原道训》：“扶摇抮抱，羊角而上.”汉高诱注：“扶，攀也；摇，动也；抮抱，引戾也. 扶摇直如羊角，转如曲萦，行而上也.”刘徽的意思是说，构成同一率关系的诸量同时扩大或缩小同一不为零的倍数，其率关系不变.

由率的这个重要性质出发，刘徽提出了相与率的概念，并提出了相与率的求法. 刘徽说：

> 率知，自相与通. 有分则可散，分重叠则约也. 等除法实，相与率也.

显然，所谓相与率就是其中诸量间没有等数的率关系. 如果率关系中诸量有等数，则可用等数除诸数. 中国古代没有素数和互素的概念，实际上，两个量的相与率关系，就是互素的两个数. 在某种意义上说，相与率起着互素的作用. 相与率的提出，可以化简许多运算. 在实际应用中，凡不是相与率的，都要化成相与率. 一是最初求出的相与关系中有分数，则必须实施散分，即刘徽所说的"散分者，必令两分母相乘法实也"，化成没有等数的正整数. 如均输章第 16 题注，先得出主人用日率$\frac{5}{24}$，客人用日率$\frac{13}{24}$，化成主人用日率 5，客人用日率 13，便是相与率. 一是最初求出的相与关系中有等数，则必先求等数，以等数除诸数，得到相与率. 如求圆周率时，刘徽先是求出径 200，周 628，令相约，"周得一百五十七，径得五十，则其相与之率也."在求更精确的圆周率 3927∶1250 时，先求出周 $628\frac{8}{25}$，径 200，则必须先后使用散分和约分两个过程. 在两个以上的量构成率关系时，往往先知道它们的两两相与关系，然后通其率，化成诸量之间的相与率关系，这在下面还要专门阐述.

总之，相与率，在两个元素的情况下，就是现今两个互素的正整数；在多个元素的情况下，则是一组没有公因子的正整数，有时甚至是两两互素的正整数. 如勾股理论中，勾率、股率和弦率，便是如此，特别地，在(41)式中，若 m、n 互素，则勾率、股率和弦率都两两互素. 以相与率入算，是一个普遍原则. 刘徽衰分术注说："列衰，相与率也. 重叠，则可约."实际上，《九章算术》以粟米之法诸率入算时，都使用相与率[①]，但是，明确提出相与率，并严格规定其涵义，则是刘徽的功劳.

四、齐同术

由率的定义和性质，刘徽提出了它的三种等量变换："乘以散之，约以聚之，齐同以通之."

---

① 第 28 问熟菽率 103.5，菽率 45，《九章算术》以相与率 23 和 10 入算，李淳风化成 11.5 与 5，反不如《九章算术》简省，且不符合刘徽关于相与率的规定.

这三种等量变换都源于分数运算. 我们先介绍刘徽在分数运算中关于这三种等量变换的理论. “约以聚之”源于“约分术”, 相反的运算便是“乘以散之”. 约分术刘徽注说:

> 按:约分者,物之数量,不可悉全,必以分言之. 分之为数,繁则难用. 设有四分之二者,繁而言之,亦可为八分之四;约而言之,则二分之一也. 虽则异辞,至于为数,亦同归尔.

在合分术注中刘徽又说:

> 约而言之者,其分粗;繁而言之者,其分细. 虽则粗细有殊,然其实一也.

就是说,分子、分母同时缩小同一倍数,称作约分,此时分数单位变大、变粗,即约以聚之. 相反的运算便是分子、分母同时扩大同一倍数,便使分数单位变小,即“乘以散之”. 这两种运算都不改变分数值,故刘徽指出,经过这两种运算之后,虽然分数单位大小发生了变化,表现的形式不同,“至于为数,亦同归尔”,“其实一也”. 刘徽在这里明确阐述了分数的基本性质.

“齐同以通之”即“齐同术”,源于分数的加减运算. 分数单位不同的几个分数无法施行加减,必须将其单位化小,“乘以散之”,化成同一分数单位,才能相加,即通分. 正如刘徽在合分术注中所说:

> 众分错杂,非细不会. 乘而散之,所以通之,通之则可并也.

这里实际要进行两步运算,一步是使诸分数的分母同一,汉魏时一般通过诸分母相乘得到;二是使各分数的分数值保持不变,汉魏时通过母互乘子得到. 前者是同,同其母;后者是齐,齐其子,

这就是齐同术. 刘徽说:

> 凡母互乘子谓之齐. 群母相乘谓之同. 同者,相与通同共一母也;齐者,子与母齐,势不可失本数也.

在诸分母相乘为同之后,刘徽又提出了另一种齐的方式:

> 其一术者,可令母除为率,率乘子为齐.

即用各分数的分母除同(即公分母),得到各分数单位的率,以率分别乘各分数的分子,就得到齐. 这种方法在三个及其以上的分数相加时比原来的方法简便些. 比如$\frac{b_1}{a_1}+\frac{b_2}{a_2}+\frac{b_3}{a_3}$,"同"为$a_1a_2a_3$,分数单位$\frac{1}{a_1}$、$\frac{1}{a_2}$、$\frac{1}{a_3}$的相与之率便是$a_2a_3$、$a_1a_3$、$a_1a_2$,直接用它们分别乘$b_1$、$b_2$、$b_3$,就作到了齐:$\frac{b_1a_2a_3}{a_1a_2a_3}$、$\frac{a_1b_2a_3}{a_1a_2a_3}$、$\frac{a_1a_2b_3}{a_1a_2a_3}$. 这些方法当然也完全适用于分数减法.

与《九章算术》一样,刘徽没有考虑最小公倍数的问题. 上述两种齐同方式,都没有求诸分母的最小公倍数以其为分母,而是以诸分母的连乘积为公分母,完成加减法之后再约分,化成最简分数. 因此,对《九章算术》少广术的通分法,我们已经指出,它在求最小公倍数上比合分术进了一步,刘徽却没有重视. 他尽管用齐同术论证了少广术的正确性,但仍坚持合分术的通分法:"法[①]有分者,当同其母,齐其子,以同乘法实,而并齐于法",认为这与少广术通分法"意亦等也",看不到后者的进步. 其原因可能是:少广术通分法尽管程序化强,但显得繁琐,刘徽没有注意它的理论意义.

---

① 法:鲍刻本、大典本讹作"置",此依《永乐大典》引杨辉本.

我们回过头来讲率.上面已提到,分数的分子、分母可以看成相与的两个量,分数是分子、分母的率关系.因此,关于分数的运算的三种等量变换,自然地被拓展到率的运算之中.这是刘徽的重大贡献.刘徽在合分术注中说:

方以类聚,物以群分.数同类者无远,数异类者无近.远而通体知,虽异位而相从也;近而殊形知,虽同列而相违也.然则齐同之术要矣,错综度数,动之斯谐,其犹佩觿解结,无往而不理焉.乘以散之,约以聚之,齐同以通之,此其算之纲纪乎.

这一段非常具有哲理性的文字,阐明了这三种等量变换在运算中的重要作用.它们确实突破了约分、散分、通分的狭窄领域,在当时的几乎每个数学分支中,都像解结的觿一样,无往而不理.而率,正是通过这三种等量变换,尤其是齐同术,在刘徽的数学运算中,发挥了纲纪作用.

第二节　率在算术问题中的应用

率在算术问题中的应用最多、最为广泛.本章所讲的算术、代数、几何像第一章一样,都是就现今意义而言的.

算术问题中我们着重分析今有术和齐同原理.

一、作为都术的今有术

今有术是《九章算术》的重要方法,然而它的应用仅限于粟米章三十一个各种谷物的互换问题.刘徽高度评价了今有术,把它称为"都术",即普遍方法.他指出:

此都术也.凡九数以为篇名,可以广施诸率,所谓告往而知来,举一隅而三隅反者也.诚能分诡数之纷杂,通彼此之否塞，因物成率，审辨名分，平其偏颇，齐其参差，则终无不归于此术也.

刘徽把《九章算术》的许多术文归结为今有术，直接涉及到一百多个题目，其应用遍布九章①.

经率术可以归于今有术是显然的.

衰分术是比例分配的方法，在《九章算术》中与今有术并列，分别属于第三章、第二章. 刘徽首先指出："列衰，相与率也. 重叠，则可约"，将其纳入率的范畴，并用相与率运算. 刘徽首先论证了衰分术的正确性：

法集而衰别. 数本一也，今以所分乘上别，以下集除之，一乘一除适足相消. 故所分犹存，且各应率而别也.

然后，将其归结到今有术：

于今有术，列衰各为所求率，副并为所有率，所分为所有数.

设所分 A 为所有数，列衰 $a_1, a_2, \cdots a_n$ 为所求率，列衰之和 $\sum_{i=1}^{n} a_i$ 为所有率. 则由今有术，所分配的结果就是 $\frac{a_i A}{\sum_{j=1}^{n} a_j}$，$(i = 1, 2, \cdots n)$，与《九章算术》的方法殊途同归，而解法的数理更为明显.

同样，像均输术这类复杂的配分比例问题，刘徽也归结到今有术.

刘徽还把许多别的算术问题归结到今有术. 因为这些问题

① 方田章、少广章的应用不太明显. 然而，刘徽在方田章中用徽率修正圆田又术，少广章中开圆术，则不能不用到今有术.

表面上看来并不是比例问题，要应用今有术，首先要根据已知条件找出诸物的关系及其率，所谓“分诡数之纷杂，通彼此之否塞，因物成率”. 有的还要借助齐同原理，所谓“平其偏颇，齐其参差”，实际上就是齐同原理. 我们举几个例子：

(1)卷三第 10～19 问实际上都是简单的今有问题，归结到今有术是显然的. 均输章犬追兔问等问题实际上也是今有问题，不过，所有率、所有数、所求数不像上述问题那么明显.

> 今有兔先走一百步，犬追之二百五十步，不及三十步而止. 问：犬不止，复行几何步及之？
>
> 术曰：置兔先走一百步，以犬走不及三十步减之，余为法. 以不及三十步乘犬追步数，为实. 实如法得一步.

其算式为$\frac{250\times30}{100-30}$. 刘徽认为：

> 按：此术以不及三十步减先走一百步，余七十步，为兔先走率. 犬行二百五十步为追及率. 约之，先走率得七，追及率得二十五. 于今有术，不及三十步为所有数，二十五为所求率，七为所有率，而今有之，即得也.

刘徽的文字很通俗.“客去忘衣”问题更复杂一些：

> 今有客马日行三百里. 客去忘持衣，日已三分之一，主人乃觉，持衣追及与之而还；至家视日四分之三. 问：主人马不休，日行几何？
>
> 术曰：置四分日之三，除三分日之一. 半其余，以为法. 副置法，增三分日之一. 以三百里乘之，为实. 实如法，得主人马一日行.

《九章算术》的算式是：主马日行$\dfrac{\left[\dfrac{1}{2}\left(\dfrac{3}{4}-\dfrac{1}{3}\right)+\dfrac{1}{3}\right]\times 300}{\dfrac{1}{2}\left(\dfrac{3}{4}-\dfrac{1}{3}\right)}$. 这里没有用到率，且没有头绪，使人不得要领. 解类似的问题，除照葫芦画瓢外，很难收到举一反三的效果. 刘徽认为：$\dfrac{3}{4}-\dfrac{1}{3}=\dfrac{5}{12}$是主人追客还用日率. "去其还，存其往"，$\dfrac{1}{2}\left(\dfrac{3}{4}-\dfrac{1}{3}\right)=\dfrac{5}{24}$是主客均行用日率，加客去主人未觉之前独行用日$\dfrac{1}{3}$，$\dfrac{1}{2}\left(\dfrac{3}{4}-\dfrac{1}{3}\right)+\dfrac{1}{3}=\dfrac{13}{24}$为主人追及前客人用日率. "然则，主人用日率者，客马行率也；客用日率者，主人马行率也. 母同则子齐，是为客马行率五，主人马行率十三". 这就可以归结到今有术：

> 于今有术，三百里为所有数，十三为所求率，五为所有率，而今有之，即得也.

显然，用率解释，抓住了数量关系的本质，深入浅出，简单明了，不仅阐明了这个问题的数理，也提示了解决同类问题的方法.

(2)有的问题是复比例问题，刘徽化作今有问题. 比如：

> 今有取佣，负盐二斛，行一百里，与钱四十. 今负盐一斛七斗三升少半升，行八十里. 问：与钱几何？
>
> 术曰：置盐二斛升数，以一百里乘之为法. 以四十钱乘今负盐升数，又以八十里乘之，为实. 实如法得一钱.

其算式为钱数$=\dfrac{40\text{ 钱}\times 173\dfrac{1}{3}\text{升}\times 80\text{ 里}}{200\text{ 升}\times 100\text{ 里}}$. 刘徽认为，200 升×

100 里＝20000 里升，“是为负盐一升行二万里，得钱四十[①]. 于今有术，为所有率”. $173\frac{1}{3}$升×80 里，为“今负盐一升凡所行里也. 于今有术为所有数[②]”. 而“四十钱为所求率也”. 刘徽还指出，“衰分章‘贷人千钱’与此同”，也可化为今有问题.

(3)刘徽还用今有术阐述了我们称之为归一的问题. 比如：

> 今有程[③]传委输，空车日行七十里，重车日行五十里. 今载太仓粟输上林，五：日三返. 问：太仓去上林几何？
>
> 术曰：并空、重里数，以三返乘之，为法. 今空、重相乘，又以五日乘之，为实. 实如法得一里.

其算式为里数$=\frac{70\text{里}\times 50\text{里}\times 5\text{返}}{(70+50)\text{里}\times 3\text{返}}$. 刘徽认为，空车日行 70 里，重车日行 50 里，则行 70×50 里，空车用 50 日，重车用 70 日，因此 70×50 里一往返用(50＋70)日，即 175 里，往返用 6 日. “于今有术，则五日为所有数，一百七十五里为所求率，六日为所有率，以此所得，则三返之路. 今求一返，当以三约之，因令乘法而并除也. ”刘徽进一步解释了这种算法的合理性：“此术重往空还，一输再还道. 置空行一里用[④]七十分日之一，重行一里用五十分日之一. 齐而同之，空、重行一里之路，往返用一百七十五分日之六. 完[⑤]言之者，一百七十五里之路，往返用六日. 故并空、重者，并齐也；空、重相乘者，同其母也. 于今有术，五日为所有数，一百七十五为所求率，六为所有率，以此所得，则三返之

① 李潢删“得钱四十”，按大典本、杨辉本恢复.

② 大典本、杨辉本“为”讹作“以”，脱“数”字，李潢校补.

③ 程：杨辉本作“乘”，两通.

④ 大典本、杨辉本脱“用”字，戴震补.

⑤ 完：戴震辑录大典本、杨辉本讹作“究”，形似而误. 参考鲍刻本卷二校正.

路.”刘徽这里的解释思路,与今归一问题相同.

(4)还原问题也被刘徽归结为今有问题.如:

> 今有人持米出三关,外关三而取一,中关五而取一,内关七而取一,余米五斗.问本持米几何?
>
> 术曰:置米五斗,以所税者三之,五之,七之,为实.以余不税者二、四、六相互乘为法.实如法得一斗.

这是还原问题,其算式为本持米$=\frac{5\text{斗}\times3\times5\times7}{2\times4\times6}$.刘徽说:“所税者,谓今所当税之.定三、五、七皆为所求率,二、四、六皆为所有率.置今有余米五斗,以七乘之,六而一,即内关未税之本米也.又以五乘之,四而一,即中关未税之本米也[①].又以三乘之,二而一,即外关未税之本米也.”即用重今有解决.刘徽又提出了一种从外关起算的方法:

> 又一术:外关三而取一,则其余本米三分之二也.求外关所税之余,则当置一,二分乘之,三[②]而一.欲知中关,以四乘之,五而一.欲知内关,以六乘之,七而一.凡余分者,乘其母,而以三、五、七相乘得一百五,为分母,二、四、六相乘得四十八,为分子.约而言之,则是余米于本所持三十五分之十六也.于今有术,余米五斗为所有数,分母三十五为所求率,分子十六为所有率也.

两者殊途同归.

(5)在连锁比例的情况下,《九章算术》用重今有术,即反复使用今有术解决.刘徽则通过齐同术,使诸率悉通,直接用今有

---

① 大典本、杨辉本脱以上十七字,李潢补.

② “一,二”,戴震辑录大典本、杨辉本讹作“三”,“三”讹作“二”,前者依北京图书馆藏聚珍版某先生手校校正,后者依李潢校正.

术求解. 上述持米出三关问即是如此,今再以均输章第 10 问为例说明.

> 今有络丝一斤为练丝一十二两,练丝一斤为青丝一斤一十二铢. 今有青丝一斤,问:本络丝几何?
>
> 术曰:以练丝十二两乘青丝一斤一十二铢为法,以青丝一斤铢数乘练丝一斤两数,又以络丝一斤乘,为实. 实如法得一斤.

刘徽在以重今有术论述了《九章算术》的解法之后说:

> 一曰:又置络丝一斤两数与练丝十二两,约之,络得四,练得三,此其相与之率. 又置练丝一斤铢数[①]与青丝一斤一十二铢,约之,练得三十二,青得三十三,亦其相与之率. 齐其青丝、络丝,同其二练,络得一百二十八,青得九十九,练得九十六,即三率悉通矣. 今有青[②]丝一斤为所有数,络丝一百二十八为所求率,青丝九十九为所有率. 为率之意犹此,但不先约诸率耳. 凡率错互不通者,皆积齐同用之. 放此,虽四五转不异也. 言同其二练者,以明三率之相与通耳,于术无以异也.

即络:练=4:3,练:青=32:33. 应用齐同原理,同其二练之率 96,使络、青与之相齐,得络:练:青=128:96:99,则三率悉通,直接对络、青应用今有术,即得. 显然,这种方法比《九章算术》的重今有术简便. 刘徽认为,这种使诸率悉通的方法可以推广到任意多个连锁比例的问题.

此外,方程、勾股、测望和重差等许多代数和几何问题最后

---

① 大典本、杨辉本脱"数"字,戴震补.

② 大典本、杨辉本"青"讹作"练",李潢校正.

也常常归结到今有术求解.总之,刘徽把今有术提高到居于其他许多术文之上的普遍方法的地位,其他方法有的可以看作今有术的子方法,有的要援引今有术才能求解,实际上赋予今有术以新的意义.

二、齐同原理的其他应用

齐同原理不仅用于与率或今有术有关的方法和问题,还用于其他方法和问题.

《九章算术》均输章第20~26问分别是关于凫雁、长安至齐、成瓦、矫矢、假田、程耕、五渠共池的问题,刘徽认为都是同工共作类问题.对这类问题虽未归结为今有术,刘徽却都使用了齐同原理,至于采取什么方式应用齐同原理,则是灵活的,所谓"自凫雁至此,其为同齐有二术焉,可随率宜也."以第20问为例:

> 今有凫起南海,七日至北海;雁起北海,九日至南海.今凫雁俱起,问:何日相逢?
>
> 术曰:并日数为法,日数相乘为实,实如法得一日.

其算式为日数$=\dfrac{7\times9}{7+9}$(日).刘徽先是采取"齐其至,同其日"的方式齐同:

> 按:此术置凫七日一至,雁九日一至.齐其至,同其日,定六十三日凫九至,雁七至.今凫、雁俱起而问相逢者,是为共至.并齐以除同,即得相逢日.故并日数为法者,并齐之意;日数相乘为实者,犹以同为实也.

这是对《九章算术》术文的直接论证.刘徽认为,亦可采取同其距离之分,齐其日速的方式实现齐同:

> 一曰:凫飞日行七分至之一,雁飞日行九分至之一.齐

> 而同之，凫飞定日行六十三分至之九，雁飞定日行六十三分至之七，是为南北海相去六十三分，凫日行九分，雁日行七分也. 并凫、雁一日所行，以除南北相去，而得相逢日也.

这种齐同过程是日数$=\dfrac{1}{\dfrac{1}{7}+\dfrac{1}{9}}=\dfrac{1}{\dfrac{9}{63}+\dfrac{7}{63}}=\dfrac{63}{9+7}$(日). 这两种方式亦殊途同归，都证明了《九章算术》方法的正确性.

盈不足类问题的解法在第一章已经述及. 刘徽也用齐同原理论证了《九章算术》解法的正确性. 刘徽把不足称为朒，把所出率称为假令. 他说：

> 盈朒维乘两设者，欲为同齐之意. 据共买物，人出八，盈三；人出七，不足四. 齐其假令，同其盈、朒. 盈、朒俱十二，通计齐则不盈不朒之正数，故可并之为实，并盈、不足为法. 齐之三十二者，是四假令，有盈十二；齐之二十一者，是三假令，亦朒十二. 并七假令合为一实，故并三、四为法. 注云若两设有分者，齐其子，同其母. 此问两设俱见零分，故齐其子，同其母. 又云令下维乘上. 讫，以同约之. 不可约，故以乘，同之. 所出率以少减多者，余，谓之设差，以为少设，则并盈、朒，是为定实，故以少设约定实. 则法为人数，适足之实故为物价. 盈、朒当与少设相通. 不可遍约，亦当分母乘，设差为约法、实.①

假令a_1，盈b_1，假令a_2，朒b_2. 同其盈、朒均为b_1b_2，使两假令分别与盈、朒相齐，则为a_1b_2、a_2b_1，那么b_1+b_2次假令，共出$a_1b_2+a_2b_1$则不盈不朒，故每次假令$(a_1b_2+a_2b_1)/(b_1+b_2)$即为不盈不朒之正数，即(1)式. 随即证明了(2)、(3)式. 这是对整

---

① 此段戴震臧、割、删及李潢改动不妥. 笔者重校，主要是恢复原文.

数情形而言的.

如果两假令都是分数,则齐同过程要复杂一些.设两假令为$\frac{a_1}{c_1}$、$\frac{a_2}{c_2}$,盈、朒为b_1、b_2,则刘徽的齐同过程是:

$$\begin{array}{cc}\frac{a_1}{c_1} & \frac{a_2}{c_2}\\ b_1 & b_2\end{array}\xrightarrow{\text{齐其子,同其母}}\begin{array}{cc}\frac{a_1c_2}{c_1c_2} & \frac{a_2c_1}{c_1c_2}\\ b_1 & b_2\end{array}\xrightarrow{\text{令下维乘上,以同约之}}$$

$$\begin{array}{cc}\frac{a_1c_2b_2}{c_1c_2} & \frac{a_2c_1b_1}{c_1c_2}\\ b_1 & b_2\end{array}\xrightarrow{\text{不可约,故以乘,同之}}\begin{array}{cc}a_1c_2b_2 & a_2c_1b_1\\ b_1c_1c_2 & b_2c_1c_2\end{array}$$

从而完成了齐同过程,都化成了整数.于是$(a_1c_2b_2+a_2c_1b_1)/(b_1c_1c_2+b_2c_1c_2)$为不盈不朒之正数.$(a_1c_2b_2+a_2c_1b_1)/|a_1c_2-a_2c_1|$是物价,$(b_1c_1c_2+b_2c_1c_2)/|a_1c_2-a_2c_2|$为人数.

第三节 率在方程中的应用

率在代数中的应用主要体现在方程术中,包括方程的定义,方程直除法、互乘相消法消元中的齐同原理,方程新术等几个方面.

一、方程的定义

在第一章已经指出,方程的本义是"并而程之",并且认为自刘徽迄今1700多年间,唯有刘徽的定义完全符合方程的本义.刘徽的定义在第一章中已引出,这实际上是一个发生性定义.按照这个定义,可以毫不费力地根据题设构造出一个方程.值得注意的是,定义中提出"令每行为率".这是刘徽方程理论中一句至关重要的话.钱宝琮先生说:方程中"用筹策布其数(系数)于某行某率,列各率之数于上,实数于下,即成一行.率谓不同未知量，实则一行(式)内数率和较之值也”.(《方程算法源流考》)钱先生指出诸物(未知数)在方程中都有一定的率，无疑是正确的.如方程术注中刘徽说“左方下禾一秉之实以法为母，于率不通”，就是指下禾的率.又如第 9 问注“三雀四燕重相当，雀率重四，燕率重三也”，明确提出了雀、燕的率.但这似并未解释“令每行为率”.我们认为，“令每行为率”有更深刻的含义，这就是把方程的每一行都看成一个整体，看成相对于其他行的率.这从第 4 问刘徽注“以每行各自为率”，第 9 问注“诸再程之率”，看得更清楚.细言之，就是根据题设所给定的“群物总杂，各列有数，总言其实”，构成某些确定的关系式.每个关系式都看作一个率.每行中的未知数的系数与常数项的排列都有确定的顺序，就是说有方向性.应该说，“令每行为率”与现今线性方程组理论中的行向量概念有某种类似之处[①].同时，一般说来，有几个未知数，方程就有几行，亦即率关系有几个元素，所谓“皆如物数程之”.

二、同解变换

刘徽在方程中“令每行为率”的意义在于，在方程中可以施行关于率的三种等量变换：(1)对整行，可以施行“约以聚之”、“乘以散之”——对一行的各项同时扩大或缩小同一倍数：

$$k\times\begin{array}{c}a_1\\a_2\\\vdots\\a_n\\A\end{array}\longrightarrow\begin{array}{c}ka_1\\ka_2\\\vdots\\ka_2\\kA\end{array}$$

① 古代竖为行，横为列，与今相反，因此，方程中的行恰为现今线性方程组中的一行.

不影响方程的解，因此方程有分数项时，可以化成整数的情形．同样，一行中各项如果有等数，可以约去．(2)对两整行，可以施行“齐同以通之”——使两行中某对应的项相同，而使各行中其余的项分别与该项相齐：

$$\begin{matrix} b_1 & a_1 \\ b_2 & a_2 \\ \vdots & \vdots \\ b_n & a_n \\ B & A \end{matrix} \longrightarrow \begin{matrix} a_1b_1 & b_1a_1 \\ a_1b_2 & b_1a_2 \\ \vdots & \vdots \\ a_1b_n & b_1a_n \\ a_1B & b_1A \end{matrix}$$

也不影响方程的解．换言之，关于率的三种等量变换，变成了方程消元法的同解变换．这是方程能够消元的必要前提．在直除法消元中，上述变换是通过两行直除得到的．刘徽说：

> 先令右行上禾乘中行，为齐同之意．为齐同者，谓中行直减右行也．从简易虽不言齐同，以齐同之意观之，其义然矣．

(方程章方程术注)如在三行方程中，以右行首项系数 a_1 乘中行 $\begin{matrix} b_1 \\ b_2 \\ b_3 \\ B \end{matrix}$，为 $\begin{matrix} a_1b_1 \\ a_1b_2 \\ a_1b_3 \\ a_1B \end{matrix}$，中行诸项相齐．然后从中行直减右行，减 b_1 次，中行首项变为0．实际上，减行首项积累起来也是 a_1b_1，即与中行首项同，减行其余各项与首项相齐，其齐同意义十分明显：

$$\begin{bmatrix} c_1 & b_1 & a_1 \\ c_2 & b_2 & a_2 \\ c_3 & b_3 & a_3 \\ C & B & A \end{bmatrix} \longrightarrow \begin{bmatrix} c_1 & b_1a_1 & a_1 \\ c_2 & b_2a_1 & a_2 \\ c_3 & b_3a_1 & a_3 \\ C & Ba_1 & A \end{bmatrix} \longrightarrow$$

$$\begin{bmatrix} c_1 & b_1a_1-a_1b_1 & a_1 \\ c_2 & b_2a_1-a_2b_1 & a_2 \\ c_3 & b_3a_1-a_3b_1 & a_3 \\ C & Ba_1-Ab_1 & A \end{bmatrix} \longrightarrow \begin{bmatrix} c_1 & 0 & a_1 \\ c_2 & b_2a_1-a_2b_1 & a_2 \\ c_3 & b_3a_1-a_3b_1 & a_3 \\ C & Ba_1-Ab_1 & A \end{bmatrix}$$

为了说明两项相减不影响方程的解，刘徽提出了一条重要的原理：

举率以相减，不害余数之课也.

这是说，方程的整行与另外的行相减，不影响方程的解. 刘徽把它当成不加证明即认为其正确的命题. 这是直除法和下面就要讲的互乘相消法的理论基础.

三、正负术

《九章算术》引入了负数，然而根据现有资料，直至 12 世纪北宋数学家刘益引入负系数开方式（即现今的方程式）之前，在数学著作中，负数仅用于方程术即线性方程组解法中. 刘徽首先给出了正负数的定义：

今两算得失相反，要令正负以名之.

这个定义表示，正负是互相依存的、相对的，正是相对于负而言为正，负是相对于正而言为负，它已经摆脱了以盈为正、以欠为负的朴素观念，非常抽象.

刘徽认为，上述关于方程的理论，完全适用于负系数方程. 他说：

方程自有赤黑相取，法实①数相推求之术，而其并减之

① 此依大典本、杨辉本. 戴震辑录大典本讹作“左右”，后诸本因袭. 李潢指出大典本作“法实”.

势不得广通,故使赤黑相消夺之.

刘徽又说:

> 赤、黑相杂足以定上下之程,减、益虽殊足以通左右之数,差、实虽分足以应同异之率.然则其正无人以负之,负无人以正之[①],其率不妄也.

为了消元的方便,每一行的符号可以根据需要确定,他说:

> 凡正负所以记其同异,使二品互相取而已矣.言负者未必负于少,言正者未必正于多.故每一行之中虽复赤黑异算无伤.然则可得使头位常相与异名.

就是说,方程中,负数不一定表示少,正数不一定表示多.因此,不仅一行中可以正负数交错,而且消元时,可以使参与消元的两行相应的项异号(如同号,可使其中一行所有系数统统改变符号,相当于以−1遍乘).由此,两行相减可以变成相加.

刘徽还高度概括了正负数加减法则.他说:

> 此条之实兼通矣,遂以二条反覆一率.观其每与上下互相取位,则随算而言耳,犹一术也.

既然各行的符号可以根据需要而确定,那么,减法可以变成加法,加法可以变成减法,因此,正负数加减法则,可以概括为一种方法.本书第一章正负数加减法则的符号表示,实际上反映了刘徽的概括.

四、互乘相消法

直除法消元要反复相减,十分繁琐.刘徽在注释牛羊直金问

① 杨辉本、大典本脱此六字,参考戴震校勘重校."人"系大典本、杨辉本原文,戴震改作"入",不妥.

时，创造了互乘相消法.《九章算术》原题为：

> 今有牛五、羊二，直金十两；牛二、羊五，直金八两. 问：牛、羊各直金几何？

《九章算术》的术文只有“如方程”三字，刘徽注曰：

> 假令为同齐，头位为牛，当相乘. 右行定，更置牛十、羊四，直金二十两；左行牛十、羊二十五，直金四十两. 牛数等同. 金多二十两者，羊差二十一使之然也. 以少行减多行，则牛数尽，惟羊与直金之数见，可得而知也. 以小推大，虽四、五行不异也.

这实际上是进行如下变换：

$$\begin{bmatrix} b_1 & a_1 \\ b_2 & a_2 \\ B & A \end{bmatrix} \longrightarrow \begin{bmatrix} b_1a_1 & a_1b_1 \\ b_2a_1 & a_2b_1 \\ Ba_1 & Ab_1 \end{bmatrix} \longrightarrow \begin{bmatrix} 0 & a_1 \\ b_2a_1-a_2b_1 & a_2 \\ Ba_1-Ab_1 & A \end{bmatrix}$$

互乘相消法一下子实现了齐同，显然比直除相消法简便得多. 刘徽所以能创造这个方法，是因为他对方程消元中的齐同原理有深刻认识. 刘徽认为，互乘相消法也是一个普遍方法，对任意多行的方程都是适用的. 遗憾的是，刘徽创造的这种方法，后世七百多年间未引起重视，人们仍然只采用直除法消元. 十一世纪贾宪在许多题目中使用互乘相消法，但同时也使用直除法. 直至南宋秦九韶《数书九章》(1247)才完全废止直除法，提出了互乘相消法的一般程序.

五、方程新术

上面已经指出，方程中蕴涵了诸物的标准，即它们各自的率. 方程各行就是诸物之率的线性关系. 刘徽充分认识到这一点，他又创造了方程新术. 其要点是：通过左右行相减，先消去诸行的实，再消元，求出诸物两两相当之率，对易其数，得出诸物两两相与之率，施行齐同，求出诸物的相与之率，最后用今有术或衰分术求解. 由于刘徽把衰分术也归结到今有术，方程新术的几个子程序实际上都归结到今有术.

方程新术曰：以正负术入之. 今左、右相减，先去下实，又转去物位，则其求一行二物正、负相借者，是①其相当之率. 又令二物与他行互相去取，转其二物相借之数，即皆相当之率也. 各据二物相当之率，对易其数，即各当之率也. 更置成行及其下实，各以其物本率今有之，求其所同，并，以为法. 其当相并而行中正负杂者，同名相从，异名相消，余以为法. 以下置为实. 实如法，即合所问也. 一物各以本率今有之，即皆合所问也. 率不通者，齐之.

其一术曰：置群物通率为列衰. 更置成行群物之数，各以其率②乘之，并，以为法. 其当相并而行中正负杂者，同名相从，异名相消，余为法. 以成行下实乘列衰，各自为实. 实如法而一，即得.

雀燕问刘徽注实际上已经应用了方程新术. 不过，方程新术术文是在第 18 问中提出来的. 第 18 问是：

今有麻九斗、麦七斗、菽三斗、荅二斗、黍五斗，直钱一百四十；麻七斗、麦六斗、菽四斗、荅五斗、黍三斗，直钱一百二十八；麻三斗、麦五斗、菽七斗、荅六斗、黍四斗，直钱一百一十六；麻二斗，麦五斗、菽三斗、荅九斗、黍四斗，直钱一百一十二；麻一斗、麦三斗、菽二斗、荅八斗、黍五斗，直钱九十

① 是：杨辉本、戴震辑录大典本讹作“易”，李潢校正.

② 率：大典本、杨辉本讹作“数”，戴震校正.

五. 问一斗直钱几何?

刘徽的方程新术细草[①]为:

$$\begin{bmatrix} 1 & 2 & 3 & 7 & 9 \\ 3 & 5 & 5 & 6 & 7 \\ 2 & 3 & 7 & 4 & 3 \\ 8 & 9 & 6 & 5 & 2 \\ 5 & 4 & 4 & 3 & 5 \\ 95 & 112 & 116 & 128 & 140 \end{bmatrix} \xrightarrow[\text{减第三行}]{\text{先以第四行}} \begin{bmatrix} 1 & 2 & 1 & 7 & 9 \\ 3 & 5 & 0 & 6 & 7 \\ 2 & 3 & 4 & 4 & 3 \\ 8 & 9 & -3 & 5 & 2 \\ 5 & 4 & 0 & 3 & 5 \\ 95 & 112 & 4 & 128 & 140 \end{bmatrix}$$

$$\xrightarrow{\substack{\text{次以第三行去右}\\\text{行及第二行、}\\\text{第四行下位}}} \begin{bmatrix} 1 & -26 & 1 & -25 & -26 \\ 3 & 5 & 0 & 6 & 7 \\ 2 & -109 & 4 & -124 & -137 \\ 8 & 93 & -3 & 101 & 107 \\ 5 & 4 & 0 & 3 & 5 \\ 95 & 0 & 4 & 0 & 0 \end{bmatrix} \xrightarrow{\substack{\text{又以减左行下}\\\text{位不足减乃止}}}$$

$$\begin{bmatrix} -22 & -26 & 1 & -25 & -26 \\ 3 & 5 & 0 & 6 & 7 \\ -90 & -109 & 4 & -124 & -137 \\ 77 & 93 & -3 & 101 & 107 \\ 5 & 4 & 0 & 3 & 5 \\ 3 & 0 & 4 & 0 & 0 \end{bmatrix} \xrightarrow{\substack{\text{次以左行减}\\\text{第三行下位}}}$$

---

① 方程新术细草,杨辉本、戴震辑录大典本多误,此依李锐校正.

$$\begin{bmatrix} -22 & -26 & 23 & -25 & -26 \\ 3 & 5 & -3 & 6 & 7 \\ -90 & -109 & 94 & -124 & -137 \\ 77 & 93 & -80 & 101 & 107 \\ 5 & 4 & -5 & 3 & 5 \\ 3 & 0 & 1 & 0 & 0 \end{bmatrix} \xrightarrow{\text{次以第三行去左行下位. 迄,废去第三行}}$$

$$\begin{bmatrix} -91 & -26 & -25 & -26 \\ 12 & 5 & 6 & 7 \\ -372 & -109 & -124 & -137 \\ 317 & 93 & 101 & 107 \\ 20 & 4 & 3 & 5 \\ 0 & 0 & 0 & 0 \end{bmatrix} \xrightarrow{\text{次以第四行去左行下位，又以减右行下位}}$$

$$\begin{bmatrix} 39 & -26 & -25 & 0 \\ -13 & 5 & 6 & 2 \\ 173 & -109 & -124 & -28 \\ -148 & 93 & 101 & 14 \\ 0 & 4 & 3 & 1 \\ 0 & 0 & 0 & 0 \end{bmatrix} \xrightarrow{\text{次以右行去第二行及第四行下位}}$$

$$\begin{bmatrix} 39 & -26 & -25 & 0 \\ -13 & -3 & 0 & 2 \\ 173 & 3 & -40 & -28 \\ -148 & 37 & 59 & 14 \\ 0 & 0 & 0 & 1 \\ 0 & 0 & 0 & 0 \end{bmatrix} \xrightarrow{\text{次以第二行减第四行及左行头位}}$$

$$\begin{bmatrix} 14 & -1 & -25 & 0 \\ -13 & -3 & 0 & 2 \\ 133 & 43 & -40 & -28 \\ -89 & -22 & 59 & 14 \\ 0 & 0 & 0 & 1 \\ 0 & 0 & 0 & 0 \end{bmatrix} \xrightarrow{\text{次以第四行减左行菽位不足减乃止}}$$

$$\begin{bmatrix} 17 & -1 & -25 & 0 \\ -4 & -3 & 0 & 2 \\ 4 & 43 & -40 & -28 \\ -23 & -22 & 59 & 14 \\ 0 & 0 & 0 & 1 \\ 0 & 0 & 0 & 0 \end{bmatrix} \xrightarrow{\text{次以左行消第二行头位余可再半}}$$

$$\begin{bmatrix} 17 & -1 & -2 & 0 \\ -4 & -3 & -1 & 2 \\ 4 & 43 & -9 & -28 \\ -23 & -22 & 9 & 14 \\ 0 & 0 & 0 & 1 \\ 0 & 0 & 0 & 0 \end{bmatrix} \xrightarrow{\text{次以第四行去左行及第二行头位}}$$

$$\begin{bmatrix} 0 & -1 & 0 & 0 \\ -55 & -3 & 5 & 2 \\ 735 & 43 & -95 & -28 \\ -397 & -22 & 53 & 14 \\ 0 & 0 & 0 & 1 \\ 0 & 0 & 0 & 0 \end{bmatrix} \xrightarrow{\text{次以第二行去左行头位,余约之,上得五,下得三,是菽五当荅三}}$$

$$\begin{bmatrix} 0 & -1 & 0 & 0 \\ 0 & -3 & 5 & 2 \\ -5 & 43 & -95 & -28 \\ 3 & -22 & 53 & 14 \\ 0 & 0 & 0 & 1 \\ 0 & 0 & 0 & 0 \end{bmatrix} \xrightarrow[\text{第四行及右行菽位,不足减乃止}]{\text{次以左行去第二行菽位,又以减}}$$

$$\begin{bmatrix} 0 & -1 & 0 & 0 \\ 0 & -3 & 5 & 2 \\ -5 & 3 & 0 & -3 \\ 3 & 2 & -4 & -1 \\ 0 & 0 & 0 & 1 \\ 0 & 0 & 0 & 0 \end{bmatrix} \xrightarrow[\text{头位,不足减乃止}]{\text{次以右行减第二行}} \begin{bmatrix} 0 & -1 & 0 & 0 \\ 0 & -3 & 1 & 2 \\ -5 & 3 & 6 & -3 \\ 3 & 2 & -2 & -1 \\ 0 & 0 & -2 & 1 \\ 0 & 0 & 0 & 0 \end{bmatrix}$$

$$\xrightarrow[\text{去右行头位}]{\text{次以第二行}} \begin{bmatrix} 0 & -1 & 0 & 0 \\ 0 & -3 & 1 & 0 \\ -5 & 3 & 6 & -15 \\ 3 & 2 & -2 & 3 \\ 0 & 0 & -2 & 5 \\ 0 & 0 & 0 & 0 \end{bmatrix} \xrightarrow[\text{得六,下得五,是为荅六当黍五}]{\text{次以左行去右行头位,余,上}}$$

$$\begin{bmatrix} 0 & -1 & 0 & 0 \\ 0 & -3 & 1 & 0 \\ -5 & 3 & 6 & 0 \\ 3 & 2 & -2 & -6 \\ 0 & 0 & -2 & 5 \\ 0 & 0 & 0 & 0 \end{bmatrix} \xrightarrow[\text{约之,上为二,下为一}]{\text{次以左行去右行荅位,余,}} \begin{bmatrix} 0 & -1 & 0 & 0 \\ 0 & -3 & 1 & 0 \\ -5 & 3 & 6 & -2 \\ 3 & 2 & -2 & 0 \\ 0 & 0 & -2 & 1 \\ 0 & 0 & 0 & 0 \end{bmatrix}$$

$$\xrightarrow{\text{次以右行去第二位下位}}\begin{bmatrix} 0 & -1 & 0 & 0 \\ 0 & -3 & 1 & 0 \\ -5 & 3 & 2 & -2 \\ 3 & 2 & -2 & 0 \\ 0 & 0 & 0 & 1 \\ 0 & 0 & 0 & 0 \end{bmatrix}\xrightarrow{\text{以第二行去第四行下位,又以减左行下位}}$$

$$\begin{bmatrix} 0 & -1 & 0 & 0 \\ 1 & -2 & 1 & 0 \\ -3 & 5 & 2 & -2 \\ 1 & 0 & -2 & 0 \\ 0 & 0 & 0 & 1 \\ 0 & 0 & 0 & 0 \end{bmatrix}\xrightarrow{\text{次左行去第二行下位,余上得三,下得四,是为麦三当菽四}}$$

$$\begin{bmatrix} 0 & -1 & 0 & 0 \\ -1 & -2 & -3 & 0 \\ -3 & 5 & 4 & -2 \\ 1 & 0 & 0 & 0 \\ 0 & 0 & 0 & 1 \\ 0 & 0 & 0 & 0 \end{bmatrix}\xrightarrow{\text{次以第二行减第四行下位}}\begin{bmatrix} 0 & -1 & 0 & 0 \\ 1 & 1 & -3 & 0 \\ -3 & 1 & 4 & -2 \\ 1 & 0 & 0 & 0 \\ 0 & 0 & 0 & 1 \\ 0 & 0 & 0 & 0 \end{bmatrix}$$

$$\xrightarrow{\text{次以第四行去第二行下位,余上得四,下得七,是为麻四当麦七,是为相当之率举矣}}\begin{bmatrix} 0 & -1 & 4 & 0 \\ 1 & 1 & -7 & 0 \\ -3 & 1 & 0 & -2 \\ 1 & 0 & 0 & 0 \\ 0 & 0 & 0 & 1 \\ 0 & 0 & 0 & 0 \end{bmatrix}$$

刘徽指出:

> 据麻四当麦七，即麻价率七而麦价率四[1]；又麦三当菽四，即为麦价率四而菽价率三；又菽五当荅三，即为菽价率三[2]而荅价率五；又荅六当黍五，即为荅价率五而黍价率六[3]，而率通矣.

此即麻∶麦＝7∶4，麦∶菽＝4∶3，菽∶荅＝3∶5，荅∶黍＝5∶6. 若以 x,y,z,u,v 分别表示麻、麦、菽、荅、黍之价，则：

$$x:y:z:u:v=7:4:3:5:6 \tag{46}$$

在求出诸物的通率之后，刘徽使用三种方法求诸物之价，前两种直接用今有术，第三种用衰分术.

(1)以方程新术本术求解. 刘徽使用消去下实时化简了的第三行，它相当于：

$$x+4z-3u=4$$

"求其同为麻之数"，则：

$$x+4\times\frac{3}{7}x-3\times\frac{5}{7}x=4$$

$$x=7$$

即为麻价一斗 7 钱. 然后，刘徽说：

> 置麦率四、菽率三、荅率五、黍率六，皆以麻乘之，各自为实，以麻率七为法，所得即各为价[4].

由(46)式，援引今有术，求出：

$$y=4,z=3,u=5,v=6$$

---

① 大典本、杨辉本脱"七而麦价率四"凡六字，戴震校删.

② 杨辉本、戴震辑录校勘本脱此十二字，依李潢校补.

③ 大典本、杨辉本此处重衍十六字，戴震校删.

④ 大典本、杨辉本"麻率"讹作"实率"，"价"讹作"实". 此段戴震校勘去原意太远，谨依川原秀城校正.

(2)刘徽又说：

> 亦可使置本行实与物同通之，各以本率今有之，求其所同，所得，并，以为法.如此，即无正负之异矣，择异同而已.

这种方法不使用成行(第(1)种方法中的第三行)，而是原方程中的任一行，由(46)式，化为同一物的率.比如，使用原方程的左行，它相当于：

$$x+3y+2z+8u+5v=95$$

根据(46)式，将它化成麻率：

$$\left(1+3\times\frac{4}{7}+2\times\frac{3}{7}+8\times\frac{5}{7}+5\times\frac{6}{7}\right)x=95$$

$$x=7$$

再利用今有术求出 y,z,u,v，其中未用到正负数的运算.

(3)刘徽说：

> 又可以一术为之：置五行通率，为麻七、麦四、菽三、荅五、黍六以为列衰.成行麻一斗、菽四斗正，荅三斗负，各以其率乘之.讫，令同名相从，异名相消，余为法①，又置下实乘列衰②，所得各为实.此可以实③约法，则不复乘列衰，各以列衰为价④.

此为以衰分术求解，以(46)式中诸物之率为列衰.设下实 M，列衰 a_i，系数 A_i，$i=1,2,3,\cdots$.在一般情况下，以下实乘列衰各自为实，成行中的系数乘列衰，相消为法：$\dfrac{Ma_i}{\sum\limits_{j=1}^{n}A_ja_j}(i=1,2,\cdots n)$

---

① 大典本、杨辉本"法"讹作"减"，戴震校正.

② 大典本、杨辉本"又置下实"讹作"或置余"，"列衰"下衍"为实"，依戴震校正.

③ 实：大典本、杨辉本讹作"置"，依戴震校正.

④ 价：大典本、杨辉本讹作"实"，此段戴震改易太多，违背刘徽原意.除改上述一字处，全部恢复原文.

为各物物价.然而此问由成行计算的法 $\sum_{j=1}^{n} A_j a_j = 1\times 7 + 4\times 3 - 3\times 5 = 4$,恰巧与下实 4 相等,即可以实约法.因此,不必以下实乘列衰,直接以列衰作为物价即可.

总之,刘徽利用率的理论和齐同原理,把我国方程理论大大向前推进了一步.

六、五家共井问题

方程章五家共井问六个未知数,只能列出五行方程,因而是一个不定方程组.不定方程组现今属数论的范畴.《九章算术》未认识到它有无数多组解,将其列入方程章.原题是:

> 今有五家共井,甲二绠不足,如乙一绠;乙三绠不足,以[①]丙一绠;丙四绠不足,以丁一绠;丁五绠不足,以戊一绠;戊六绠不足,以甲一绠.如各得所不足一绠,皆逮.问:井深、绠长各几何?
>
> 术曰:如方程,以正负术入之.

《九章算术》求出井深 721 寸,甲绠 265 寸,乙绠 191 寸,丙绠 148 寸,丁绠 129 寸,戊绠 76 寸.原方程为:

$$\begin{bmatrix} 1 & 0 & 0 & 0 & 2 \\ 0 & 0 & 0 & 3 & 1 \\ 0 & 0 & 4 & 1 & 0 \\ 0 & 5 & 1 & 0 & 0 \\ 6 & 1 & 0 & 0 & 0 \\ 1 & 1 & 1 & 1 & 1 \end{bmatrix}$$

经过消元,化成:

① 以:训"如",戴震改作"如",无必要.

$$\begin{bmatrix} 0 & 0 & 0 & 0 & 721 \\ 0 & 0 & 0 & 721 & 0 \\ 0 & 0 & 721 & 0 & 0 \\ 0 & 721 & 0 & 0 & 0 \\ 721 & 0 & 0 & 0 & 0 \\ 76 & 129 & 148 & 191 & 265 \end{bmatrix}$$

这实际上给出了：

甲：乙：丙：丁：戊：井深＝265：191：148：129：76：721

显然，只要井深等于 $721n(n=1,2,\cdots)$，都会得出甲、乙、丙、丁、戊的符合原问的正整数解.《九章算术》实际上是把它的一组最小正整数解作为定解. 正如刘徽所说它只是“举率以言之”：

> 此率初如方程为之，名各一逮井. 其后，法得七百二十一，实七十六，是为七百二十一绠而七十六逮井，并用逮之数. 以法除实者，而戊一绠逮井[①]之数定，逮七百二十一分之七十六. 是故七百二十一为井深，七十六为戊绠之长，举率以言之.

可见，刘徽已经认识到这是一个不定方程组. 刘徽实际上是指出了《九章算术》的一个失误. 同时，这也是在中国数学史上第一次明确提出不定方程问题.

第四节　率在几何问题中的应用

《九章算术》在几何问题中仅在勾股数组公式(41)中使用了率. 刘徽则把率的应用扩大到圆的周率和径率即现今所称的圆

① 戴震辑录大典本脱“井”字，依杨辉本补.

周率、面积、体积、勾股容方、容圆、一次测望、重差等许多类型的问题及解法中. 关于圆的周率和径率以及率在面积、体积中的应用,我们在第六章再谈,现在探讨其他几个问题.

一、勾股容方、容圆问题

刘徽提出了相似勾股形的一个重要性质,即其勾、股、弦"相与之势不失本率"的原理. 若两相似勾股形的勾、股、弦分别是 a_1、b_1、c_1 和 a_2、b_2、c_2,则:

$$a_1 : b_1 : c_1 = a_2 : b_2 : c_2 \tag{47}$$

刘徽利用这个原理证明了勾股容方公式(44)和勾股容圆公式(45). 对(44),刘徽的证明是:

> 幂图[①]方在勾中,则方之两廉各自成小勾股[②],而其相与之势不失本率也. 勾面之小勾股、股面之小勾股各并为中率[③]. 令股为中率,并勾、股为率[④],据见勾五步而今有之,得中方也. 复令勾为中率,以并勾、股为率[⑤],据股十二步而今有之,则中方又可知[⑥].

由图(20),设勾上小勾股形的勾、股、弦为 a_1、b_1、c_1,股上小勾股形的勾、股、弦为 a_2、b_2、c_2. 由(47)式:

$$\frac{a}{b}=\frac{a_1}{b_1}, \quad \frac{b}{a}=\frac{b_2}{a_2}$$

---

① 图:大典本、杨辉本讹作"圆",戴震校正.

② 大典本"股"上脱勾字,大典本、杨辉本"股"下衍"衰",依戴震校删.

③ 大典本、杨辉本"勾面之小勾股"讹作"勾中之小股",脱"小勾股各"四字,笔者校补. 此两句戴校不妥.

④ 杨辉本、戴震辑录大典本脱"率"字,依钱宝琮校.

⑤ 杨辉本、戴震辑录大典本脱"方"、"并"字,依戴震、钱宝琮校.

⑥ 大典本、杨辉本"可知"讹作"何知",依戴震校正.

因此 $\dfrac{a+b}{b}=\dfrac{a_1+b_1}{b_1}$，$\dfrac{b+a}{a}=\dfrac{b_2+a_2}{a_2}$

由于 $a_1+b_1=a$，$b_2+a_2=b$，$b_1=a_2=d$

故 $\dfrac{a+b}{b}=\dfrac{a}{d}$，$\dfrac{b+a}{a}=\dfrac{b}{d}$

因此(44)式被证明.由这个证明可以看出，刘徽完全通晓合比定理.

刘徽对(45)式的证明是：

> 又画中弦以规除[①]会，则勾、股之面中央[②]小勾股弦.勾之小股、股之[③]小勾皆小方之面，皆圆径之半.其数故可衰.以勾、股、弦为列衰，副并为法.以[④]勾乘未并者，各自为实.实如法而一，得勾面之小股，可知也.以股乘列衰为实，则得股面之小勾可知.

刘徽在这里过圆心作平行于弦的直线，称为中弦，如图33所示.中弦与勾股形的两邻边分别构成位于勾、股上的两个小勾股形，其周长分别为原勾股形的勾、股，且它们都与原勾股形相似.设勾上之小勾股形的勾、股、弦为 a_1、b_1、c_1，则由(47)式及 $a_1+b_1+c_1=a$[⑤]，援引衰分术，则 $b_1=\dfrac{ab}{a+b+c}$，于是 $d=2b_1=\dfrac{2ab}{a+b+c}$，即(45)式.同样，由股上之小勾股形也可得到同样的结论.

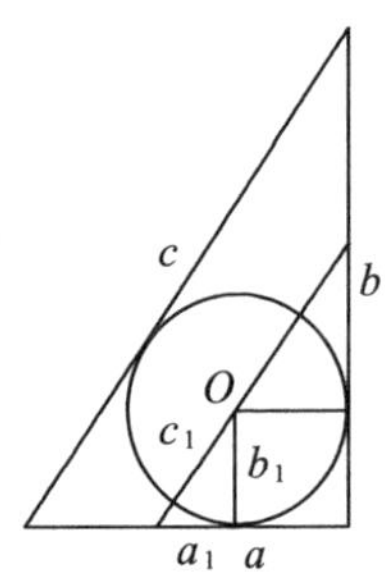

图 33

① 规除：杨辉本作"观除"，两通.

② 钱宝琮于"中央"下补"各有"二字，按大典本、杨辉本恢复原文.

③ 股之：大典本、杨辉本讹作"面面"，笔者校正.戴震校改不合理.

④ 杨辉本、戴震辑录大典本衍"小"字，李潢校删.

⑤ 刘徽未明示此式，然他必知此式.

二、一次测望问题

《九章算术》的测望问题有五个方邑问题，及立四表望远、因木望山、测井深三问，共八问，都是端旁互见，无有超邈如测日高之类. 刘徽大都采用相似勾股形对应边“相与之势不失本率”的原理，援引今有术，证明方法的正确性. 谨仍以引出开带从平方的邑方出南北门问为例. 在第一章我们已引出《九章算术》的原题及术文. 刘徽的推导过程是：

> 此以折而西行为股，自木至邑南[①]一十四步为勾，以出北门二十步为勾率，北门至西隅为股率，即[②]半广数，故以出北门乘折西行股，以股率乘勾之幂[③]. 然此幂居半以西[④]. 故又倍之，合东，尽之也.

仍如图 6，考虑大勾股形 ABC，BC 为勾，AC 为股. 小勾股形 $A'BC'$ 与 ABC 相似，因此，BC' 为勾率，$A'C'$ 为股率，$A'C'=\frac{1}{2}x$，$BC=BC'+x+C''C$，于是：

$$\frac{BC'}{BC'+C''C+x}=\frac{\frac{1}{2}x}{AC}$$

$$x^2+(BC'+C''C)x=2BC'\times AC$$

三、重差

刘徽《九章算术注序》在引用了《周礼》关于至南戴日下的距

---

① 大典本、杨辉本脱“南”字，戴震校补.

② 大典本、杨辉本“勾率”误为“弦率”，“股率即”误为“单望”，依戴震校正.

③ 大典本、杨辉本“折西”误作“至南”，“股”讹作“半”，笔者校正.

④ 大典本、杨辉本“此”讹作“北”，“西”下衍“行”字，戴震校正.

离的记载之后说:

按:《九章》立四表望远及因木望山之术,皆端旁互见,无有超邈若斯之类.然则苍等为术犹未足以博尽群数也.徽寻九数有重差之名,原其指趣乃所以施于此也.凡望极高、测绝深而兼知其远者必用重差、勾股,则必以重差为率,故曰重差也.

接着,他介绍了测日高及日径的方法.又指出:

虽夫圆穹之象犹曰可度,又况泰山之高与江海之广哉.徽以为今之史籍且略举天地之物,考论厥数,载之于志,以阐世术之美,辄造《重差》,并为注解,以究古人之意,缀于"勾股"之下.度高者重表,测深者累矩,孤离者三望,离而又旁求者四望.触类而长之,则虽幽遐诡伏,靡所不入.

这里所说的即是"重差"的涵义、刘徽著《重差》的宗旨,以及重差术的基本方法.《重差》即今之《海岛算经》,今存 9 问,皆系戴震从《永乐大典》中辑出.《海岛算经》提出了重表、连索、累矩三种基本测望方法.这些方法是怎样证明的,由于刘徽自注及图失传,不得而知.根据当时的数学水平及刘徽注勾股章的情况,不外用出入相补原理和相似勾股形对应边"相与之势不失本率"两种方法.吴文俊先生力主前者,钱宝琮先生认为应用后者.笔者认为这两种看法都有道理,甚或两者并用.上文提到的勾股章"勾股容方"、"容圆"及"邑方出南北门"问便同时使用了这两种方法.此处先介绍钱宝琮在《中国数学史》中的论述.

重表法见之于测海岛问,《海岛算经》因此而得名.它与传统的测日高术完全相同.海岛问是:

今有望海岛,立两表,齐高三丈,前后相去千步,令后表与前表参相直.从前表却行一百二十三步,人目著地,取望岛峰,与表末参合.从后表却行一百二十七步,人目著地,取望岛峰,亦与表末参合.问:岛高及去表各几何?

术曰:以表高乘表间为实,相多为法,除之.所得加表高,即得岛高.求前表去岛远近者,以前表却行乘表间为实,相多为法,除之,得岛去表里数.

设岛高为 PQ,前表 AB,却行至 E,后表 CD,却行至 F,表距为 BD,如图 34 所示.则术文给出公式:

$$
\begin{aligned}
&岛高=\frac{表间\times 表高}{相多}+表高\\
&前表去岛=\frac{表间\times 前表却行}{相多}
\end{aligned}
\qquad (48)
$$

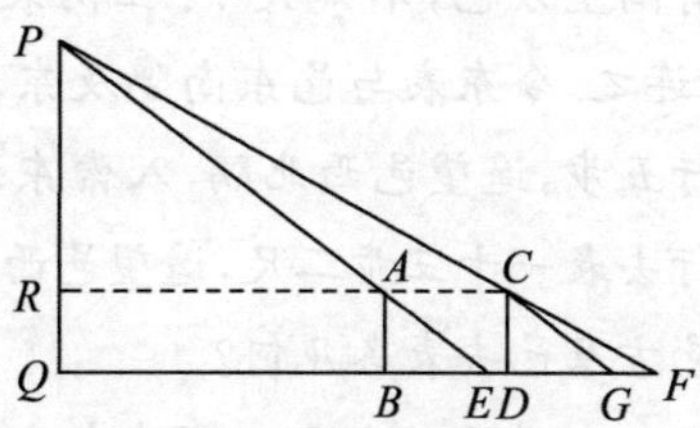

图 34

表间是两表去岛距离之差,相多是两却行之差,(48)式的每个公式中都有表间及相多这二差之比,钱先生认为,重差术因此得名(原为日高术).自 D 却行至 G,使 $DG=BE$,相当于过 C 作 $CG/\!/AE$.自岛脚 Q 与表等高的点为 R,相当于连 CA 交 PQ 于 R.显然,勾股形 APR 与 GCD 相似,因此:

$$\frac{PR}{CD}=\frac{RA}{DG}=\frac{PA}{CG}$$

而三角形 PAC 和 CGF 相似,于是:

$$\frac{PA}{CG}=\frac{AC}{GF}$$

因此:

$$\frac{PR}{CD}=\frac{AC}{GF}, \quad \frac{RA}{DG}=\frac{AC}{GF}$$

于是:

$$PQ=PR+RQ=\frac{AC \cdot CD}{GF}+CD$$

$$RA=\frac{AC \cdot DG}{GF}$$

此即(48)式.

连索法见之于《海岛算经》第3问:

今有南望方邑,不知大小.立两表,东西去六丈,齐人目,以索连之.令东表与邑东南隅及东北隅参相直.当东表之北却行五步,遥望邑西北隅,入索东端二丈二尺六寸半.又却北行去表一十三步二尺,遥望邑西北隅,适与西表相参合.问:邑方及邑去表各几何?

术曰:以入索乘后去表,以两表相去除之,所得为景长.以前去表减之,不尽,以为法.置后去表,以前去表减之,余,以乘入索为实.实如法而一,得邑方.求去表远近者,置后去表,以景长减之,余,以乘前去表为实.实如法而一,得邑去表.

此即望邑公式:

$$\text{景长}=\frac{\text{入索}\times\text{后去表}}{\text{表相去}}$$

$$\text{邑方}=\frac{\text{入索}\times(\text{后去表}-\text{前去表})}{\text{景长}-\text{前去表}} \tag{49}$$

$$\text{邑去表}=\frac{\text{前去表}\times(\text{后去表}-\text{景长})}{\text{景长}-\text{前去表}}$$

如图 35 所示，邑方 PQ，两表 A、B，前却行 AC，CP 与索 AB 交于 E，后却行 AD，DP 交 AB 于 B. 作 $EK /\!/ BD$，交 AD 于 K. 勾股形 AEK 与 ABD 相似，$\frac{AK}{AD}=\frac{AE}{AB}$，故：

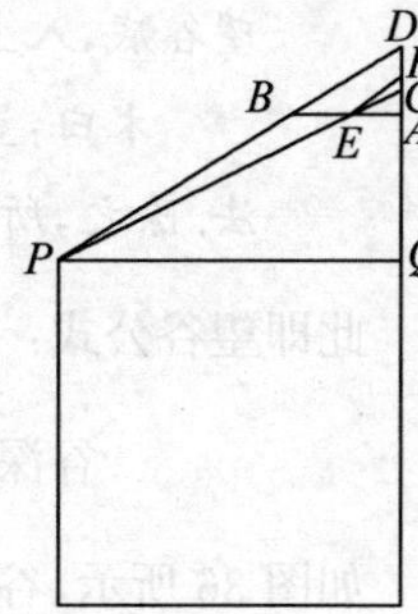

图 35

$$AK=\frac{AE\times AD}{AB}$$

刘徽称它为景长. 又，三角形 ECK 和 PCD 相似，有：

$$\frac{PC}{EC}=\frac{CD}{CK},\frac{PE}{EC}=\frac{DK}{CK}$$

三角形 AEC 与 QPC 相似，有：

$$\frac{PQ}{AE}=\frac{PC}{EC},\frac{QA}{AC}=\frac{PE}{EC}$$

故：

$$\frac{PQ}{AE}=\frac{CD}{CK}$$

$$PQ=\frac{AE\times CD}{CK}=\frac{AE\times(AD-AC)}{AK-AC};$$

$$\frac{QA}{AC}=\frac{DK}{CK}$$

$$QA=\frac{AC\times DK}{CK}=\frac{AC\times(AD-AK)}{AK-AC}$$

完成了(49)式的证明.

累矩法见之于《海岛算经》第 4 问：

> 今有望深谷，偃矩岸上，令勾高六尺. 从勾端望谷底，入下股九尺一寸. 又设重矩于上，其矩间相去三丈. 更从勾端

望谷底，入上股八尺五寸．问：谷深几何？

术曰：置矩间，以上股乘之，为实．上、下股相减，余为法．除之，所得以勾高减之，即得谷深．

此即望谷公式：

$$\text{谷深}=\frac{\text{矩间}\times\text{上股}}{\text{下股}-\text{上股}}-\text{勾高} \tag{50}$$

如图 36 所示，谷深 CQ，谷底另一端为 P．下矩 ABC，上矩 EFG，自然 $BC=FG$．已知矩间 CG、勾 BC、下股 AC、上股 EG，求 CQ．由于勾股形 EFG 和 PFQ 相似，故：

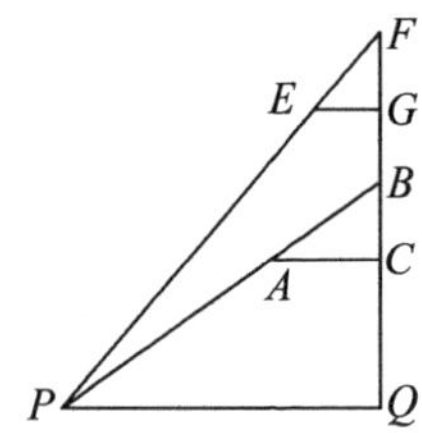

图 36

$$\frac{QF}{PQ}=\frac{GF}{EG}$$

$$QF\cdot EG=PQ\cdot GF$$

又勾股形 ABC 和 PBQ 相似，故：

$$\frac{QB}{PQ}=\frac{BC}{AC}$$

$$QB\cdot AC=PQ\cdot BC$$

因为 $BC=GF$，故：

$$QB\cdot AC=PQ\cdot GF=QF\cdot EG$$

又 $QF=QB+BF$，故：

$$QB\cdot AC=(QB+BF)\cdot EG$$

从而：

$$QB(AC-EG)=BF\cdot EG$$

$$QB=CQ+BC=\frac{BF\cdot EG}{AC-EG}$$

得：

$$CQ=\frac{BF\cdot EG}{AC-EG}-BC$$

此即(50)式．

传本《海岛算经》除上述三个通过二次测望解决的问题外，还有第2、5、6、8共四个三次测望，第7、9两个四次测望的问题，足见刘徽有解决复杂问题的高超才能.钱宝琮先生认为其他问题是用(48)、(49)、(50)三个基本方法转求其他目的的问题.而吴文俊先生认为九题中海岛第一题的岛高公式、望松第二题的松高辅助公式，以及望谷第四题的谷深公式，代表了古代用矩立表以望高、知远、测深的三个基本结果，其余诸题的公式皆可从这三个基本公式容易地得出.可谓见仁见智.我们认为，钱先生是从立表、连索、累矩即测望的工具和技术的角度而言的，吴先生是从数学方法的角度立论的.吴先生的论点将在第五章介绍.

刘徽用率和今有术、齐同原理解决现今算术、代数、几何问题的实践表明，刘徽用率的思想重新组织整理了《九章算术》的计算程序和公式，使其更加理论化、更加系统化了.率确实在其中起着纲纪的作用.

四、制图六体

三世纪中国地图学史上一件大事就是裴秀(224～271)提出"制图六体"，建立了我国古代制图学的理论基础.裴秀为刘徽的同代人，魏晋时期的重要政治家、地图学家.河东闻喜(今山西省)人.魏咸熙初(公元264年)主持官制改革，因功被封为济川侯，"地方六十里，邑千四百户，以高苑县济川墟为侯国".济川墟在今山东省博兴县西南，博兴县与刘徽的家乡邹平县(见第十章)相邻.晋受魏禅，裴秀加授左光禄大夫，封巨鹿郡公(今属河北省)，后为尚书令、司空.著《禹贡地域图》十八篇，其序言指出汉代《舆地》及《括地》诸杂图"各不设分率，又不考正准望，亦不备载名山大川.虽有粗形，皆不精审，不可依据.或荒外迂诞之言，不合事实，于义无取."他在绘制十八篇地图时，提出并应用了著名的“制图六体”：

> 制图之体有六焉.一曰分率，所以辨广轮之度也.二曰准望，所以正彼此之体也.三曰道里，所以定所由之数也.四曰高下，五曰方邪，六曰迂直，此三者各因地而制宜，所以校夷险之异也.有图象而无分率，则无以审远近之差；有分率而无准望，虽得之于一隅，必失之于他方；有准望而无道里，则施于山海绝隔之地，不能以相通；有道里而无高下、方邪、迂直之校，则径路之数必与远近之实相违，失准望之正矣，故以此六者参而考之.然远近之实定于分率，彼此之实定于道里，度数之实定于高下、方邪、迂直之算.故虽有峻山巨海之隔，绝域殊方之回，登降诡曲之因，皆可得举而定者.准望之法既正，则曲直远近无所隐其形也.

(《晋书·裴秀传》)分率就是现今地图绘制中的缩尺(曹婉如：《中国古代地图绘制的理论和方法初探》)，就是使用比率.准望就是对地理方位的测望，道里就是距离远近.以高取下，以方取邪，以迂取直，都是解决复杂地形地区的地图的准确绘制中的问题.“制图六体”在西方地图学传入中国之前一直被人们奉为圭臬.制图理论与数学的发展水平有十分密切的关系.裴秀制图六体中的每一项都离不开数学测望与运算.他赖以建立制图理论的数学知识有两个明显特点：一是以率的理论为基础，分率、准望、道里，都离不开率.二是以测望数学的发展为基础.裴秀制图中不仅要进行简单测望，而且要解决峻山巨海之隔，绝域殊方之回的测绘，没有重差术是不可能的.率的理论和重差术，正是刘徽提出或使之完善化的.总之，裴秀的制图六体，不仅是我国制图知识积累发展的产物，而且是以刘徽《九章算术注》中高度发达的数学知识为基础的.同样，汉代地图不设分率，不考正准望，也正是与当时数学中关于率的理论和测望算法不发达(不是没有)相适应的.我们没有刘徽直接参与裴秀制图六体的提出,或参与《禹贡地域图》十八篇的测量绘制的可靠资料,但是这种可能性不是不存在的.而裴秀制图理论受到刘徽影响,使用了刘徽的数学方法,却是无可怀疑的.

第五章

出入相补原理

出入相补原理，刘徽注中又称作“以盈补虚”. 吴文俊先生对中国数学的这一重要方法非常重视，著《出入相补原理》(见《中国古代科技成就》)一文论述. 上文讲过，这是刘徽以前数学家们解决面积和体积问题的传统方法. “出入相补”和“以盈补虚”的名称不同，可能反映了时代的区别，大约“以盈补虚”是刘徽以前的提法，“出入相补”是刘徽赋予的名称. 显然，“出入相补”比“以盈补虚”更科学更准确地表述了这一原理. 刘徽对这一传统方法加以概括、提高，对《九章算术》术文写出了若干优秀的注释. 现分多边形和勾股问题、重差、多面体，以及开方术的几何解释等几方面阐述.

第一节　幂、多边形和勾股问题

一、幂——面积的定义

值得注意的是，刘徽对长方形面积公式(11)没有试图证明，显然是把它看成了一个不言自明的真理. 刘徽只是提出了面积的定义：

凡广从相乘谓之幂.

幂[①]即面积.刘徽的这个定义很严谨,是一个发生性定义,并在整个《九章算术注》中有广泛的应用.对这个定义,李淳风花了不少笔墨指责.他说:"观斯注意,积幂义同.以理推之,固当不尔.何则?幂是方面单布之名,积乃众数聚居之称,循名责实,二者全殊.虽欲同之,窃恐不可.……注云谓之为幂,全乖积步之本意."这种指责是没有道理的.《九章算术》没有幂的概念,它所使用的积,既指面积,又指体积,刘徽则将面积这种积从积中区分出来,称为幂.显然,幂是积的一种.换言之,幂是积,而积不一定是幂.在逻辑上幂和积是种、属关系,幂是种,积是属,广从相乘是种差.刘徽关于幂的定义符合现代逻辑学中定义等于属加种差的要求(刘徽行文时省去了属),是十分严谨的.刘徽关于幂概念的定义和广泛应用坚持了正确的思想方法,是对积的进一步分类,对《九章算术》的进一步发展.李淳风竟从刘徽的定义引出"积幂义同"的结论,看不出积、幂的区别,说明他没读懂刘徽注;他又认为积、幂"二者全殊",说明他死守文史典籍中"幂"的本义,不承认幂的用法的引申、发展,不懂积、幂的共同点.他指责正确的刘徽,反映了他的逻辑水平和数学水平远在刘徽之下.实际上,用幂表示面积,最先不是刘徽,西汉末刘歆在为王莽作的铜斛中就用"幂"(当时写作"冥")表示斛、斗等量器的底面积.

二、多边形的面积

用出入相补原理证明圭田、邪田、箕田的面积公式(12)、(13)、(13′)的方法都比较简单、直观.如对圭田公式(12)的证

① 与目前数学中称指数为幂,不尽相同.

明,刘徽说:

> 半广知,以盈补虚为直田也.亦可半正从以乘广.按:半[①]广乘从,以取中平之数,故广从相乘为积步.

刘徽在这里记述了两种出入相补方法.一是如图 37(1)所示,将Ⅰ、Ⅱ移到Ⅰ′、Ⅱ′构成以圭田底的一半及高为长、宽的长方形;一是如图 37(2)所示,将Ⅰ、Ⅱ分别移到Ⅰ′、Ⅱ′,构成以圭田之底为长,圭田之高的一半为宽的长方形.显然这两种方法对任意三角形都适用,两个长方形的面积都等于圭田的面积.

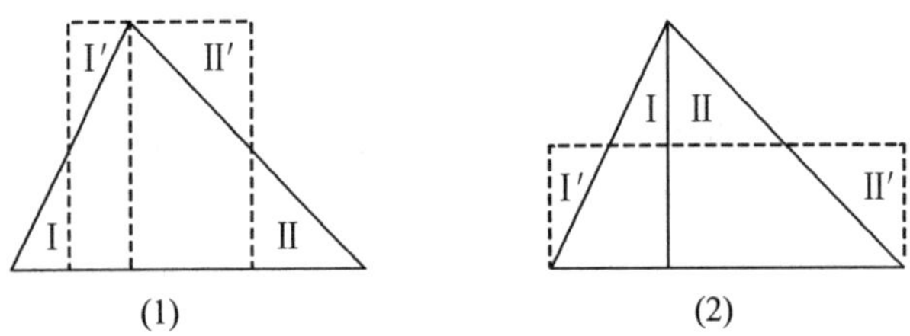

图 37

三、解勾股形

利用出入相补原理证明解勾股形的公式,独具特色.刘徽关于这方面的记载,也最为详尽.

(1)关于勾股定理(38)的证明,刘徽注很简括、很原则:

> 勾自乘为朱方,股自乘为青方,令出入相补,各从其类,因就其余不移动也,合成弦方之幂.

如何根据这几句话勾画出出入相补的方式,历来诸说不一.我们认为,李潢的解释较有道理.如图 38 所示,分别作出以勾、股、弦为边长的正方形,并进行分割,将勾方中的Ⅰ移至弦方中的Ⅰ′,

---

① 半,鲍刻本讹作"平",此依戴震辑录大典本.

将股方中的Ⅱ、Ⅲ移至弦方中的Ⅱ′、Ⅲ′，便证明了(38)式.

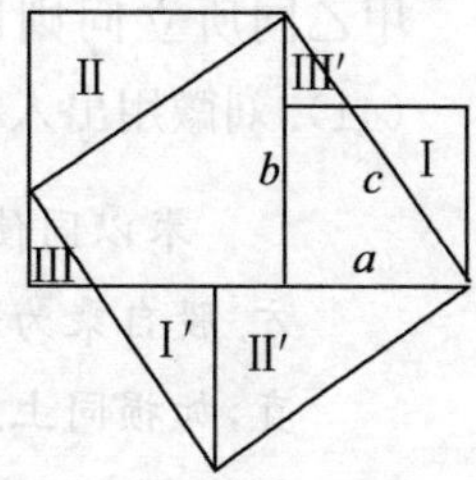

图 38

(2)股弦差及勾求股、弦.《九章算术》勾股章引葭赴岸、系索、倚木于垣、勾股锯圆材、开门去阃诸问都是这类问题. 以引葭赴岸为例，为了证明(39)式，刘徽说：

> 此以池方半之，得五尺为勾，水深为股，葭长为弦. 以勾、弦见股，故令勾[①]自乘，先见矩幂也.
>
> 出水者，股弦差. 减此差幂于矩幂则除之.
>
> 差为矩幂之广，水深是股. 令此幂得出水一尺为长，故为矩而得葭长也.

如图 39 所示，将勾方变成勾矩幂 $ABCGFE$：$a^2=c^2-b^2$. 在勾矩幂中，除去以 $c-b$ 为边长的正方形 $BHFI$，则变成 2 个以股 b 为长，以股弦差 $c-b$ 为宽的长方形：$(c^2-b^2)-(c-b)^2=2b(c-b)$，故 $b=\dfrac{a^2-(c-b)^2}{2(c-b)}$. 矩幂加上 $(c-b)^2$ 的面积 $AEKJ$ 则成为由长方形 $BCGI$ 和 $IFKJ$ 合成的矩. 总面积为 $2c(c-b)$，因而 $c=\dfrac{a^2+(c-b)^2}{2(c-b)}=\dfrac{a^2-(c-b)^2}{2(c-b)}+(c-b)$，证明了(39)式.

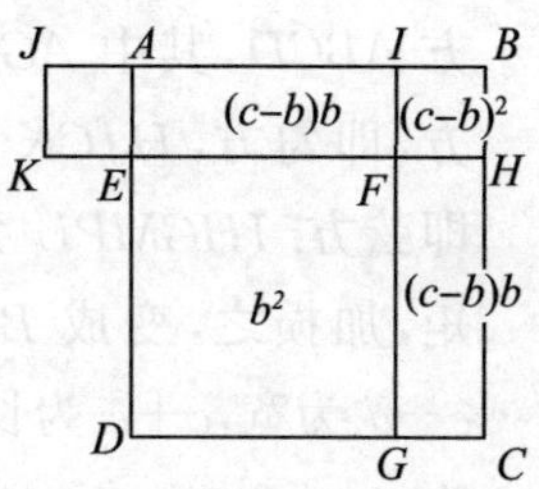

图 39

(3)已知勾及股弦并求股、弦，见之于勾股章竹高折地问. 而

① 大典本、杨辉本脱“勾”字，戴震补.

甲乙同所立问则以股率和勾弦并率给出了勾股数通解公式(41). 刘徽用出入相补原理对(41)式的证明方式如下：

> 术以同使无①分母，故令勾弦并自乘为朱、黄相连之方. 股自乘为青幂之矩，以勾弦并为袤，差为广. 今有相引之直，加损同上. 其图②大体，以两弦为袤，勾弦并③为广. 引横断其半为弦率，列用率七自乘者，勾弦并之率，故弦减之，余为勾率. 同立处是中停也，皆勾弦并为率，故亦以勾率同其袤也.

由于术文的推导过程中，以勾弦并率 m 为分母，因此，图形都以勾弦并为广，如图 40 所示. 以 $(c+a)^2$ 为朱、黄相连之方 $ABCD$，其中 $AGHI$ 是朱方，即勾方，$HJCK$ 是黄方，即弦方. $IHGMPL$ 为青幂之矩，加损之，变成 $BEFC$，以 $c-a$ 为宽，$c+a$ 为长，其面积为 $b^2=(c+a)(c-a)$. 整个图形 $AEFD$ 以 $2c$ 为长，$c+a$ 为宽，因此勾率、股率、弦率就是 $a(c+a)$、$b(c+a)$、$c(c+a)$，$c(c+a)$ 是整个图形面积的一半：

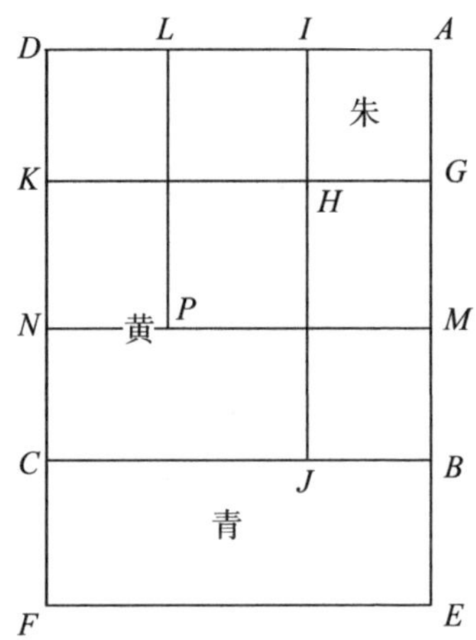

图 40

① 同使无：杨辉本、大典本讹作“可使为”，形似而误，今校正.

② 图：大典本、杨辉本讹作“圆”，戴震校正.

③ 弦并：大典本、杨辉本讹作“股”，戴震校正.

$$c(c+a)=\frac{1}{2}[(c+a)^2+b^2]$$

勾率为勾弦并率与弦率之差：

$$a(c+a)=(c+a)^2-c(c+a)$$

同样，股率为 $b(c+a)$. 由于 $(c+a):b=m:n$，因此弦、勾、股三率分别为：

$$c(c+a)=\frac{1}{2}(m^2+n^2)$$

$$a(c+a)=m^2-\frac{1}{2}(m^2+n^2)=\frac{1}{2}(m^2-n^2)$$

$$b(c+a)=mn$$

(4)对勾股差及弦求勾、股的公式(42)，刘徽作了加工，他说：

> 令户广为勾，高为股，两隅相去一丈为弦，高多于广六尺八寸为勾股差. 按图为位，弦幂适满万寸. 倍之，减勾股差幂，开方除之. 其所得即高广并数. 以差减并而半之，即户广；加相多之数，即户高也. 今此术先求其半. 一丈自乘为朱幂四、黄幂一. 半差自乘，又倍之，为黄幂四分之二. 减实[①]，半其余，有朱幂二、黄幂四分之一[②]. 其于大方者[③]四分之一. 故开方除之，得高广并数之半[④]. 减差半，得广；加，得户高.

刘徽此处提出了两种出入相补方法. 第一种是将弦幂 c^2 分解成四个勾股形，即朱幂；一个以勾股差 $b-a$ 为边长的小正方形，即黄方. 取两个弦幂，将一个弦幂的黄方除去，将剩余的四个朱

① 大典本、杨辉本“黄”讹作“朱”，脱“四分之二，减实”六字，依戴震校补.

② 四分之一：大典本、杨辉本讹作“四半一丈”，戴震校正.

③ 者：大典本、杨辉本讹作“弃”，笔者校正.

④ 之半：大典本、杨辉本讹作“半并数”，戴震校正.

幂拼补到另一个弦幂上，则成为一个以勾股并$(b+a)$为边长的大正方形，如图 41(1)所示. 其面积为：

$$(b+a)^2=2c^2-(b-a)^2$$

$$b+a=\sqrt{2c^2-(b-a)^2} \tag{51}$$

因此：

$$a=\frac{1}{2}[(b+a)-(b-a)]=\frac{1}{2}[\sqrt{2c^2-(b-a)^2}-(b-a)]$$

$$b=\frac{1}{2}[(b+a)+(b-a)]=\frac{1}{2}[\sqrt{2c^2-(b-a)^2}-(b-a)] \tag{52}$$

(52)式与(42)式等价，是刘徽对(42)式的化简.

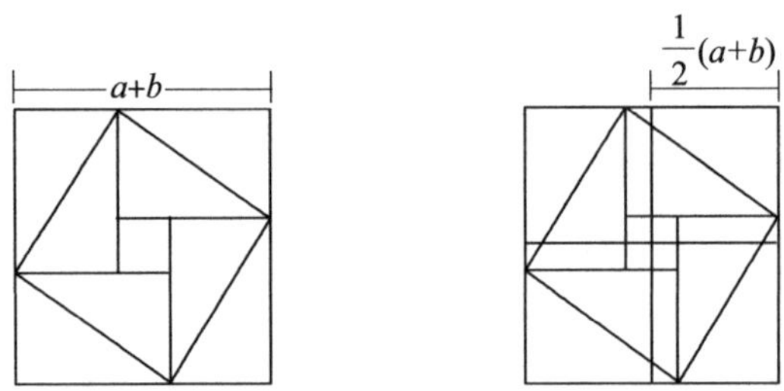

(1)　　(2)

图 41

第二种方法是对《九章算术》原公式(42)的直接证明，如图 41(2)所示. $\left[\frac{1}{2}(b-a)\right]^2$是黄幂的$\frac{1}{4}$，$2\left[\frac{1}{2}(b-a)\right]^2$为黄幂的$\frac{1}{2}$. 将其由弦幂中减去，则余四个朱幂、半个黄幂. 取其一半，为 2 个朱幂、$\frac{1}{4}$个黄幂，恰为以$(b+a)$为边长的大正方形的$\frac{1}{4}$：

$$\left[\frac{1}{2}(b+a)\right]^2=c^2-2\left[\frac{1}{2}(b-a)\right]^2$$

$$\frac{1}{2}(b+a)=\sqrt{c^2-2\left[\frac{1}{2}(b-a)\right]^2}$$

由 $$a=\frac{1}{2}(b+a)-\frac{1}{2}(b-a)$$

$$b=\frac{1}{2}(b+a)+\frac{1}{2}(b-a)$$

便证明了(42)式.

(5)关于 $b-a=0$ 的情形的讨论. 刘徽进而提出:

又按:此图幂:勾股相并幂[①]而加其差幂,亦减弦幂,为积.盖先见其弦,然后知其勾与股.今适等,自乘,亦各为方,合[②]为弦幂.令半相多而自乘,倍之,又半并自乘,倍之,亦合[③]为弦幂.而差数无者[④],此各自乘之,而与相乘数,各为门实.及股长勾短,同源而分流焉.假令勾、股各五,弦幂五十,开方除之,得七尺,有余一,不尽.假令弦十,其幂有百,半之为勾、股二[⑤]幂,各得五十,当亦不可开.故曰:圆三、径一,方五、斜七,虽不正得尽理,亦可言相近耳.

这里,刘徽给出了二个勾股恒等式:

$$(b+a)^2+(b-a)^2-c^2=c^2$$

$$c^2=2\left[\frac{1}{2}(b+a)\right]^2+2\left[\frac{1}{2}(b-a)\right]^2$$

---

① 图:大典本、杨辉本讹作"圆",戴震校勘.又,大典本、杨辉脱"幂"字,此段戴震改易太多,离开刘徽原意,笔者仅补"幂"字,余恢复原文.

② 大典本、杨辉本"合"讹作"令",以上复衍"先见其弦,然而后知其勾与股,适等者,令自乘,亦"十九字,笔者删.此段戴震改易太多,失却原意.

③ 大典本、杨辉本脱"又半并自乘,倍之"、"合"八字,此段戴震校改太多,失却原意,笔者仅补上述八字,余恢复原文.

④ 无者:大典本、杨辉本讹作"复先".戴震此段改易太多,失却原意,笔者仅改以上二字,余恢复原文.

⑤ 二:大典本、杨辉本讹作"弦三",依戴震校勘.

接着，刘徽讨论了 $a=b$ 的情形：$c^2=2a^2$，并且 $a^2=b^2=ab$. 刘徽指出，$b-a=0$ 时，若勾、股为正整数，则弦幂不可开；若弦为正整数，勾、股幂亦不可开. 用现今的语言，这相当于指出：在勾股形中，若 $a=b$，则 a、b、c 不能同时为有理数，接近于认识到正方形的对角线与边长没有公度. 刘徽将这里的情形与圆的周与径的关系相类比，指出在近似计算中，尤其是日常生活中，常使用周三径一，方五斜七. 应该说，刘徽朦朦胧胧地认识到了无理数的存在，并再一次用有理数表示无理数的近似值. 但是，由于刘徽以一为"数之母"，是不可能完成这个认识的.

(6)由股弦并 $b+a$ 和弦 c 求勾、股. 这是《九章算术》未涉及的问题. 刘徽由(51)式中所体现的 $b+a$ 与 $b-a$ 的对称关系，自然得出这一推论. 刘徽说：

> 其勾股合而自相乘之幂者，令弦自乘，倍之，为两弦幂①，以减之. 其余，开方除之②，为勾股差，加于合而半，为股；减差于合而半之，为勾. 勾、股、弦即高、广、袤③. 其出此图也，其倍弦为广、袤.

这里首先提出：

$$b-a=\sqrt{2c^2-(a+b)^2}$$

它由(51)式变换得来，由此：

$$\begin{aligned} a&=\frac{1}{2}\left[(b+a)-\sqrt{2c^2-(a+b)^2}\right] \\ b&=\frac{1}{2}\left[(b+a)+\sqrt{2c^2-(a+b)^2}\right] \end{aligned} \tag{53}$$

---

① 大典本、杨辉本脱"令"下"弦"字，脱"倍之"二字，"两弦"讹作"四". 参考戴震校勘重校.

② "其余"，大典本、杨辉本误置于"除之"之下，戴震校正.

③ 戴震辑录大典本、杨辉本脱"勾"字，"袤"误作"衺"，李潢校正.

容易看出(53)式、(52)式的对称性.

(7)刘徽还给出了求勾股差,及由勾股差及弦求勾的新方法:

> 令矩勾即为幂,得广即勾股差.其矩勾之幂,倍勾[①]为从法,开之亦勾股差.以勾股差幂减弦幂,半其余,差为从法,开方除之,即勾也.[②]

为弄清此段的意思,首先要正确理解"矩勾"的含义.自戴震以来二百余年,人们把刘徽此处的矩勾与他的勾矩,及与赵爽的矩勾看成同一概念,即都表示 c^2-b^2,因此,对这段文字作了若干离开原文、原意的校改,甚至改成求勾弦差的问题,这是不妥的.此注在关于勾股差的问题之下,不当讨论勾弦差.关于勾弦差的问题,《九章算术》和刘徽注已有大量篇幅作了详尽论注,而关于勾股差的问题只此一问,刘徽断不会在此讨论勾弦差的问题.此处的矩勾不是 c^2-b^2,而是 b^2-a^2,如是则这段文字的原文错讹很少,只要校补几字,即文从字顺,而理解矩勾为 c^2-b^2,则句句不可句读.实际上,这段文字表示以下几个勾股恒等式:

$$b^2-a^2=(b+a)(b-a)$$

$$b-a=\frac{b^2-a^2}{b+a}$$

$$(b-a)^2+2a(b-a)=b^2-a^2$$

$$a^2+(b-a)a=\frac{c^2-(b-a)^2}{2}$$

后两式分别是关于 $b-a$ 和 a 的带从开平方式.刘徽这段论述不仅大大丰富了中国古算的勾股理论,而且也是中国数学史上继

① 大典本、杨辉本"倍"下脱"勾"字,笔者校正.

② 大典本、杨辉本"以勾股差幂减弦幂"误作"其余以勾股幂减",笔者校正.此段戴震、钱宝琮改作关于"勾弦差"的内容,失却原意,且改易太多.

《九章算术》之后提出的第二、第三个带从开方式.

(8)由勾弦差、股弦差求勾、股、弦. 见之于勾股章持竿出户问,其公式为(43)式,刘徽注曰:

> 此以户广为勾、户高为股,户袤①为弦. 凡勾之在股,或矩于表,或方于里. 连之者举表矩而端之. 又从勾方里令为青矩之表,未满黄方. 满此方则两端之邪重于隅中,各以股弦差为广,勾弦差②为袤. 故两端差相乘,又倍之,则成黄方之幂. 开方除之,得黄方之面. 其外之青知,亦以股弦差为广. 故以股弦差加,则为勾也.

文中"邪"字,音、义均同"余".《史记·历书》:"先王之正时也,履端于始,举正于中,归邪于终."裴骃《集解》:"邪,音余."又云:"韦昭曰:邪,余分也."《史记》此段引自《左氏传》."邪",《左氏传》正作"余".《左氏传·文公元年》:"先王之正时也,履端于始,举正于中,归余于中."自戴震起,不懂"邪"字之音义,遂作错误校勘. 刘徽首先说明了弦幂中勾幂与股幂的相互位置:或者勾幂作为勾矩居于股幂之表,如图 42(1)所示,或者股幂作为股矩居于勾幂之表,如图 42(2)所示. 此注是将两种情形连起来,考虑其两端.

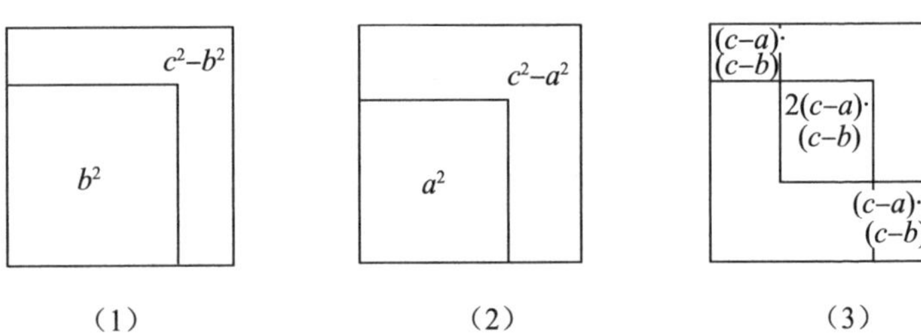

图 42

① "袤",杨辉本、戴震辑录大典本讹作"衺",李潢校正.

② "差",大典本、杨辉本讹作"并",戴震校正.

将图 42(2)旋转 180°,使之与图 42(1)重合,则成为图 42(3).考虑图 42(3)中的勾矩 c^2-b^2 与股矩 c^2-a^2,其面积之和应为弦幂:$(c^2-a^2)+(c^2-b^2)=c^2$.然而两矩未填满中间的黄方:其边长为 $a+b-c$ 的小正方形,却在两端以股弦差 $c-b$ 为广、以勾弦差 $c-a$ 为长的长方形上重合,故:

$$(a+b-c)^2=2(c-b)(c-a)$$

$$a+b-c=\sqrt{2(c-b(c-a)}$$

由于 $a=(a+b-c)+(c-b)$,$b=(a+b-c)+(c-a)$,$c=(a+b-c)+(c-b)+(c-a)$,便证明了(43)式的正确性.

四、勾股容方容圆问题

刘徽在使用相似勾股形三边“相与之势不失本率”的原理即(47)式证明(44)、(45)式之前,先使用出入相补原理对之作了证明.对勾股容方公式(44)式的证明是:

> 勾、股相乘为朱、青、黄幂各二.令黄幂袤于隅中,朱、青各以其类,令从其两径,共成修之幂:中方黄为广①,并勾、股为袤,故并勾、股为法.

如图 43(1)所示,将容方的两个勾股形拼成宽为勾 a,长为股 b 的长方形,则含黄方二个、朱勾股形二个、青勾股形二个.它们可以拼合成一个以黄方的边长 d 为宽,以勾股并 $a+b$ 为长的长方形,如图 43(2)所示,其面积为 $d(a+b)$,即:

$$d(a+b)=ab$$

得:
$$d=\frac{ab}{a+b}$$

① 大典本、杨辉本脱“为广”二字,戴震补.

这就是(44)式.

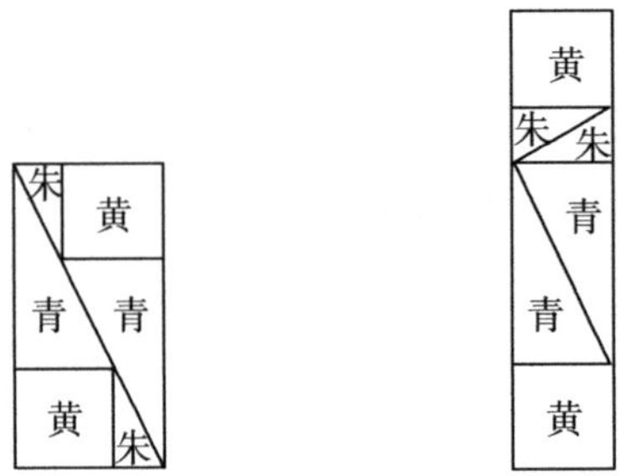

(1) (2)

图 43

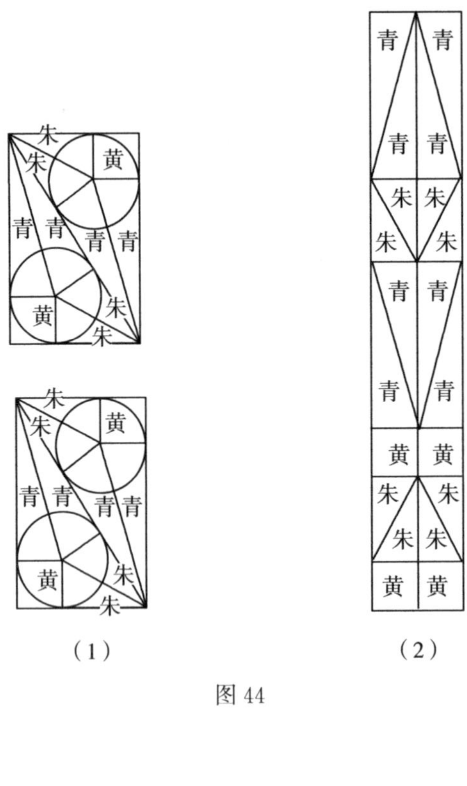

(1) (2)

图 44

对勾股容圆公式(45)，刘徽说：

勾、股相乘为图本体，朱、青、黄幂各二，倍之，则为各四[①]. 可用画于小纸，分裁邪正之会，令颠倒相补，各以类合，成修幂：圆径为广，并勾、股、弦为袤. 故并勾、股、弦以为法.

如图 44(1)所示，勾、股相乘为两个勾股形拼成的以勾 a 为宽、股 b 为长的长方形，其面积为 ab，将其分解成以圆半径为边长的小黄方，及朱幂、青幂，各二，将其加倍，面积为 $2ab$，共四个小黄方、四个朱幂、四个青幂. 再将其拼补成以圆直径 d 为宽，以 $a+b+c$ 为长的长方形，如图 44(2)所示，其面积显然为 $d(a+b+c)$，于是：

$$d(a+b+c)=2ab$$

求出 d，即为(45)式.

这种证明方式，与使用(47)式，可谓异曲同工. 刘徽说："言虽异矣，及其所以成法实，则同归矣."

最后，刘徽又提出了几个求勾股容圆径的新公式. 他说：

则圆径又可以表[②]之差、并：勾弦差减股为圆径；又，弦减勾股并，余为圆径；以勾弦差乘股弦差而倍之，开方除之，亦圆径也.

此即：

$$\begin{aligned} d&=b-(c-a) \\ d&=(b+a)-c \qquad (53) \\ d&=\sqrt{2(c-a)(c-b)} \end{aligned}$$

① 图：大典本、杨辉本讹作"圆"，脱"倍"字，"则"下衍"田"字，参照戴震、钱宝琮校勘.

② 表：大典本、杨辉本讹作"句乘"，笔者校正. 此句戴震改成与下句对称的一公式，不妥.

这几个公式是等价的. 是怎么证明的,没有记载. 由图 45 可以看出$a=a_1+\frac{d}{2}$, $b=b_1+\frac{d}{2}$, $c=a_1+b_1$, 那么$b+a-c=\left(b_1+\frac{d}{2}\right)+\left(a_1+\frac{d}{2}\right)-(a_1+b_1)=d$. 如果刘徽的证明确是如此的话,可视为线段的出入相补.

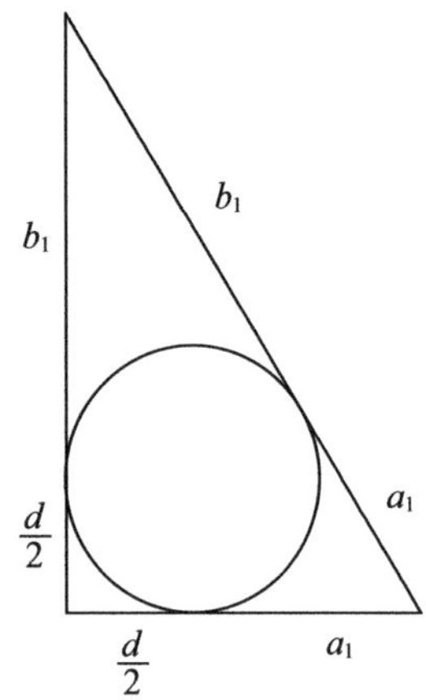

图 45

另外,由(53)式可以看出,勾股容圆的圆径实际上就是勾弦差、股弦差公式(43)中的黄方之面. 后来,贾宪将勾股容圆术就称为"勾股求弦和较法"①,杨辉说:"圆径与弦和较数等,即勾股求弦和较也."

从刘徽勾股问题的出入相补可以看出几个特点. 首先,刘徽巧妙地将线段问题化为面积问题,因此,可以用面积的出入相补来解决. 其次,刘徽的出入相补过程,就是严密的逻辑推导过程,它常常显得比解析方式简捷,可见出入相补之优越性. 还有,出入相补本身便描绘出了公式、解法,体现了形与数的巧妙结合.

第二节　测望重差问题

测望重差问题中的出入相补,刘徽也是将线段问题化成面

① 石研斋本杨辉《详解九章算法》将"勾股求弦和较法曰:勾股相乘,倍之为实"误作小字,乱在图中,宋景昌未予校正.

积问题来解决.《九章算术》的邑方出南北门问,刘徽是用(47)式和出入相补两种方法证明其开方式的正确性的.其出入相补方法是:

> 此术之幂,东西如邑方,南北自木尽邑南十四步之幂①.各南、北步为广,邑方为袤,故连两广为从法,并以为隅外之幂也②.

如图 46 所示,刘徽考虑长自木 B 至邑南 C,宽如邑方 $A'A''$ 的长方形 $EGFD$ 的面积:

$$BC'\times A'A''+(A'A'')^2+CC''\times A'A''$$

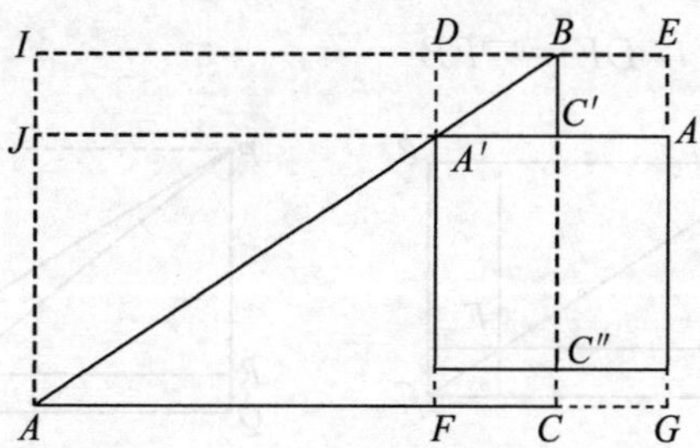

图 46

另一方面,考虑长方形 $BCAI$,它被对角线 AB 平分,即勾股形 ABC 与 ABI 面积相等.同样,勾股形 $AA'F$ 与 $AA'J$ 面积也相等,勾股形 $A'BC'$ 与 $A'BD$ 面积也相等,因此,长方形 $A'C'CF$ 与 $A'DIJ$ 面积相等,长方形 $BCFD$ 与 $BC'JI$ 面积相等,而 $EGFD$ 的面积是 $BCFD$ 的两倍,即为 $BC'JI$ 的面积的 2 倍. $BC'JI$ 的面积为 $BC'\times AC$,故:

---

① 大典本、杨辉本脱"如邑方","南北"下衍"邑"字,大典本"十四"误倒.今参考戴震在聚珍版、四库本的校勘校正,戴震在孔刻本、屈刻本中的校改不妥.

② "从法"大典本、杨辉本误倒,依戴震在聚珍版、四库本中的校勘.此段,戴震在屈刻本、孔刻本中的校改不妥.

$$(A'A'')^2+(BC'+CC'')A'A''=2BC'\times AC$$

此即《九章算术》关于 $A'A''$ 的开带从平方式. 这个出入相补的后半部分,刘徽未明确表述. 不过,这种思路符合中国古算的传统,也为后来贾宪、杨辉所明确提出,我们相信是符合刘徽的思想的. 其中长方形 $A'C'CF$ 与 $A'DIJ$ 面积相等这个结论非常重要. 贾宪在《黄帝九章算经细草》中提出:

直田斜解勾股二段,其一容直,其一容方,二积相等.

实际上,从长方形对角线上任一点作两条分别平行于两邻边的直线,则所容两长方形面积相等. 如图 47 所示,有:

$$\square DF=\square FB \tag{54}$$

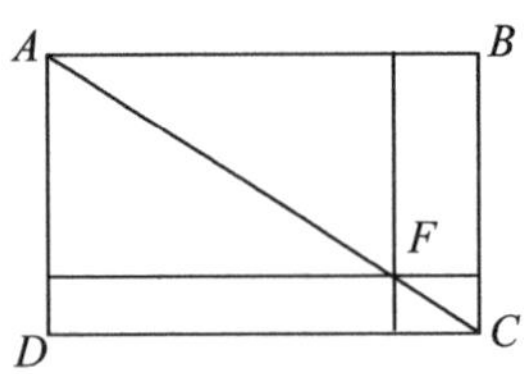

图 47

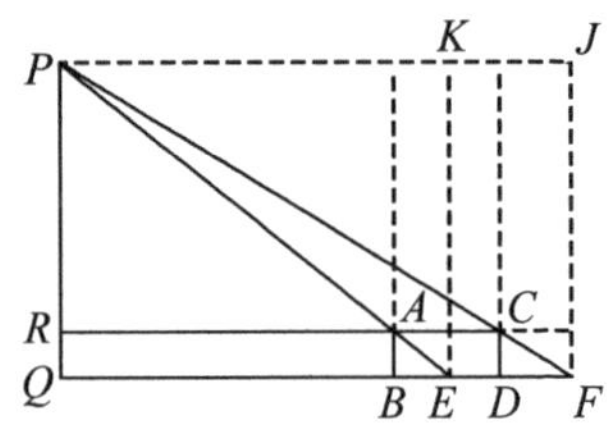

图 48

吴文俊先生非常重视这个推论,认为它是重差问题出入相补的重要依据. 同时,我们看到,在建立开带从平方式的过程中,实际上用到了如积相消,是为后来如积相消与天元术之先河.

吴文俊先生撰《〈海岛算经〉古证探源》一文,认为刘徽用出入相补原理证明了《海岛算经》的诸解法. 他认为《海岛算经》九题中,"海岛第一题中的岛高公式,望松第二题的松高辅助公式,以及望谷第四题的谷深公式,代表了古代用矩立表以望高、知远、测深的三个基本结果,其余诸题的公式皆可从这三个基本公式容易得出."

吴先生认为海岛公式(48)是这样证明的:如图 48 所示,由

(54)式，在长方形 $PQFJ$ 中：

$$\square CJ=\square CQ$$

在长方形 $PQEK$ 中：

$$\square AK=\square AQ$$

相减得：

$$\square CJ-\square AK=\square BC$$

或：后表却行×(岛高－表高)－前表却行×(岛高－表高)＝表间×表高

由此得(48)式的岛高公式．又从 $\square AK=\square AQ$ 得：

前表去岛×表高＝前表却行×(岛高－表高)

代入岛高公式，便得到(48)式的前表去岛公式．

《海岛算经》望松问是：

> 今有望松生山上，不知高下．立两表，齐高二丈，前后相去五十步，令后表与前表参相直．从前表却行七步四尺，薄地遥望松末，与表端参合．又望松本，入表二尺八寸．复从后表却行八步五尺，薄地遥望松末，亦与表端参合．问：松高及山去表各几何？
>
> 术曰：以入表乘表间为实，相多为法，除之．加入表，即得松高．求表去山远近者，置表间，以前表却行乘之为实，相多为法，除之，得山去表．

此即：

$$\begin{aligned}&松高=\frac{表间\times入表}{相多}+入表\\&表去山=\frac{表间\times前表却行}{相多}\end{aligned}\qquad(55)$$

如图 49(1)所示，松高 PQ，两表 ED、GF，自前表却行至 H，入表处 J，自后表却行至 I，山底为 R．其表去山公式与海岛问前表去岛公式相同,其正确性易见.又作松高辅助图如图 49(2)所示.由(54)式,考虑长方形 $PRHK$ 与 D,得:

$$\square DK=\square DR$$

又考虑长方形 $QRHL$ 与 J,得:

$$\square JL=\square JR$$

两式相减,得:

$$\square MK-\square JN=\square JO$$

即:

前表却行×松高－前表却行×入表＝表去山×入表

$$松高=\frac{表去山\times入表}{前表却行}+入表 \tag{56}$$

吴先生称(56)为松高辅助公式,将表去山公式代入,即得(55)之松高公式.

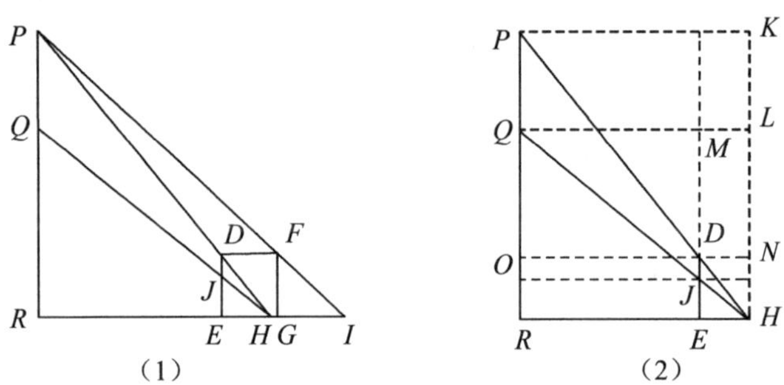

图 49

关于望谷公式(50)的证明是:如图 50 所示,由(54)式,考虑长方形 $FH'PQ$ 与 E,得:

$$\square EH'=\square EQ$$

考虑长方形 $BQPH$ 和 A,得:

$$\square AH=\square AQ$$

相减,得:

$$\square EI=\square EC-\square AJ$$

故　$\square AJ=\square EC-\square EI$

因为　$\square GI=\square AB$

故　$\square EI=\square GI-\square EF$

$=\square AB-\square EF$

=勾高×(下股−上股)

而　$\square EC$=矩间×上股

$\square AJ=\square AQ-\square CJ$=谷深×(下股−上股)

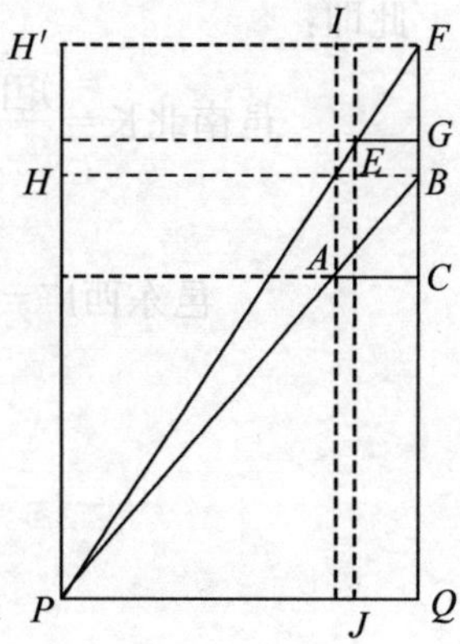

图 50

而　$\square AJ=\square EC-\square EI$=矩间×上股−勾高×(下股−上股)

故　谷深×(下股−上股)=矩间×上股−勾高×(下股−上股)

容易得到(50)式.

在证明更复杂的测望公式时,还要用到(47)式,即相似三角形对应边成比例的原理. 今以需四次测望的第 9 问为例.

今有登山临邑,邑在山南. 偃矩山上,令勾高三尺五寸. 令勾端与邑东南隅及东北隅参相直. 从勾端遥望东北隅,入下股一丈二尺. 又施横勾于入股之会,从立勾端望西北隅,入横勾五尺. 望东南隅,入下股一丈八尺. 又设重矩于上,令矩间相去四丈. 更从立勾端望东南隅,入上股一丈七尺五寸. 问:邑广、长各几何?

术曰:以勾高乘东南隅入下股,如上股而一. 所得,减勾高,余为法. 以东北隅下股减东南隅下股,余,以乘矩间为实. 实如法而一,得邑南北长也. 求邑广,以入横勾乘矩间为实. 实如法而一,即得邑东西广.

此即：

$$\left.\begin{aligned}&\text{邑南北长}=\frac{\text{矩间}\times(\text{东南下股}-\text{东北下股})}{\dfrac{\text{东南下股}\times\text{勾高}}{\text{上股}}-\text{勾高}}\\&\text{邑东西广}=\frac{\text{矩间}\times\text{入横勾}}{\dfrac{\text{东南下股}\times\text{勾高}}{\text{上股}}-\text{勾高}}\end{aligned}\right.\qquad(57)$$

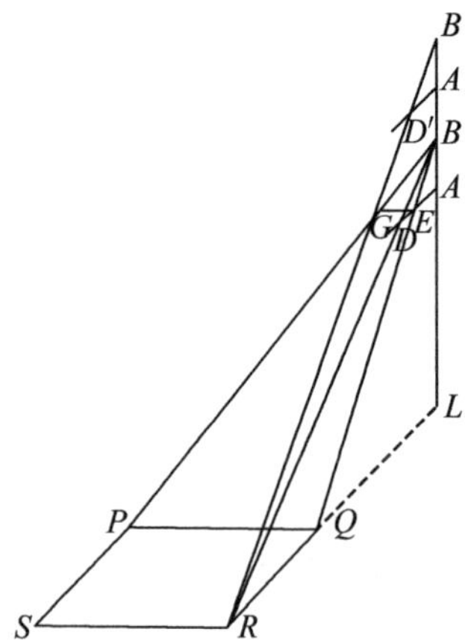

图 51

设邑为 $PQRS$. 下矩为 ABD. 横勾 EG，BP 交 EG 于 G，BQ 交 EG 于 E. BR 交 AD 于 D. 上矩为 $A'B'D'$，$B'R$ 交 $A'D'$ 于 D'，如图 51 所示. 将图 51 与图 49(2)相比较，视邑南北长 QR 为生于山上之松 PQ，又视 DA 为表，从 B 点测望，则：

$$\text{入表}=DE=AD-AE=\text{东南下股}-\text{东北下股}$$

表去山为 AL，前表却行为 AB，即勾高，依松高辅助公式(56)：

$$\text{邑南北长}=\frac{BL\times(\text{东南下股}-\text{东北下股})}{\text{勾高}}$$

又将图 51 与望谷图 50 相比较，视 RL 为谷，AL 为岸，则谷深为 AL. 依望谷公式(50)有：

$$BL=\text{谷深}+\text{勾高}=\frac{\text{矩间}\times\text{上股}}{\text{东南下股}-\text{上股}}$$

代入前式：

$$\text{邑南北长}=\frac{\dfrac{\text{矩间}\times\text{上股}}{\text{东南下股}-\text{上股}}(\text{东南下股}-\text{东北下股})}{\text{勾高}}$$

$$=\frac{\text{矩间}\times(\text{东南下股}-\text{东北下股})}{\dfrac{\text{东南下股}\times\text{勾高}}{\text{上股}}-\text{勾高}}$$

即(57)式之第一式. 又，由于勾股形 BPQ 与 BGE 相似，由(47)式，$\frac{PQ}{GE}=\frac{BQ}{BE}$，即$\frac{\text{邑东南广}}{\text{入横勾}}=\frac{BQ}{BE}$，所以：

$$\text{邑东南广}=\frac{BQ\times\text{入横勾}}{BE}$$

又勾股形 BQL 与 BEA 相似，由(47)式：

$$\frac{BQ}{BE}=\frac{BL}{AB}=\frac{\dfrac{\text{矩间}\times\text{上股}}{\text{东南下股}-\text{上股}}}{\text{勾高}}$$

于是：

$$\text{邑东南广}=\frac{\dfrac{\text{矩间}\times\text{上股}}{\text{东南下股}-\text{上股}}\times\text{入横勾}}{\text{勾高}}$$

化简即得(57)式之第二式.

这个例子说明，刘徽设计和解决的问题已经相当复杂.

第三节　多面体体积

一、有限分割求和法

刘徽之前，除了对城、垣、堤、沟、堑、渠的体积公式(20)、堑堵体积公式(24)之外，对其他多面体体积公式(22)、(23)、(25)～(29)并没有真正证明. 刘徽在用极限思想同时证明了阳马体积公式(25)和鳖臑体积公式(26)(见第六章)之后，用有限分割求和的方法，提出并严格证明了方锥、方亭、刍甍、刍童、羡除的体积公式. 以刍童为例，刘徽说：

> 为术又可令上下广袤差相乘，以高乘之，三而一，亦四阳马；上下广袤互相乘，并而半之，以高乘之，即四面六堑堵与二立方，并之，为刍童积.

这是与(29)式等价的新公式：

$$V=\frac{1}{3}(a_1-a_2)(b_1-b_2)h+\frac{1}{2}(a_1b_2+b_1a_2)h \qquad (58)$$

公式的阐述过程就是证明过程：把刍童分解成四角四阳马、四面六堑堵和中央二立方，如图 52 所示. 一个四角阳马的体积是 $\frac{1}{3}\cdot\frac{1}{2}(a_1-a_2)\cdot\frac{1}{2}(b_1-b_2)\cdot h=\frac{1}{4}\cdot\frac{1}{3}(a_1-a_2)(b_1-b_2)h$，四个四角阳马体积为 $\frac{1}{3}(a_1-a_2)(b_1-b_2)h$，两个两端堑堵的体积是 $2\cdot\frac{1}{2}a_2\cdot\frac{1}{2}(b_1-b_2)h=\frac{1}{2}a_2(b_1-b_2)h$，四个两边堑堵的体积是 $2\cdot\frac{1}{2}b_2\cdot\frac{1}{2}(a_1-a_2)h=\frac{1}{2}b_2(a_1-a_2)h$，那么，四面六堑堵的体积为 $\frac{1}{2}a_2(b_1-b_2)h+\frac{1}{2}b_2(a_1-a_2)h$，中央二立方的体积是 a_2b_2h. 中央二立方与四面六堑堵的体积之和为 $\frac{1}{2}a_2(b_1-b_2)h+\frac{1}{2}b_2(a_1-a_2)h+a_2b_2h=\frac{1}{2}(a_1b_2+a_2b_1)h$，加上四角四阳马的体积，便是(58)式. 这种证明方式对任何刍童都是

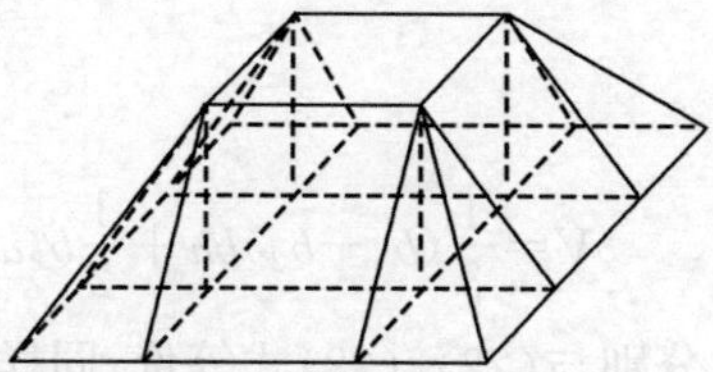

图 52

适用的,是一种真正的数学证明.不过刍童的分解还有棋验法的分解痕迹,如分解成中央二立方、四面六堑堵,是没有必要的,只要分解成一中央长方体和四面四堑堵即可.刘徽还提出了另一个刍童公式:

又可令上下广袤互相乘而半之,上下广袤又各自乘,并,以高乘之,三而一,即得也.

$$V=\frac{1}{3}\left[\frac{1}{2}(a_1b_2+a_2b_1)+(a_1b_1+a_2b_2)\right]h \qquad (59)$$

对这个公式的证明,刘徽没有提示,估计是由(58)式变换而来的.对方亭、刍甍,刘徽也都提出了新的体积公式.

对方亭,刘徽说:

为术又可令方差自乘,以高乘之,三而一,即四阳马也.上下方相乘,以高乘之,即中央立方及四面堑堵也.并之,以为方亭积数也.

此即:

$$V=\frac{1}{3}(a_1-a_2)^2h+a_1a_2h \qquad (60)$$

对刍甍,刘徽说:

亦可令上下袤差乘广,以高乘之,三而一,即四阳马也;下广乘之上袤而半之,高乘之,即二堑堵,并之,以为甍积也.

此即：

$$V=\frac{1}{3}(b_1-b_2)bh+\frac{1}{2}b_2ah \tag{61}$$

(60)、(61)式分别与(22)、(28)式等价. 同样,公式的阐述过程,就是证明过程.

有限分割求和法是我们赋予的名称. 它的基本方法是:将多面体通过有限次分割,分解为长方体、堑堵、阳马、鳖臑,通过求它们的体积之和解决多面体体积问题. 在应用这种方法之前,不仅长方体、堑堵的体积公式是已知的,而且阳马、鳖臑的体积公式业已被严格证明,因而这种方法在数学上是严谨可靠的.

二、分离方锥求鳖臑法

羡除体积公式(27)的证明,更为复杂一些,因为此时会分解出一些形状不同于《九章算术》所给出的鳖臑的四面体,刘徽也称之为鳖臑. 刘徽作为一位严谨的数学家,认为它们的体积公式是否可以运用(26)式,需要证明. 显然,要运用有限分割求和的方法,必须先解决这些鳖臑的体积. 刘徽先考虑有两广相等的羡除. 有以下几种情形:下广、末广相等的情形,如图 53(1)所示.

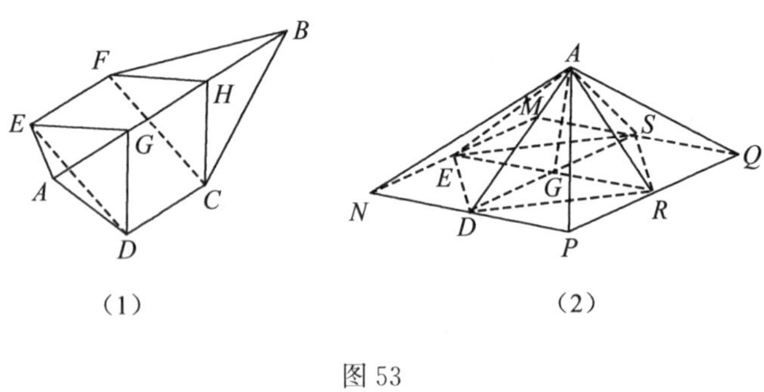

(1)　　(2)

图 53

这种羡除可以分解出一个堑堵及夹堑堵的、互相垂直的三棱交于一点的两个鳖臑，现今中学课本所学的四面体即为这种形状.刘徽用下述方法把鳖臑从方锥中分解出来，从而证明了它的体积公式亦可用(26)式求得.

> 合四阳马以为方锥.邪画[①]方锥之底，亦令为中方.就中方削而上合，全为中方锥之半.于是阳马之棋悉中解矣.中锥离而为四鳖臑焉.故外锥之半亦为四鳖臑.虽背正异形，与常所谓鳖臑参不相似，实则同也.所云夹堑堵者，中锥之鳖臑也.

刘徽取四个阳马 $AGEND$、$AGDPR$、$AGRQS$、$AGSME$ 合成方锥 $AMNPQ$，如图 53(2)所示.由方锥体积公式(23)，该方锥体积为$\frac{4}{3}DG\times EG\times AG$.连 $EDRS$，是一个中方.由中方削至顶点 A，把方锥 $AMNPQ$ 分成两部分，一部分是中锥 $AEDRS$，其体积为$\frac{2}{3}DG\times EG\times AG$，一部分是外面剩余的部分，这种分割方式，使中方锥成为四片.按，注文中两"半"字，训"片"，不训$\frac{1}{2}$.《汉书·李陵传》："令军士人持二升糒、一半冰".如淳曰："'半'，读曰'片'."四个阳马也被中解.中锥分成的四片，恰就是我们所要求积的夹堑堵的鳖臑：$AGDE$、$AGRD$、$AGSR$、$AGES$，它们都全等，因此，每个的体积是中锥的$\frac{1}{4}$，即：

$$V=\frac{1}{4}\times\frac{2}{3}DG\times EG\times AG=\frac{1}{6}DG\times EG\times AG$$

AG 是鳖臑的高，DG、EG 分别是广、袤，与(26)式取同样的形

① 画：鲍刻本、杨辉本讹作"尽"，此依四库本、聚珍版.

式.因此,求堑堵和这样两个鳖臑体积之和,就可以证明下、末两广相等的羡除的体积公式为(27)式.

刘徽还得到一个推论:由于方锥 $AMNPQ$ 割出中锥之后剩余的部分又是四个全等的四面体:$ANDE$、$APRD$、$AQSR$、$AMES$,它们的高的垂足不在底面之内,而在底面之外直角顶以斜边为轴的对称点上,刘徽也称之为鳖臑,并且其体积公式也与(26)式一致.所以刘徽得出这两种鳖臑"虽背正异形,与常所谓鳖臑参不相似,实则同也",即都由(26)式解决的结论.

刘徽又考虑了另外几种形状的两广相等的羡除:

> 凡堑堵上袤短者,连[1]阳马也;下袤短者,与鳖臑连也;上[2]、下两袤相等知,亦与鳖臑连也.并三广,以高、袤乘,六而一,皆其积也.今此羡除之广,即堑堵之袤也.

刘徽在这里又讲了三种两广相等的情形,一是堑堵上袤短于羡除上广,即下广<上广=末广的羡除,由一堑堵和夹堑堵的两阳马构成,如图54(1)所示;一是堑堵下袤短于羡除下广,即下广>上广=末广的羡除,由一堑堵和夹堑堵的两鳖臑构成,如图54(2)所示;一是堑堵的上下两袤与羡除的上下两广相等,即下广=上广<末广的羡除,由一堑堵与夹此堑堵的两鳖臑构成,如图54(3)所示.这里的阳马和鳖臑都是《九章算术》所给的形状,容易求积.

对《九章算术》所给出的三广不等的羡除的体积,刘徽说:

> 此本是三广不等,即与鳖臑连者.别而言之:中央堑堵广六尺、高三尺、袤七尺.末广之两旁,各一小鳖臑,皆与堑堵等.令小鳖臑居里,大鳖臑居表,则大鳖臑皆[3]出随方锥,

---

[1] 鲍刻本、杨辉本脱"连"字,此依戴震辑录大典本补.

[2] 鲍刻本、杨辉本、戴震辑录大典本脱"上"字,笔者校补.

[3] 鲍刻本、杨辉本、戴震辑录大典本将"皆"误置于"随"字下,笔者校正.

下广二[①]尺，袤六尺，高七尺．分取其半，则为袤三尺．以高、广乘之，三而一，即半锥之积也．邪解半锥得此两大鳖臑．求其积，亦当六而一，合于常率矣．

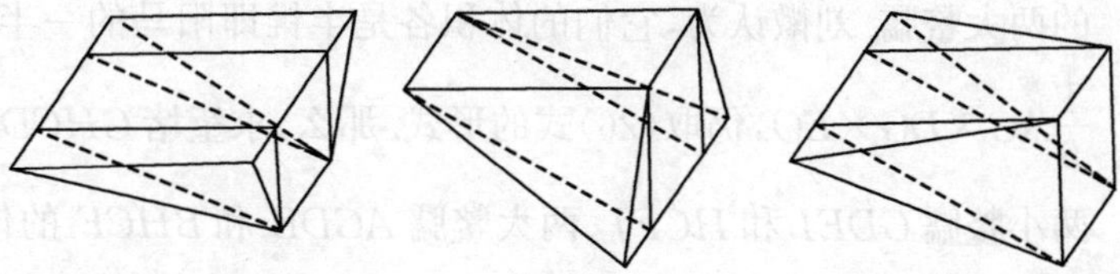

（1）　（2）　（3）

图 54

如图 55(1)所示，三广不等的羡除 $ABCDEF$ 被分解成中间堑堵 $GHCDIJ$，两边各一小鳖臑 $GDEI$、$HCFJ$，再向外是各一大鳖臑 $AGDE$、$BHCF$．这两大鳖臑的形状又不同于已经证明过体积公式的那几种鳖臑：基底 AGD、BHC 是勾股形（由题设 $AG=BH=2$ 尺，$DG=CH=3$ 尺），高 EO、FO' 为 7 尺，其垂足 O、O' 不在底面的顶点上，而在直角边 AG、BH 上．刘徽认为，这种大鳖臑的体积公式也是(26)式，即 $\frac{1}{6}AG\times DG\times IG$，因此，整个羡除的体积由(27)式给出是不言而喻的．为了证明这一点，刘徽采取把大鳖臑从一个椭方锥中分解出来的方法．注文中的“随”，音义均通“椭”，此字戴震辑录大典本皆作“椭”，所谓椭方锥就是长方锥，如图 55(2)所示．刘徽设计了一个底广 2 尺、袤 6 尺、高 7 尺的椭方锥 $ECDMN$，以高 EO 所在的、过 MN、CD 的中点 A、G 的平面 EAG 平分该椭方锥，成为两个半锥 $ECGAN$

① 鲍刻本、杨辉本、戴震辑录大典本“二”误作“三”，笔者校正．

和 $EDGAM$，其体积都是椭方锥的一半，即 $\frac{1}{3}AG\times DG\times EO$. 再由底面的对角 AD、AC 与顶点 E 构成的平面 EAD、EAC 分解这两个半锥，得到四面体 $AGDE$ 和 $AGCE$，它们就是所要求积的两大鳖臑. 刘徽认为，它们的体积各是半锥即阳马的一半，即 $\frac{1}{6}AG\times DG\times EO$，仍取(26)式的形式. 那么，求堑堵 $GHCDIJ$、两小鳖臑 $GDEI$ 和 $HCFJ$、两大鳖臑 $AGDE$ 和 $BHCF$ 的体积之和，便证明了(27)式.

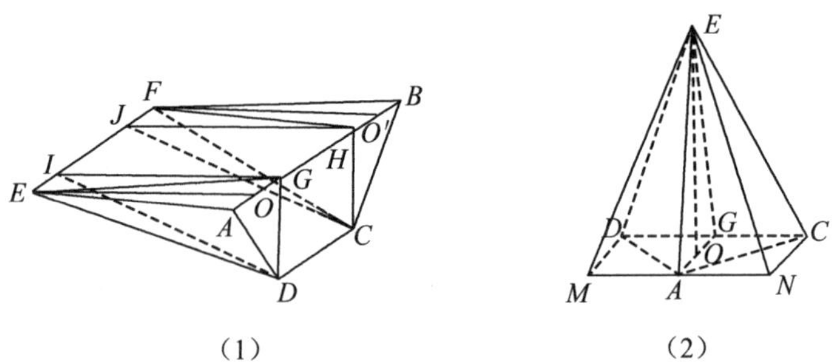

图 55

为什么大鳖臑的体积是半锥即上述阳马的体积的一半呢? 刘徽说：

> 按：阳马之棋两邪，棋底方. 当其方也，不问旁、角而割之，相半可知也. 推此上连无成不方，故方锥与阳马同实. 角而割之者，相半之势. 此大小鳖臑可知更相表里，但体有背正也.

注中"成"，训重，层.《周礼·秋官司寇》："将合诸侯，则令为坛三成."郑玄注曰："三成，三重也.《尔雅》曰：'丘，一成为敦丘，再成为陶丘，三成为昆仑.'"郭璞(276～324)注《尔雅》曰："成，犹重也."刘徽在这里提出了一个重要原理：同底等高的方锥与阳马没有一层不是相等的方形，所以它们的体积才相等，如图 56 所示. 刘徽还提出一个命题：一个长方形，不管是用对角线分割，还是用对边中点的连线分割，其面积都被平分. 这显然是正确的，可视为一个定理. 刘徽进而提出一个推论：若一个立体，每一层都被一平面所平分，则整立体被该平面所平分. 有了这些准备，再回头看大鳖臑，它们是由半锥 $ECGAN$、$EDGAM$ 分别被平面 EAC、EAD“角而割之”得到的，换言之，半锥 $ECGAN$ 和 $EDGAM$ 的体积分别被 EAC、EAD 所平分. 因此，大鳖臑 $AGDE$ 和 $AGCE$ 的体积是半锥 $ECGAN$ 的一半，大鳖臑 $AGCE$ 就是 $BHCF$，即可归结到(26)式. 同时，自然又可推出，半锥分割出大鳖臑之后剩余的部分 $EADM$ 和 $EACN$ 仍是鳖臑，其体积公式仍为(26)式.

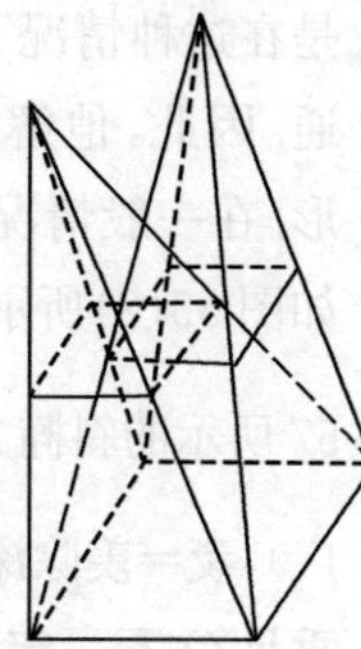

图 56

刘徽证明羡除体积公式的意义远远超出了羡除本身. 在后面我们将看到，刘徽把鳖臑看成解决多面体体积的关键，刘徽在这里提出几种鳖臑的体积公式都归结到(26)式，接近于提出(26)式是任一鳖臑的体积公式；同时，刘徽还创造了把鳖臑从体积为已知的方锥里分离出来的方法，为他的体积理论增添了新的武器. 羡除体积的解决，说明刘徽有能力解决任何多面体体积问题.

不过，严格说来，刘徽证明公式(27)的方式是有缺陷的，不像他的其他证明那么有普遍性. 首先，《九章算术》的羡除公式(27)是一个普遍公式，对任何羡除都适应，而其例题却是三广成等差数列，所以末广－下广$=\frac{1}{2}$(上广－下广)，且 $AO=OG$. 只

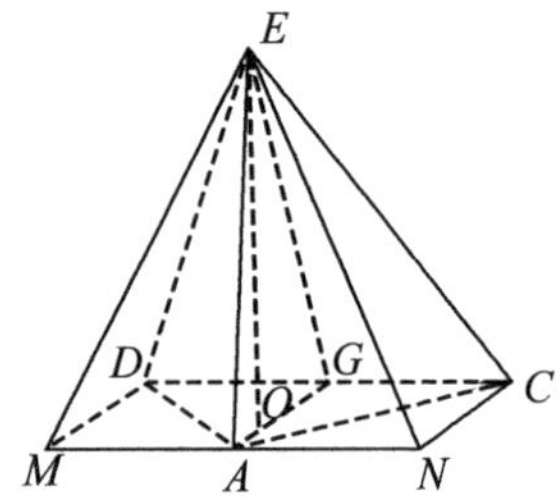

图 57

是在这种情况下，刘徽的证明才行得通. 因此，他解决的仍是一种特殊情形. 在一般情况下，$AO \neq OG$，不应作如图 55(2)所示的椭方锥，而应作如图 57 所示的斜椭方锥：广$=\frac{1}{2}$(上广－下广)，袤＝羡除深×2，高＝羡除袤，高的垂足 O 不一定是 AG 的中点，而是使 $GO=\frac{1}{2}$(上广－末广)的点. 然而这种斜椭方锥，刘徽从未讨论过. 其次，刘徽列举了四种两广相等的羡除，似在用枚举法，但显然有的情况没有提到，如上广＜下广＝末广的情形，如图 58 所示. 此时夹堑堵的是两个特殊的四棱锥. 还有，在下广＝末广＜上广的羡除的情形中，从方锥分离出来的鳖臑，其广、袤相等，它不能不加证明地用于广、袤不等的情形，因为为了得到广袤不等的鳖臑，必须以广袤不等的阳马合成一个椭方锥，此时割出来的中锥以菱形为底，如图 59 所示，其求积问题刘徽亦未讨论. 当然，根据刘徽已经使用的方法，上述问题刘徽是完全可以解决的，但是作为一部优秀著作，这些问题没提出，终归是一个遗憾.

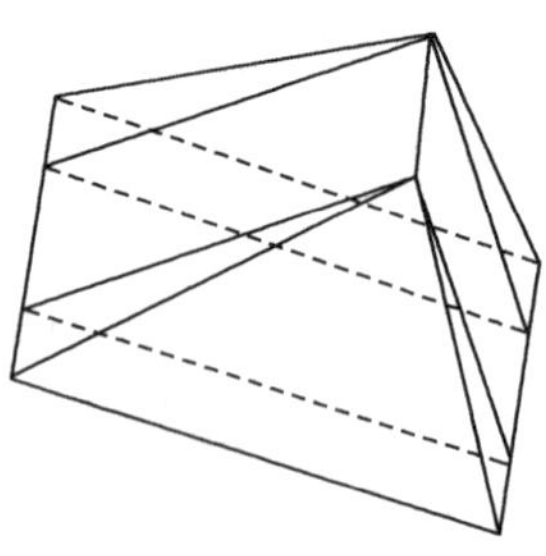
图 58

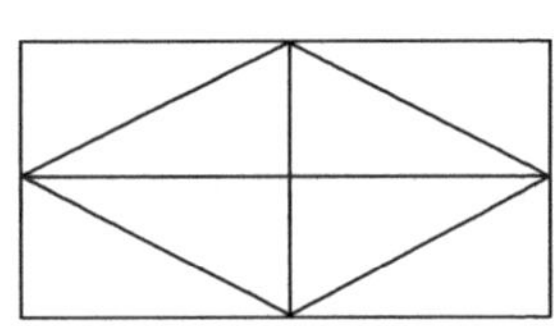
图 59

第四节　开方术的几何解释

《九章算术》提出了开平方和开立方的完整程序，刘徽借助于出入相补原理，给以几何解释，从而证明了开方程序的合理性. 同时，在阐述其几何意义时，对开方程序也有所改进.

一、开平方术

刘徽首先提出开平方的几何意义是“求方幂之一面也”. 即求有一定面积的正方形的边长，这就把开平方问题化成了面积问题. 将“借一算”由右向左“超一位”，是因为“言百之面十也，言万之面百也”. 即若 $100\leqslant N<10000$，则面积为 N 的正方形的边长是两位数，若 $10000\leqslant N<1000000$，则其边长为三位数. “议所得，以一乘所借一算为法，而以除”的意义是：“先得黄甲之面，上下相命，是自乘而除也. ”即议得第一位得数 a_1 后，从原正方形中减去以 a_1 为边长的正方形即黄甲的面积，如图 60 所示. 在这里，刘徽将《九章算术》程序中的以法除实，改进为 $N-a_1^2=N_1$. 求定法 $2a_1$ 的意义是“豫张两面朱幂定袤，以待复除，故曰定法. ”即求第二位得数 a_2，不仅要从原正方形中剩余部分减去黄乙的面积 a_2^2，而且要减去以黄甲之面为长、黄乙之面为宽的两长方形即二朱幂，总面积是 $2a_1a_2$，定法 $2a_1$ 便是二朱幂的已经确定的长. 议得第二位得数 a_2 后，从原正方形减去 $(2a_1+a_2)a_2$ 的面积. 求第三位得数以 $2(a_1+a_2)$ 为定法，是两青幂即黄丙两旁的小长方形的长. 议得第三位得数 a_3 后，从原正方形中减去 $[2(a_1+a_2)+a_3]a_3$. 如此类推.

在不可开的情形中，《九章算术》“以面命之”，即定义一个无理数,理论意义重大. 刘徽指出:"唯以面命之,为不失耳. 譬犹以三除十,以其余为三分之一,而复其数可举." 但中国数学工作者对任何计算都必须算出具体数值,而且对实际应用来说,这实际上没解决什么问题. 刘徽之前,有人以 $a+\dfrac{N-a^2}{2a+1}$ 为平方根的近似值,刘徽认为,这是十分不准确的,他说:

图 60

> 术或有以借算加定法而命分者,虽粗相近,不可用也. 凡开积为方,方之自乘当还复其积分. 令不加借算而命分,则常微少;其加借算而命分,则又微多. 其数不可得而定.

刘徽指出,$\sqrt{N}$ 比 $a+\dfrac{N-a^2}{2a+1}$ 大,比 $a+\dfrac{N-a^2}{2a}$ 小,即 $a+\dfrac{N-a^2}{2a+1}<\sqrt{N}<a+\dfrac{N-a^2}{2a}$. 为了准确求出近似值,刘徽提出了求微数,即十进分数的光辉思想,这一点,下一章再详细阐述.

二、开立方术

同样,刘徽首先指出,开立方的意义是"立方适等,求其一面也",即求体积为被开方数的正方体边长. 因此,"言千之面十,言百万之面百". "议所得,以再乘所借一算为法,而除之"的意义是"再乘者,亦求为方幂. 以上议命而除之,则立方等也",即将《九章算术》的以法 a_1^2 除实 N,改进成 $N-a_1^3=N_1$. a_1^3 即图 61(2)所示立方体的体积. 要继续开方,求出定法 $3a_1^2$,折而下的意义是:"为当复除,故豫张三面,以定方幂为定法也.""复除者,三面方幂以皆自乘之数,须得折、议定其厚薄尔”,即先确定以第二位得数 a_2 为边长的小正方体旁边的三方(三扁平长方体,如图61(3)所示)的面,再由第二位得数确定其厚薄.而求出中行 $3a_1$ 的意义是“设三廉之定长”,即先确定三廉(三个以 a_1 为长,以要求的第二位得数 a_2 为方的长方体,如图 61(4)所示)的长.“复借一算,置下行”是“欲以为隅方.立方等未有定数,且置一算定其位”,即要求尚未知的第二位得数 a_2,其立方 a_2^3 即位于正方体一角的小正方体的体积,如图 61(5)所示.刘徽说:“上方法,长自乘而一折;中廉法,但有长,故降一等;下隅法,无面长,故又降一等也.”这也改进了《九章算术》的方法,不是置中行与借算于个位再步之,而是将中行和借算先与法对齐再退位,显得简便.因为上方法已有长自乘即 a_1^2,故退一位;中廉法,只有长 a_1,故退二位;下隅法,既无面,又无长,故退三位.议得第二位得数 a_2,以 a_2 乘中行 $3a_1$ 为 $3a_1a_2$,以 a_2^2 乘下行 1,加定法,得 $3a_1^2+3a_1a_2+a_2^2$ 为新的定法.以定法除余实的意义是:“三面、三廉、一隅皆已有幂,以上议命之而除,去三幂之厚也”,即从余实中减去 $(3a_1^2+3a_1a_2+a_2^2)a_2$.为求第三位得数 a_3,先要“倍下、并中从定法”,是因为“三廉各当以两面之幂连于两方之面,一隅连于①三廉之端,以待复除也”,即计算 $3(a_1+a_2)^2$,$3(a_1+a_2)$.议得第三位得数 a_3,计算$[3(a_1+a_2)^2+3(a_1+a_2)a_3+a_3^2]a_3$,从余实中减去.在图解中,隅 a_3^3 连三廉 $3(a_1+a_2)a_3^2$ 的端,三廉 $3(a_1+a_2)a_3^2$ 中的每个连着三方 $3(a_1+a_2)^2a_3$ 中的两个的面.刘徽认为,这用文字叙述非常繁琐,只有借助棋,才能阐述明白:“言不尽意,解此要当以棋,乃得明耳.”

---

① 鲍刻本、大典本脱“两方之面,一隅连于”八字,戴震补.

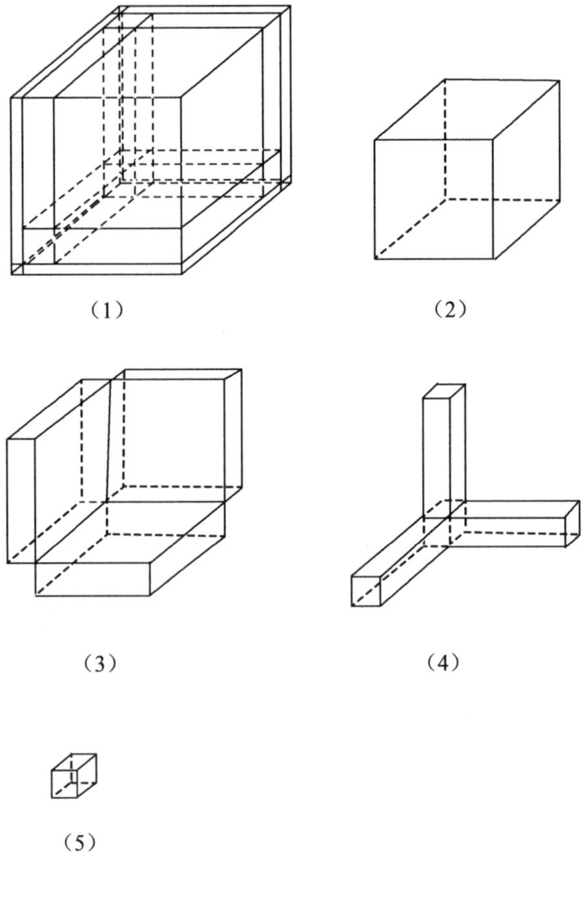

图 61

三、刘徽对开方术的改进

刘徽以其对开方术的几何解释，说明了开方程序的正确性，并使人们对开方术有了直观性的感性认识. 以往论者认为刘徽的开方程序与《九章算术》相同，刘徽只是解释了《九章算术》的程序，而后者与现今的开方法没有什么不同.笔者对这种看法不敢苟同.仔细分析两者，便会发现二者起码有以下两个重大不同：

首先，《九章算术》在议得某位得数a之后，算出法(或定法)$f(a)$后，以法$f(a)$除实N，恰恰使$\left[\frac{N}{f(a)}\right]_E=a$成立，而刘徽则是以$f(a)\cdot a$减$N$，即$N-f(a)\cdot a=N_1$.

其次，《九章算术》的借算使用一次后，随即消失.因此，在计算减根方程时，《九章算术》只是将法退位，议次一位得数时要重新布置借算(开立方时还有中行)于个位之下，然后“步之如初”，显得繁琐.刘徽则在“法”下置中行、保留借算，通过退位求减根方程.因此，刘徽没有必要重新布置借算.有的学者认为《九章算术》的超一等、超二等就是刘徽的退位，是把计算方向搞反了，或者是先假定刘徽的方法与《九章算术》相同不得已而作的曲解.

显然，《九章算术》和刘徽两者的开方的结果尽管相同，但是后者改进后比前者简便得多，且与现今的方法没什么大的区别.后来，《孙子算经》、《张丘建算经》和贾宪的《黄帝九章算经细草》吸取了刘徽的改进.

第六章

割之又割

——刘徽的无穷小分割思想

刘徽数学上最伟大的贡献是将无穷小分割思想引入数学证明. 说来也许奇怪，我们的看法与刘徽本人竟然不同. 历史上常常有这样的现象，伟大的科学家，以至政治家、思想家，后人对其最为推崇的业绩往往不是他们自己最为得意的贡献. 刘徽本人最看重他的“重差”，即今《海岛算经》的数学方法. 他的《九章算术注序》用一半多的篇幅论述了他创作“重差”的缘由、重差的含义及其应用. 刘徽对他有关极限思想的几个注虽也尽心着力，序言中却只字未提. 道理是显然的. 在刘徽看来，圆面积公式的证明、鳖臑和阳马体积公式的证明，只是证明了《九章算术》已有结论的正确性，而“重差”则是《九章算术》所未谈到的，所谓“（张）苍等为术犹未足以博尽群数也”.

相反，在掌握了高等数学的人看来，“重差”固然为《九章算术》以至整个中国数学增添了新的内容，不失为创新，然而它完全属于初等数学的范畴；而刘徽的无穷小分割方法和极限思想，却架起了通向微积分学的桥梁，至今熠熠闪光. 当然，一千七百多年前的刘徽不可能知道还有另一个更高的更富丽堂皇的数学殿堂，更不可能知道世界数学史上真正向这个殿堂的方向迈出了第一步的数学家正是他自己.

第一节 割圆术——圆面积公式的证明

割圆术是20世纪初以来刘徽专题中人们谈得最多的一项内容.它不仅是中国数学史的一个经久不衰的重要课题,也引起了哲学家们的兴趣.数学史家谈它,是说刘徽的割圆术含有极限思想,并用极限思想创造了计算圆周率的正确方法;哲学家们谈它,是说割圆术的极限思想体现了化直为曲、直曲转化的哲理.但是,所有这些论述都忽视了一个根本问题,即刘徽割圆术的主旨在于证明“半周乘半径得积步”这一圆面积公式,即(14)式,往往只谈到刘徽得出 $S_n<S<S_n+2(S_{n+1}-S_n)$ 这一不等式(S_n 是圆内接正 $6\cdot 2^n$ 边形面积,$n=1,2,3\cdots$)及 $\lim\limits_{n\to\infty}S_n=S$ 和 $\lim\limits_{n\to\infty}[S_{n+1}+2(S_{n+1}-S_n)]=S$ 这两个极限过程便戛然而止,忽略了“觚而裁之”即对极限状态的正多边形进行无穷小分割从而证明(14)式这关键的一步.甚至一篇逐字逐句注释翻译这一段刘徽注的文章对刘徽这最重要的几句话都略而不论.可谓只问播种,不管收获.笔者1980年提出,刘徽割圆术的主旨是证明圆面积公式(14),而求圆周率的方法是它的副产物和必要的补充(《刘徽的极限理论》).下面我们详细阐述这一问题.

在第三章,我们已经说明了刘徽之前人们使用的,以圆内接正12边形面积取代圆面积,以圆内接正6边形周长作为圆周长推导(14)式的出入相补方法.刘徽指出,那种方法“合径率一而弧周率三也”,当然不是严格的证明.刘徽创造了新的方法,他说:

又按：为圆，以六觚之一面乘一弧半径，三之[①]，得十二觚之幂. 若又割之，次以十二觚之一面乘一弧之半径，六之[②]，则得二十四觚之幂. 割之弥细，所失弥少. 割之又割，以至于不可割，则与圆周合体而无所失矣. 觚面之外，犹有余径，以面乘余[③]径，则幂出弧表. 若夫觚之细者，与圆合体，则表无余径. 表无余径，则幂不外出矣. 以一面乘半径，觚而裁之，每辄自倍. 故以半周乘半径而为圆幂. 此以周、径，谓至然之数，非周三径一之率也.

在这里，刘徽首先从圆内接正 6 边形开始割圆，得到正 12 边形，如图 62 所示. 以圆内接正 6 边形每边长 l_0 乘半径 r，计算出圆内接正 12 边形面积 $S_1=3l_0r$. 再割成正 24 边形，其面积 $S_2=6l_1r$. 如此继续下去，割得越细，圆内接正 $6\cdot 2^n(n=1,2,3,\cdots)$ 边形的面积 S_n 与圆面积 S 之差 $S-S_n$ 就越小. 割之又割，割到不可再割的地步，则这个圆内接正多边形便与圆周合为一体，其面积不再小于圆面积. 这显然是一个极限过程，用现代符号表之，便是：

$$\lim_{n\to\infty}6\cdot 2^n l_n=l \tag{60}$$

此时：

$$\lim_{n\to\infty}(S-S_n)=0 \tag{61}$$

接着，刘徽指出，圆内接正 $6\cdot 2^n$ 边形的每边 l_n 与圆周之间有一余径 r_n，若将诸边长乘余径即 $6\cdot 2^n l_n r_n$ 加到 S_n 上，则其和大于圆面积，如图 63 所示，即：

$$S_n+6\cdot 2^n l_n r_n=S_n+2(S_{n+1}-S_n)>S$$

① 三之：鲍刻本、大典本讹作“二因而六之”，依戴震校删.

② “六之”上，鲍刻本、大典本衍“四因而”三字，依戴震校删.

③ 鲍刻本、戴震辑录大典本脱“余”字，依钱宝琮校补.

图 62

然而当(60)成立时：

$$\lim_{n\to\infty} l_n = 0$$

因此：

$$\lim_{n\to\infty} r_n = 0$$

此时 $S_n + 2(S_{n+1} - S_n)$ 又不大于圆面积，即：

$$\lim_{n\to\infty}[S_n + 2(S_{n+1} - S_n)] = S \qquad (62)$$

总之，(61)、(62)表明，圆面积 S 是其下界序列 $\{S_n\}$ $(n=1,2,3,\cdots)$ 和上界序列 $\{S_n + 2(S_{n+1} - S_n)\}$ $(n=1,2,3\cdots)$ 的极限. 最后，刘徽对与圆周合体的正多边形（记其每边长为 l^*，其总和即圆周长：$l = \sum_1^{\infty} l^*$）进行无穷分割，分成无穷多个以正多边形每边为底，以圆心为顶点的小等腰三角形，即“觚而裁之”，如图 64 所示. 显然，圆面积 S 就等于这无穷多个小三角形的面积 A 之总和：

$$S = \sum_1^{\infty} A \qquad (63)$$

由于以底 l^* 乘半径 r 等于小三角形面积 A 的两倍：

$$l^* r = 2A$$

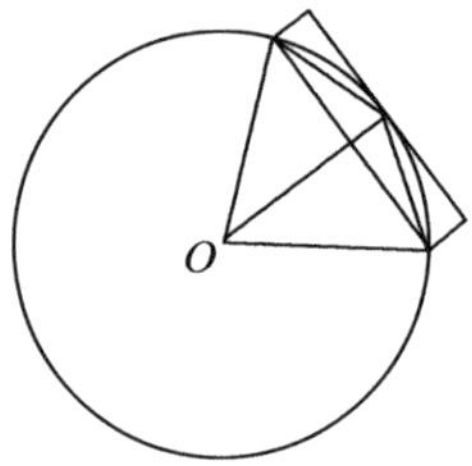

图 63

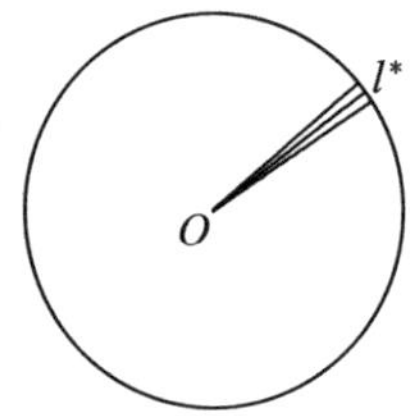

图 64

故：

$$A=\frac{1}{2}l^{*}r$$

由(63)式：

$$S=\sum_{1}^{\infty}A=\frac{1}{2}\sum_{1}^{\infty}l^{*}r=\frac{1}{2}lr$$

这就完成了(14)式的证明.刘徽指出,(14)式中的周、径应是"至然之数",即非常准确的值,而不是周三径一之率.因此,需要求周、径的相与之率,即今之所谓圆周率,这在第三节再述及.

以上几乎是逐字逐句地阐释刘徽的注文.很显然,不管是(61)式,还是(62)式都不是刘徽的目的,它们只是实施(63)式的准备,其目的是证明(14)式.

刘徽不仅明确地多次使用了极限思想,而且采用了对直线形进行无穷小分割,然后求其极限状态的和的方式解决圆面积问题的方法.说刘徽已有了积分学思想的萌芽,是一点也不过分的.刘徽的方法与积分学产生前的面积元素法有许多类似之处.所不同的是,刘徽先实现了极限过程,然后就极限状态的面积进行无穷小分割,而面积元素法是先进行分割,求其和,再实施极限过程.两者异曲同工.

第二节　阳马和鳖臑体积公式的证明

刘徽的极限思想，最精彩的应用在《九章算术》商功章阳马术注中，即对阳马体积公式(25)式、鳖臑体积公式(26)式的证明中. 关于这个注，清中叶李潢(？～1812)作《九章算术细草图说》时未弄懂，对有误文夺字之处未能校勘，对无误文夺字之处，或臆改，或疑文有误. 20 世纪 30 年代，日本学者三上义夫探讨了这个问题，提出了两种解释，未引起中国学者的重视. 钱宝琮先生不强为之说，悉仍旧贯. 1979 年，丹麦学者华道安(Wagner)又探讨了这个问题，提出了与三上义夫第一种看法(三上义夫更倾向于此)相同的解释. 笔者 1980 年也探讨了这个问题，其观点接近三上义夫第二种看法. 刘徽的这个证明日益引起国内外学者的重视. 吴文俊先生对其评价甚高. 1985 年法国布尔巴基(Bourbaki)学派在巴黎举行希尔伯特第三问题学术讨论会，有的学者介绍了刘徽的这一贡献.

在刘徽之前，人们用棋验法验证(25)、(26)两式. 一个正方体可以分解为三个全等的阳马，如图 65(1)所示，或六个两两对称、三三全等的鳖臑，如图 65(2)所示. 因此，一个阳马的体积是 $V=\frac{1}{3}a^3$，一个鳖臑的体积是 $V=\frac{1}{6}a^3$，是显然的. 同时，一个堑堵可以分解为一个阳马和一个鳖臑，则阳马与鳖臑的体积之比为 2∶1，也是显然的. 正如刘徽所记述的：

> 假令广、袤各一尺，高一尺，相乘之，得立方积一尺. 邪解立方得两堑堵，邪解堑堵，其一为阳马，一为鳖臑. 阳马居二，鳖臑居一，不易之率也. 合两鳖臑成一阳马，合三阳马而成一立方，故三而一. 验之以棋，其形露矣. 悉割阳马，凡为

> 六鳖臑.观其割分,则体势互通,盖易了也.

这是应用棊验法.

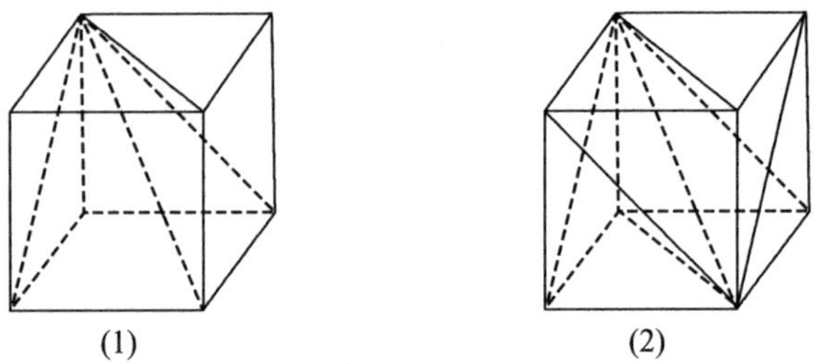

图 65

然而,阳马和鳖臑并不总是 $a=b=h$.《九章算术》所给出的例题便是 $a\neq b\neq h$ 的情形.刘徽提出,在 $a\neq b\neq h$ 的情况下,(25)、(26)式仍然成立:

> 其棊或修短,或广狭,立方不等者,亦割分以为六鳖臑,其形不悉相似.然见数同,积实均也.

尤其是:

> 设为[①]阳马为分内,鳖臑为分外.棊虽或随修短广狭,犹有此分常率知,殊形异体,亦同也者,以此而已.

即命题:

> 邪解堑堵,其一为阳马,一为鳖臑.阳马居二,鳖臑居一,不易之率也.

仍然成立.此即在一个堑堵中,恒有:

$$V_y : V_b = 2 : 1 \qquad (64)$$

① 为:训"以",见王引之《经传释词》卷二.戴震辑录的大典本作"以",两通.

其中 V_y,V_b 分别为阳马、鳖臑体积. 吴文俊先生把它称为刘徽原理. 显然,只要证明了(64)式,由堑堵体积公式(24),则(25)、(26)两式在任何情况下成立,是不言而喻的.

不过,刘徽认为:

> 鳖臑殊形,阳马异体. 然阳马异体,则不可纯合,不[①]纯合,则难为之矣.

即在 $a \neq b \neq h$ 的情况下,三个阳马不全等,六个鳖臑既不两两对称,也不三三全等,无法使用棋验法. 为什么三个阳马不全等呢? 刘徽说:

> 何则? 按:邪解方棋以为堑堵者,必当以半为分;邪解堑堵以为阳马者,亦必当以半为分,一纵一横耳.

如图 66(1)所示,在 $a \neq b \neq h$ 的情况下,由长方体 $ABCDEFGH$ 分成三个阳马 $AHEFG$,$ABGFC$,$ADCFE$. 为了比较方便,我们将它们的底置于一个平面上,使作为高的棱 AH、AB、AD 的垂足 H、B、D 重合,使 AH、AB、AD 在同一直线上,如图 66(2)所示. 则显然,若把阳马 $AHEFG$ 看成纵的,则 $ABGFC$ 和 $ADCFE$ 就是横的,它们是不可能全等的. 六个鳖臑的情况亦如此. 顺便说一句,有的学者认为这段话是不必要的,或不是刘徽所写,显然是不妥的.

为证明(64)式,并进而证明(25)、(26)式,刘徽必须另辟蹊径. 他说:

> 其使鳖臑广、袤、高各[②]二尺,用堑堵、鳖臑之棋各二,皆用赤棋. 又使阳马之广、袤、高各二尺,用立方之棋一,堑

---

① 鲍刻本、杨辉本脱此"不"字,依戴震辑录之大典本补.

② 高各:鲍刻本、杨辉本、大典本误倒,戴震校正.

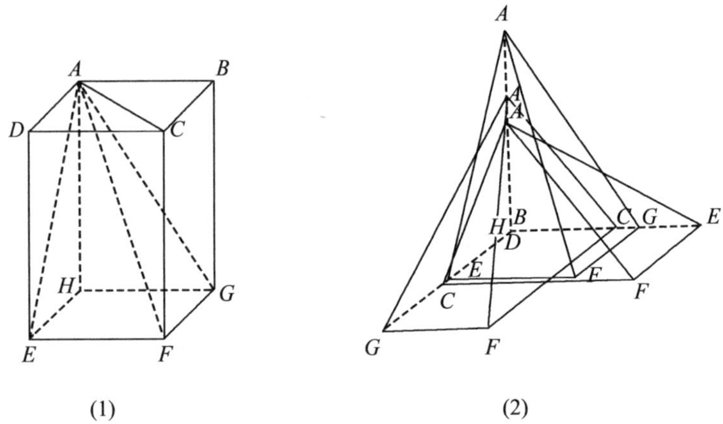

图 66

> 堵、阳马之棋各二，皆用黑棋，棋之赤、黑，接为堑堵，广、袤、高各二尺.于是中攽其广、袤[①]，又中分其高.令赤、黑堑堵各自适当一方，高一尺、方一尺[②]，每二分鳖臑则一阳马也.其余两端各积本体，合成一方焉.是为别种而方者率居三，通其体而方者率居一.虽方随棋改，而固有常然之势也.

可能受手头棋的限制，刘徽在这里仍使用了 $a=b=h=1$ 尺的棋，而没有使用 $a\neq b\neq h$ 的棋.可是，根据刘徽"虽方随棋改，而固有常然之势"的指示，他的这些论述完全适应于 $a\neq b\neq h$ 的情形，并且就是为此一般情形而提出的.因此，我们按一般情形阐述.刘徽取一个红鳖臑 $ABGF$，广 a、袤 b、高 h，用三个互相垂直的平面平分其广、袤、高，则它被分解为两个小红堑堵（记为

① 鲍刻本、杨辉本、戴震辑录大典本脱"袤"字，笔者校正，川原亦校正.

② 两"一尺"，鲍刻本、杨辉本、戴震辑录大典本讹作"二尺"，笔者校正，华道安、川原亦校正.

Ⅱ′、Ⅲ′)和两个小红鳖臑(记为Ⅳ′、Ⅴ′),其广、袤、高分别为$\frac{1}{2}a$、$\frac{1}{2}b$、$\frac{1}{2}h$,如图 67(2)所示.同样,取一个黑阳马 $AHEFG$,广 a、袤 b、高 h,用三个互相垂直的平面平分其广、袤、高,则它被分解为一个小长方体(记为Ⅰ)、两个小黑堑堵(记为Ⅱ、Ⅲ)和两个小阳马(记为Ⅳ、Ⅴ),其广、袤、高分别为$\frac{1}{2}a$、$\frac{1}{2}b$、$\frac{1}{2}h$,如图 67(1)所示.将红鳖臑 $ABGF$ 和黑阳马 $AHEFG$ 拼接在一起,成为一个堑堵 $ABGFEH$.其广、袤、高分别为 a、b、h,并且相当于用三个互相垂直的平面平分其广、袤、高,它被分解为一个小长方体Ⅰ、四个小堑堵(Ⅱ、Ⅲ为黑,Ⅱ′、Ⅲ′为红)、两个小阳马(Ⅳ、Ⅴ,为黑)、两个小鳖臑(Ⅳ′、Ⅴ′,为红),如图 67(3)所示.将两个小红堑堵Ⅱ′、Ⅲ′分别与两个小黑堑堵Ⅱ、Ⅲ拼合在一起,则成为与小黑长方体Ⅰ全等的两个小长方体Ⅱ－Ⅱ′、Ⅲ－Ⅲ′,如图 68(1)、(2)、(3)所示,在这三个小长方体中,黑与红的体积之比,即属于阳马的与属于鳖臑的体积之比为 2∶1,换言之,(64)式在这三个小长方体中成立,即堑堵的$\frac{3}{4}$中成立.两个小红鳖臑Ⅳ′、Ⅴ′与两个小黑阳马Ⅳ、Ⅴ恰恰合成两个小堑堵Ⅳ－Ⅳ′、Ⅴ－Ⅴ′,它们又合成第四个小长方体Ⅳ－Ⅳ′－Ⅴ－Ⅴ′,如图 68(4)所示.这个小长方体占原堑堵体积的$\frac{1}{4}$,在其中(64)式是否成立,尚不知道.但是,显然,这两个小堑堵的形状、结构与原堑堵完全相似.总之,正如刘徽所说:“是为别种而方者率居三,通其体而方者率居一.”

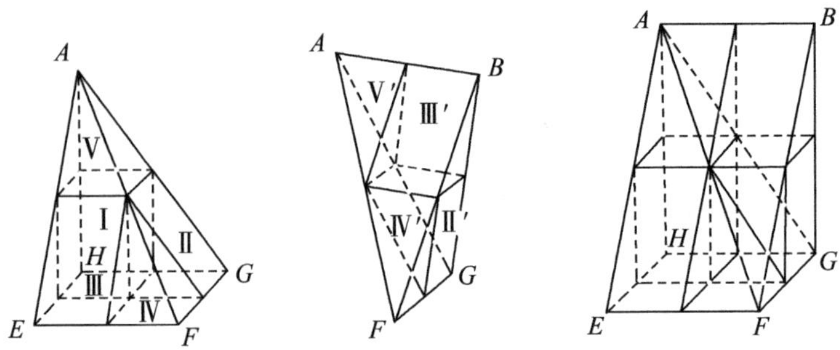

(1)　　　　(2)　　　　(3)

图 67

刘徽认为：

> 按：余数具而可知者有一、二分之别，即一、二之为率定矣. 其于理也岂虚矣. 若为数而穷之，置余广、袤、高之数各半之，则四分之三又可知也. 半之弥少，其余弥细. 至细曰微，微则无形，由是言之，安取余哉？数而求穷之者，谓以情①推，不同筹算.

就是说，如果能证明余下的$\frac{1}{4}$中，即第四个小长方体中两者体积之比可知道的部分中(64)式成立，则在整个堑堵中(64)成立，从数理上讲，就不是虚假的. 由于第四个小长方体中两个小堑堵的形状、结构与原堑堵完全相似，因此，可以重复上述的分割、拼合，即用互相垂直的三个平面平分两小堑堵的广、袤、高，再同样拼合，又可以证明在两小堑堵的$\frac{3}{4}$中(64)式成立，在$\frac{1}{4}$中即原堑堵的$\frac{1}{4}\times\frac{1}{4}$中，(64)式是否成立仍未知. 这个分割过程可以无限

① 情：鲍刻本讹作“精”，此依杨辉本、戴震辑录大典本.

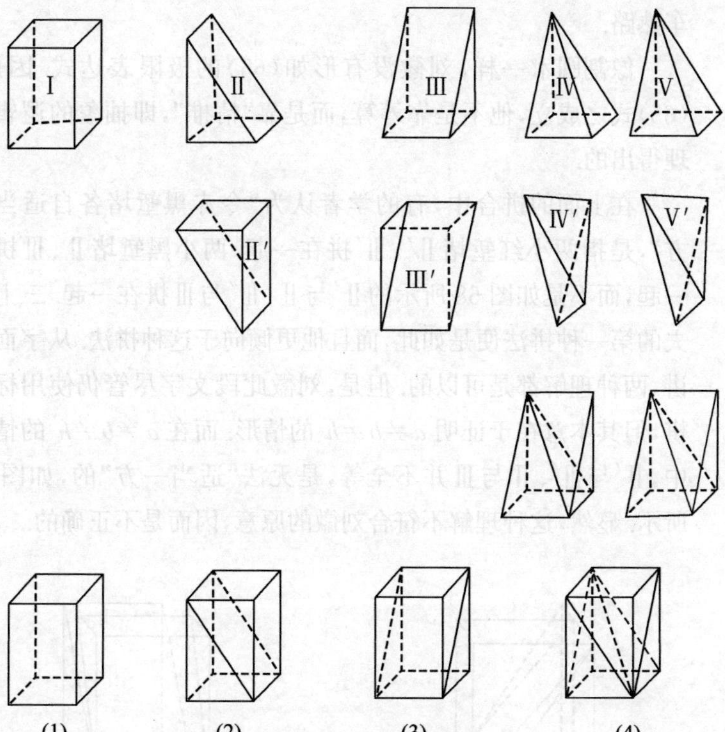

图 68

继续下去，(64)式在其中是否成立为未知的部分依次占原堑堵的$\frac{1}{4^n}$，$n=1,2,3,\cdots$. 最后：

$$\lim_{n\to\infty}\frac{1}{4^n}=0 \tag{65}$$

即"至细曰微，微则无形"，在原堑堵中(64)式是否成立为未知的部分为0，换言之，在整个堑堵中，证明了(64)式成立.

由(64)式及(24)式，援引衰分术，证明(25)、(26)两式是轻车熟路.

像割圆术一样,刘徽没有形如(65)的极限表达式.因此,(65)式之成立,他不是靠筹算,而是靠"情推",即抽象的逻辑推理得出的.

在上面的拼合中,有的学者认为"令赤黑堑堵各自适当一方",是指两小红堑堵Ⅱ′、Ⅲ′拼在一起,两小黑堑堵Ⅱ、Ⅲ拼在一起,而不是如图68所示的Ⅱ′与Ⅱ、Ⅲ′与Ⅲ拼在一起.三上义夫的第一种拼法便是如此,而且他更倾向于这种拼法.从字面上讲,两种理解都是可以的.但是,刘徽此段文字尽管仍使用标准棋,但其本意在于证明 $a \neq b \neq h$ 的情形.而在 $a \neq b \neq h$ 的情形中,Ⅱ′与Ⅲ′、Ⅱ与Ⅲ并不全等,是无法"适当一方"的,如图69所示.显然,这种理解不符合刘徽的原意,因而是不正确的.

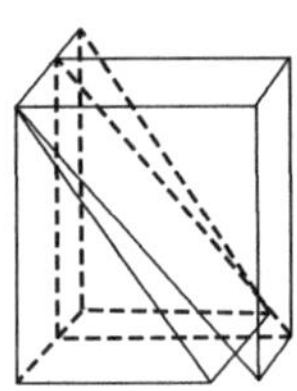

(1)

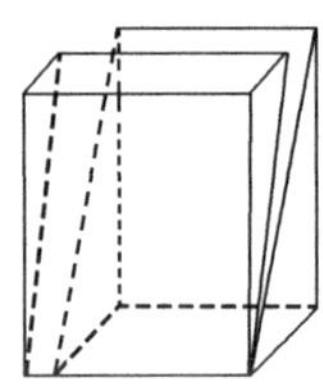

(2)

图69

在第五章已经看到,方亭、刍甍、刍童、羡除的体积公式的解决必须用到阳马体积公式,羡除的体积公式的解决还必须用到鳖臑的体积公式.在完成公式(25)、(26)的证明之后,刘徽进而提出了解决鳖臑体积是解决多面体体积的关键这一与现代数学理论完全一致的重要论断,从而把他的体积理论建立在了科学基础之上,这一点我们在第八章还要详细分析.

第三节　极限思想在近似计算中的应用

关于刘徽求圆周率的方法、弧田面积的计算，以及开方不尽求微数的方法，许多论著都已谈到，并且认为都是极限过程. 笔者认为，这三项计算中没有极限过程，它们是刘徽的无穷小分割思想或极限思想在近似计算中的应用. 另外，人们关于刘徽求圆周率的方法的论述，并不符合刘徽本人的程序，且会把刘徽置于他从未犯过的循环推理的错误之中，也有必要正本清源.

一、求圆周率的方法

《九章算术》给出的圆面积公式(14)和(14′)没有用到圆周率，但公式前的两个例题中圆的周、径却都以周三径一为率；公式(15)、(16)则含有圆周率 $\pi=3$. 刘徽在证明了(14)式的正确性之后，立即指出，(14)式中的周、径，“谓至然之数，非周三径一之率也”. 因此，只有精确地求出周、径的这个“至然之数”，才能正确使用(14)、(14′)两式，也才能纠正(15)、(16)两式之不精确.

我们在第三章已经指出，刘徽之前，人们曾试图改进圆周率值. 比如西汉末年刘歆制造王莽铜斛时，实际使用了 $\pi=3.1547$，东汉大科学家张衡求出了 $\pi=\sqrt{10}$，成绩都不佳. 这两个数值表明，他们仍未找到圆周率的科学计算方法. 刘徽批评张衡说：“衡说之自然欲协其阴阳奇耦之说而不顾疏密矣. 虽有文乱，斯乱道破义，病也.”而更多的人则一直沿习周三径一之率. 刘徽既指出了周三径一之不准确，又批评了人们迷信古人，不敢创新的错误态度，他说：

周三者，从其六觚之环耳．以推圆规多少之觉，乃弓之与弦也．然世传此法，莫肯精核，学者踵古，习其謬失．不有明据，辩之斯难．凡物类形象，不圆则方．方圆之率，诚著于近，则虽远可知也．由此言之，其用博矣．

刘徽在中国首创计算圆周率近似值的科学方法，这是他的又一重大贡献．为了正确认识刘徽的方法，我们还是照录刘徽的原文：

谨按图①验：更造密率．恐空设法，数昧而难譬，故置诸检括，谨详其记注焉．

割六觚以为十二觚术曰：置圆径二尺，半之为一尺，即圆里觚之面也．令半径一尺为弦，半面五尺为勾，为之求股．以勾幂二十五寸减弦幂，余七十五寸．开方除之，下至秒、忽．又一退法，求其微数．微数无名知以为分子，以十②为分母，约作五分忽之二．故得股八寸六分六厘二秒③五忽五分忽之二．以减半径，余一寸三分三厘九毫七秒四忽五分忽之三，谓之小勾④．觚之半面而又谓之小股．为之求弦．其幂二千六百七十九亿四千九百一十九万三千四百四十五忽，余分弃之⑤．开方除之，即十二觚之一面也．

割十二觚以为二十四觚术曰：亦令半径为弦，半面为勾，为之求股．置上小弦幂，四而一，得六百六十九亿八千七百二十九万八千三百六十一忽，余分弃之，即勾幂也．以减弦幂，其余开方除之，得股九寸六分五厘九毫二秒五忽五分

① 图：鲍刻本、戴震辑录大典本讹作“圆”，钱宝琮校正．

② 十：鲍刻本、戴震辑录大典本讹作“下”，钱宝琮校正．

③ 秒：鲍刻本、大典本讹作“丝”，戴震校正．

④ 鲍刻本、大典本此下衍“小勾知半面五寸之勾”九字，戴震校删．

⑤ 余分弃之：鲍刻本、大典本讹作“全分并之”，戴震校正．

忽之四.以减半径,余三分四厘七秒四忽五分忽之一,谓之小勾.觚之半面又谓之小股.为之求小弦.其幂六百八十一亿四千八百三十四万九千四百六十六忽,余分弃之.开方除之,即二十四觚之一面也.

割二十四觚以为四十八觚术曰:亦令半径为弦,半面为勾,为之求股.置上小弦幂,四而一,得一百七十亿三千七百八万七千三百六十六忽,余分弃之,即勾幂也.以减弦幂.其余,开方除之,得股九寸九分一厘四毫四秒四忽五分忽之四.以减半径,余八厘五毫五秒五忽五分忽之一,谓之小勾.觚之半面又谓之小股.为之求小弦.其幂一百七十一亿一千二十七万八千八百一十三忽,余分弃之.开方除之,得小弦一寸三分八毫六忽,余分弃之,即四十八觚之一面.以半径一尺乘之,又以二十四乘之,得幂三万一千三百九十三亿四千四百万忽.以百亿除之,得幂三百一十三寸六百二十五分寸之五百八十四,即九十六觚之幂也.

割四十八觚以为九十六觚术曰:亦令半径为弦,半面为勾,为之求股.置次上弦幂,四而一,得四十二亿七千七百五十六万九千七百三忽,余分弃之,则勾幂也.以减弦幂,其余,开方除之,得股九寸九分七厘八毫五秒八忽十分忽之九.以减半径,余二厘一毫四秒一忽十分忽之一,谓之小勾.觚之半面,又谓之小股.为之求小弦.其幂四十二亿八千二百一十五万四千一十二忽,余分弃之.开方除之,得小弦六分五厘四毫三秒八忽,余分弃之,即九十六觚之一面.以半径一尺乘之,又以四十八乘之,得幂三万一千四百一十亿二千四百万忽.以百亿除之,得幂三百一十四寸六百二十五分寸之六十四,即一百九十二觚之幂也.以九十六觚之幂减之,余六百二十五分寸之一百五,谓之差幂.倍之,为分寸之二百一十，即九十六觚之外弧田九十六所，谓以弦乘矢之凡幂也. 加此幂于九十六觚之幂，得三百一十四寸六百二十五分寸之一百六十九，则出于圆之表矣. 故还就一百九十二觚之全幂三百一十四寸以为圆幂之定率，而弃其余分. 以半径一尺除圆幂，倍所[①]得，六尺二寸八分，即周数. ……又令[②]径二尺与周六尺二寸八分相约，周得一百五十七，径得五十，则其相与之率也. 周率犹为微少也.

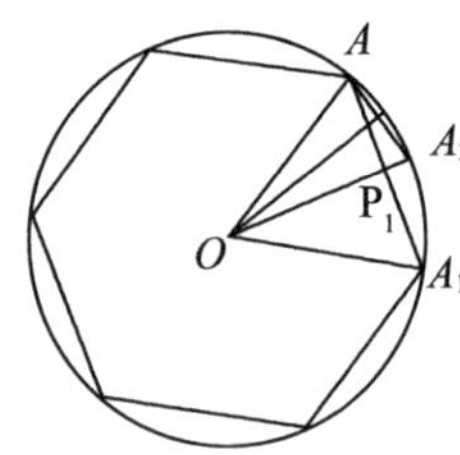

图 70

这是关于圆周率近似计算的完整方法. 刘徽取直径为 2 尺的圆，其内接正 6 边形边长为 1 尺. 割圆内接正 6 边形为正 12 边形的方法是：设圆内接正 6 边形一边为 AA_1，过圆心 O 作 AA_1 的垂线 OA_2，交 AA_1 于 P_1，交圆周于 A_2，则 AA_2 就是圆内接正 12 边形的一边，如图 70 所示. 在勾股形 AOP_1 中，$OA=1$ 尺为弦，$AP_1=\frac{1}{2}AA_1=5$ 寸为勾，则股 $OP_1=\sqrt{OA^2-AP_1^2}=\sqrt{10^2-5^2}$ 寸 $=866025\frac{2}{5}$ 忽为边心距. 余径 $P_1A_2=OA_2-OP_1=133974\frac{3}{5}$ 忽，它在勾股形 AP_1A_2 中为小勾，AP_1 为小股，则弦：

$$AA_2=\sqrt{P_1A_2^2+AP_1^2}=\sqrt{267949193445}\text{忽}$$

为圆内接正 12 边形一边之长. 依照同样的程序，刘徽算出圆内接正 12 边形的边心距、余径，48 边形的边长、边心距、余径，及 96 边形的面积、边长，192 边形的面积，见下表：

① 所：戴震辑录大典本作“之”，亦通，唯“得”当连下读.

② 令：鲍刻本讹作“合”，此依戴震辑录大典本.

正多边形	面积(寸^2)	边长(忽)	边心距(忽)	余径(忽)
6		1000000	$866025\frac{2}{5}$	$133974\frac{3}{5}$
12		$\sqrt{267949193445}$	$965925\frac{4}{5}$	$34074\frac{1}{5}$
24		$\sqrt{68148349466}$	$991444\frac{4}{5}$	$8555\frac{1}{5}$
48		130806	$997858\frac{9}{10}$	$2141\frac{1}{10}$
96	$S_5=313\frac{584}{625}$	65438		
192	$S_6=314\frac{64}{625}$			

空缺处为刘徽未计算者. 接着刘徽算出差幂 $S_6-S_5=\frac{105}{625}$寸^2，那么 $2(S_6-S_5)$为 96 边形各边长乘余径的总面积，于是：

$$S_5+2(S_6-S_5)=314\frac{169}{625}\text{寸}^2>S$$

由于 S_6 和 $S_5+2(S_6-S_5)$的整数部分都是 314 寸^2，便取 314 寸^2 作为圆面积 S 的近似值：

$$S\approx 314\text{ 寸}^2$$

由刘徽已经证明其正确性的公式(14)，圆周长：

$$l=2S/r\approx\frac{2\times 314\text{ 寸}^2}{10\text{ 寸}}=6\text{ 尺 } 2\text{ 寸 } 8\text{ 分}$$

使直径 $d=2$ 尺与周长 $l=6$ 尺 2 寸 8 分相约，周长得 157，直径得 50，这就是圆周长和直径的相与之率，用现今的符号表示，便是：

$$\pi=l/d=157/50 \tag{66}$$

刘徽指出，这个相与率中，周率还是稍微小一点.

这就是刘徽求圆周率的过程. 它具有强烈的程序化的特点.

刘徽用他求出的周径相与之率 157∶50 修正了《九章算术》

圆面积公式(14)、(14′)所属的两个例题，重新计算了其周、径和答案，指出："以五十乘周，一百五十七而一，即径也．以一百五十七乘径，五十而一，即周也．"此即：

$$d=50l/157$$

$$l=157d/50$$

刘徽又修正了(15)、(16)两个圆面积公式．将 $l=\pi d$ 代入(14)式，则：

$$S=\frac{1}{2}lr=\frac{\pi}{4}d^2 \qquad (67)$$

若 $\pi=3$，便是(15)式．刘徽以(66)的值将(15)式修正为：

$$S=\frac{157}{200}d^2 \qquad (15')$$

又 $r=\frac{l}{2\pi}$，代入(14)式，则：

$$S=\frac{1}{2}lr=\frac{1}{4\pi}l^2$$

取 $\pi=3$，便是(16)式．刘徽以(66)的值将(16)式修正为：

$$S=\frac{25}{314}l^2 \qquad (16')$$

我们看到，在刘徽求圆周率的程序中，只是反复运用勾股定理(35)、(36)、(37)、(38)及圆面积公式(14)，并未用到其他圆面积公式．可是，尽管圆周率的计算是国人乐于称道的成就，刘徽求圆周率的方法是新文化运动以来中国数学史界涉及最早、谈得最多的课题之一，人们却没有按照刘徽注阐述刘徽的方法，而是认为，在求出直径为 2 尺的圆的面积近似值 314 寸^2 之后，刘徽使用了公式：

$$S=\pi r^2 \qquad (68)$$

$r=10$ 寸，那么 314 寸$^2=\pi\times(10$ 寸$)^2$，所以 $\pi=3.14$．这一看法

在中国数学史界沿袭到 20 世纪 70 年代末. 将这一看法与上引刘徽注原文一对照,便会发现它背离了刘徽注. 不仅如此,这一错误理解还会把刘徽置于循环推理的错误之中.《九章算术》未提出形如(68)的圆面积公式,只有与其相当的(15)式,其严谨形式是(67)式. 刘徽在求圆周率时并未证明(15)式的正确性,也未证明(67)式或(68)式. 恰恰相反,刘徽用他自己求得的圆周率 157/50 修正了(15)式. 按照上述错误的方法,刘徽变成了用某公式求得一个数值,又用这个数值来修正该公式本身. 在第七、八章我们将指出,尽管刘徽将自己的数学知识分散到顺序与结构与他自己的体系不同的《九章算术》的各个方法和问题中,但他从未犯循环推理的错误,倒是后人常常把循环推理强加给刘徽.

刘徽认为(66)的周率值犹为微少,便要求出更精确的圆周率. 他的方法是:

> 而觚[①]差幂六百二十五分寸之一百五. 以一百九[②]十二觚之幂以[③]率消息,当取此分寸之三十六,以增于一百九十二觚之幂,以为圆幂,三百一十四寸二十五分寸之四. ……以半径一尺除圆幂三百一十四寸二十五分寸之四,倍所得[④],六尺二寸八分二十五分分[⑤]之八,即周数也. 全径二尺与周数通相约,径得一千二百五十,周得三千九百二十七,即其相与之率. 若此者,盖尽其纤微矣. 举而用之,上法为约耳. 当求一千五百三十六觚之一面,得三千七十二觚之幂,

① 觚:鲍刻本、大典本讹作“斛”,笔者校正.

② 鲍刻本、戴震辑录大典本脱“一百九”三字,李潢校补.

③ 以:训“为”,戴震辑录大典本作“为”,两通.

④ 所:戴震辑录大典本作“之”,亦通,唯“得”当连下读.

⑤ 分分:鲍刻本、戴震辑录大典本讹作“分寸”,钱宝琮校正.

而裁其微分，数亦宜然，重其验耳.

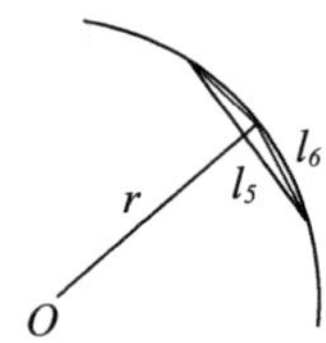

图 71

刘徽怎样求出补充值$\frac{36}{625}$寸^2，诸说不一. 我们认为是这样求出的：如图 71 所示，他考虑到 $S_6-S_5=\frac{105}{625}$寸^2，而 $S-S_6$ 大约是 S_6-S_5 的$\frac{1}{3}$，因此，取其$\frac{1}{3}$，为$\frac{35}{625}$寸^2，又考虑到化简的需要，取$\frac{36}{625}$寸^2 为 $S-S_6$ 的近似值，因此圆面积为：

$$S=S_6+(S-S_6)\approx 314\,\frac{64}{625}\text{寸}^2+\frac{36}{625}\text{寸}^2$$

$$\approx 314\,\frac{4}{25}\text{寸}^2$$

由(14)式，圆周长：

$$l=2S/r\approx 6\text{ 尺 }2\text{ 寸 }8\,\frac{8}{25}\text{分}$$

以直径 $d=2$ 尺与 l 相约，周得 3927，径得 1250，用现今符号，便是：

$$\pi\approx 3927/1250 \qquad (69)$$

刘徽认为这个值是比较精确的. 他又依次求出 1536 边形的边长，得出 $S_{10}=3072$ 边形的面积，求出周径相与之率，重新验证了这个值.

刘徽求圆周率的程序与证明圆面积公式(14)的方法有密切关系，不仅割圆的方式相同，就是计算 $2(S_6-S_5)$ 也是“以面乘余径”的具体化，并且，从理论上讲，依照刘徽的程序，要割得多么细，就可以多么细，要计算得多么精确，就可以多么精确. 但是实际上，刘徽只计算到 S_6 和 S_{10}. 显然，这个程序中没有极限过程，他只是极限思想在近似计算中的应用.

德国数学史家康托说：“历史上一个国家所算得的圆周率的准确程度，可以作为衡量这个国家当时数学发展水平的指标.”刘徽的这一创造使他赶上并超过了古希腊的阿基米德，奠定了此后我国在圆周率计算方面领先于其他民族千余年的理论基础. 数典不能忘祖，我们在称颂祖冲之计算圆周率的贡献时，不能忘记创造计算方法的刘徽.

二、圆率与方率

刘徽在求圆周率的同时，还考虑了方中容圆、圆中容方的问题. 这就是我们上两段引言中删节的文字：

> 令径自乘为方幂四百寸，与圆幂相折，圆幂得一百五十七为率，方幂得二百为率. 方幂二百，其中容圆幂一百五十七也. 圆率犹为微少. 按：弧田图令[①]方中容圆，圆中容方，内方合外方之半. 然则圆幂一百五十七，其中容方幂一[②]百也.

此即：

$$S_{外方} : S : S_{内方} = 200 : 157 : 100 \qquad (70)$$

它在弧田术及修正与圆有关的面积、体积公式时，特别有用. 又：

---

① 令：鲍刻本、大典本讹作“合”，戴震校正.

② 一：鲍刻本、大典本讹作“二”，戴震校正.

> 置径自乘之方幂四百寸，令与圆幂通相约，圆幂三千九百二十七，方幂得五千，是为率. 方幂五千中容圆幂三千九百二十七；圆幂三千九百二十七中容方幂二千五百也.

此即：

$$S_{外方}:S:S_{内方}=5000:3927:2500 \tag{71}$$

(70)、(71)式分别与圆周率(66)、(69)相对应. 当然也是近似计算的结果.

三、弧田面积之密率

刘徽认为，《九章算术》的弧田公式(17)不准确，并作了证明. 他说：

> 方中之圆，圆里十二觚之幂，合外方之幂四分之三也. 中方[①]合外方之半，则朱青[②]合外方四分之一也. 弧田，半圆之幂也. 故依半圆之体而为之术. 以弦乘矢而半之则为黄幂，矢自乘而半之为二青幂. 青、黄相连为弧体. 弧体法当应规. 今觚面[③]不至外畔，失之于少矣. 圆田旧术以周三径一为率，俱得十二觚之幂，亦失之于少也. 与此相似，指验半圆之弧耳. 若不满半圆者，益复疏阔.

这里，刘徽以一种典型的弧田——半圆来证明公式(17)不准确. 为此先要作一些准备：以周三径一为率，圆内接正 12 边形的面积是圆外切正方形(外方)面积的四分之三；圆内接正方形(内方)是外方的面积之半：

$$S_{外方}:S:S_{内方}=4:3:2$$

---

① 中方：鲍刻本、戴震辑录的大典本误倒，李潢校正.

② 青：戴震辑录大典本讹作"实".

③ 今觚面：鲍刻本、大典本讹作"令弧而"，戴震校正.

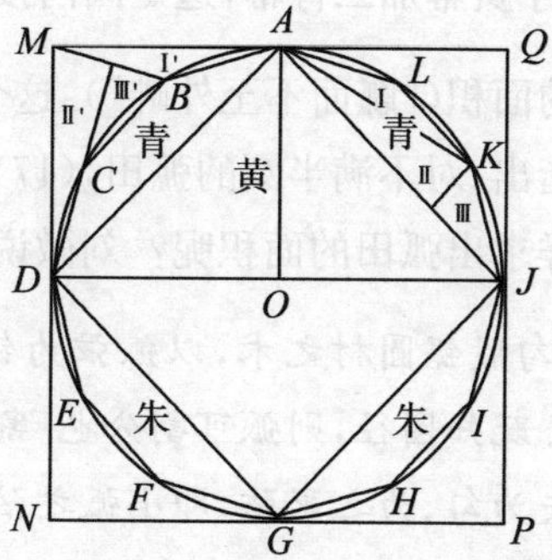

图 72

这些在前面已指出并用出入相补原理证明过. 刘徽进而指出,"朱青合外方四分之一也". 如图 72 所示,外方 $MNPQ$,圆内接正 12 边形 $ABCDEFGHIJKL$,中方 $ADGJ$,内接正 12 边形 $ABCDEFGHIJKL$ 除去中方 $ADGJ$,余 $ADCB$ 和 $AJKL$ 为两青幂,$DGFE$ 和 $GJIH$ 为两朱幂. 将青幂 $AJKL$ 分割成Ⅰ、Ⅱ、Ⅲ,分别移到 $AMDCB$ 中的Ⅰ′、Ⅱ′、Ⅲ′,则与青幂 $ADCB$ 合成 AMD,为外方的$\frac{1}{8}$;两朱幂亦可合成外方的$\frac{1}{8}$. 故朱、青幂合成外方的$\frac{1}{4}$. 半圆是弧田之一种,刘徽认为,只要用(17)式计算出的半圆面积不准确,就可以证明(17)式不准确. 半圆的弦即圆径 DJ,矢即半径 OA. 弦 DJ 与矢 OA 相乘之半$\frac{1}{2}cv$ 等于黄幂 ADJ 的面积. 矢 OA 自乘之半$\frac{1}{2}v^2$ 等于三角形 AMD 的面积,即二青幂. 因此,假设(17)式是正确的,那么依(17)计算的面积应是半圆的面积("弧体法当应规"). 可是,依(17)式计算的面积

$\frac{1}{2}(cv+v^2)$等于黄幂加二青幂，这是圆内接正 12 边形之半的面积，小于半圆的面积（"觚面不至外畔"）. 这个矛盾证明了(17)式不准确. 刘徽指出，对不满半圆的弧田，(17)式更加粗疏.

那么，怎样求出弧田的面积呢？刘徽说：

> 宜依勾股锯圆材之术，以弧弦为锯道长，以矢为勾深，而求其径. 既知圆径，则弧可割分也. 割之者，半弧田之弦以为股，其矢为勾，为之求弦，即小弧之弦也. 以半小弧之弦为勾，半圆径为弦，为之求股，以减半股，其余即小弦之矢也. 割之又割，使至极细. 但举弦、矢相乘之数，则必近密率矣.

如图 73 所示，弧田为 AA_1B，刘徽首先运用勾股章勾股锯圆材的方法，求出弧田所在圆的直径：

$$d=\left[\left(\frac{c}{2}\right)^2+v^2\right]/v$$

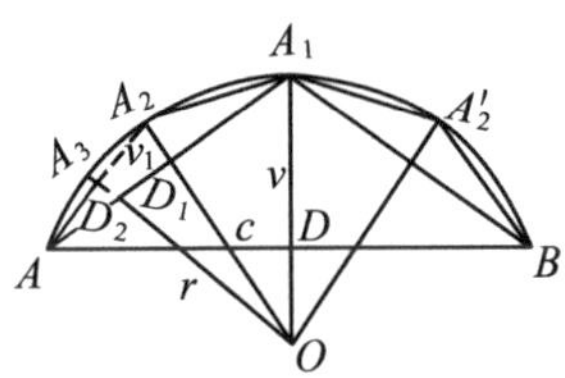

图 73

将弧 $\overset{\frown}{AB}$ 中分为二：$\overset{\frown}{AA_1}$、$\overset{\frown}{A_1B}$，求小弧田 AA_2A_1、$A_1A_2{}'B$ 的弦 $AA_1=c_1$ 及矢 $A_2D_1=v_1$，由勾股形 AA_1D：

$$c_1=\sqrt{\left(\frac{c}{2}\right)^2+v^2}$$

由勾股形 AOD_1：

$$v_1 = r - \sqrt{r^2 - \left(\frac{c_1}{2}\right)^2}$$

再将 AA_1，A_1B 中分，又得到四个新的小弧田，可以重复上述的计算程序，求出它们的弦与矢. 如此继续下去，依次将弧分割为 $\frac{1}{2}$、$\frac{1}{4}$、$\frac{1}{8}$、…$\frac{1}{2^n}$…，成为一串小弧田，反复运用勾股定理，逐次求出这串弧上的弦、矢：c_1、v_1，c_2、v_2，…，以及以弦为底、以矢为高的三角形的面积：

弦	矢	各三角形面积	每次增补的面积
c	v	$\frac{1}{2}cv$	$\frac{1}{2}cv$
$c_1 = \sqrt{\left(\frac{c}{2}\right)^2 + v^2}$	$v_1 = r - \sqrt{r^2 - \left(\frac{c_1}{2}\right)^2}$	$\frac{1}{2}c_1v_1$	$2 \cdot \frac{1}{2}c_1v_1$
$c_2 = \sqrt{\left(\frac{c_1}{2}\right)^2 + v_1^2}$	$v_2 = r - \sqrt{r^2 - \left(\frac{c_2}{2}\right)^2}$	$\frac{1}{2}c_2v_2$	$2^2 \cdot \frac{1}{2}c_2v_2$
…	…	…	…
$c_n = \sqrt{\left(\frac{c_{n-1}}{2}\right)^2 + v_{n-1}^2}$	$v_n = r - \sqrt{r^2 - \left(\frac{c_n}{2}\right)^2}$	$\frac{1}{2}c_nv_n$	$2^n \cdot \frac{1}{2}c_nv_n$

n 次分割的面积之和为：

$$S_n = \sum_{k=0}^{n} 2^k \frac{1}{2} c_k v_k$$

其中 $c_0 = c$，$v_0 = v$. 显然，分割的次数越多，S_n 就越接近弧田的面积：

$$S = \lim_{n\to\infty} S_n = \lim_{n\to\infty} \sum_{k=0}^{n} 2^k \frac{1}{2} c_k v_k$$

但实际计算中，不可能实现这个极限过程，只能进行到有限步，仍是近似计算. 所以刘徽只讲了“割之又割，使至极细”，而没有讲“割之又割，以至于不可割”，使与弧合体；同样，刘徽只讲“但举弦、矢相乘之数，则必近密率矣”，而不讲“必是密率”. 因此，尽管从理论上说，可以计算得要多么精确就多么精确，但它仍和圆周率的计算一样，不是极限过程，而是极限思想在近似计算中的应用.

四、开方不尽求微数

前已指出，开方时，遇到不可开的情形，《九章算术》说“当以面命之”，这在理论上相当于定义一个无理数，但对于凡应用题都要算出具体数值的中国数学家来说，只有理论意义，而实际上求不出“面”的精确值. 所以《九章算术》的例题中没有一道是不可开的情形. 刘徽之前以 $\sqrt{N}=a+\frac{N-a^2}{2a+1}$ 为近似值，刘徽认为“虽粗相近，不可用也”. 由于“以面命之”可望而不可及，他以前的方法不准确，于是刘徽便创造了继续开方求其微数的方法. 在开方术注中，他说：

> 不以面命之，加定法如前，求其微数. 微数无名者以为分子，其一退以十为母，其再退以百为母. 退之弥下，其分弥细，则朱幂虽有所弃[①]之数，不足言之也.

在开立方术注中，刘徽又说：

> 术亦有以定法命分者，不如故幂开方，以微数为分也.

所谓求微数，实际上就是求无理根的十进分数近似值. 刘徽主张求出根的整数部分之后，继续开方程序. 如果所给的单位下还有名数单位，则继续退位开方，求出关于这些名数单位的值；如已无名数单位，仍继续退位开方，依次以 $10,100,\cdots 10^n$ 为分母. 越

① 弃：鲍刻本、大典本讹作“乘”，钱宝琮校正.

退,分母 10^n 越大,到一定程度之后,剩余部分可以忽略不计.其几何意义即正方形右上角的面积(朱幂)越来越小,如图 74 所示(开平方的情形).这与我们今天计算无理根的十进小数近似值的方法是完全一致的.

刘徽求微数的思想可能受到他自己的无穷小分割思想的影响.但是,刘徽声明:"虽有所弃之数,不足言之也",说明这不是一个无限的过程,事实上也做不到,因此仍是一个近似计算.

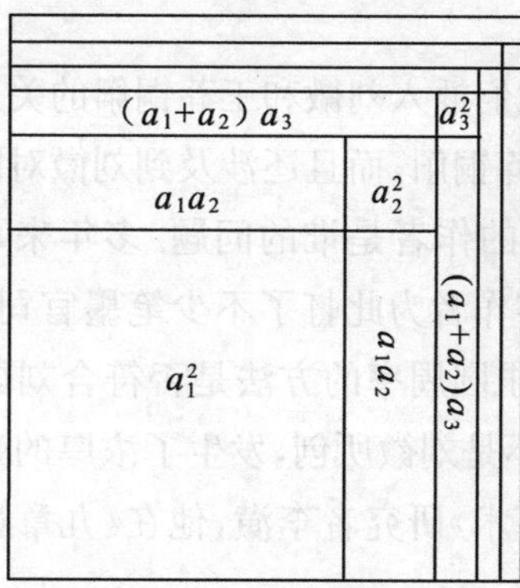

图 74

刘徽求微数的意义十分重大.钱宝琮先生已指出,这是宋元间十进小数的先河,促进了十进小数的诞生.刘徽对我国成为世界上最早使用小数的国家,做出了贡献.更重要的,它是求圆周率精确近似值的必要条件.刘徽求圆周率时,要多次用到开方,而且都是开方不尽的情形,刘徽使用求微数的方法处理:

> 开方除之,下至秒、忽.又一退法,求其微数.微数无名知以为分子,以十①为分母.

① 十:鲍刻本、戴震辑录大典本讹作"下",依钱校本校正.

刘徽计算(67)式的 π 值,常要计算 12、13 位的开方问题. 倘无求微数的方法,刘徽是不可能求出 $\pi\approx157/50$ 及 $\pi\approx3927/1250$ 的,更谈不到祖冲之将其精确到 8 位有效数字. 因此,可以毫不夸大地说,刘徽求微数的思想奠定了我国的圆周率值在世界上领先千余年的计算技术基础.

第四节　刘徽和王莽铜斛

在这里,我们插入刘徽和王莽铜斛的关系问题,不仅因为刘徽多次提到王莽铜斛,而且还涉及到刘徽对圆周率的应用,以及 $\pi\approx3927/1250$ 的作者是谁的问题. 多年来,尤其是 20 世纪 50 年代中期,许多作者为此打了不少笔墨官司. 说来奇怪,人们对所阐述的刘徽求圆周率的方法是否符合刘徽注并不关心,却对 3927/1250 是不是刘徽所创,发生了浓厚的兴趣. 始作俑者是清中叶的《九章算术》研究者李潢,他在《九章算术细草图说》方田章圆田术下说:

> 自"晋武库"以下,疑是祖冲之语,淳风所谓显之于徽术之下者也.

关于 $\pi\approx3927/1250$ 的求法就在李潢归于李淳风的文字之中. 李潢在卷五商功章圆囷求周术注下说:

> "晋武库中"以下一百三十一字,疑是淳风引祖冲之语,观下有"今祖疏"云云可知.

20 世纪 50 年代,许多学者把李潢的怀疑看成肯定意见. 除李潢所提出的理由外,又提出了若干新的理由,主要是:李淳风说刘徽"出斯一法",一法指 157/50,没有 3927/1250;刘徽注用 π 计算的 20 条(应为 37 条)都用 $\pi=157/50$ 入算,未用过 $\pi=3927/$

1250；刘徽在魏，不能称“晋武库”；祖冲之曾用3.1416考核过王莽铜斛，证明3927/1250的创始人是祖冲之不是刘徽；等等．钱宝琮等学者不同意这种看法，笔者认为钱先生的意见是正确的．兹结合钱先生的看法进一步阐述之．

(1)刘徽生活在魏、晋．在第十章中，我们将论证，他当出生在公元3世纪20年代后期或稍后，入晋时才30余岁．魏景元四年(公元263年)刘徽注《九章算术》．同年，司马昭称晋公，旋为晋王．公元265年，其子司马炎袭晋王，几个月后，废魏，建立晋朝，史称西晋．或者刘徽在晋王的武库中见到了王莽铜斛，或者刘徽入晋后继续撰注，补写了关于晋武库王莽铜斛的文字．刘徽的同代人荀勖(？～289)在晋代改革度量衡，正是企图以王莽铜丈、斛、权作标准统一度量衡制度，刘徽精通律算，他是有条件在晋武库看到王莽铜斛的．公元316年，匈奴贵族灭西晋．次年，司马睿在建康(今南京市)重建晋朝，史称东晋．420年，刘裕代晋，是为宋．司马睿以藩王建东晋，断不能将王莽铜斛从洛阳搬到建康．因此，祖冲之肯定无法看到晋武库中的王莽铜斛，即使在宋、齐武库中看到，也断不会用“晋武库”三字．经过二三百年战乱，王莽铜斛等在南、北朝时代已罕见．北朝有出土的记载，南朝是否存有王莽铜斛或有出土，不得而知．

(2)3927/1250不如祖冲之密率精确，创造了355/133的祖冲之不会说3927/1250“尽其纤微矣”．

(3)“出斯一法”是戴震辑录的大典本的文字，此四字南宋鲍刻本作“出斯二法”．二法指157/50和3927/1250二值．在第十一章中我们将指出，戴震从《永乐大典》辑录《九章算术》的工作十分粗疏，又乱施修辞加工，戴震辑录的大典本是远不如鲍刻本可靠的．

(4)“今祖疏王莽铜斛”，“祖”字是戴震整理孔继涵刻微波榭本的误文. 此字,鲍刻本、戴震辑录的大典本、杨辉本均作“粗”. 讹舛文字不能成为立论的依据.

(5)印度 5 世纪使用圆周率$\sqrt{10}$和 62832/20000,分别对应于张衡的$\sqrt{10}$和刘徽的 3927/1250,均见于刘徽的《九章算术注》. 若七世纪李淳风才将其显之于徽术之下,五世纪的印度人是不会看到的.

(6)求 3927/1250 的用语与求 157/50 的完全相同,文气连贯,不是两个人的手笔.

(7)李淳风说“显之于徽术之下”,是说李氏将以祖率 22/7 对某些题设、答案、术文的修正显之于刘徽关于 157/50 的应用之下,而不是将 3927/1250 的求法显之于 157/50 的求法之下.

(8)后面将看到,用 3927/1250 校核王莽铜斛的,是刘徽,而不是祖冲之.

因此,方田章圆田术注关于王莽铜斛的文字是刘徽所撰,3927/1250 系刘徽所创,是无可怀疑的.

刘徽在商功章委粟术注中记载了他用 $\pi\approx157/50$ 对魏大司农斛、王莽铜斛、桌氏量、齐旧四量的考察,他说:

> 当今大司农斛圆径一尺三寸五分五厘,正深一尺. 于徽术,为积一千四百四十一寸,排成余分,又有十分寸之三. 王莽铜斛于今尺为深九寸五分五厘,径一尺三寸六分八厘七[①]毫. 以徽术计之,于今斛为容九斗七升四合有奇.《周官·考工记》:桌氏为量,深一尺,内方一尺,而圆外,其实一鬴. 于徽术,此圆积一千五百七十[②]寸.《左氏传》曰:“齐旧

① 七:鲍刻本、戴震辑录大典本讹作“二”,李籍《音义》及《隋书·律历志》引作“一”.

② “十”字下,鲍刻本、戴震辑录大典本衍“六”字,李潢、汪莱删.

四量：豆、区、鬴、钟. 四升曰豆，各自其四，以登于鬴. 鬴十则[①]钟.”钟六斛四斗；鬴六斗四升，方一尺，深一尺，其积一千寸. 若此方积容六斗四升，则通外圆积成旁，容十斗四合一龠五分龠[②]之三也. 以数相乘之，则斛之制：方一尺而圆其外，庣旁一厘七毫，幂一百五十六寸四分寸之一，深一尺，积一千五百六十二寸半，容十斗. 王莽铜斛与《汉书·律历志》所论斛同.

其中魏大司农斛、王莽铜斛、桌氏量的计算都很简单：

魏大司农斛：底径 $d=1$ 尺 3 寸 5 分 5 厘，周长 $l=\dfrac{157}{50}d=$ 1 尺 3 寸 5 分 5 厘 $\times\dfrac{157}{50}=4$ 尺 2 寸 5 分 4 厘 7 毫，底面积 $S=\dfrac{1}{2}lr=144$ 寸^2 12 分^2 80 厘^2，容积 $V=Sh=1441\dfrac{3}{10}$ 寸^3.

王莽铜斛：高 $h=9$ 寸 5 分 5 厘，底径 $d=1$ 尺 3 寸 6 分 8 厘 7 毫，容积 $V=\dfrac{157}{200}d^2h=1404\dfrac{4}{10}$ 寸^3. 合成魏斛为：

$$1404\frac{4}{10}\text{寸}^3\times 10\text{斗}/1441\frac{3}{10}\text{寸}^3=9\text{斗}7\text{升}4\frac{4}{10}\text{合}$$

即 9 斗 7 升 4 合有奇.

桌氏量：方 1 尺，外接圆面积 157 寸^2，深 1 尺，故容积为 1570 寸^3.

齐旧四量的计算稍复杂一些. 刘徽只考察了釜的形制. 方 1 尺，深 1 尺，积 1000 寸^3，容 6 斗 4 升. 以其外接圆柱形为量，容

---

① 鲍刻本“自”作“登”，“则”作“为”，戴震辑录大典本分别作“自”、“则”，《左氏传》原文同.

② 鲍刻本、戴震辑录大典本脱“龠”字，依戴校孔刻本补.

图 75

积为 1570 寸^3，则容 10 斗 4 合 1 $\frac{3}{5}$ 龠. 若要它容 10 斗，则体积应修正为：

$$V=1000\text{ 寸}^3\times 10\text{ 斗}/6\text{ 斗 }4\text{ 升}=1562\frac{1}{2}\text{寸}^3$$

底面积为：

$$S=156\frac{1}{4}\text{寸}^2$$

由(15′)：

$$d=\sqrt{\frac{200}{157}S}=1\text{ 尺 }4\text{ 寸 }1\text{ 分 }8\text{ 毫}$$

因此，应有庣旁：

$$\frac{1}{2}(\sqrt{2}-d)\text{尺}=\frac{1}{2}(1\text{ 尺 }4\text{ 寸 }1\text{ 分 }4\text{ 厘 }2\text{ 毫}-1\text{ 尺 }4\text{ 寸 }1\text{ 分 }8\text{ 毫})$$

$$=\frac{1}{2}\times 3\text{ 厘 }4\text{ 毫}=1\text{ 厘 }7\text{ 毫}$$

此庣旁与王莽铜斛(图 75)的相反,指圆径两端不满 1 尺见方的对角线部分,故又称减旁. 齐量与王莽铜斛的庣旁分别如图 76(1)、(2)所示.

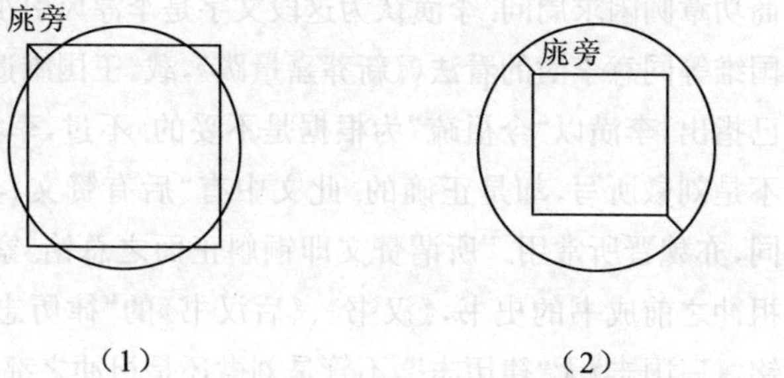

图 76

《晋书·律历志》有一段与上引刘徽注相近的文字,在引《周官·考工记》桌氏量、《左氏传》载齐旧四量之后说:

> 郑玄以为釜方尺,积千寸,比《九章》粟米法少二升八十一分升之二十二. 以算术考之,古斛之积凡一千五百六十二寸半,方尺而圆其外,减旁一厘八毫,其径一尺四寸一分四毫七秒二忽有奇,而深尺,即古斛之制也.

减旁和圆径的数值与刘徽注不同.《隋书·律历志》的文字与此基本相同,然"以算术考之"上有"祖冲之"三字. 这是怎么回事呢? 古斛数值以刘徽第一个圆周率 $\pi\approx157/50$ 入算,皆不合. 以祖冲之密率 $\pi\approx355/113$ 入算,庣旁相合,而径为 1 尺 4 寸 1 分 4 毫 7 秒 3 $\frac{9}{10}$ 忽,不合. 而以刘徽第二个圆周率 $\pi\approx3927/1250$ 入算,减旁 1 厘 8 毫 7 秒,径 1 尺 4 寸 1 分 4 毫 7 秒 2 $\frac{3}{10}$ 忽,两者皆相合. 可见,这里所记述的是刘徽用 $\pi\approx3927/1250$ 考察古斛的情况.《隋书·律历志》有关文字中"祖冲之"三字系衍文[1].

最后,谈一下《九章算术注》涉及王莽铜斛的第三段文字,在商功章圆囷求周问. 李潢认为这段文字是李淳风引祖冲之语. 王国维等同意李潢的看法(《新莽嘉量跋》,载《王国维遗书》三). 前已指出,李潢以"今祖疏"为根据是不妥的. 不过,李潢怀疑此段不是刘徽所写,却是正确的. 此文中有"后有赞文,与今律历志同,亦魏晋所常用."所谓赞文即铜斛正面之总铭. 察刘歆之后、祖冲之前成书的史书,《汉书》、《后汉书》的"律历志"均未载总铭,《三国志》无"律历志". 不管是刘徽还是祖冲之都不可能看到载有总铭的"律历志". 因此,这一段既不可能是刘徽所写,也不可能是李淳风引祖冲之语. 此外,刘徽时代无"勺"这一单位,"今粗疏王莽铜斛文字尺寸分数,然不尽得升、合、勺之文字"亦非刘徽注. 第一部载有总铭的"律历志"在《隋书》,李淳风撰. 因此此段文字作者不会早于李淳风,可能就是李淳风本人. 不过,其中铜斛的各分铭是引刘徽的,而不是祖冲之的.

晋重臣荀勖也考定过王莽铜斛. 荀勖,颍阴(今河南省许昌)人. 律学家. 初仕魏,与裴秀等共同参与机要. 入晋后拜秘书监,封济北郡公(封邑在今山东省长清县),进光禄大夫,掌管乐事. 泰始十年(公元 274 年),校太乐,八音不和,始知后汉至魏之尺,长于古四分有余. 及依《周礼》制尺,以尺量石器,与本铭尺寸无差. 荀勖实际上按王莽尺改制. 他又与中书令张华等考定律吕,在其所制十二笛中,实际上应用了管口校正法. 荀勖官终尚书

---

① 《隋书·律历志》载祖冲之以圆率考察王莽铜斛时说:"此斛当径一尺四寸三分六厘一毫九秒二忽,庣旁一分九毫有奇". 必须以祖冲之密率 355/113 入算,才相合. 若以 3927/1250 入算,则得径 1 尺 4 寸 3 分 6 厘 1 毫 9 秒 5/10 忽,不合. 可见祖冲之没使用 3927/1250.

令.荀勖是晋代统一度量衡、校定律吕的主要负责人.刘徽在晋武库见到并考察了王莽铜斛,他很可能在荀勖的领导下参与过度量衡的改革工作.

第五节　截面积理论

完整的截面积理论,即通过比较等高的立体同高处的截面积由已知立体体积推知未知诸立体体积的方法,其完备形式称为祖暅之原理(五世纪),西方称为卡瓦列利(1598～1647)原理.刘徽在这方面的贡献是这一原理的最后完成不可缺少的一环,这实际上是另一种形式的无穷小分割.

在第三章中我们已经指出,这个原理的雏形及其应用在刘徽之前就已经存在了.刘徽继承了"从方亭求圆亭之积,亦犹方幂中求圆幂","从方锥中求圆锥之积,亦犹方幂求圆幂"这些遗产,纠正了周三径一的不精确,并作了新的阐发:

(1)商功章圆亭术注:

> 此圆[①]亭四角圆杀,比于方亭,二百分之一百五十七.为术之意,先作方亭,三而一.则此据上下径为之者,当又以一百五十七乘之,六百而一也.

此即:

$$V_{圆亭}=\frac{157}{200}V_{方亭}$$

他又将圆亭公式(32)修正为:

$$V=\frac{25}{942}(l_1l_2+l_1^2+l_2^2)h$$

① 圆:鲍刻本、杨辉本及戴震辑录大典本作"方",李潢校正.

又将公式(32′)修正为：

$$V=\frac{157}{600}(d_1d_2+d_1^2+d_2^2)$$

(2)商功章圆锥术注：

> 圆锥比于方锥，亦二百分之一百五十七．命径自乘者，亦当以一百五十七乘之，六百而一．其说如圆亭也．

将圆锥体积公式(33′)修正为：

$$V=\frac{157}{600}d^2h$$

(3)少广章开立圆术注在指出《九章算术》球体积公式(34)及其论证方式是错误的之后，说：

> 何以验之？取立方棋八枚，皆令立方一寸，积之为立方二寸．规之为圆囷，径二寸，高二寸．又复横因之，则其形有似牟合方盖矣．八棋皆似阳马，圆然也．按：合盖者，方率也；丸居其中，即圆率也．推此言之，谓夫圆囷为方率，岂不阙哉？

刘徽用两个相等的圆柱正交，其公共部分称作牟合方盖，如图77所示，则：

$$V_{球}:V_{方盖}=\pi:4 \tag{72}$$

这既证明了前人认为球与外切圆柱体的体积之比为 $\pi:4$ 是错误的，又指出了解决球体积公式的正确途径——只要设法求出牟合方盖的体积，则由(72)式，便可求出正确的球体积公式．这个任务是由二百年后的祖暅之最后完成的，这是后话．

(4)在第五章已经提到过的，刘徽羡除术注提出：

> 推此上连无成不方，故方锥与阳马同实．

及其推论：

阳马之棊两邪，棊底方.当其方也，不问旁角而割之，相半可知也.

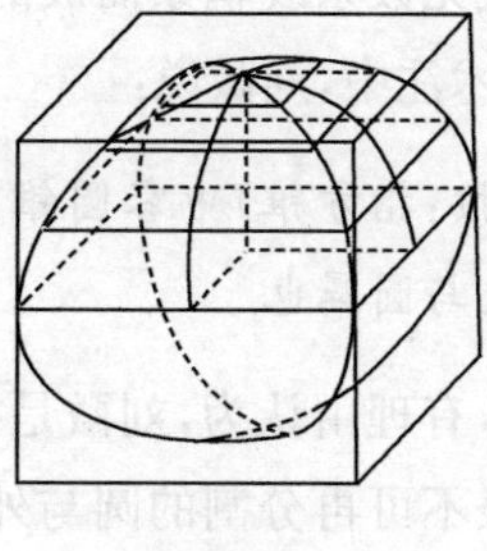

图 77

刘徽的这些论述清楚地表明，他认识到，必须两立体任意等高处而不只是一处(比如大圆和大方)的截面之比都成定比，两立体才成定比.这是他的重大贡献，是中国古代完全掌握祖暅之原理这个认识的历史长河中非常关键的承前启后的一步.如果说第(1)、(2)条还不明显的话，那么第(4)条则再充分不过地证明了这一点.正是基于这一认识，刘徽才能指出前人取圆柱作为与球成 $\pi:4$ 之比的立体的错误，也才能找到牟合方盖这样一个有关系(72)的外切体.因为，只有牟合方盖，其截面是正方形，并且球在同平面上的截面是该正方形的内切圆.换言之，只有牟合方盖与球的每一层截面积之比才是 $\pi:4$，从而彻底驳斥了(34)式.

由此可见，刘徽是把立体看成无数层平面一层层叠合而成的.刘徽注中常把立体体积称作积分，如圆亭术注"为三方亭之积分"，委粟术注"为三方锥之积分"，其意也在此.后来的卡瓦列利的不可分量与此类似.刘徽的积分虽然不能等同于积分学中的积分，但却是一脉相承的.一千六百年后，清代数学家李善兰、华衡芳翻译西方近代数学著作，选取"积分"一词翻译

“integral”,可谓深得刘徽思想之真谛.

刘徽认为,线和面,点和线,都有类似于平面和立体的关系.他事实上把面看成无数条线积累而成的,把线看成无数个点积累而成的.在宛田术注中,刘徽说:

> 若令其(按:指方锥)中容圆锥,圆锥见幂与方锥见幂,其率犹方幂之与圆幂也.

根据上引第(4)条,有理由认为,刘徽是把圆锥与外切方锥的侧面分别看成无数条不可再分割的圆与外切正方形积累而成的,从而得出:

$$S_{圆锥} : S_{方锥} = \pi : 4$$

的结论,在中国首次提出了圆锥侧面积的正确公式.

再回到刘徽的割圆术.刘徽认为,无限加多正 $6 \cdot 2^n$ 边形的边数,终究会达到“不可割”的地步.这不可再割的正多边形的边已退化成了点.唯其如此,才能使该正多边形与圆周合体;也唯其如此,该正多边形才不可再割.因此,圆就是由无穷多个不可再割的点积累而成的.刘徽也称线为“积分”,如委粟术注:“为径之积分”,盖由于此.

第六节　刘徽无穷小分割思想纵横谈

刘徽的无穷小分割思想,是中国古代数学史上的一颗璀璨的明珠.祖冲之父子的《缀术》失传,是不是有无穷小分割思想,达到怎样的程度,不得而知.尽管从隋、唐算学馆的“学官莫能究其深奥,是故废而不理”,王孝通指斥它“全错不通”、“于理未尽”来看,我们似乎应该相信其中包括了凡夫俗子看不懂的高超的数学方法和数学思想.但是,无论如何,就现有资料来看,刘徽的极限思想之深刻,不仅是前无古人的,并且,直到李善兰的尖锥术提出某些相当于定积分公式的命题之前,约 1600 年间,中国再无人达到他的高度. 不仅如此,刘徽的无穷小分割思想,在古代和中世纪世界数学史上也是独树一帜,超过了其他民族的同类思想.

一、与古希腊穷竭法之比较

我们知道,在刘徽之前,高度发达的古希腊数学中有所谓穷竭法. 数学大师阿基米德(公元前 287~前 212)曾用这种方法结合力学原理解决了许多后来人们用积分学才解决的复杂的面积和体积的求积问题,是世界数学史上光辉灿烂的一页. 然而,他没有使用无穷小分割和极限思想. 著名数学家毕达哥拉斯(公元前 6 世纪)的学派,原子论者德谟克利特(约公元前 460~前 357)都有无限小思想. 公元前 5 世纪数学家安提丰在解决数学三大难题之一化圆为方的问题时,最先提出用边数不断加多的圆内接正多边形逼近圆面积,但是他并没有把圆看成这样一个圆内接正多边形序列的极限. 后来布赖索(约公元前 450 年)又在圆外作外切多边形,他认为,不断进行两分的结果,圆就成为内接多边形和外切多边形的平均值. 但是,由于希腊数学家无法解释芝诺(约公元前 496~前 430 年)悖论,便不得不把无限排斥在自己的推理之外,并放弃对运动和可变性的现象作定量描述.

安提丰和布赖索的思想被欧多克斯(约公元前 408~前 355 年)发展为处理关于两个不同的、异质的或不可公度的量的问题的严格论证形式,17 世纪人们称之为穷竭法. 穷竭法的基础是所谓的阿基米德预备定理(阿基米德把它归于欧多克斯):已知两个不等于 0 的量,“如从较大的量减去大于其一半的量,再从余下的量中减去大于其一半的量，这样一直继续下去，总可使某一余下的量小于已知的较小的量”. 这个原理使此后的希腊几何学的所有论证都一概排斥了无穷小量. 比如圆内接正多边形可以接近于圆，要多么接近就多么接近，可是永远不能成为圆，总还有一个剩余的量，正如微积分学史家波耶指出的：“希腊数学家从未像我们取极限那样把上面讲过的步骤进行到无穷.”（《微积分概念史》）因此，不管是欧多克斯，还是站在希腊数学巅峰上的阿基米德，尽管解决了比后来中国学者更多更复杂的求积问题，但他们在进行若干次分割之后，不是用极限思想，而是用双重归谬法，即证明某一要求积的面积（或体积）既不能大于也不能小于某一数值，来解决求积问题的.

我们无意贬低古希腊数学，相反，对那些杰出的成就十分敬佩. 欧洲文艺复兴之后，关于穷竭法思想的发掘、争论、改进和发展，促进了微积分学方法的诞生和极限思想的发展. 对建立微积分学作出重大贡献的大师们无一不熟悉欧多克斯和阿基米德的方法，无一不是站在他们的肩膀上向数学高峰攀登的. 但是，勿庸讳言，他们在极限的大门前裹足不前，始终未能跨进这个大门，更未将极限思想用于数学命题的证明.

因此，就无穷小分割和极限思想之清晰、明确及应用于数学证明而言，刘徽是后来居上，比古希腊学者高明. 刘徽对圆内接正多边形“割之又割，以至于不可割”，最终达到“与圆合体”，他将锥体分割到“至细曰微，微则无形”的地步，都是明确的极限过程. 他实际上把圆定义成边数为无限的正多边形，正多边形的边实际上退化成了点. 他将极限状态的、与圆合体的正多边形进行无穷小分割，以无穷小的直线形代替无限小的曲线形，然后求其和，类似于微积分学孕育时期的面积元素法，无限小的直线形相当于面积元素或微分，求其和相当于求这些面积元素的积分. 这与他把一个体积看成无数个平面的积分，把面看成无数条线的积分，把线看成无穷多个点的积分，是完全吻合的.实际上，刘徽经常使用微分、积分这些概念，它们虽不能与微积分学中的微分、积分等量齐观，却在本质上有相通之处.刘徽的思想架起了通向微积分学的桥梁，并比古希腊学者更接近微积分思想.

在欧洲，最先采用与刘徽类似的方法证明圆面积公式的是尼古拉斯(1401～1464).他把圆定义为边数无限而边心距等于圆半径的正多边形，然后，把圆分割成无限多个小三角形，计算出边心距与周长的乘积，则其积之一半，就是圆面积.其分割、求和方式接近刘徽，而用定义回避了刘徽的极限过程.这个方法后来被斯蒂费尔(1487～1567)、斯台汶(1548～1620?)、开普勒(1571～1630)等所接受，从而代替了阿基米德的穷竭法，朝极限概念的形成前进了一步.这一比较表明，说刘徽是古代数学泰斗，应该与阿基米德、欧几里得一道列入世界最伟大数学家之列，是一点也不过分的.

二、先秦诸子的无穷小思想与刘徽

刘徽的无穷小分割思想和极限思想及其在数学证明中的应用，在中国历史上确是前无古人的，但却并不是无本之木、无源之水.实际上，它在中国经历了长期的孕育过程.早在先秦百家争鸣期间，墨家、道家、名家等都提出了各自的无穷小和无穷小分割的命题.后期墨家在《墨经·经下》中提出：

> 非半弗斱则不动，说在端.

在《经说下》中解释道：

> 非斱半，进前取也.前，则中无为半，犹端也.前后取，则端中也.斱必半，毋与非半，不可斱也.

由于文字过于简括，近代学者对“新”即分割的方式见仁见智，各抒己见．但这是关于无穷小分割的命题，并且分割到最终得到不可再分割的端，在学术界则是没有异议的．端，相当于现今的点，它是不能再分的，这与古希腊德谟克利特的原子论十分相近．经文是说，对一物(比如一根箠)一半一半地分割，割至不能再割，就是端．每次分割剩余的长度可以写成一串数列：

$$1,\frac{1}{2},\frac{1}{4},\cdots\frac{1}{2^n}\cdots0 \tag{73}$$

《墨经》明确指出，分割的极限是 0，即最后是一个没有大小的点．《经说》说明了两种分割方法，如图 78 所示．第一种是进前取，其分点在箠中的位置依次是：

$$\frac{1}{2},\frac{3}{4},\frac{7}{8},\cdots\frac{2^n-1}{2^n}\cdots1$$

最后在位置 1 处达到端，是为不可再分．第二种是前后取，前取在箠中的位置依次是：

$$\frac{1}{4},\frac{3}{8},\frac{7}{16},\cdots\frac{2^{n-1}-1}{2^n}\cdots\frac{1}{2}$$

后取的位置是：

$$\frac{3}{4},\frac{5}{8},\frac{9}{16},\cdots\frac{2^{n-1}+1}{2^n}\cdots\frac{1}{2}$$

分别从前、后两方面逼近$\frac{1}{2}$，并在$\frac{1}{2}$处达到端．总之，不管是进前取，还是前后取，最终都归结为一个点，就在端．

《庄子·天下篇》载名家若干命题，如惠施的历物十事中有：

至大无外，谓之大一；至小无内，谓之小一．

至大、大一，至小、小一，实际上就是无穷大、无穷小．又载辩者相

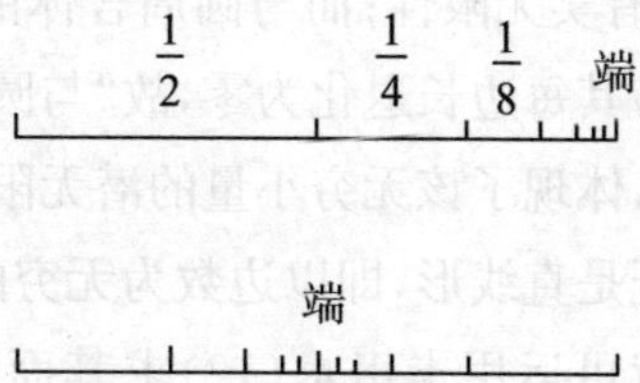

图 78

辩的命题：

一尺之捶，日取其半，万世不竭.

捶，杖也. 此是说一尺之捶，第一天取其一半，第二天取其剩余的一半的一半，如此下去，永远取不完. 此亦可写成一串数列：

$$1,\frac{1}{2},\frac{1}{4},\cdots\frac{1}{2^n}\cdots \tag{74}$$

比较(73)与(74)，就会发现，名、墨两家的无穷分割是完全不同的. 古希腊学者亚里士多德第一次区分了实无限和潜无限. 其潜无限是指“分割的过程永远不会告终”，并且认为“只有潜能上的无限”，“不会有现实的无限”. 中国古代没有实无限与潜无限的名称，实际上却存在着这种分野. 名家认为分割永远不会完结，实际上相当于一个潜无限小命题；墨家认为无穷分割的最终会得到“不可斱”的端，实际上相当于一个实无限小命题. 不过，名、墨两家的命题都不是专为数学而设的，而是哲学命题，为了说明他们各自的宇宙观和方法论. 刘徽割圆术中“割之又割，以至于不可割”的思想，显然与墨家“不可斱”的思想一脉相承，而与名家明显不同. 在第九章，我们将看到，刘徽博采先秦诸子，而对墨家更为重视.“不可割”的思想渊源于墨家“不可斱”，当无可疑. 无限分割到不可割，边数无限的正多边形与圆周合体，说明刘徽的无穷小量具有实无限性；而与圆周合体的正多边形又保持了多边形的特性，其每边长退化为零，故“与圆合体”，又是非零，故可“觚而裁之”，体现了该无穷小量的潜无限性.“觚而裁之”得到的面积元素，既是直线形，即以边数为无穷的正多边形的边为底的小三角形，就可运用圭田术(12)求其面积，也体现了潜无限性；然而这些面积元素的底边又是构成圆周的由一段弧退化为零而成的点，故其面积之和为圆面积，体现了实无限性.总之，刘徽的无穷小分割是其过程和结果的辩证统一，是实无限小与潜无限小的辩证统一.

《庄子·秋水》以另一种方式阐发了无穷小分割的思想：

> 河伯曰：“世之议者皆曰：‘至精无形，至大不可围’.是信情乎?”
>
> 北海若曰：“夫自细视大者不尽，自大视细者不明，夫精，小之微也；垺，大之殷也；故异便.此势之有也.夫精粗者，期于有形者也；无形者，数之所不能分也；不可围者，数之所不能穷也.”

这里借河神、海神的对话阐发了“至精无形”、“无形者，数之所不能分”的观点.无形不可分，实际上与墨家的不可新一致或接近.“至微无形”的观点也被汉代学者所承继.刘安主编的《淮南子·要略》有“至微之论无形也”的提法.刘徽证明(25)、(26)两式的极限过程中提出“至细曰微，微则无形”，显然与这些论述有渊源关系.

另外，人们日常生活生产的实践中，尤其是制造圆形器具的手工业生产中，常要把方形的原料加工成圆形，这实际上是化方为圆、化直为曲的过程，司马迁曾把它抽象成“破觚为圆”来比喻汉朝之废止秦朝的严刑苛法：“汉兴，破觚而为圆，斲雕而为朴.”

(《史记·酷吏列传》)刘徽割觚为圆的极限思想很可能受到司马迁的话和手工业生产的启发.

关于把立体看成一层层平面叠合起来的思想,刘徽之前也已有萌芽.积微成著,在先秦已成为成语:“夫尽小者大,积微者箸.”(《荀子·大略》)“箸”同“著”.《庄子·天下篇》历物十事中有惠施说的“无厚,不可积也,其大千里.”这些讨论虽不深入,但是人们却在考虑着积成立体的平面有没有厚薄的问题.刘徽将立体看成一层层平面的积分,这些平面有没有厚薄,他没有说.不过,从他割圆的思想来看,这些平面的厚度既是零,又是非零,是不可再分的不可分量.

总之,无穷小分割和极限思想在中国自先秦到两汉的学术界,是有深厚的思想基础的.第九章将进一步指出,刘徽是一位博学多才,谙熟诸子百家言的学者.他的巨大功绩是综合发展了先秦和两汉的无穷小分割思想,并将其引入数学,成为数学的有力武器,也成为刘徽最杰出的数学创造.

第七章

析理以辞　解体用图

——刘徽的逻辑思想

杰出数学著述由于其结论之明确、表述之抽象、推理之严谨、应用之普遍，最能反映一个时代的逻辑思想及其水平. 很遗憾，由于 20 世纪以来，中国古代数学传统中断，人们对中国古代数学存有固有的偏见，加之，中国现代的数学工作者大多不谙中国古算，而哲学史和逻辑史工作者大多对中国古算也较隔膜，许多哲学史、逻辑史著作都回避中国古算中的方法论和逻辑学问题. 中国数学史学科的奠基者李俨、钱宝琮等学者，他们研究的重心是中国古代数学成就，梳理其发展脉络，驳斥列强和欧洲中心论者(或其变种)对中国古算的贬低，尚无暇顾及其中的哲学和逻辑问题. 钱老晚年开始重视这个问题，与杜石然先生合作了一篇很有分量的论文——《试论中国数学的逻辑思想》. 可惜由于十年浩劫，这种研究被迫中断. 国外的中国数学史家如李约瑟、尤什凯维奇等学者，一般说来，对中国古代的成就持比较客观的公正态度，然而，他们或者囿于传统看法，或者因为对中国古代数学原著缺乏深入研究，普遍认为中国古代的杰出数学成就只是经验的总结，没有理论，没有证明. 不幸的是，由于种种原因，他们这些不恰当的看法在国内外，包括数学界，相当流行，甚至当作经典,成为论述其他问题的依据. 应当指出,国内外某些学者之所以持这种不恰当的看法,其重要原因在于对刘徽《九章算术注》等著作的逻辑思想缺乏深入研究. 这个问题,近年重新受到了国内外有的学者的重视,认为刘徽《九章算术注》所使用的主要是演绎逻辑(笔者:《刘徽〈九章算术注〉中的定义及演绎逻辑试析》,巫寿康:《刘徽〈九章算术注〉逻辑初探》),"刘徽和其他数学文献包含着非欧几里得式的,然而同样被构造出来,并且是非常精确的推理."(Martzloff:《Histoire des mathématiques chinoises》)

"析理以辞,解体用图",是刘徽注《九章算术》的宗旨. 辞和图不仅体现刘徽杰出的数学成就,也体现了刘徽高超的逻辑思想. 刘徽实现了中国古代数学中逻辑方法的重大转变,即从以归纳逻辑为主,转变为以演绎逻辑为主.

第一节 刘徽的辞与理、类、故

刘徽"析理以辞,解体用图",图已佚,其一部分可由辞恢复,但终难窥其全豹."辞"就是文字,"理"是中国古代的哲学术语,狭义地说,是指事物的规律、准则和条理;广义地说,还应包括这些规律、法则的逻辑依据,即"故",以及由"故"而来的推演过程,乃至规律、法则所得以施行的依据,即"类". 刘徽所析之理,是指后者,实际上包括数学的"理"、"类"、"故"这三者. 先秦墨家对辞与理、类、故的关系作了精辟论述:

> 夫辞,以故生,以理长,以类行者也. 三物(指理、类、故)必俱,然后足以生.

(《墨子·大取》)从而在中国首次建立了思维逻辑的体系. 其他

学派，如荀派儒学，继承发展了墨家理、类、故的逻辑概念，把有故、成理、推类三者看成正确立辞和辩论的基础. 刘徽继承了先秦的逻辑学成果，在《九章算术注》中大量使用理、类、故.

一、理

刘徽“析理以辞”中的“理”具有非常广泛的含义，甚至可以指他的整个《九章算术注》. 他所使用的“理”字，主要是指法则、规律. 具体说来，有的指数学的根本法则、公式，如方程章正负术注：

> 术本取要，必除行首，至于他位，不嫌多少，故或令相减，或令相并，理无同异而一也.

在方程章第 18 问为方程新术写的前言中批评那些死守条文、不知变通的人时说：

> 其拙于精理，徒[①]按本术者，或用算而布毡，方好烦而喜误，曾不知其非，反欲以多为贵.

他又提倡灵活运用数学方法：

> 夫数，犹刃也，易简用之，则动中庖丁之理. 故能和神爱刃，速而寡尤.

在勾股章讨论勾、股相等的情况时说：

> 故曰：圆三、径一，方五、斜七，虽不正得尽理，亦可言相近耳.

有的“理”字则指正确的推理法则和思维规律. 如少广章开立圆术在谈到他无法求出牟合方盖的体积，不强为之说而寄希

① 戴震辑录大典本、杨辉本讹作“从”，戴震在孔刻本中校正.

望于后学时,刘徽说:

> 欲陋形措意,惧失正理.敢不阙疑,以俟能言者.

在商功章阳马术注,谈到如剩余的第四个小长方体中能知道其体积之比的部分符合(64)式,则(64)式在整个堑堵中必定成立时说:

> 按:余数具而可知者有一、二分之别,即一、二之为率定矣.其于理也岂虚矣.

当然,这两种情形也是互相联系的.另外,方田章合分术注论述齐同术的巨大作用"犹佩觿解结,无往而不理焉",此之"理"指治事、解决问题而言,是由法则、规律的意思引伸出来的动词.还有,刘徽说"庖丁解牛,游刃理间",其中的"理"是接近本义的用法,指腠理,实际上也是比喻数学工作者应灵活运用数学的法则、方法.整个刘徽注就是析理,包括数学的原理、公式、解法,数学的推理方式及所遵循的原则,以及如何灵活运用数学方法等等.

二、类

类是中国古代逻辑科学的基本概念,是事物间异同的反映,是形成概念、作出判断进行推理的根本规定,是事物间普遍联系的一种形式.墨子强调知类和察类将其作为辩论的重要工具,"以类取,以类予"是后期墨家的根本逻辑方法.荀子继承发展了墨家类的概念,把类看成事物的本质:"草木畴生,禽兽群焉,物各从其类也."(《荀子·劝学》)早在秦汉时期,人们就把类概念引入了数学,《周髀算经》载陈子教诲荣方说,必须"通类","能类以合类",从而成为"问一类而以万事达者".《九章算术》按应用对象或数学方法对数学知识分类,将之分成九个部分,一部分就是一类.在每一类中,又按不同的方法分成更细的类.我们在第一、二章讲到《九章算术》的主要部分采取几个例题一种术文,或一条术文下列几个例题的形式,一种方法就是一类数学问题.

刘徽使用的“类”字比“理”多,成为他推理和判断的依据.刘徽的类概念,首先体现在数学概念的分类上,引用先哲们“方以类聚,物以群分”的名言,对数学概念进行分类.如把数分成整数和分数,扩展了数系.同一问题从不同的角度考虑,如“分言之”,便是以分数入算,“完言之”,便是以整数入算.分数又按不同的分数单位分类,提出“数同类者无远,数异类者无近”的思想.按某一属性划分为同一类的数有相同的本质,所以刘徽提出:“远而通体知,虽异位而相从也;近而殊形知,虽同列而相违也.”运算中出现相反的数时,便引入正数和负数.正数和负数异名,即现今之异号,“其异名者,非其类也.非其类者,犹无对也”,把负数与正数看成两类.刘徽将图形分成直线形和曲线形两类,提出“凡物类形象,不圆则方”.在圆形拼补时,“令出入相补,各从其类”,“朱青各以其类”,“令颠倒相补,各以类合”,把全等的图形看成同类,不全等的看成异类.对立体图形也分成图体和多面体,把后者称作“锥、亭之类”.

刘徽的分类思想,更多地体现在对数学方法的分类上,即寻求不同应用对象中数学方法本质上的联系和同一性,比如把今有术看成统属经率术、衰分术、返衰术、均输术等若干重要方法和其他许多问题解法的“都术”,就是对《九章算术》术文的重新分类.从类的级别上说,今有术比衰分术等方法高一级.对《九章算术》抽象性不高的卷三后半卷、卷六后24问、卷九的若干问题,刘徽都尽力找出某些问题之间的共同性和互相联系.如均输章第10、11、27、28诸问,既可用重今有术解决,又可以采取同其中率、齐其首尾、三率悉通的方法,直接用今有术解决,所谓“虽各有率，不问中间”．乘分术刘徽注假设的卖马分金问的方法也用后者解决，它们显然都属于同一类．均输章第 20～26 问分别是凫雁、长安至齐、成瓦、矫矢、假田、程耕、五渠共池等不同对象的问题，刘徽指出它们的共同性：成瓦之意“亦与凫雁同术．牝、牡瓦相并，犹如凫雁日飞相并也”；矫矢问“同工共作，犹凫雁共至之类”；假田问“齐其钱，同其亩，亦如凫雁术也”；程耕问术文“犹凫雁术也”；五渠共池问术文“犹矫矢之术也”，最后总结道：“自凫雁至此，其为同齐有二术焉，可随率宜也．”显然它们应属同一类问题．又如，均输章的取佣负盐问其归于今有术的方式与衰分章贷人千钱问同，刘徽也归于同一类．盈不足章黄金白银问用盈不足术解决，方程章牛羊猪价问用方程术解决，然它们本来是同一类问题，所以刘徽说“盈不足章黄金白银与此相当．‘假令黄金九、白银一十一，称之重适等．交易其一，金轻十三两．问：金、银一枚各重几何？’与此同”．勾股章“引葭赴岸”、“系索”、“倚木于垣”、“圆材求径”、“竹高折地”、“甲乙同立”、“甲乙出邑”等问都有不同的应用对象，并且都是具体的计算方法，刘徽将它们归结到勾股问题，发现前五个问题全是已知勾与股弦差求股、弦的问题，刘徽说：“引而索尽、开门去阃者，勾及股弦差同一术”；倚木于垣问“为术之意与系索问同也”；而竹高折地问是已知勾与股弦并求股、弦的问题，刘徽指出“此术与系索之类更相返覆也”，指出了它们的公式的同异；而甲乙同立与甲乙出邑二问都是已知股率、勾弦并率与勾，求股、弦的问题，包含了勾股数通解公式，刘徽在后者的注中指出：“此术与上甲乙同也．”刘徽虽没有像后来的贾宪那样把《九章算术》的这些术文改写成抽象性术文，但是，他的证明，都是针对一般情况的抽象性证明，类概念在刘徽的这些证明中起着重要作用．

更重要的，刘徽利用类概念寻求各方法之间的内部联系，扩充数学知识.他说“事类相推，各有攸归，故枝条虽分而同本干知①，发其一端而已.”通过事类相推，刘徽把数学知识整理成一个“约而能周、通而不黩”的完整体系，这在下面要详细阐述.

总之，刘徽利用类概念，一方面将《九章算术》中已有的抽象性方法进行梳理，找出“都术”，一方面对抽象性不高的方法加以分类、抽象，找出它们的共同性及其联系，提高了《九章算术》的抽象性和分类水平，成为他进行推理、证明的依据，并且触类而长，扩充了数学知识及其应用范围.

三、故

在逻辑论证中，墨家和荀派儒学都重视“明故”.“故”是形成一类事物的根据，是立论的根据和理由，“故所得而后成也”(《墨子·经上》).刘徽大量使用了“故”字.故的意思主要有两个：一是带逻辑意义的，训“是以”，其中包括定义、推理、证明和议论；一是训“旧”.据初步统计，刘徽《九章算术注》中使用了 219 个“故”字，其在“序”和九章注中的分布情况见下表：

章	训是以			训旧	其他	合计
	定理、推理	议论	合计			
序	1	3	4	0	0	4
一	32	2	34	0	1	35
二	7	0	7	0	0	7
三	7	0	7	0	0	7

① 戴震辑录大典本、杨辉本“知”上有“者”字，疑系后人旁注“知”字音义，滥入正文.

（续表）

章	训是以			训旧	其他	合　计
	定理、推理	议　论	合　计			
四	12	1	13	1	0	14
五	33	1	34	0	1	35
六	30	0	30	1	0	31
七	31	1	32	1	3	36
八	18	7	25	0	1	26
九	21	1	22	0	2	24
总计	192	16	208	3	8	219

由此可见，在 219 个“故”字中，训“旧”的只有 3 个，仅占 5.02％，而用于数学定义、推理的训“是以”、“原因”、“理由”的达 192 个，占 87.67％，加上一般说明（也是推理）中的 16 个，共 208 个，占 94.98％，在我国古籍中，刘徽注应用“故”字密度之高，“故”中训“是以”、“原因”的比重之大，均远远超过其他典籍，可与《墨子》相媲美①. 此外，刘徽还常使用“故”字的同义词“是以”、“是为”等.

刘徽使用的训“是以”的“故”字，有一部分用于数学概念的定义，在对某概念作了界定之后，常说“故曰某某”，如“故曰方程”，“故曰重差”，“故曰定法”，“故以名（鳖臑）云”，等等，这在下面还要详细分析. 有少数“故”字只是用来解释，如“今此令高爵出少，则当使大夫五人共出一人分，不更四人共出一人分，故谓之返衰”，显然，这是举例说明“返衰”的含义，给人以感性认识，

① 据统计，“故”字在《论语》中出现 12 次，训“旧”者 5 个，占将近 42％.《墨子》前期著作 29 篇，有“故”字 340 个，训“是以”、“原因”者达 335 个，占 98.53％.

而不是返衰的定义.

刘徽最大量的“故”字是用于推理，即用辞将类、故、理连接起来，这就是“推”，推也是先秦逻辑学家尤其墨家的一种重要的逻辑方法. 具体说来，这里有两种相反的逻辑过程：一是以类求故，由故成理，即通常说的归纳，以小推大，从个别推一般；二是明故以求理，由理知类，即通常说的演绎. 刘徽的“析理以辞”，实际上就是“推”. 刘徽多次用到“推”：“事类相推，各有攸归”，“以术推之”，“以小推大”，“法实相推”，“方程自有赤黑相取，法实数相推求之术”，等等，便包括上述两种逻辑过程.

第二节 刘徽关于数学概念的定义

定义是关于研究对象的本质属性的描述，它揭示了概念的内涵. 精确的数学定义，不仅能使人们把握住所讨论的数学概念的本质，而且也是人们进行判断、推理和严格数学论证时使概念保持同一性的保证. 在中国数学史上，后期墨家曾给许多数学概念以严格的定义，如：

> 平，同高也；
>
> 直，参也；
>
> 圜，一中同长也；
>
> 端，体之无厚而最前者也；

等等（《墨子·经上》），这些定义至今还是颠扑不破的. 秦汉之后，墨学衰微，两汉时期没有看到什么数学定义.《九章算术》中的数学概念的涵义靠约定俗成确定，在重复使用同一概念时，有时不免发生混淆，如重要概念“率”，《九章算术》的使用就前后不一致. 赵爽在注《周髀算经》时，试图对某些数学概念作出定义，如“其径者,圆中之直者也”,显然,这个概念的定义项外延太宽,是一个不恰当的定义.刘徽对《九章算术》和他自己提出的许多重要数学概念给出了明确的定义,比如我们已经介绍过的幂、率、方程、正负数的定义,这是一个创举.

刘徽的定义,多数表现为发生性定义,即定义本身指出了所定义的对象发生的由来.商功章的发生性定义特别多.如“邪解立方得两堑堵”,“下斩方亭两边,合之即刍甍之形也”,“阳马之形,方锥一隅也”,等等.刘徽的发生性定义最妙的是关于方程的定义.这个定义阐明了方程之所以称作方程的原因,实际上给出了方程的造法:首先,“群物总杂,各列有数,总言其实”,说明了每行中未知数系数和常数项的安排;其次“令每行为率,二物者再程,三物者三程,皆如物数程之”,说明了诸行的关系及安排;“并列为行”说明了为什么叫作“方程”.显然,明白了方程的建立方法,也就掌握了方程的定义.刘徽正是因为有明确的方程定义,才能发现“五家共井”问是一个不定方程问题.

刘徽的定义有几个共同特点.首先,被定义的概念与定义的概念的外延相同,如正负数与“两算得失相反”,“幂”与“广从相乘”,“率”与“数之相与”,“方程”与“各列有数,总言其实”、“每行为率”、“皆如物数程之”、“并列为行”,等等,其外延都相同,既没有犯外延过大的错误,也没有犯外延过小的错误,这些定义都是相称的.

其次,定义项中没有包含被定义项,定义项中的概念都是已知的,没有犯循环定义的错误.这对于一部不是按自己的体系编排,而是给已有的著作作注的著作来说,尤为难能可贵.

第三,刘徽的定义都没有使用否定的表达,没有使用比喻和含混不清的概念,并且简明清晰.

总之,刘徽的定义基本上符合现代数学和逻辑学关于定义的要求.

还应指出,刘徽的定义一经作出,则一般说来,他就在定义的意义上使用这个概念,进行推理、证明.也就是说,在析理中,遵循着同一律的要求,这是他进行数学定义的成果之一.如刘徽关于“率”的使用非常广泛,可是除了《九章算术》使用得不恰当他未全部改正的外,凡是他自己使用的,都没有离开“率”的定义的要求.

刘徽的定义往往从某些具体对象中抽象出来,但因为它们反映了所定义对象的本质属性,可以应用于许多不同的对象,其间应用方式也各异,这并不违背定义,也不违背同一性,而是概念本身的深化与拓展.“幂”的定义是广从相乘,它不仅适用于方田、圭田、箕田、邪田等平面直线形,也适用于圆、弧田、环田等平面曲线形,甚至对宛田面积、圆锥侧面积这类表面上不是广从相乘的曲面面积也适用,因为上述所有的面积公式都可表示成:

$$S=kab \tag{75}$$

的形式,其中 k 是常数;反过来,凡是可以表示成(75)式形式的关系式,刘徽都化成幂的问题来解决.如勾股定理、解勾股形问题、测望重差问题,本来都是距离、长度等线段长的问题,以及开平方的问题,刘徽都化成幂的问题,用出入相补原理解决.幂的定义实际上成了刘徽使用出入相补原理的重要依据.

刘徽还有一些关于数学名词的词语性定义,如堡壔:“堡者,堡城也;壔,音丁老切,又音纛,谓以土拥木也”;“羡除,实隧道也”,等等,都是就名词的字义进行诠释,沿习《尔雅》的传统,不属于数学定义的范畴.

此外,刘徽所定义的概念,相对于当时的水平而言,大都是一些比较高深的概念,而对一些比较浅近的概念,如合分、课分、平分等等,刘徽都没有定义,这从一个侧面说明,《九章算术》及其刘徽注不是童蒙读物,而是高深的著作.

最后,我们还要指出,刘徽《九章算术注》个别文字中概念的使用上有混乱之处. 这大约是"采其所见",加工不够造成的. 如"立幂"一词,在《九章算术注》中凡数见,一在少广章开立方术注中:"开平幂者,方百之面十;开立幂者,方千之面十."立幂与平幂对应,前者指平面面积,后者指立体体积. 一在商功章城、垣、隄、沟、堑、渠术注中:"……得中平之广,以高若深乘之,得一头之立幂. 又以袤乘之者,得立实之积";一在商功章穿地求广术注中:"深袤相乘者,为深袤立幂. 以深袤立幂除积,即坑广". 此例两"立幂"在术文的分注中皆作立实. 分注当是采其所见者,"立幂"当是刘徽用语. 商功章的"立幂"皆指深袤相乘之面积. "立",附性词,不是指立方,而是指直立,"立幂"的涵义与少广章不同.

第三节　刘徽的类比与归纳

先秦诸子在阐发自己的学说,与其他学派辩诘过程中,经常使用举一反三、触类旁通、告往知来、引而申之等类比和归纳的逻辑方法. 刘徽继承了这份成果,大量使用了类比和归纳,以论证某些结论,扩展、发现数学知识.

一、类比

刘徽认为举一反三、触类旁通是扩充数学知识,启发人们探索未知领域,拓展数学知识的应用范围的重要方法.《九章算术》把率概念用于今有术、其率术、经率术、勾股数组等少量术文和个别题目,刘徽通过深入研究,发现各卷中的许多方法,许多不同应用对象的数量关系中,都具有反映其本质属性的率关系,便提出:

凡九数以为篇名,可以广施诸率,所谓告往而知来,举一隅而三隅反者也.

特别地，他发现许多方法尽管有不同的程序，《九章算术》也没有给以今有数、今有率、所求数、所求率的名称，但是，如果能找出它们各种数量关系的率，施以齐同原理，都可以归结为今有术：

诚能分诡数之纷杂，通彼此之否塞，因物成率，审辨名分，平其偏颇，齐其参差，则终无不归于此术也.

刘徽通过举一反三、触类旁通等类比方法，把今有术上升为“都术”，并大大扩充了率的应用范围，使率成为计算的纲纪.

当时的史籍中的天文志、律历志、地理志等著作都考察、记载了天象、地理的若干数量关系，因而刘徽认为应建立正确的数学方法解决这些问题. 他说：

徽以为今之史籍且略举天地之物，考论厥数，载之于志，以阐世术之美，辄造《重差》，并为注解，以究古人之意，缀于《勾股》之下.

刘徽从天文学家测日高术的传统方法，总结出重差术的基本原理. 他以不可梯阶而上的天体比端旁不可互见的泰山、江海，认为天都可以度量，那么泰山之高、江海之广更可以度量：

虽夫圆穹之象犹曰可度，又况泰山之高与江海之广哉？

于是刘徽著《重差》，提出了解决这些问题的正确方法. 他进而提出：

度高者重表，测深者累矩，孤离者三望，离而又旁求者四望. 触类而长之，则虽幽遐诡伏，靡所不入.

告诉人们，重差方法还可以解决更复杂的测望问题.

刘徽主张在深刻理解数理的基础上灵活运用数学方法，反对没有弄通数理的精髓而“徒按本术”，因为那样，或者繁琐，或者造成错误. 他在为方程新术撰的前言中说：

> 其拙于精理徒按本术者，或用算而布毡，方好烦而喜误，曾不知其非，反欲以多为贵. 故其算也，莫不暗[①]于设通而专于一端. 至于此类，苟务其成，然或失之，不可谓要约. 更有异术者，庖丁解牛，游刃理间，故能历久其刃如新. 夫数，犹刃也，易简用之则动中庖丁之理. 故能和神爱刃，速而寡尤. 凡九章为大事，按法皆不尽一百算也. 虽布算不多，然足以算多. 世人多以方程为难，或尽布算之象在缀正负而已，未暇以论其设动无方，斯胶柱调瑟之类. 聊复恢演，为作新术，著之于此，将亦启导疑意，网罗道精，岂传之空言？记其施用之例，著策之数，每举一隅焉.

在这里，刘徽作了几个很精彩的类比. 首先，他以庖丁解牛类比数学家解决数学问题，以庖丁的解牛刀类比数学方法，认为深刻地理解数学原理，犹如庖丁了解牛之腠理，灵活运用数学方法犹如庖丁之解牛刀在牛之腠理间剔割. 因此，和神爱刃，对数学方法易简用之，则就会像庖丁解牛那样，既迅速而且不出错误. 接着刘徽又以鼓瑟者将弦柱胶住，无法调节音律之高低类比数学中不懂数理，徒按本术，不知变通的作法. 刘徽这些生动的比喻，使人们对感到神秘，视为畏途的数学活动的认识变得具体、明晰. 最后，刘徽说明，他创造方程新术，只是说明数学方法可以变通、数学的创造无穷尽的一个例子，而在著书时，对数学方法的创造，数学方法的应用，只需“举其一隅”，不必面面俱到，人们可以举一反三，发挥创造性，创造出更多的数学方法来.

---

① 暗：大典本、杨辉本讹作“同”，戴震在屈、孔刻本校正.

在数学方法的论述上，刘徽更大量使用类比. 例如我们多次提到的凫雁类问题、解勾股形问题等等，刘徽将不同的应用对象的题目归于一类，就是应用类比方法. 又如，刘徽在论述卷一乘分术的正确性时，认为乘分术所属的例题是田的广从问题，难以广喻，便另设卖马分金的题目：

> 设有问者曰：马二十匹，直金十二斤. 今卖马二十匹，三十五人分之，人得几何？答曰：三十五分斤之十二. 其为之也，当如经分术，以十二斤金为实，三十五人为法. 设更言马五匹，直金三斤. 今卖四匹，七人分之，人得几何？答曰：人得三十五分斤之十二. 其为之也，当齐其金、人之数，皆合初问入于经分矣. 然则分子相乘为实者，犹齐其金也；母相乘为法者，犹齐其人也. 同其母为二十，马无事于同，但欲求齐而已.

使两者类比，说明乘分术的正确性.

又如卷九葛缠木的问题，这本是一个求三维空间中曲线长的问题，刘徽先以青线绕笔管类比葛藤缠木，继而又用平面的勾股形与之类比，化成平面的直线问题：

> 以笔管青线宛转，有似葛之缠木. 解而观之，则每周之间自有相间成勾股弦. 则其间葛长，弦；七周乘围，并合众勾以为一勾；木长而股，短，术云木长谓之股，言之倒. 勾与股求弦，亦无围，弦之自乘幂，出上第一图①. 勾、股幂合为弦幂，明矣.

① 大典本、杨辉本“长”讹作“青”，“弦七”误例，“乘”下衍“三”，“勾与股”的“勾”下衍“五”，“无围”下衍“二十五青”，“图”讹作“围”. 其中“三”字，依李潢删. “围”字，依戴震改图. 其余为重校. 此段戴震增字、改易太多，且离开刘徽本旨.

刘徽指出，将青线绕笔管展开，每一圈都形成一个小勾股形，因此，木长为股，各小勾股形的勾之和，便是勾，可用勾股定理解决.

二、归纳推理

刘徽《九章算术注》中提出了若干原理，如先乘后除或先除后乘不影响其结果的原理：

$$(a\div b)\times c=(a\times c)\div b$$

圆锥与外切方锥的侧面积之比为 $\pi:4$ 的原理；圆锥、圆亭、球分别与其外切方锥、方亭、牟合方盖的体积之比为 $\pi:4$ 的原理；同底等高的方锥与阳马体积相等的原理；方程的整行乘（或除）以一常数，方程的整行与另一行相减（或加），不影响方程的解的原理；等等. 还有一些未形诸文字的原理，如图形平移或旋转不改变其面积或体积的原理，等等. 这些原理都是正确的，成为刘徽证明许多解法、公式的前提或出发点，构成了他的数学理论的重要部分. 这些原理的正确性，刘徽都没有试图证明，显然是把它们看成世世代代数学家从无数事实中归纳出来的，不言自明的真理. 同样，对长方形面积公式（11）、长方体体积公式（21）、（21′），刘徽也没有试图证明，看成从无数事实中归纳出来的真理.

刘徽《九章算术注》大量使用归纳推理拓展他的数学知识. 他在均输章络丝术注中用齐同原理将两组相关的率关系化成一组率关系时说：

> 齐其青丝、络丝，同其二练，络得一百二十八，青得九十九，练得九十六，即三率悉通矣，……为率之意犹此，但不先约诸率耳. 凡率错互不通者，皆积齐同用之，放此，虽四五转不异也.

刘徽从两组率关系应用齐同原理使三率悉通的例子归纳出，不管有多少对相关的率关系，只要应用齐同原理，都可以使诸率悉通，化成一组率关系．在方程新术中，他就使五物四对率关系悉通，成为一组率关系．

又如在方程章牛羊直金问中，他创造了互乘相消法取代直除法消元．牛羊直金问是一个二行方程，他认为，这种消元法对任意多行的方程都是适用的：

以小推大，虽四五行不异也．

刘徽是从个别的例子，抓住其本质，推出一般性原理、一般性方法．

约以聚之，乘以散之，齐同以通之这三种等量变换本来是在分数理论中提出来的，刘徽在约分术注中说：

分之为数，繁则难用．设有四分之二者，繁而言之，亦可为八分之四；约而言之，则二分之一也．虽则异辞，至于为数，亦同归尔．

在合分术注中说：

约而言之者，其分粗；繁而言之者，其分细．虽则粗细有殊，然其实一也．

又说：

凡母互乘子谓之齐，群母相乘谓之同．同者，相与通同共一母也；齐者，子与母齐，势不可失本数也．

刘徽将分数的这三种等量变换拓展到率的理论中，成为率的三种等量变换，实际上也应用了归纳推理．根据刘徽关于率的定义，分数的分子和分母可以看成率关系．既然分数有这三种等量变换，

那么率也具有这三种等量变换,完全符合归纳论证的公式:

论题:S(率)具有 P(三种等量变换)

论据:A(分子与分母)具有 P(三种等量变换),

而 A(分子与分母)是 S(率)

故: S(率)具有 P(三种等量变换)

率具有了约以聚之,乘以散之,齐同以通之三种等量变换,如虎添翼,在数学运算中发挥了更大的作用,成为算法的纲纪.

当然,类比和归纳,由于其结论超出了前提的范围,其结论是或然性的,不具备必然性.就是说,其结论可能正确,也可能错误.上面举的这些例子及刘徽的其他论证中,其论据与论题间具有必然联系,结论都是真实的.刘徽在实际上已经认识到归纳推理的局限性.前面已经讲到,棋验法实际上是一种归纳论证,它试图用一种非常特殊的多面体来推出一般的多面体的体积公式.刘徽认为,这种推证方式不具备必然性.在阳马术注中,他针对先前用三个阳马棋或六个鳖臑棋合成一个正方棋来推证一般性的阳马或鳖臑体积公式说:

> 鳖臑殊形,阳马异体.然阳马异体,则不可纯合.不纯合,则难为之矣.

即用棋验法这种归纳论证,不能真正证明公式(25)、(26),必须另辟蹊径,找到真正的证明方法,即演绎证明方法.

第四节 刘徽的演绎推理

说中国古代数学没有理论,主要是说没有演绎推理.因为归纳推理固然在数学知识的创造、发现中占有重要地位,但是,要证明数学命题为真,公式之正确,必须靠演绎推理.我们说刘徽在数学理论上有重大贡献，全面证明了《九章算术》的公式、解法，就是说，他大量使用了演绎逻辑，并且在数学证明中主要使用了演绎推理. 据初步分析，刘徽注的许多推理可以归结为三段论、关系推理、假言推理、选言推理、联言推理和二难推理等演绎推理方式. 我们讨论如下.

一、三段论

三段论是性质判断推理中极其重要的一种，它由三个性质判断组成，其中两个是前提，第三个是结论，许多学者认为中国古代数学根本没有三段论. 实际上，三段论并不是某些民族和学派的专利，刘徽《九章算术注》的许多推理可以归结为三段论.

例 1　此积谓田幂. 凡广从相乘谓之幂.

这是给《九章算术》经文“广从步数相乘得积步”即公式(11)作的注. 为了行文方便，刘徽先说结论，然后说大前提(幂的定义)，而把《九章算术》经文作为小前提. 这个推理的完整表达应是：凡广从相乘(M)谓之幂(P)，此积(S)为广从相乘(M)，故此积(S)谓田幂(P). 这里出现“田”字还应用了附性法，最后一句的推理过程应是：此积谓幂，故此田积谓田幂. 这个推理中含有且只含有三个概念：广从相乘(中项 M)、幂(大项 P)、积(小项 S). 中项在大前提中周延. 结论中概念的外延与它们在前提中的外延相同. 最后，大前提是全称肯定判断，小前提是单称肯定判断，结论是单称肯定判断. 可见，这个推理完全符合三段论的规则，是其第一格的 AAA 式：

大前提	M——P	(A)
小前提	S——M	(A)
结　论	S——P	(A)

例 2　衰分章第 17 问刘徽注：

凡所得率知，细则俱细，粗则俱粗，两数相抱而已. ……令生丝率四百八十两，令干丝率四百二十两，则其数相通. 可俱为铢，可俱为两，可俱为斤，无所归滞也.

这个推理的形式可归结为：凡所得率者(M)，粗者俱粗，细者俱细，两数相抱而已(P). 生丝干丝之数(S)是率(M)，故生丝干丝之数(S)粗者俱粗、细者俱细，两数相抱而已. 显然，这也是三段论第一格的 AAA 式. 关系率的应用，不胜枚举，大都采用这种方式.

例 3　盈不足章刘徽注：

注云若两设有分者，齐其子，同其母. 此问两设俱见零分，故齐其子，同其母.

这也是三段论第一格的 AAA 式：若两设有分者(M)，须齐其子，同其母(P). 此问(S)俱见零分(M)，故此问(S)须齐其子，同其母(P).

例 4　直除法不影响方程的解的推理方式可归结为：

大前提　举率相减(M)不害余数之课(P)

小前提　直除法(S)是举率相减(M)

结　论　直除法(S)不害余数之课(P)

大前提是全称否定判断(E)，小前提是单称肯定判断(A)，而结论是单称否定判断(E)，是三段论第一格的 EAE 式.

二、关系推理

数学是关于客观世界的空间形式和数量关系的科学. 因此，关系推理在刘徽的推理中所占的比重特别大. 而在关系推理所使用的关系判断中，又以等量关系为最多. 仅举几例.

例 1 方田章圆田又术(14′)式刘徽注：

周径相乘各当以半，而今周径两全，故两母相乘为四，以报除之.

这就是说：

已知：$S=\frac{1}{2}lr$ （等量关系判断）

及：$r=\frac{1}{2}d$ （等量关系判断）

故：$S=\frac{1}{2}l\cdot\frac{1}{2}d=\frac{1}{4}ld$ （等量关系判断）

例 2 衰分术刘徽注：

今以所分乘上别，以下集除之，一乘一除适足相消. 故所分犹存，且各应率而别也.

其推理形式是：

列衰 $a_1,a_2,\cdots a_n$ 同乘(除)同一数，率关系不变

$\frac{a_1A}{\sum a_i},\frac{a_2A}{\sum a_i},\cdots\frac{a_nA}{\sum a_i}$ 为 $a_1,a_2,\cdots a_n$ 同乘(除)同一数

故：$\frac{a_1A}{\sum a_i}:\frac{a_2A}{\sum a_i}:\cdots:\frac{a_nA}{\sum a_i}=a_1:a_2:\cdots:a_n$

显然，这些等量关系都具有对称性和传递性. 还有一些推理用到不等量关系判断，因而结论也是不等量关系判断.

例 3 刘徽推断圆的周径相与之率不是 3 与 1 时说：

周三者，从其六觚之环耳. 以推圆规多少之觉，乃弓之与弦也.

“觉”是“较”的通假字. 其推理形式是：

圆周长>圆内接正六边形周长

圆内接正六边形周长=圆径×3

故：　圆周长>圆径×3

例 4　证明圆面积公式(15)不精确时，刘徽说：

> 若令六觚之一面乘半径，其幂即外方四分之一也. 因而三之，即亦居外方四分之三也，是为圆里十二觚之幂耳. 取以为圆，失之于微少.

其推理形式是：

$$\frac{3}{4}d^2 = S_1$$

$$S_1 < S$$

故：

$$\frac{3}{4}d^2 < S$$

例 5　刘徽推断圆柱体与内切球体积之比不是 4∶π 时说：

> 按：合盖者，方率也；丸居其中，即圆率也. 推此言之，谓夫圆囷为方率，岂不阙哉？

其推理方式是：

合盖∶球=4∶π

圆柱∶球≠合盖∶球

故：　圆柱∶球≠4∶π

不言而喻，这些推理中所使用的>、<等关系只有传递性，没有对称性，而≠关系既有对称性，又有传递性.

上面 5 个例子都是纯粹关系推理. 刘徽有的推理可归结为混合关系推理，这种推理的前提中不仅有关系判断，还有性质判断，如：

例 6　商功章圆囷求周术刘徽注：

置此积，以十二乘之，令高而一，即复本周自乘之数.凡物自乘，开方除之，复其本[①]数.故开方除之，即得也.

其推理形式是：

开方除自乘之数，是复其本数

今开方除〔积×12/高〕等于除自乘之数

故开方除〔积×12/高〕是复其本数

第一个前提是性质判断，第二个前提是关系判断，结论是关系判断，其形式很像三段论，又称为混合关系三段论.

三、假言推理

假言推理是数学推理中常用的一种形式.我们先看刘徽使用的充分条件假言推理.

例 1 商功章羡除术刘徽注说：

上连无成不方，故方锥与阳马同实.

这个推理写得很简括，其完备形式是：

若两立体每一层都是相等的方形(p)，则其体积相等(q)

方锥与阳马每一层都是相等的方形(p)

故方锥与阳马体积相等(q)

其推理形式是：

若 p，则 q

今 p

故 q

在充分条件假言推理中，若 p，则 q；非 p，则 q 真假不定.刘徽深谙此理，请看：

① 大典本、杨辉本于“本”下衍“周自乘之”四字，李潢校删.

例 2　刘徽在证明阳马、鳖臑体积公式(25)、(26)时，先引述棋验法：在长、宽、高相等的条件下，将一立方棋分割为三阳马、六鳖臑，“观其割分，则体势互通，盖易了也”. 然而在长、宽、高不等的情况下，“鳖臑殊形，阳马异体，然阳马异体，则不可纯合，不纯合，则难为之矣”. 其推理形式是：

若立体体势互通(p)，则其体积相等(q)

今立体体势不互通(非 p)

故难为之矣(q 真假不定)

这是刘徽认识到棋验法不是真正的数学证明的逻辑基础.

刘徽有时也使用必要条件假言推理.

例 3　少广章开立方术刘徽注定法时说：“为当复除，故豫张三面，以定方幂为定法也. ”豫张三面是复除的必要条件，其推理形式是：

只有豫张三面(p)，才能复除(继续开方，q)

今复除(q)

故豫张三面(p)

在有的地方，刘徽还使用了假言联锁推理.

例 4　上面引述过的商功章阳马术刘徽注：

> 其棋或修短，或广狭，立方不等者(p)亦割分以为六鳖臑，其形不悉相似. ……鳖臑殊形，阳马异体(q)，然阳马异体(q)，则不可纯合(r). 不纯合(r)，则难为之矣(s).

其结论为：

若立方不等者(p)，则难为之矣(s).

例 5　刘徽在完成了阳马和鳖臑的体积公式(25)、(26)的证明之后说：

> 不有鳖臑，无以审阳马之数，不有阳马，无以知锥亭之

类，功实之主也.

这也是一个假言联锁推理，结论是：不有鳖臑，无以知锥亭之类，因此，鳖臑是功实之主.

四、选言推理

刘徽在许多地方用选言推理.

例 1 在四则运算中，可先乘后除，亦可先除后乘，“乘除之或先后，意各有所在而同归耳”（商功章负土术注）. 在卷二今有术注中，刘徽主张先乘后除，因为“先除后乘，或有余分，故术反之”，这是一个选言推理，其形式为：

或先乘后除(p)，或先除后乘(q)

非先除后乘(非 q)

故先乘后除(p)

第一个前提是选言判断，第二个前提是一选言支的否定，因此结论是另一选言支的肯定.

例 2 在平分术注中，刘徽列出《九章算术》方法的推理形式，实际上为：

或“以列数除平实，以法命之”，或“以列数乘同齐，以平实减列实，余，约之为所减. 并所减以益于少. 以法命平实，各得其平”

今“以列数乘同齐，以平实减列实，余，约之为所减. 并所减以益于少. 以法命平实，各得其平”

故不“以列数除平实”……

刘徽的推理形式实际是：

或以列数除平实……，或以列数乘同齐……

今以列数除平实……

故不以列数乘同齐……

五、联言推理

在上引假言推理例 1 的推理前后，刘徽说：

> 阳马之棋两邪，棋底方. 当其方也，不问旁角而割之，相半可知也. ……角而割之者，相半之势.

这是一个分解式联言推理. 其前提是一个联言判断：对方锥平行于底的截面（正方形或长方形），用一平面切割其对边的中点，则将其体积平分（p），用一平面切割其对角，也将其体积平分（q）；结论：用一平面切割其对角，将其体积平分（q），这是联言判断的一个联言支. 由此证明了将半椭方锥角而割之得到的大鳖臑，其体积是半椭方锥的一半.

六、二难推理

二难推理是将假言推理和选言推理联合起来的一种推理，又称为假言选言推理. 其大前提是两个假言判断，小前提是选言判断. 刘徽证明圆田又术（16）式不准确的方式，可归结为二难推理. 刘徽说：

> 六觚之周，其于圆径，三与一也. 故六觚之周自相乘为幂，若圆径自乘者九方. 九方凡为十二觚者十有二，故曰十二而一，即十二觚之幂也. 今此令周自乘，非但若为圆径自乘者九方而已. 然则十二而一，所得又非十二觚之类[①]也. 若欲以为圆幂，失之于多矣.

它有两个假言前提：一个是，若以圆内接正 6 边形周长（作为圆周长）自乘，其十二分之一，是圆内接正 12 边形的面积（p），小

---

① “类”，戴震辑录大典作“幂”，亦通.

于圆面积(r);另一个是,若令圆周自乘,其十二分之一(q),则大于圆面积(s).还有一个选言前提:或者以正6边形周长自乘,十二而一,或者以圆周长自乘,十二而一(或 p 或 q).结论是:或失之于少,或失之于多(或 r 或 s),都说明(16)式不准确.

上面这近20个例子只是刘徽《九章算术注》大量推理之一鳞半爪,却足以说明刘徽广泛使用了演绎推理.并且,现代形式逻辑教科书中列出的演绎推理的几种主要形式,刘徽都在实际上使用了.这不仅大大超过了以往的数学著作相比与同代和先代的哲学著作、逻辑学著作相比也毫不逊色,在其严谨和抽象上则居于这些著作之右.还应指出,刘徽在论证《九章算术》的公式、解法时,主要采用了演绎推理.此外,需要说明的是,我们将刘徽的推理形式总结为上述规范的形式,只是为了叙说方便.刘徽《九章算术注》是数学著作,不是逻辑学教程,中国古代数学又有自己的特色,当然不可能如此规范.用现代数学方法和逻辑方法对中国古代数学方法、逻辑方法进行总结,实际上是一种比较(其他学科也如此),一方面可以使现代人容易理解古人(包括刘徽)达到了怎样的高度,另一方面也是为了驳斥那种认为中国古代数学没有理论,没有形式逻辑,更没有演绎逻辑的偏见.

第五节 刘徽的数学证明

正确的推理只保证推理形式的正确,即保证其前提和结论之间必然的(演绎推理时)或或然的(归纳推理时)联系,并不保证其前提的正确性,因而也不能保证其结论在现实中是正确的.只有当前提是正确的时候,用正确的推理,才能获得正确的结论.这就是论证.论证是由推理组成的,推理是为论证服务的.像推理一样,只有演绎论证才能得到必然性的正确结论.由于数学上结论的严谨、精确、抽象，因此，只能采用演绎论证来证明数学公式、定理、解法的正确性，通常称为数学证明或证明. 第四节中的例子，由于其前提都是公理或已经证明为正确的公式，因而其结论都是正确的，实际上都是数学证明. 我们在第四、五、六 3 章及本章上一节中已经叙述过刘徽的若干证明，下面我们再从另一角度分析.

一、综合法

刘徽的证明，以综合方式居多，即从已知条件和公理，及已经证明过的公式、解法出发，通过一系列推理，最终引导到论题. 在第六章我们详细阐述过的刘徽以极限思想和无穷小分割方法对圆面积公式(14)的证明，就是综合证明的一个范例. 我们再看一下刘徽对化简的已知勾股差 $b-a$ 和弦 c 求勾、股的公式(52)的证明. 刘徽说：

> 按图为位，弦幂适满万寸. 倍之，减勾股差幂，开方除之. 其所得即高广并数. 以差减并而半之，即户广；加相多之数，即户高也.

其中有的推理，刘徽行文时省去，将其补足，就是：

由勾股定理：

$$c^2=a^2+b^2$$

$$2c^2=2a^2+2b^2$$

$$2c^2-(b-a)^2=2a^2+2b^2-(b-a)^2$$

$$2c^2-(b-a)^2=(a+b)^2$$

故：$\sqrt{2c^2-(b-a)^2}=a+b$

而：$a=\frac{1}{2}[(a+b)-(b-a)]$

$$b=\frac{1}{2}[(a+b)+(b-a)]$$

故：
$$a=\frac{1}{2}[\sqrt{2c^2-(b-a)^2}-(b-a)]$$

$$b=\frac{1}{2}[\sqrt{2c^2-(b-a)^2}+(b-a)]$$

此即(52)式. 显然这是一个由已知的勾股定理及题设逐步运用关系推理,以证明公式的综合法. 其中"弦幂适满万寸"是不必要的,还保留了归纳推理的某些痕迹,但并不影响这个证明的一般性,正像我们现今证明几何定理,图形一经画出,便有具体的尺寸一样. 演绎证明遗留归纳推理痕迹的地方,刘徽注中此非孤例. 前已指出,刍童、刍甍术注中,刘徽证明自己新提出的公式时,也有这种现象.

二、分析法与综合法相结合

对非常复杂的证明,刘徽往往采取综合法与分析法相结合的方式,比如,关于阳马体积公式(25)、鳖臑体积公式(26)的著名证明. 他认为,为了证明(25)、(26)两式,只要先证明(64)式就够了,这是从论题回溯论据的分析法. 证明(64)式,先证明(64)式在阳马与鳖臑构成的堑堵的 3/4 中成立,则是综合法. 接着,刘徽指出"按余数具而可知者有一、二分之别,即一、二之为率定矣",随后用无穷小分割思想证明了这个结论,又是用的分析法;而用无穷小分割思想证明本身,却是综合法. 它的整个过程为:

$$(25)、(26)\text{式}\xrightarrow{\text{分析}}(64)\text{式}\begin{cases}\xrightarrow{\text{综合}}\dfrac{3}{4}\text{中成立}\\[2ex]\xrightarrow{\text{分析}}\dfrac{1}{4}\text{中成立}\xrightarrow{\text{综合}}\left\{\cdots\lim\limits_{n\to\infty}\dfrac{1}{4^n}=0\right.\end{cases}$$

可见这个证明是以分析法为主,穿插以从予到求的综合法. 这种分析法与综合法相结合的证明方式对难度较大的复杂证明，常常可以起到画龙点睛的作用，使读者抓住每个证明阶段的关键所在. 这个证明是整个刘徽《九章算术注》中难度最大也是最复杂的一个证明，由于采取了分析法与综合法相结合的方式，显得思路清晰，文字不冗长，不枯燥.

我们要特别分析一下上述证明中的无穷小分割证明方式. 在证明了(64)式在整个堑堵的$\frac{3}{4}$中成立，而在堑堵剩余的$\frac{1}{4}$中尚未知之后，刘徽说：

> 按：余数具而可知者有一、二分之别，即一、二之为率定矣，其于理也岂虚矣. 若为数而穷之，置余广、袤、高之数各半之，则四分之三又可知也. 半之弥少，其余弥细. 至细曰微，微则无形，由是言之，安取余哉? 数而求穷之者，谓以情[①]推，不用筹算.

刘徽没有极限过程的数学表达式，无法用筹算，只好靠“情推”. 我们认为，这种“情推”，是数学归纳法的一种雏形，一种粗略的形式. 谨细言之. 对堑堵的第一次分割，相当于证明了在$n=1$时，(64)式成立，是显而易见的. 接着，刘徽说“余数具而可知者有一、二分之别，即一、二之为率定矣”，具训全、都，这是说，若每次分割中能知道体积的部分符合(64)式，则(64)式在整个堑堵成立. 换言之，如果能证明第一步分割可以无限递推，则(64)式就成立. 刘徽“置余广、袤、高之数各半之，则四分之三又可知也”，证明了第一步的分割可以无限递推，这正是数学归纳法的核心. 请注意，刘徽的“置余广、袤、高之数各半之”，对任何一次

① 情：鲍刻本讹作“精”，此依杨辉本、戴震辑录本.

分割的“余”都是适用的. 这相当于设 $n=k$ 时,(64)式在 $\frac{1}{4^{k-1}}\cdot\frac{3}{4}$ 的堑堵中成立,则 $n=k+1$ 时,(64)式在 $\frac{1}{4^{k}}\cdot\frac{3}{4}$ 的堑堵中成立. 刘徽当然无法严谨地表达出并运用数学归纳法,但他明确地表达了无限递推的思想:“半之弥少,其余弥细. 至细曰微,微则无形. 由是言之,安取余哉?”应该说,刘徽的这个证明具备了数学归纳法的基本要素.

三、反驳及刘徽的失误

刘徽证明《九章算术》的某些公式是错误的方法是反驳. 许多反驳,上面已经阐述过了. 刘徽大多数反驳是成功的,是符合逻辑规律的. 如《九章算术》弧田术(17)是一个全称肯定判断,刘徽证明了“半圆这种弧田不符合(17)式”,这是上述判断的一个矛盾判断,由后者为真,证明了前者为假,符合矛盾律. 对开立圆术的反驳也是应用了矛盾律:“球与外切牟合方盖的体积之比为 $\pi:4$”是真命题,则与之矛盾的命题“球与外切圆柱的体积之比为 $\pi:4$”不可能是真,必为假.

刘徽指出《九章算术》宛田术(19)“不验”,这是完全正确的,但是他的反驳并不成功,刘徽说:

> 此术不验. 故推方锥以见其形. 假令方锥下方六尺,高四尺. 四尺为股,下方之半三尺为勾. 正面邪为弦,弦五尺也. 令勾、弦[①]相乘,四因之,得六十尺,即方锥四面见者之幂. 若令其中容圆锥,圆锥见幂与方锥见幂,其率犹方幂之与圆幂也. 按:方锥下六尺,则方周二十四尺. 以五尺乘而半

① 弦:鲍刻本、大典本讹作“股”,戴震校正.

之，则亦方锥之见幂.故求圆锥之数，折径以乘下周之半，即圆锥之幂也.今宛田上径圆穹，而与圆锥同术，则幂失之于少矣.

在这里刘徽由圆锥的侧面积与宛田的表面积取同一形式(19)，得出宛田“幂失之于少”的结论，理由是不充分的.设圆锥与宛田的下周长均为l，宛田径D，圆锥两母线和为d，宛田表面积大于圆锥侧面积是显然的，但$\frac{1}{4}lD$和$\frac{1}{4}ld$只是形式上相同(方锥的侧面积也可取此形式，l为下周长，d为两斜高之和)，实际上，由于$D>d$，当然$\frac{1}{4}lD>\frac{1}{4}ld$，仍无法证明$\frac{1}{4}lD$比真值小.刘徽在这里混淆了$D$和$d$，犯了反驳中混淆概念的错误.这种错误尽管在刘徽的证明中非常罕见，也应当指出来.

四、刘徽数学证明的特点

刘徽的证明有以下特点：首先，刘徽关于数学公式、解法的证明，主要地，或者说基本上采取演绎法，从而使证明成为真正的数学证明，把数学公式、解法建立在必然性的基础之上.这与他以前《九章算术》时代以归纳论证为主是迥然不同的，这是刘徽对我国古代数学理论的划时代的重大贡献.事实上，刘徽的证明，除了缺少符号表示和个别失误之外，基本上符合现代数学证明的要求.其次，刘徽的任何证明，或者依据已知的定义、公理，或者依据已经证明过的公式、解法，未犯以未知证明未知的错误，也未犯过循环推理和循环证明的错误.后面我们要指出，刘徽的逻辑系统与《九章算术》并不同，能作到这一点，说明刘徽的逻辑水平之高.

人们对事物的认识过程中，一般说来，总是交替使用归纳逻辑和演绎逻辑. 数学理论的建立也是如此. 不过, 开始阶段, 人们往往先从大量实践经验中, 经过多次归纳、类比、总结, 得出若干判断, 此时以归纳逻辑为主, 演绎逻辑为辅; 然后, 人们对这些判断加以整理、论证, 此时以演绎逻辑为主, 归纳逻辑为辅. 在此基楚上, 人们加以提高、推广, 探索新的领域, 使认识进入一个新的阶段. 中国古代的数学从先秦的九数到《九章算术》的形成, 是以归纳逻辑为主的过程, 这个过程甚至一直延续到刘徽之前; 刘徽《九章算术注》的出现, 完成了对《九章算术》及他本人提出的公式、解法的证明, 则以演绎逻辑为主. 从《九章算术》的孕育到刘徽《九章算术注》的完成, 奠基时期的中国古代数学正是经历了这样一个完整的认识过程.

第八章

枝条虽分而同本干

——刘徽的数学体系

钱宝琮先生指出，从秦到唐中叶，“主要是以《九章算术》为中心的中国古代数学体系的形成”（《中国数学史》）. 有的著作径直认为《九章算术》建立了中国古代的数学体系. 笔者认为，应在如下的意义上理解钱先生的话：《九章算术》本身建立了中国古代数学理论的框架，刘徽《九章算术注》的出现，标志着中国古代数学理论体系的完成，此后的著述又为这个体系作了若干补充. “事类相推，各有攸归，故枝条虽分而同本干知[①]，发其一端而已”，便是刘徽对中国古代数学体系的形象描绘.《九章算术》以归纳逻辑为主，刘徽注既使用演绎逻辑又使用归纳逻辑，而在命题的证明上，以演绎逻辑为主. 逻辑方法的改变，必然导致知识内部结构的相应改变. 由下面的论述将看到，刘徽的数学理论体系并不仅是《九章算术》的框架的简单继承和补充，也不仅是为这个框架注入了血肉和灵魂，而且包括了对《九章算术》框架的改造.

---

① 知：训“者”，大典本、杨辉本于“知”上衍“者”字，笔者删.

第一节 《九章算术》的数学框架

《九章算术》分方田、粟米、衰分、少广、商功、均输、盈不足、方程、勾股九章，即九个部分，每部分下有若干一般性术文即算法——公式、解法，每条术文有一个、几个或者几十个例题. 但是，这并不意味着《九章算术》形成了一个数学理论体系. 我们具体分析这个问题.

《九章算术》含有若干数学概念，如衰分、少黄、盈不足、方程、勾股、实、法、广、从、积、约分、合分、减分、乘分、率、列衰、并、差、乘、除、开方、勾、股、弦等等，它们是决定中国古代数学理论体系的内容的主要成分.《九章算术》的解法、公式都是使用有关的数学概念总结出来的.

《九章算术》含有近百条一般性术文即公式、解法法则，及若干具体问题的解法. 这些公式、解法除个别不准确、有错误之外，都是正确的，具有普适性、抽象性的特点，是中国古代数学的辉煌成果，成为中国古代数学理论的骨干.

《九章算术》中这些数学概念和由概念组成的解法、公式、法则构成了中国古代数学理论体系的主要理论成分，可以说是理论体系的主要构件，并且经过编纂者的编排，大体形成了一个框架，对后世中国和东方数学影响深远.

但是，作为一个理论体系，只有概念和与之相应的判断这两项理论成分是不够的，还必须有理论的结构，即理论成分之间的关系、联系. 而作为理论成分的概念和判断并不是按照任意的或外在的次序排列的，而是在逻辑上严整的、连贯的系统. 概念和判断之间的逻辑结构，应该大体上是演绎的（黄顺基主编：《自然辩证法教程》）.《九章算术》的情况怎样呢？《九章算术》的术文、问题分成九类，编成九章，每章中的术文和问题都有一个排列顺序，应该说，《九章算术》大体上有其理论结构的框架. 然而，正如我们在本书第二章已经指出的，在九章的编排上，有关几何计算方法的方田、少广、商功、勾股分别在第一、四、五、九章，而关于算术和代数计算方法的内容分别在第一、二、三、四、六、七、八等章，尤其是将均输这类与衰分术有关的问题与衰分章分开，顺序上不连贯. 从各章的内容看，有的是按应用分类，有的是按方法分类，有的是两者的结合，并且，各章的内容有交错. 衰分章有大量的简单今有问题，均输章大部分问题不是均输问题，而是衰分、今有、重今有、级数及其他算术问题，盈不足章中也有未用盈不足术解决的问题. 这种编排方式极不合理，人为的成分极大，在逻辑上违背了分类同一性的原则，是不严整的. 在每章内部，有的比较连贯，如粟米、盈不足两章，方田章不考虑分数理论部分，也是连贯的. 但是，有的则极不连贯，除衰分、均输两章很明显之外，商功章既有工程分配的纯商功问题的方法和例题，也有大量的立体体积计算及其逆问题的方法，还有程粟问题，编排上也互相交错，前后失次；方程章第 4 问之后，看不出分类和编排的原则；勾股章将勾股差的问题插入股弦差与股弦和的问题之间，将已知勾股差、股弦差求勾、股、弦的问题置于测望问题之后[①]，均不类矣. 以上这些都说明，《九章算术》的理论结构的框架不甚合理.

《九章算术》列出了大量的抽象性的普适性的术文，是其杰出的理论贡献，然而，不仅对分属于不同章的术文看不出其间的联系，就是同一章的术文，也大多是互不关联的、并列的，看不出

---

① 戴震辑录大典本、杨辉本此问均在卷末，即测望问题之后，在孔刻本中，戴震将其移至“竹高折地”问之前，此后诸本因之.

其间的逻辑关系.有的学者把中国古代数学看作经验公式的堆砌,盖由于此.

更重要的,正如本书第二章所指出的,《九章算术》没有留下对数学概念的任何定义,没有留下对术文的任何推导证明.《九算算术》成书过程中实际上存在着某种推导、论证,然而从刘徽注所透露的信息看,对一些最重要的公式、解法,其推导、论证是归纳的,而不是演绎的.而在数学上,靠归纳推理、归纳论证,得不出命题为真的必然性结论,只有用演绎逻辑证明公式、解法的正确性,才是可靠的.就是说,《九章算术》没有证明其命题正确性的可靠的逻辑基础.

总之,《九章算术》既没有对其公式、解法的正确性的必然性的证明,也没有建立起它的各个命题之间、各部分之间的逻辑联系.而通常所说的数学体系就是数学理论体系,因此,《九章算术》本身并没有形成一个数学理论体系,只是构筑了数学理论的框架.并且,这个框架的结构上还有许多缺点.使中国古代数学形成一个完整的理论体系的任务是由刘徽完成的.下面,我们要详细论述这个问题,并分析刘徽的数学理论体系对《九章算术》的框架的承继与改造,顺便比较它们的异同.

第二节　刘徽的面积和勾股理论系统

一、面积理论系统

《九章算术》的面积问题集中在方田章.另外,少广章的少广术是面积问题的逆问题,刘徽将开平方问题也看成面积问题的逆问题.在刘徽之前,人们使用以盈补虚的方法,将要求积的平面图形化成长方形,推证圭田(三角形)、邪田、箕田(梯形)、圆田、弧田（弓形）、宛田、环田的面积公式(11)～(19)，其中对圆、圆环的面积公式(14)、(18)的推证是不严格的，而圆的另外两个公式(15)、(16)及弧田、宛田公式(17)、(19)本身就不准确，其推证也是不严格的. 在上述推导中，三角形面积公式(12)与其他公式一样，没有特殊作用，只是在分割、拼补时，常常分割成三角形（主角是勾股形），然而并不涉及其面积公式(12). 刘徽之前，甚至在《九章算术》时代，其面积公式的逻辑推导系统如图 79 所示.

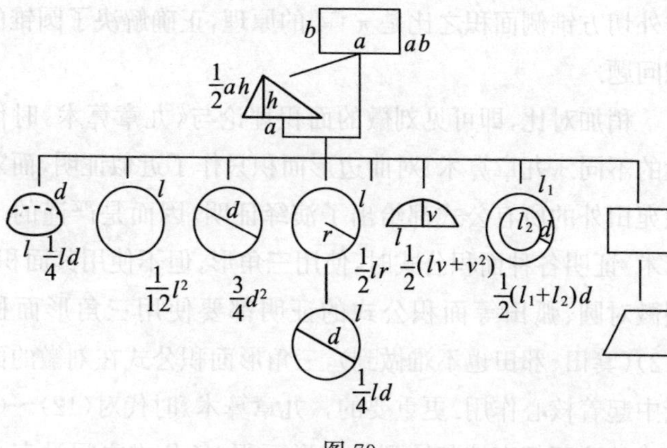

图 79

刘徽的推导系统则大不相同. 首先，他未试图证明长方形面积公式(11)，只是给出了面积的定义："凡广从相乘谓之幂"，作为他的面积理论的出发点. 他继承了《九章算术》时代的以盈补虚方法，证明平面直线形(12)、(13)、(13′). 而对圆和弧田，他放弃了有限次分割以盈补虚的做法. 对圆，他采用割圆术，即用极限思想，分别证明了圆内接正多边形的面积序列$\{S_n\}$及圆外的面积序列$\{S_n+2(S_{n+1}-S_n)\}$的极限是圆面积 S，然后对极限状态的与圆合体的正多边形施以无穷小分割，分割成无穷多个小三角形，求其面积的总和，证明了圆面积公式(14). 接着，他用上述割圆程序，连续援用开方术和勾股定理，求出了圆的周、径相与之率(66)，以及圆与外切正方形的相与之率(70)，并用来修正了另外两个圆面积公式(15)、(16). 对弧田，他采用类似的割圆程序，将弧田分割成一串越来越小的三角形，求这些小三角形的面积之和，得到弧田面积的精确近似值. 又用两同心圆面积之差，给出并证明环田的新面积公式. 对宛田，刘徽指出了《九章算术》的公式(19)是错误的，而未给出正确的解法，却提出了圆锥与外切方锥侧面积之比是 $\pi:4$ 的原理，正确解决了圆锥的侧面积问题.

稍加对比，即可见刘徽的面积理论与《九章算术》时代有很大的不同.《九章算术》对曲边形面积只作了近似证明，而刘徽对除宛田外的所有公式都给出了演绎证明，因而是严谨的.《九章算术》证明各种面积公式时，使用三角形，但不使用其面积公式，刘徽对圆、弧田等面积公式的证明都要使用三角形面积公式(12)(箕田、邪田也不难做到)，三角形面积公式在刘徽的面积理论中起着核心作用. 更重要的，《九章算术》时代对(12)～(19)各公式的论证都直接归结到长方形面积，各公式之间没有必然联系，而刘徽对圆面积公式(14)、弧田面积公式(17)的证明必须借助于三角形面积公式(12)，圆面积公式(14′)及他新提出的环田公式必须借助于公式(14)，他修正的圆面积公式(15′)、(16′)及所提出的圆锥侧面积公式则必须借助由公式(14)求出的圆周径率(66)及方圆率(70)，形成了一个接一个的推导关系. 总之，由刘徽《九章算术注》形诸文字的面积理论是一个以长方形面积为出发点，以三角形面积为核心，运用出入相补原理和无穷小分割方法的有机整体，其中，演绎逻辑起着主导作用，如图 80 所示. 与图 79 比较，就会发现两者的同异.

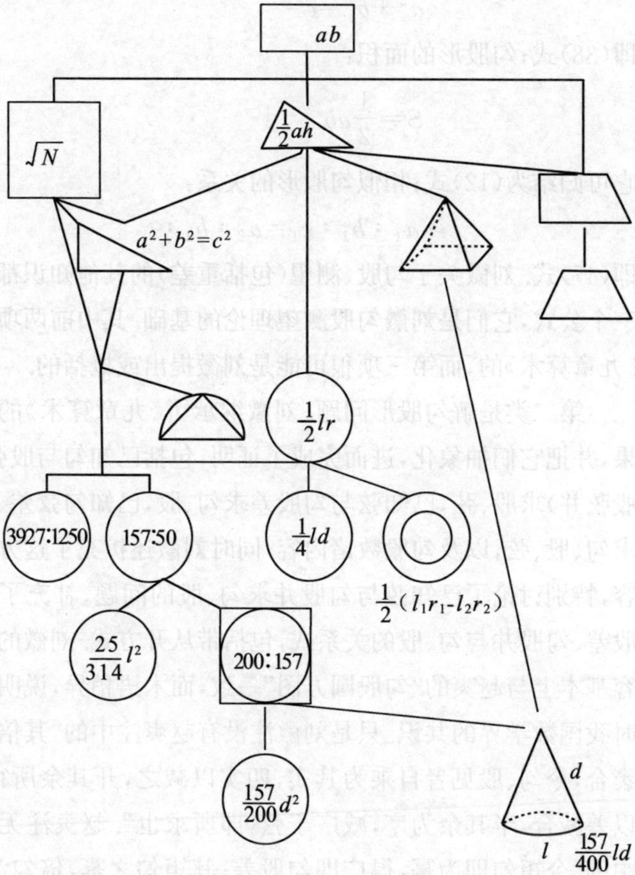

图 80

二、勾股重差理论系统

对勾股测望问题，刘徽都是化成面积问题，用出入相补原理解决，或用相似勾股形勾股相与之势不失本率的原理解决. 刘徽的勾股测望理论有如下几种内容.

首先是勾股形的三种基本属性，包括勾股定理：

$$a^2+b^2=c^2$$

即(38)式;勾股形的面积:

$$S=\frac{1}{2}ab \tag{76}$$

它可归结为(12)式;相似勾股形的关系:

$$a_1:b_1:c_1=a_2:b_2:c_2$$

即(47)式. 刘徽关于勾股、测望(包括重差)的其他知识都源于这三个公式,它们是刘徽勾股测望理论的基础. 其中前两项是继承《九章算术》的,而第三项很可能是刘徽提出或概括的.

第二类是解勾股形问题. 刘徽继承了《九章算术》的全部成果,并把它们抽象化,进而完成了证明,包括已知勾与股弦差(或股弦并)求股、弦,已知弦与勾股差求勾、股,已知勾弦差、股弦差求勾、股、弦,以及勾股数诸内容. 同时刘徽还扩充了这方面的内容,特别讨论了已知弦与勾股并求勾、股的问题,补充了若干勾股差、勾股并与勾、股的关系式,包括带从开方式. 刘徽的这些内容基本上与赵爽的"勾股圆方图"一致,而术语稍异,说明已是当时我国数学界的共识. 只是刘徽注没有赵爽注中的"其倍弦为广袤合,令勾、股见者自乘为其实,四实以减之,开其余所得为差,以差减合,半其余为广,减广于弦,即所求也". 赵爽注无刘徽注中的"令矩勾即为幂,得广即勾股差;其矩勾之幂,倍勾为从法,开之亦勾股差;以勾股差幂减弦幂,半其余,差为从法,开方除之即勾也."刘徽探讨了这些内容之间的关系,指出已知勾、股弦并求股、弦的问题与已知勾、股弦差求股、弦的问题相返覆,已知弦、勾股并的问题与已知弦、勾股差的问题相返覆.

第三类是勾股容方、勾股容圆的问题. 刘徽先利用(76)式,使用出入相补原理证明了勾股容方(44)式及勾股容圆(45)式,接着又创造了用(47)式,援引衰分术、今有术证明这两个公式的

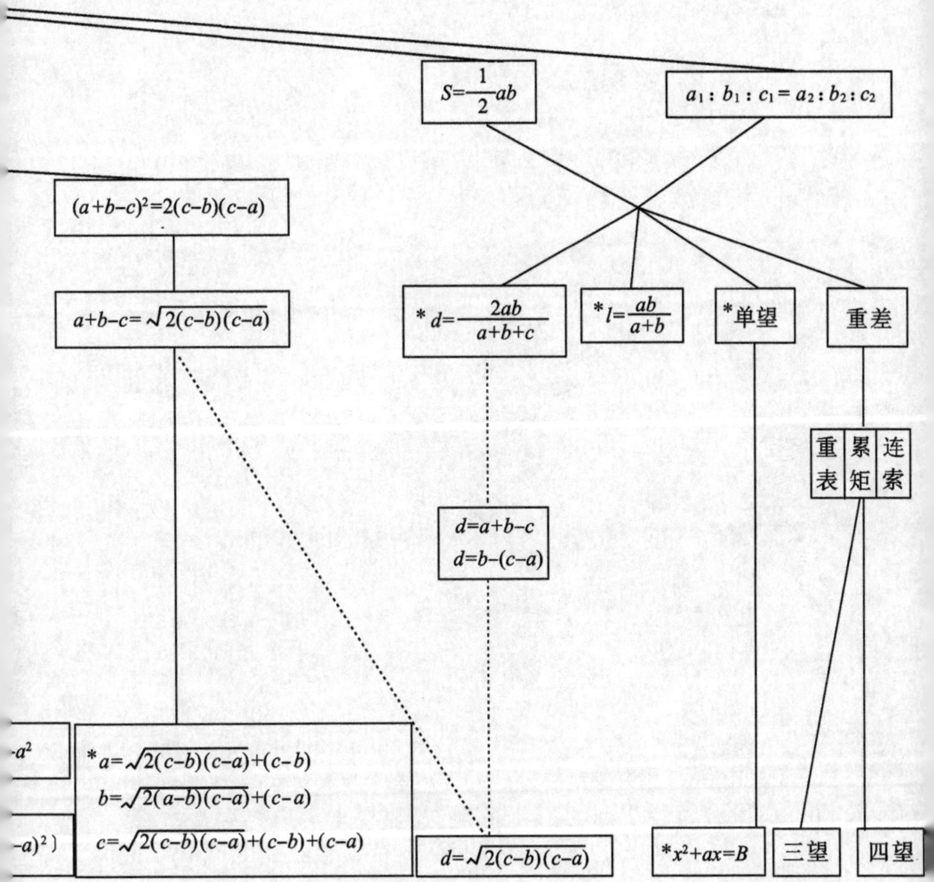
$S=\frac{1}{2}ab$
$a_1:b_1:c_1=a_2:b_2:c_2$
$(a+b-c)^2=2(c-b)(c-a)$
$a+b-c=\sqrt{2(c-b)(c-a)}$
$*d=\frac{2ab}{a+b+c}$
$*l=\frac{ab}{a+b}$
*单望
重差
重表
累矩
连索
$d=a+b-c$
$d=b-(c-a)$
$-a^2$
$-a)^2$）
$*a=\sqrt{2(c-b)(c-a)}+(c-b)$
$b=\sqrt{2(a-b)(c-a)}+(c-a)$
$c=\sqrt{2(c-b)(c-a)}+(c-b)+(c-a)$
$d=\sqrt{2(c-b)(c-a)}$
$*x^2+ax=B$
三望
四望

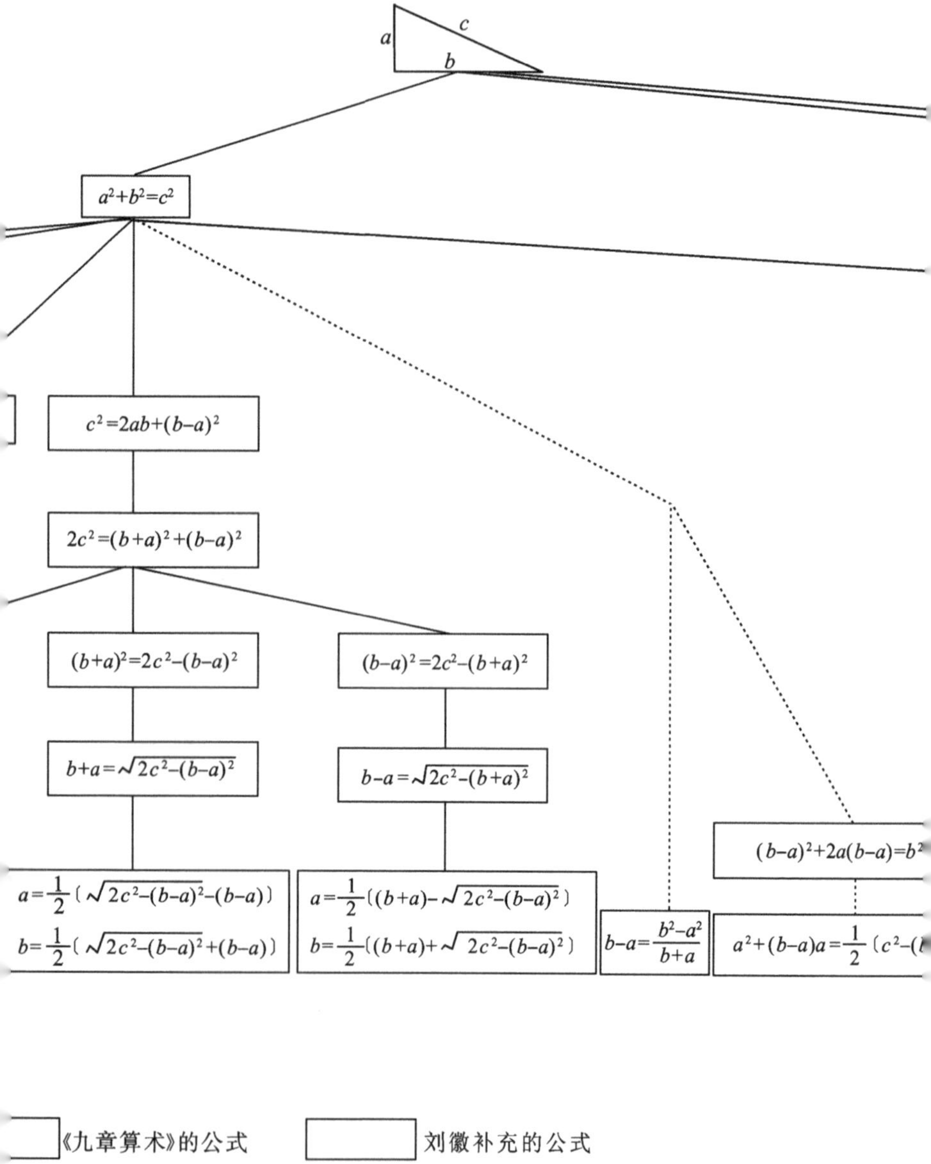
a
b
c
$a^2+b^2=c^2$
$c^2=2ab+(b-a)^2$
$2c^2=(b+a)^2+(b-a)^2$
$(b+a)^2=2c^2-(b-a)^2$
$(b-a)^2=2c^2-(b+a)^2$
$b+a=\sqrt{2c^2-(b-a)^2}$
$b-a=\sqrt{2c^2-(b+a)^2}$
$(b-a)^2+2a(b-a)=b^2$
$a=\frac{1}{2}\left(\sqrt{2c^2-(b-a)^2}-(b-a)\right)$
$b=\frac{1}{2}\left(\sqrt{2c^2-(b-a)^2}+(b-a)\right)$
$a=\frac{1}{2}\left((b+a)-\sqrt{2c^2-(b-a)^2}\right)$
$b=\frac{1}{2}\left((b+a)+\sqrt{2c^2-(b-a)^2}\right)$
$b-a=\frac{b^2-a^2}{b+a}$
$a^2+(b-a)a=\frac{1}{2}$
《九章算术》的公式
刘徽补充的公式

图81

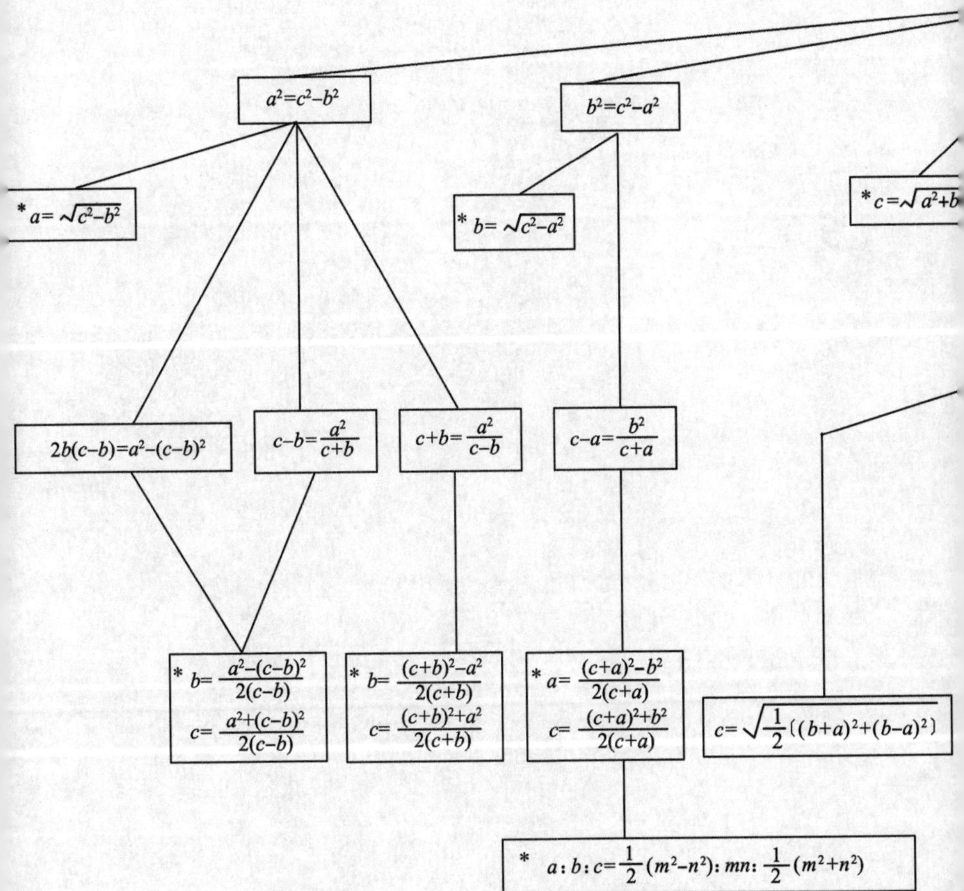

——刘徽指出的推导关系　　…………刘徽未指出的关系

方法.刘徽还提出了几个与(45)式等价的新的圆径公式.从刘徽注可以看出,他已经谙熟勾股形各顶点与其内切圆圆心的连线平分各角,一顶点到两切点距离相等定理,有了平行线的概念,掌握了平行线的某些性质,如同位角及内错角分别相等,以及相似勾股形的某些性质.赵爽"勾股圆方图"有"圆方"二字,应当谈到容方、容圆的问题,然现《周髀算经》传本中无此项内容,可能已佚.

第四类内容是测望问题.刘徽继承了《九章算术》有关测望的知识,并用(47)式对之作了证明.

第五类是刘徽发展了的重差术,利用重表、连索、累矩等测量技术解决了需要二次、三次以及四次测望等更复杂的问题.

总之,刘徽的勾股测望理论也形成了一个有机的整体,它从勾股形的三种基本属性出发,以演绎推理为主要逻辑方法证明了《九章算术》的和他自己补充的各个命题,并建立了各个命题之间的联系.其推导系统如图 81 所示.

第三节　刘徽的体积理论

在本书第三章,我们已经指出,从《九章算术》时代到刘徽之前,人们用两种方法推证多面体体积,一是以盈补虚,仅见于城、垣、堤、沟、堑、渠的体积公式(20)的证明,其证明是严谨的.一是棋验法.它只能验证多面体中一种可以分解或拼合成三品棋(正方棋、堑堵棋、阳马棋)的非常特殊的方亭、方锥、阳马、鳖臑、羡除、刍甍、刍童的体积公式,并不能证明一般性公式(22)、(23)、(25)～(30).且此时,只使用正方体或长方体的体积公式(21)、(21′),没有也不需要首先证明堑堵、阳马的体积公式(24)、(25).至于对圆锥、圆亭、球的体积,则是比较它们分别与某种方锥、方亭、圆柱体的大圆与大方的面积推得，而不是比较其任意等高处截面的圆与方的面积，因而也具有或然性. 刘徽之前的体积公式推导系统如图 82 所示. 在这个系统中，三品棋起着核心作用，所谓“说算者乃立棋三品，以效高深之积”. 而方锥、方亭、鳖臑、刍甍、刍童在整个体积理论中处于同等地位(羡除的棋验法还要用到鳖臑作一过渡). 显然，这个系统是以归纳逻辑为主的.

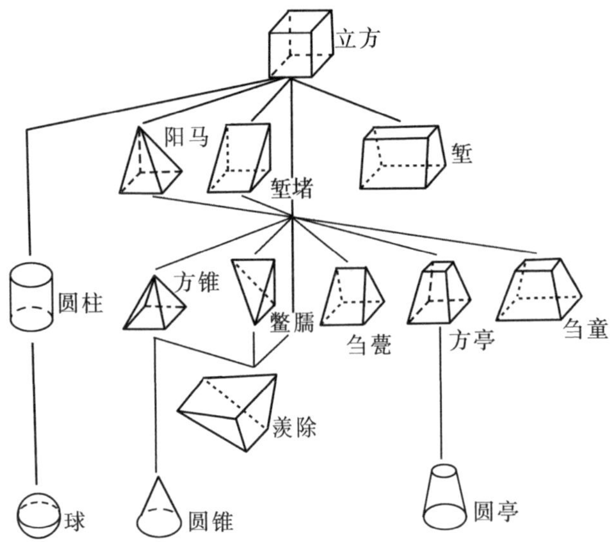

图 82

在刘徽的体积理论中，首先值得注意的是，刘徽对长方体体积公式(21)没有试图证明. 察整个刘徽《九章算术注》，没有作注的只有 53 条术文，其中除了粟米章今有术所属 31 问，衰分章衰分术、返衰术所属 4 问，少广章少广术所属 11 问，共 46 问的术文，因注了总术而不必再注外，又除了粟米章两经率术中有一术，衰分章另有一题的术文，方程章有 4 问的术文，共 6 条术文，因注了同类术文而不必再注外,刘徽没有作注的术文只有商功章方堡壔术文.这显然不是疏漏,而是像方田术一样,把长方体体积等于其长、宽、高之积看成不言自明,是不必证明的真理.这是刘徽体积理论的出发点.

刘徽认识到,使用棋验法实际上无法最后证明多面体的一般性体积公式(23)、(25)～(30),因而创造了无穷小分割方法,利用极限思想,一并证明了阳马体积公式(25)和鳖臑体积公式(26).然后,以此为基础,采取有限分割求和的方法,将多面体分解成有限个立方、堑堵、阳马和鳖臑,求它们的体积之总和,从而建立并证明了多面体的体积公式.显然,关于(25)、(26)两式的证明,在刘徽的体积理论中起着核心作用.

在完成了(25)、(26)的证明之后,刘徽画龙点晴地指出了鳖臑即四面体在他的整个体积理论中的关键作用,天才地提出:

> 不有鳖臑,无以审阳马之数,不有阳马,无以知锥亭之类,功实之主也.

这与现代数学的结论惊人地一致.四面体体积问题是现代数学中的一个重要课题.19世纪的世界数学泰斗高斯(1777～1855)在给哥林(Gerling)的两封信中,对于一些立体几何的定理依赖于穷竭法,即依赖于现代术语中所谓的连续公理(或称阿基米德公理)表示不满.高斯特别提到欧几里得定理,这个定理说:两个等高的三棱锥,其体积之比等于底面积之比.他问道:锥体体积的证明是否非用无穷小考察不可(Gauss:Werke,vol. Ⅷ).这就是高斯关于锥体体积的著名猜想.这个猜想后来成为希尔伯特(Hilbert,1862～1943)著名的23个数学问题的第三个问题的基础.希尔伯特说:

> 我认为,对于刚才所提到的欧几里得定理,似乎不可能

> 作这种一般的证明.我们的任务则是给这种不可能性以严格的证明.这是可以作到的,只要能够成功地举出两个等高等底的四面体,我们不能将它们剖分为全等的四面体,同时也不能拼补上全等的四面体,使它们形成两个本身可以剖为全等部分的四面体.

(《数学问题》,李文林、袁向东译)不久,希尔伯特的学生德恩(Dehn)成功地证明了这种不可能性,从而表明,四面体体积的任何一种证明,必须使用某种形式的无穷小考察(吴文俊:《出入相补原理》).换言之,德恩证明了:必须用无穷小考察来解决四面体体积问题,从而建立多面体体积理论.长于分割、拼合,用出入相补原理解决面积和体积问题的刘徽,必定经过若干次试验,终于发现,用有限次分割,不可能真正解决阳马和鳖臑的体积问题,才成功地创造了无穷小分割方法,彻底解决了阳马和鳖臑的体积问题,并由此建立起自己的体积理论.可见,刘徽在 3 世纪就已经在考虑并在实际上着手解决现代数学泰斗在 19 及 20 世纪初所探讨的问题.

另一方面,刘徽继承发展了《九章算术》比较底面积解决圆锥、圆亭、球的体积问题的思想,提出了比较两立体等高处的截面积,由已知立体解决等高的未知立体的体积问题的原理,正确得出了圆锥、圆亭以及几种特殊形状的鳖臑的体积公式,并设计了牟合方盖,指出了解决球体积问题的正确途径.这是另一种形式的无穷小分割,为 200 年后祖暅之提出完备的祖暅之原理,彻底解决球体积问题作了理论上、方法上的准备.

总之,刘徽对各体积公式的证明,不再是《九章算术》时代及刘徽以前那样的具有或然性的归纳论证,而是建立在必然性基础上的演绎论证,即真正的数学证明.刘徽还探讨了各种立体及其公式、公式证明之间的关系,使自己的体积理论形成了一个以长方体体积公式为出发点，以阳马和鳖臑的体积公式的证明为核心，以出入相补和无穷小分割方法为主要数学方法，以演绎推理为主要逻辑方法的完整体系. 根据刘徽《九章算术注》中形诸文字者，他的体积理论的逻辑推导系统如图 83 所示.

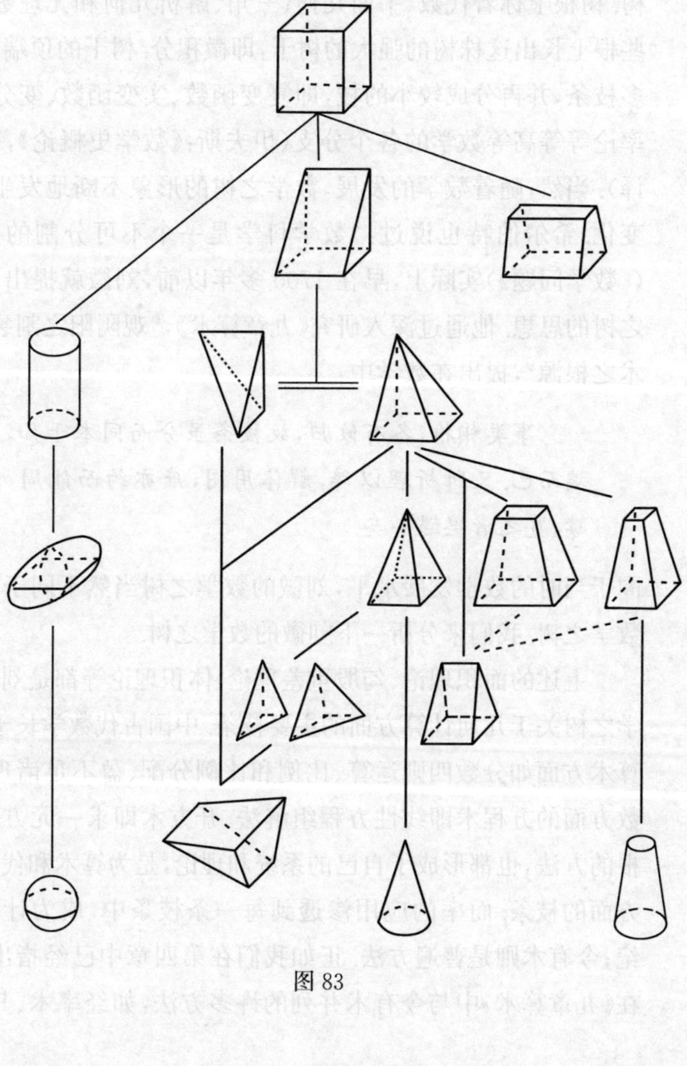

图 83

第四节 刘徽的数学理论体系

近代人们常把数学形象地画作一株大树,通常是一株大栎树.树根上标着代数、平面几何、三角、解析几何和无理数.从这些根上长出这株树的强大的树干,即微积分.树干的顶端发出许多枝条,并再分成较小的枝,即复变函数、实变函数、变分法、概率论等等高等数学的各个分支(伊夫斯:《数学史概论》,欧阳绛译).当然,随着数学的发展,数学之树的形象不断地发生发展、变化.希尔伯特也说过:"数学科学是一个不可分割的整体."(《数学问题》)实际上,早在1700多年以前,刘徽就提出了数学之树的思想.他通过深入研究《九章算术》,"观阴阳之割裂,总算术之根源",提出在数学中:

> 事类相推,各有攸归,故枝条虽分而同本干知,发其一端而已.又所析理以辞,解体用图,庶亦约而能周,通而不黩,览之者思过半矣.

囿于当时的数学发展水平,刘徽的数学之树当然不同于近代的数学之树.我们来分析一下刘徽的数学之树.

上述的面积理论、勾股重差理论、体积理论等都是刘徽的数学之树关于几何计算方面的主要枝条.中国古代数学长于计算,算术方面如分数四则运算、比例和比例分配、盈不足诸理论,代数方面的方程术即线性方程组解法、开方术即求一元方程的正根的方法,也都形成了自己的系统和理论,是为算术和代数计算方面的枝条.而率的应用渗透到每一条枝条中,成为计算的纲纪;今有术则是普遍方法.正如我们在第四章中已经指出的,原在《九章算术》中与今有术并列的许多方法,如经率术、其率术、反其率术、衰分术、返衰术，利用圆的周径相与之率对圆面积和诸圆体体积公式的修正，阳马、鳖臑体积公式的证明，以及商功问题、均输术、方程术(及刘徽所创的互乘相消和方程新术)、勾股容方、容圆问题、测望重差问题，等等，都可借助率归结为今有术. 刘徽关于率和今有术的理论也形成了一个有机整体.

刘徽说，他的数学之树发其一端. 这个端是什么呢？刘徽在谈到数学并不神秘，其方法来源于客观世界的数量关系和空间形式时说：

> 虽曰九数，其能穷纤入微，探测无方. 至于以法相传，亦犹规矩、度量可得而共，非特难为也.

我们认为，这里所说的"规矩、度量可得而共"便是刘徽数学之树的端. 犹训应，古籍中犹、应常互训.《史记·伯夷列传》："夫学者载籍机博，犹考信于六艺."(参考裴学海《古书虚字集释》卷一)规是中国古代画图的工具，矩是画方的工具. 相传大禹治水，巡行天下，"左准绳，右规矩"(《史记·夏本纪》).《孟子·离娄上》："不以规矩，不能成方圆."规矩在这里指几何图形，即我们通常说的客观世界的空间形式. 度量是计量长短和容积、重量的标准，所谓"同其数器，壹其度量"(《周礼·夏官·合方氏》). 度量即我们通常说的客观世界的数量关系. 刘徽认为，世代相传的数学方法应当是客观世界的空间形式和数量关系的统一. 规矩、度量可以看成刘徽数学之树的根，数学方法由之产生出来. 这不仅反映了刘徽对数学本原的唯物主义看法，而且概括了中国古代数学"数与形相结合，几何问题与算术、代数问题相统一"这个重要特点. 恩格斯在总结十九世纪之前的数学时说：

> 纯数学的对象是现实世界的空间形式和数量关系，所以是非常现实的材料.

(《反杜林论》)恩格斯又说:

> 我们的几何学是从空间关系出发,我们的算术和代数学是从数量出发,这些数量和我们的地球上的关系相适应.

(《自然辩证法》)空间形式和数量关系统一于什么呢? 统一于数. 数及其运算形成了中国古代数学的本干. 由数的运算这个本干萌发出不同的枝条. 我们可以根据刘徽的《九章算术注序》及其为《九章算术》写的注中形诸文字者,大体把刘徽的数学之树勾勒如下:

数学之树从规矩、度量这两条根生长出来,统一于数,由此产生出数量的运算这个本干. 以不加证明而承认其为真理的长方形面积公式、长方体体积公式(可视为定义)、率、正负数的定义作为前提,引出分数四则运算和今有术,又引出衰分术、均输术、盈不足术、开方术、方程术、面积问题、勾股测望问题、体积问题等作为主要枝条. 又分出约分、合分、减分、乘分、经分、平分、经率、其率、反其率、衰分、返衰、重今有、均输、盈不足、两盈两不足、盈适足不足适足、三角形、梯形、圆、弧田、环田、圆周率、圆锥表面积、堑、堑堵、阳马、鳖臑、方锥、方亭、刍甍、刍童、羡除、勾股定理、解勾股形、勾股数组、勾股容方、容圆、一次测望、重差、三望、四望、开方、开圆、开带从方、开立方、开立圆、方程术、正负术、损益术、方程新术、互乘相消、不定方程等各种方法作为更细的枝条,形成了一株枝叶繁茂、硕果累累的大树,如图 84 所示.

刘徽的数学之树是从《九章算术》发展起来的,它继承了《九章算术》全部正确的内容,又加以改造、发展、补充,因此,与《九章算术》又有很大的不同.《九章算术》的数学之树(姑且称为树)以方田、粟米、衰分、少广、商功、均输、盈不足、方程、勾股九章为其枝条,这不尽合理. 刘徽因是为《九章算术》作注,所以未改变

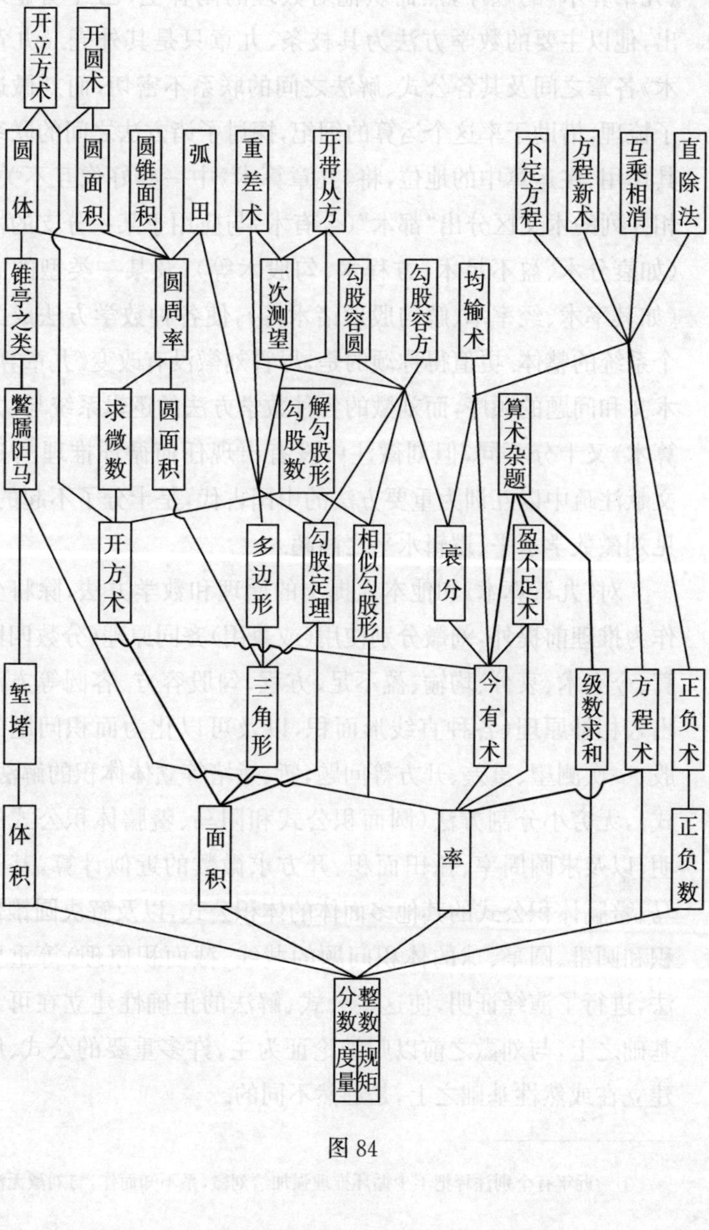
开立方术
开圆术
圆体
圆面积
圆锥面积
弧田
重差术
开带从方
不定方程
方程新术
互乘相消
直除法
锥亭之类
圆周率
一次测望
勾股容圆
勾股容方
均输术
鳖臑阳马
求微数
圆面积
解勾股形
勾股数
算术杂题
开方术
多边形
勾股定理
相似勾股形
衰分
盈不足术
堑堵
三角形
今有术
级数求和
方程术
正负术
体积
面积
率
正负数
整数
分数
规矩
度量

图 84

《九章算术》的顺序，然而从他对数理的阐释上，已经明显地看出，他以主要的数学方法为其枝条，九章只是其外壳.《九章算术》各章之间及其各公式、解法之间的联系不密切，而刘徽进行了梳理，借助于率这个运算的纲纪，探讨了诸方法之间的联系及其作用、在运算中的地位，将《九章算术》中一些好像互不关连、相并列的术文区分出“都术”(今有术)与应用于某一分支的术文(如衰分术、盈不足术、方程术、勾股术等)，及某一类型的方法(如其率术、经率术、解勾股形诸术等)，使各种数学方法成为一个系统的整体.更值得称颂的是，尽管刘徽没有改变《九章算术》术文和问题的顺序，而刘徽的各种数学方法的逻辑系统与《九章算术》又十分不同，但刘徽注中没有出现任何循环推理①，这在文献注疏中以互训为重要方法的中国古代，是十分了不起的，足见刘徽数学水平、逻辑水平之高超.

对《九章算术》和他本人提出的原理和数学方法，除将少数作为推理前提外，刘徽分别使用(或兼用)齐同原理(分数四则运算、今有术、衰分、均输、盈不足、方程、勾股容方、容圆等方法)，出入相补原理(各种直线形面积，以及可以化为面积问题的勾股、一次测望、重差、开方等问题，堑、堑堵等立体体积的解法、公式)，无穷小分割方法(圆面积公式和阳马、鳖臑体积公式的证明，以及求圆周率、弧田面积、开方求微数的近似计算，基于阳马、鳖臑体积公式的其他多面体的体积公式，以及解决圆锥侧面积和圆锥、圆亭、球的体积问题的截线、截面积原理)等重要方法，进行了演绎证明，使这些公式、解法的正确性建立在可靠的基础之上，与刘徽之前以归纳论证为主，许多重要的公式、解法建立在或然性基础之上，是迥然不同的.

---

① 近年有个别注释把不少循环推理强加给刘徽，系不知而作，与刘徽无涉.

总之,刘徽的数学之树是在《九章算术》的数学框架基础上进行改造,注入了血肉和灵魂,形成了一个以计算为中心,以演绎推理为主要逻辑方法的理论系统.

这个系统"约而能周,通而不黩",全面反映了当时中国人所掌握的数学知识,而这些知识是不以人的主观意志为转移的关于数和形的客观规律.在这里,数学概念和各个解法、公式,不再是简单的堆砌,而是以数学证明为其联结纽带,按照数学内部的实际联系和转化关系,组成了一个彼此有内在联系的知识体系.刘徽《九章算术注》使中国古代数学具备了全面性、客观真理性、系统性和逻辑性等一个理论体系所必须具备的几项特点.当然,我们说刘徽在论证数学公式、解法的正确性时以演绎逻辑为主,并不是说刘徽注已经形成了或在实际上形成了一个演绎体系(或公理化体系).我们认为,一个理论体系的逻辑方法以演绎推理为主与形成了一个演绎体系是不同的.《九章算术》的数学框架、数学命题和刘徽《九章算术注》奠基的中国古代数学理论体系与欧几里得《几何原本》的演绎体系各自有何优缺点,是一个值得进一步探讨的有现实意义的问题.但是,无论如何,刘徽注的出现,标志着中国古代数学完成了由感性向理性,由或然性向必然性的升华.此时,中国数学才真正建立起理论体系.刘徽是中国古代数学理论体系的当之无愧的奠基者.

我们看到,就刘徽的数学水平和逻辑修养而言,他完全有能力把他的数学知识整理成一部包括证明在内的形式上自成体系的著作.他囿于为经典著作作注的习俗,把自己的数学知识分散到《九章算术》的术文和题目中,限制了他的思路,也限制了他的理论贡献在中国数学史上的影响,是十分遗憾的.刘徽的数学著述在内容上是革命的,而在形式上却是保守的.

第九章

撷取百家精华的巨匠

《九章算术注》这样理论建树卓著的数学著作，并不是突然冒出来的. 上面八章的论述充分证明，《九章算术注》是几个世纪中中国人以《九章算术》为主体的数学知识的长期积累在理论上升华的结果. 本章将指出，社会经济、政治的激烈变革，辩难之风的兴起，先秦诸子学说的复苏，是这种理论升华在三世纪得以完成的社会条件. 本章将探讨刘徽与辩难之风、先秦诸子和两汉学者的关系. 刘徽善于学习继承优秀的文化遗产，置身于时代潮流，致力于数学创造，从而为他的数学研究锦上添花，使他具有高超的理论素养，能对数学知识进行理论概括.

第一节　辩难之风与刘徽析理

刘徽生活在魏末晋初. 封建社会的政治、经济、文化经过两汉的大发展，以及汉末的农民起义和军阀混战，到魏晋时期都发生了极大的变化. 经济关系的基本特征是庄园农奴制，门阀士族占据了政治舞台的中心. 中国封建社会进入了一个新的阶段. 思想领域中，两汉繁琐的经学和谶纬迷信已经退出历史舞台. 儒家思想的统治地位受到严重打击，代之而起的是以谈三玄(《周易》、《老子》、《庄子》)为中心的辩难之风,思想界出现了春秋战国时期百家争鸣后所未曾有过的活跃景象.自汉武帝“罢黜百家,独尊儒术”之后被压抑了几百年的名、道、法诸家,重新抬头;秦汉以来被视为异端的墨家也受到了重视,又开始被人们重新研究;王充的《论衡》,被埋没了近二百年,也因蔡邕的赞赏而流行开来.总之,这是一个思想非常活跃的时期.大动荡、大分化、大改组的时代创造出全新的人才.政治家、军事家曹操、诸葛亮、周瑜,思想家郑玄、嵇康、何晏、王弼,机械制造家马钧,地图学家裴秀,医学家华佗、王叔和,文学家曹丕、曹植等建安七子,等等,都先后应运而生.而数学家刘徽则登上了当时中国和东方数学的最高峰,并在许多方面超过了希腊数学.刘徽和他同时代的其他杰出人物一样,其思想打上了深刻的时代烙印.

刘徽注《九章算术》的宗旨是“析理以辞,解体用图”.“析理”一词最早见于《庄子·天下篇》:“析万物之理.”但当时和以后很长一段时间内,并未具有方法论意义.魏晋时代,“析理”却成了辩难之风的要件,甚至成为辩难的代名词.辩难之风的盛行开始于刘徽注《九章算术》之前二十年前后(240～248年)的正始年间.“辩,有理胜,有辞胜”(刘邵《人物志》).当时的学者特别重视“理胜”,因此探讨“理胜”的途径,自然成为学者们的一项重要任务.以严谨和精确为其特点的数学的“析理”,被人们认为是析理的楷模.著名的学者,不管是何晏(?～249)、王弼(226～249),还是嵇康(224～263),虽然在数学上都没留下什么成就,却不约而同地把他们的析理与数学联系起来,从而加强自己的辩难力量.嵇康说:“况乎天下微事,言所不能及,数所不能分,是以古人存而不论.……今形象著名有数者,犹尚滞之天地广远,品物多方,智之所知未若所不知者众也.”(《难宅无吉凶摄生论》)用以论证当时摄生之理未尽.嵇康还以历算家的思维来强调理性判断在认识中的重要作用，他说："夫推类辨物，当先求之自然之理，理已定，然后借古义以明之耳. 今未之得之于心，而多恃前言以为谈证，自此以往，恐巧历不能纪耳."（《声无哀乐论》）古代天、算不分家，天文学家一定是数学家，数学家也大多精通天文历法. 巧历，就是高明的天文数学家. 嵇康认为，不进行理性思维，只以古人的言行作为论据，这样，就连最高明的天文数学家也束手无策. 数学中的析理，是最精妙的，数学家应是析理至精之人. 另一位年轻博学、才华横溢的哲学家王弼也有类似的看法，他说："夫情伪之动，非数之所求也. 故合散屈伸，与体相乖，形燥好静，质柔爱刚，体与情反，质与愿违，巧历不能定其算数……"（《周易略例·明爻通变》）. 嵇康和王弼的这些言论说明，析理与数学有密切关系. 根据刘徽所说的他"幼习《九章》，长再详览"，他从事数学的学习，或者开始数学研究的时期，正是正始年间. 他的思想受到思想界析理的影响，在数学中析理，是情理中事. 刘徽数学上的析理，当然与思想界的析理有不同的内容，然而在追求概念的明晰、推理的正确、证明的严谨上，即追求数学的"理胜"上，与思想界的辩难之风方向上是一致的，格调是合拍的.

关于析理的原则，刘徽深受当时思想界的影响.

贵约，是思想界析理的一个重要原则. 嵇康、王弼、何晏等思想家，尽管其思想倾向不同，对许多问题的看法也不一致，但他们的文章，却都一反两汉经学的繁琐作风，主张贵约. 两汉时代的数学界与经学界有所不同，数学界正像没有受到谶纬迷信的影响一样，也没有受到繁琐哲学的影响.《周髀算经》提出："夫道术，言约而用博者，智类之明."《周髀算经》和《九章算术》写得都很简洁. 然而《九章算术》和《周髀算经》都未留下"析理"的记载. 刘徽是杰出的数学家，他的析理无疑是继承了我国数学中言约而用博的优良传统；同时，刘徽又是一位博古通今的学者，他数学析理中的约简原则，有明显的时代印记．我们把刘徽与嵇康等人析理中要求约简的言论作一对照，其思想之相通便一目了然．

又所析理以辞，解体用图，庶亦约而能周，通而不黩．（刘徽《九章算术注·序》）	析理贵约而尽情，何尝浮秽而迂诞哉？（嵇康《明胆论》）
至于此类，苟务其成，然或失之，不可谓要约．（刘徽《九章算术·方程章注》）	繁而不忧乱，变而不忧惑，约以存博，简以济众，其唯象乎？（王弼《周易略例·明象》）

为了析理时能作到“贵约而尽情”、“约而能周”，刘徽和嵇康都反对“多喻”，反对“远引繁言”，主张“举一反三”，试看：

凡九数以为篇名，可以广施诸率，所谓告往而知来，举一隅而三隅反者也．（刘徽《九章算术·粟米章注》）	易了之理，不在多喻，故不远引繁言，故未反三隅，犹复有疑思承后诲得一骋辞．（嵇康《明胆论》）
记其施用之例，著策之数，每举一隅焉．（刘徽《九章算术·方程章注》）	此理坦然，非无疑滞，故略举一隅想不重矣．（同上）
	今蒙启导，将言其一隅焉．（嵇康《声无哀乐论》）

举一反三，是先秦学者大量使用的，魏晋学者非常重视这一方法．刘徽主张举一反三，来源于先秦学者和魏晋思想家，有浓厚

的时代气息.同样,刘徽和当时的思想家也都十分重视《周易》提出来的"触类而长"的原则,认为通过触类而长,既可以作到约简,又可以扩展、深化已有的知识:

触类而长之,则虽幽遐诡伏,靡所不入.(刘徽《九章算术注·序》)

故普求者,观物于微,触类而长,不以己为度也.(嵇康《答阮侃释难宅无吉凶摄生论》)

触类而长,所致非一.(嵇康《琴赋》)

在析理中,囿于当时的观察手段和表达能力,经常遇到"言所不能及,数所不能分"的"微事",这种情况尽管"至理成微,善溺于世"(嵇康《答难养生论》),然而嵇康认为可以通过"理知"认识它.刘徽也是如此.刘徽在证明圆面积公式和阳马、鳖臑体积公式时使用了无穷小分割和极限思想,刘徽既不可能用图形将其表示出来,也无法将其用筹算计算出来,然而,他认为可以用"情推"得出正确的结论.刘徽的"情推"与嵇康的"理知"是一致的:

数而求穷之者,谓以情推,不用筹算.(刘徽《九章算术·商功章注》)

夫至物微妙,可以理知,难以目识.(嵇康《养生论》)

刘徽与嵇康、何晏、王弼等思想家是不是有交往,不得而知.但从上面这个不完全的对照中可以看出,他们在主张"析理",析理中贵约,并通过举一反三、触类而长及理性思维等途径析理等方面,是相通的.应该说,刘徽与思想界的辩难之风有某种直接或间接的联系.刘徽注《九章算术》,对其概念进行定义,对其算法进行证明,正是辩难之风中的析理在数学中的反映.思想界的辩难激发了数学上的析理，从而出现了刘徽《九章算术注》这样继《九章算术》之后最伟大的数学著作. 刘徽之前出现的不少《九章算术》注都是短命的，唯有刘徽注永垂数学青史，一个重要原因，是它重视析理，因而定义严谨，证明清晰，内容深刻，足以包容其他同类作品，并为其他作品所望尘莫及.

当然，刘徽的析理与何晏、王弼等玄学家的析理，又有很大的不同. 这里不是指内容上一是数学析理，一是玄学析理，而是指析理的方式方法上. 玄学中的析理，往往流于诡辩. "(何)晏闻(王)弼名，因条向者胜理语弼曰：'此理仆以为极可，得复难不?'弼便作难，一坐人便以为屈. 于是弼自以为客主数番，皆一座所不及."(《世说新语·文学》)后来，许掾与王修的辩论也如此，许与王"苦相折挫，王遂大屈. 许复执王理，王执许理，更相覆疏，王复屈"(同上). 就是说，只要会巧辩，则不管立论的内容和是非标准，输理都可以变成胜理. 刘徽的析理则不然. 正如我们在第七章所指出的，刘徽在思维规律的认识和驾驭上，尤其在演绎逻辑方面，有很深的造诣. 同时，刘徽推理的前提都是真实可靠的. 他继承发扬了《九章算术》为我国数学奠定的数学理论密切联系实际的唯物主义传统，因此，他所提出的数学概念、数学方法，都来自于实际，用之于实际，没有任何神秘的痕迹，所谓"以法相传，亦犹规矩度量可得而共". 而对老子的"有生于无"和王弼的"由无乃一"，则不感兴趣. 他认为，数学上的辩难和证明，都要有根据. 例如，他在批评世人沿习周三径一的错误之后说："不有明据，辩之斯难."他反对讲空话："恐空设法，数昧而难譬，故置诸检括，谨详其记注焉."(圆田术注)在方程新术中他说："聊复恢演，为作新术，将亦启导疑意，网罗道精，岂传之空言?"在未能求出牟合方盖的体积时，他说："欲陋形措意，惧失正理."所有这些，都反映了刘徽的析理中的实事求是精神. 真实的论据，正确的推理，构成了严谨的证明，是刘徽析理的主要特征. 因此，他的析理，除个别失误外，都是真实的必然性的结论，是驳不倒的. 他的数学理论是真正的胜理，反映了数学的严谨性和确定性，而与那种流于诡辩的清谈迥然不同. 我们具体分析一下它们的不同之处.

关于分类，刘徽有一段与何晏句法上十分相近的话：

数同类者无远，数异类者无近. 远而通体知，虽异位而相从也；近而殊形知，虽同列而相违也.（刘徽《九章算术·方田章注》）

同类无远而相应，异类无近而不相违.（何晏《列子·仲尼篇注》引）

何晏是说，同类的东西在近者是相从的，异类的东西在远者反而是不相违的，超出了类的概念和逻辑法则，是一个诡辩命题. 而刘徽是说，同类的数不管表面上有什么差异，总还是属于同类的，进一步说，表面上差异很大的数，只要能找出其共同属性，则它们在这个属性下就可归于一类，有共同的性质；反之，不同类的数，不管表面上多么接近，总还是异类，进一步说，表面上看来很接近的数，只要有不同的属性，则在这个属性下就是相违的，有不同的性质（注意，刘徽比何晏少一个“不”字）. 刘徽的分类思想是正确的、深刻的. 何晏是曹魏的显宦名流，后被司马氏所杀. 刘徽注《九章算术》距他被杀仅 14 年，而写下了句法相近的话，说明刘徽受到何晏的影响，然而，刘徽并不生搬何晏等人的命题，而是加以巧妙的改造，赋予它以数学内容，并使之成为正确的命题，这正是刘徽的高明之处.

关于数的本源方面，刘徽的论述与王弼也十分相近：

少者多之始，一者数之母.（刘徽《九章算术·粟米章注》）

夫少者多之所贵也，寡者众之所宗也.（王弼《周易略例·明象》）

一，数之始而物之极也.（《老子》第三十九章王弼注）

刘徽的话与王弼的话很相近，寓意却大相径庭. 王弼是为了说明“品质万变，宗主存焉”，为在全人口中为数极少的身份性地主阶级的统治服务. 而刘徽则将王弼的话与《老子》的命题“无名天地之始，有名万物之母”缩合成“少者多之始，一者数之母”，用来说明数的积累和度量，成为一个含有正确因素的数学命题. 刘徽的这个命题把任何数都看成是与 1 有公度的，这对他针对“不可开”的数提出求微数的方法，无疑是个有意义的前提. 然而，从理论上说，刘徽的命题是有缺陷的：使他认识不到数之间可能有不可公度的问题，使无理数的概念不但未能在《九章算术》的基础上更进一步发展，反而关闭了通向无理数的大门.

刘徽的约简思想也与玄学家们不同. 何晏、王弼等学者主张以约御繁，约以存博，简以济众. 从方法论上说，这对反对繁琐而无所统会的两汉经学，无疑有巨大的进步意义. 但是，他们进而归结到“总其会，理虽博，可以至约穷也，譬犹以君御民，执一统众之道也”（何晏《论语皇疏引》），以及“故自统而寻之，物虽众，则知可以执一御也. 由本以观之，义虽博，则知可以一名举也”（王弼《周易略例·明象》），把一与一切，简与繁，极与众多等等，看成渊源与流变的关系，而理在发生时早已完备，它是宗主是根源，一切后天的结果都应会于宗统于主，则是完全错误的. 刘徽之主张约简，则完全是为了避免繁琐，使数学著作简明扼要，条理清楚. 因此，他批评“暗于设通而专于一端”的作法，认为这“不可谓要约”，强调灵活运用数学原理，与玄学家们的说教泾渭分明.

刘徽反对踵古的思想，与何晏、王弼也不同. 何、王反对两汉经学，在于复古之《周易》、《论语》的经学形式. 嵇康虽然“非汤武而薄周孔”（《与山巨源绝交书》），“轻贱唐虞而笑大禹”（《卜疑》），但他在陈述自己的政治理想时，仍然把他理想化的人物称为“古之王者”. 而刘徽则认为人们对数学的认识是不断发展的，“周公制礼而有九数，九数之流则《九章》是矣.”他并没有把周公看成已经把数学完备化的人物，而是认为周公制礼时将数学分成九个部分，即九数，九数的发展形成了《九章算术》. 刘徽长期学习研究《九章算术》，对之十分崇拜，自不待言，然而他对《九章算术》并不迷信，批评《九章算术》宛田术、弧田术、开立圆术的术文不验，提出《九章算术》中凡是使用周三径一之处，“皆非也”. 在中国数学史上，研究《九章算术》最为透彻的是刘徽，批评《九章算术》最早、最多、最深刻的，也是刘徽. 他的这种发展进化的思想，比近一千年后认为《九章算术》已经无所不包，后人至多只能“倚其门墙，瞻其步趋”（荣棨《黄帝九章序》），后世数学“无以易周汉之旧”（鲍澣之《九章算经后序》）的南宋数学家高明得多.

总之，刘徽作为一个杰出的数学家，他没有置身于时代潮流之外，而是与时代潮流息息相关. 他受辩难之风的影响析《九章算术》之理，并从思想界的辩难中汲取了大量思想资料. 他或者撷取其正确部分指导自己的数学研究工作，或者以其某些命题作为外壳，加以改造，赋予数学内容，得出正确或比较正确的数学结论. 他不盲从，不是简单地摘引，而是将这些思想资料与数学研究融为一体，为数学理论的概括服务. 刘徽以自己的工作，不仅为数学，也为整个文化作出了贡献. 正如洪万生先生所指出的，“从文化史的角度来看，刘徽不仅是位杰出的数学家，对文化的传承也极有贡献”(《重视证明的时代——魏晋南北朝的科技》,见洪万生主编《格物与成器》,台湾联经出版事业公司).

第二节　刘徽与先秦诸子

魏晋时期,儒家在思想界的统治地位相对削弱,其余诸家的学说开始复苏,思想界较为自由.这样的氛围为刘徽全面地学习掌握先秦和两汉的文化遗产,撷取其精华,服务于数学研究和数学原理及方法的阐述,提供了有利的条件.本节先阐述刘徽与先秦诸子的关系.

一、刘徽与墨家

墨家是先秦重要的思想流派,建立了具有我国特色的逻辑科学理论.自秦始皇统一中国之后,墨家便被视为异端.如果说,名、道、法诸家在两汉只是受到压抑、歧视,但一部分思想为儒家所承继,甚至一时较兴盛,尚有立足之地的话,那么,墨家由于其主张不容于封建专制制度,作为一个学派却遭到镇压,而无立锥之地了.辩难之风兴起,墨家重新受到人们的重视,许多学者的文章孔、墨并称,3世纪末,即在墨家遭到秦汉镇压五百余年后,刘徽注《九章算术》二三十年后,西晋鲁胜《墨辩注》这样一部研究墨学的专著问世,是毫不奇怪的.在第六章我们已经指出,刘徽割圆术中“割之又割,以至于不可割”的思想源于墨家“不可新”的端的命题,而与名家“万世不竭”的思想不同.在第七章中,我们指出,刘徽作出若干定义,是继承了墨家的优良传统的.刘徽逻辑推理之严谨,辞、推、故、理、类的应用,及“故”字应用之多,也不能不说受到墨家逻辑学的影响.我们说刘徽的思想受墨家影响较大,并不是向壁虚造.刘徽《九章算术注》中引用先秦诸子和典籍的话极多(见下),但明确提出著作名称的,诸子中只有《墨子》(另有《左氏传》和《周官・考工记》).他在注衰分章“以爵分鹿”问时说:

> 《墨子・号令篇》以爵级为赐,然则战国之初有此名也.

现存《墨子・号令篇》无“以爵级为赐”这句话.孙诒让认为这是指:“疾斗者,队二人赐上奉.而胜围,城周里以上,封城将三十里地,为关内侯.辅将如令,赐上卿.丞,及吏比于丞者,赐爵五大夫.官吏豪杰与计坚守者十人,及城上吏比五官者,皆赐公乘.男子有守者,爵人二级.”(《墨子闲诂》)《墨子》的“号令”等十一篇是不是先秦的作品及其成书年代,近人有争论,但刘徽认为它是墨家所作,以此作为刘徽在先秦诸子百家中对墨家最为重视,从而受墨家影响较大的佐证,是不会错的.

二、刘徽与道家

道家在汉初的地位比较高,在与儒家的较量中,曾一度占上风.汉武帝独尊儒术之后,道家部分思想融于儒家,成为中国封建社会统治思想的一部分,同时,道家作为一个学派依然存在.《九章算术》方程章的损益之说与《老子》的有关论述相近.道家在魏晋时期更为受到重视.玄学家所谈的三玄中,道家著作居二,即《老子》、《庄子》.在第六章,我们已经指出,刘徽阳马术注中无穷分割到“至细曰微,微则无形”的思想,源于《庄子・秋水》河伯与北海若对话中“至精曰微”、“微则无形”的说法.而“微则无形”与“不可割”的思想是相通的,唯其无形,才不可割.刘徽又引用庖丁解牛的故事,说明数学家应该像庖丁了解牛的身体结构那样了解数学原理,应像庖丁使用刃那样灵活运用数学方法.“庖丁解牛”的故事出自《庄子・养生主》,说明刘徽是精通《庄子》的.在上一节中,我们指出,刘徽的“少者多之始,一者数之母”是融会《老子》“无名天地之始,有名万物之母”及王弼《老子》注、《周易》注的有关论述而成的,显然,就句型及主要部分而言,更多地来自于《老子》.

三、刘徽与《周易》

《周易》包括经、传两部分.据认为,其经产生于原始社会后期及殷、周之际,而解释经义的“传”则产生于春秋战国以至秦、汉之际.《周易》一向被列为儒家六经之一,历来受到中国知识界和统治者的重视,魏晋时成为“三玄”之首.它因是古代占卜之书,具有迷信色彩,但含有丰富的朴素的辩证思想.刘徽受《周易》,尤其是《系辞》影响极大.《系辞》上、下是“易传”思想的两篇代表作,它从“一阴一阳之谓道”出发,肯定阴阳、动静、刚柔等相反势力的互相作用是宇宙间万物运动发展的普遍规律,所谓“阴阳转移,以成化生”,提出了“穷则变,变则通”的宝贵思想.刘徽说,他自己研究数学时,“观阴阳之割裂,总算术之根源”,说明他以阴阳的对立统一的观点来考察数学的内部矛盾规律,如法与实,加与减,乘与除,散与聚,正数与负数,其率与反其率,衰分术与返衰术及返衰术中的动与不动,方与圆,规与矩,勾、股、弦,盈与朒,并与差,齐与同,分言之与完言之,等等的对立统一,探索数学的根源.《系辞》提出“变则通”,《九章算术》和刘徽正是运用各种数学变换,尤其是乘以散之、约以聚之、齐同以通之三种等量变换,平其偏颇,齐其参差,通彼此之否塞,作到“通而同之”或“同而通之”,使各种数学方法得以实施,各种数学运算得以完成.刘徽大量引用《周易》中的成语、句子,譬如,关于数学的早期发展情况:

昔在庖牺氏始画八卦，以通神明之德，以类万物之情，作九九之术[1]以合六爻之变．暨于黄帝神而化之，引而伸之，于是建历纪，协律吕，用稽道原，然后两仪四象精微之气可得而效焉．（刘徽《九章算术注·序》）	古者包牺氏之王天下也……始作八卦，以通明之德，以类万物之情……黄帝尧舜氏作，通其变，使民不倦，神而化之，使民宜之．（《周易·系辞下》） 六爻之动，三极之道也．（《周易·系辞上》） 是故易有太极，是生两仪．两仪生四象，四象生八卦．（同上）

关于对经文的注释的作用：

又所析理以辞，解体用图，庶亦约而能周，通而不黩，览之者思过半矣．（刘徽《九章算术注·序》）	知者观其彖辞，则思过半矣．（《周易·系辞下》）

关于分类：

方以类聚，物以群分．（刘徽《九章算术注·方田章注》）	方以类聚，物以群分，吉凶生矣．（《周易·系辞上》）

关于触类而长：

触类而长之，则虽幽遐诡伏，靡所不入．（刘徽《九章算术注·序》）	引而申之，触类而长之，天下之能事毕矣．（《周易·系辞上》）

① "术"，戴震辑录大典本作"数"，此依杨辉本．

关于易简：

刘徽	《周易》
易简用之，则动中庖丁之理.（刘徽《九章算术注·方程章注》）	易则易知，简则易从.……易简而天下之理得矣.（《周易·系辞上》）

关于言不尽意：

刘徽	《周易》
言不尽意，解此要当以棋，乃得明耳.（刘徽《九章算术注·少广章注》）	子曰："书不尽言，言不尽意."然则圣人之意，其不可见乎？（《周易·系辞上》）

由这些对照可以看出，《系辞》对刘徽的影响是全面的、深刻的.我们要就"言不尽意"多说几句."言不尽意"是魏晋时期辩难之风的主要论题之一.魏荀粲等主张"言不尽意"，认为象外之意、象表之言都是蕴而不出的，所以"六籍虽存，固圣人之粃糠".相反，欧阳建著《言尽意论》，认为语言概念能表达事物的真象.刘徽所说的"言不尽意"，与这种争论似乎没有关系，他只是说明只用语言难以表达清楚开立方术的几何意义，必须借助于棋才能看得清楚.

四、刘徽与《周礼》

《周礼》又称《周官》或《周官经》，被儒家奉为经典.今人考证它为战国时期的作品，古人认为系周公所作.它记载了周王室的各种官制及战国时期的各国制度.刘徽说："周公制礼而有九数，九数之流，则《九章》是矣."所谓周公制礼，就是《周礼》中的礼制.刘徽将《九章算术》的渊源追溯到《周礼》中的九数.刘徽又说："算在六艺.古者以宾兴贤能，教习国子"，概述了先秦的教育制度，也是源于《周礼》的记载.刘徽在谈到创立重差的过程时，引用了《周礼》有关测望的记载及郑玄注.刘徽说：

《周官·大司徒》职：夏至日中立八尺之表，其景尺有五寸，谓之地中．说云南戴日下万五千里．夫云尔者，以术推之．

《周礼·大司徒》说：

日至之景，尺有五寸，谓之地中，天地之所合也．

郑玄注曰：

景尺有五寸者，南戴日下万五千里．地与星辰四游升降于三万里之中，是以半之，得地之中也．……郑司农云：土圭之长尺有五寸，以夏至之日立八尺之表，其景适与土圭等，谓之地中．今颍川阳城地为然．

刘徽的话与《周礼》及二郑的关系，一目了然．

《周礼·冬官》在汉朝已佚，人们遂以先秦作品《考工记》纳入《周礼》，充为已佚的“冬官”．刘徽多次引用《考工记》的内容．如“《周官·考工记》：栗氏为量，改煎金锡则不耗．不耗然后权之，权之然后准之，准之然后量之．”（少广章开立圆术注）“《周官·考工记》：栗氏为量，深一尺，内方一尺，而圆外，其实一鬴．”（商功章委粟术注）都是引用的原文．

五、刘徽与《管子》

《管子》是先秦的一部重要著作，内容包括天文、历数、经济、农业和舆地等知识，涉及到道、名、法诸家的思想．据认为，它是齐国稷下学派的学术成果的汇总，是集体创作的产物．刘徽的许多话来自于《管子》一书．如在谈到数学早期发展情况时说：“昔在庖牺氏……作九九之术，以合六爻之变”，《管子·轻重篇》引管子说:“虑戏作造六峜[①],以迎阴阳,作九九之数,以合天道,而天下化之.”此外,刘徽说:“事类相推,各有攸归”,其“各有攸归”,源于《管子·地员篇》:“凡彼草物,有十二衰,各有所归.”古“攸”、“所”为互文,见《尔雅》.

六、刘徽与儒家

儒家是先秦的最重要学派.汉武帝之后,儒家思想成为中国传统的统治思想.魏晋时期,虽然思想比较解放,学术比较自由,但儒家的思想已深入人心,其影响不容低估,刘徽也不能例外.儒家的经典首推《论语》,它记载了儒家创始人大思想家孔丘与其弟子的言行.刘徽多次引用其中的内容,其中最重要的是我们已多次引过的刘徽阐述今有术的作用的那段著名的话:“凡九数以为篇名,可以广施诸率,所谓告往而知来,举一隅而三隅反者也.”其中“告往知来”见于《论语·学而》所记孔子与端木赐的对话:

> 子贡曰:“贫而无谄,富而无骄,何如?”子曰:“可也.未若贫而乐,富而好礼者也.”子贡曰:“诗云:‘如切如磋,如琢如磨,其斯之谓与?”子曰:“赐也,始可与言《诗》已矣,告诸往而知来者.”

“举一反三”见于《论语·述而》:

> 子曰:“不愤不启,不悱不发,举一隅不以三隅反,则不复也.”

---

① 峜:旧注认为即计数的“计”.闻一多认为峜当作佱,即古文的“法”,六法即乾、离、艮、兑、坎、坤.郭沫若认为“六峜”古本作“大埶”,认为峜是埶的错别字,大埶即乾坤六法.

“告往知来”、“举一反三”是孔子教导学生的重要原则，后来成为先秦诸子共有的逻辑方法和教育方法．刘徽用之于类推，拓展、深化数学知识．

刘徽在阐述出入相补的原则时说：“令出入相补，各从其类”．“各从其类”源于《荀子·劝学篇》：

> 物类之起，必有所始．……草木畴生，禽兽群焉，物各从其类也．

类是事物本质的反映．“物各从其类”揭示了运用类概念进行逻辑推理所必须遵从的原则．荀子是战国后期儒家学派的重要代表人物，他的逻辑思想对后世影响甚大．

综上所述，可知刘徽博学多闻，谙熟诸子百家言．对先秦诸子中的典故、成语、箴言，顺手拈来，融于《九章算术注》中，天衣无缝．刘徽对数学早期的发展情况，采用了传统的关于伏羲、黄帝的贡献的传说，实际上反映了中华民族先民的集体创造．刘徽对数学推理的作用、数学推理的方式、数学方法的施用原则的阐述都受到先秦诸子的极大影响．他作为一个实事求是的数学家，对具有同样思想和学风的墨家最为推崇，而对具有诡辩倾向的名家则似乎不感兴趣．而作为一位传统文化修养极深的知识分子，无疑也受到《周易》、《周礼》的极大影响．同时，很明显，他在对先秦文化遗产的汲取上，不主一家，而是兼收诸家之长．他对先秦诸子的话，并不是生吞活剥，而是加以改造、发展，为自己的数学研究工作服务，成为自己的数学观、数学理论、数学体系的有机组成部分．

第三节　刘徽与两汉学者

除同代人及先秦诸子的著述外，刘徽还从两汉的学者的作品中汲取大量营养. 在第六章，我们已指出，刘徽割觚为圆的极限思想受到司马迁“破觚为圆”的提法的影响，也多次提到郑玄及其《周礼注》对刘徽的影响. 郑玄精通《九章算术》，他的生活时代只比刘徽早几十年，都是齐地人，曾在黉山（今邹平县，刘徽的家乡，见下）注过书，他对刘徽的影响是巨大的. 在这里，我们着重探讨西汉刘安《淮南子》、东汉王充《论衡》、汉末徐干《中论》对刘徽的影响.

一、刘徽与刘安《淮南子》

西汉淮南王刘安（公元前 179～前 122 年）是一位文化素养较深，文学、哲学造诣较高的封建贵族，是一位博学的思想家. 在他主持下，由其门客苏非、李尚、伍被等参与编纂的《淮南子》，以老、庄的道家思想为主，揉合了儒、法、墨、阴阳诸家学说和《吕氏春秋》的思想，是汉代学者对此前文化的一次最大规模的汇集和综合. 刘徽受到《淮南子》的影响非常明显.

关于重差问题，刘徽说：

> 立两表于洛阳之城，令高八尺，南北各尽平地，同日度其正中之时，以景差为法，表高乘表间为实，实[①]如法而一. 所得加表高，即日去地也. 以南表之景乘表间为实，实如法而一，即为从南表至南戴日下也.

① 戴震辑录大典本脱一“实”字，依杨辉本补.

(《九章算术注·序》)此即公式(48).《周髀算经》虽有测日高的记载,但未用重差术.《淮南子·天文训》才首先谈到这个问题:

> 欲知天之高,树表高一丈,正南北相去千里.同日度其阴,北表二[①]尺,南表尺九寸,是南千里阴短寸,南二万里则无景,是直日下也.阴二尺而得高一丈者,南一而高五也.则置从此南至日下里数,因而五之,为十万里,则天高也.若使景与表等,则高与远等也.

这里实际上是求日高,而不是天高.其中用到两表,表距 1000 里,两表景之差 1 寸,南 20000 里无景,是从北表起算的.其计算方法当为:

$$南表去日=\frac{表距\times南表阴}{阴差}=\frac{1000\text{ 里}\times1\text{ 尺 }9\text{ 寸}}{1\text{ 寸}}$$

$$=19000\text{ 里}$$

这就是(48)之第二式.于是:

$$北表去日=南表去日+表距=19000\text{ 里}+1000\text{ 里}$$

$$=20000\text{ 里}$$

由表去日计算日高非常简单.由表 1 丈阴 2 尺,根据相似勾股形,日高=20000 里×5=100000 里.《淮南子》才对测日高问题建立了正确的数学方法.《淮南子》用的表高一丈,郑众使用八尺之表.刘徽的测日高术、日远术系由《淮南子》,参照郑玄引郑众说,进一步演绎出来,并先求日高,后求日远.

刘徽将数学比喻为一株大树,这株树发于一端的思想,与《淮南子》的有的论述十分相近:

> 今夫万物之疏跃枝举,百事之基叶条样,皆本于一根而

---

① 二:《二十二子》本讹作"一",今校正.盖南表阴一尺九寸,北表阴不当为一尺.下文又说"阴二尺而得高一丈",故知此为二尺也.

条循千万也.(《淮南子·俶真训》)

发一端,散无竟,周八极,总一筦,谓之心.(《淮南子·人间训》)

刘徽的思想必定受到刘安类似思想的启发.

此外,刘安的许多用语、术语,都有从《淮南子》脱胎的痕迹,比如:

刘 徽	刘 安
约而能周,通而不黩.(《九章算术注·序》)	约而能张,幽而能明.(《原道训》)
而其相与之势不失本率.(《勾股章注》)	大小修短各有其具,万物之至腾踊肴礼而不失其数.(《原道训》)
未暇以论其设动无方,斯胶柱调瑟之类.(《方程章注》)	今振一君之法籍以非传代之俗,譬由胶柱而调瑟也.(《齐俗训》)
举而用之,上法仍约耳.(《方田章注》)	晓自然以为智.知存亡之枢机,祸福之门户,举而用之,陷溺于难者不可胜计也.(《人间训》)

等等,还可以举出许多."胶柱调瑟",《史记·廉颇蔺相如列传》作"胶柱鼓瑟".《文子·道德》引语与《淮南子》基本相同,并说是老子所说.据认为,《文子》亦是汉人作品,但多录自《淮南子》.刘徽用"胶柱调瑟",而不用"胶柱鼓瑟",可见他本于《淮南子》而不是本于《史记》.

二、刘徽的反驳与王充《论衡》

《论衡》是东汉唯物主义哲学家王充(公元27～约97)的杰作.由于它阐发了"气"是万物本源的学说,唯物地解释了人与自然,精神与肉体的关系,批评了两汉成为封建正宗思想的谶纬迷信和宗教神学,问世后被斥为异端邪说而受到埋没.汉末由于蔡邕(132～192)的提倡而传播开来.王充自述"《论衡》者,所以铨轻重之言,立真伪之平",说明该书也是关于确立一个论断、论题的真伪的标准的书,是一部包含证明和反驳的论证逻辑的论著,开汉末重证验、重思考的风气,影响到思想家王符、徐干关于名实、名理的见解,以及嵇康关于论辩的理论(温公颐:《中国逻辑史教程》).刘徽一切论证都从事实和已经证明的结论出发,反对空言,"不有明据,辩之斯难"的思想,与王充"事莫明于有效,论莫定于有证"(《论衡·薄葬》)的思想是相通的.王充说:"《论衡》篇以十数,亦一言也,曰废虚妄."(佚文)因此,《论衡》全书的内容以反驳为主.刘徽《九章算术注》多次指出《九章算术》的术文不验,在反驳的运用上十分娴熟.值得注意的是,刘徽反驳《九章算术》开立圆术的错误的格式,与王充《论衡·实知篇》反驳圣人上知千古、下知万世的格式完全一致,我们先作对比:

	刘　徽	王　充
论题:	开立圆术曰:置积尺数,以十六乘之,九而一.所得,开立方除之,即立圆[①]径.	儒者论圣人,以为前知千岁,后知万世,有独见之明,独听之聪,事来则名,不学自知,不问自晓.

① 立圆:鲍刻本讹作"丸",戴震辑录大典本作"圆",笔者校正.

论据：

为术者盖依周三径一之率.令圆幂居方幂四分之三，圆囷居立方亦四分之三.更令圆囷为方率十二，为丸率九，丸居圆囷又四分之三也.置四分自乘得十六，三分自乘得九，故丸居立方十六分之九也.故以十六乘积，九而一，得立方之积.丸径与立方等，故开立方而除，得径也.

孔子将死，遗谶书曰："不知何一男子，自谓秦始皇，上我之堂，踞我之床，颠倒我衣裳，至沙丘而亡."其后秦王兼吞天下，号始皇，巡猎至鲁，观孔子宅，乃至沙丘，道病而崩.又曰："董仲舒乱我书."其后江都相董仲舒，论思《春秋》，造著传记.又书曰："亡秦者胡也."其后二世胡亥竟亡天下.用三者论之，圣人后知万世之效也.孔子生不知其父，若母匿之，吹律自知殷宋大夫子氏之世也.不案图书，不闻人言，吹律精思，自知其世，圣人前知千岁之验也.

转入反驳：

然此意非也.

曰：此皆虚也.

反驳论据：

何以验之？取立方棋八枚，皆令立方一寸，积之

案：神怪之言，皆在谶记，所表皆效图书."亡秦

为立方二寸.规之为圆囷,径二寸,高二寸.又复横因之,则其形有似牟合方盖矣.八棋皆似阳马,圆然也.按:合盖者,方率也,丸居其中,即圆率也.推此言之,谓夫圆囷为方率,岂不阙哉?

者胡",《河图》之文也.孔子条畅增益以表神怪,或后人诈记以明效验.……原此以论,孔子见始皇、仲舒,或时但言"将有观我之宅"、"乱我之书"者,后人见始皇入其宅,仲舒读其书,则增益其辞,著其主名.如孔子神而空见始皇、仲舒,则其自为殷后子氏之世,亦当默而知之,无为吹律以自定也.孔子不吹律,不能立其姓,及其见始皇,睹仲舒,亦复以吹律之类矣.案始皇本事,始皇不至鲁,安得上孔子之堂,踞孔子之床,颠倒孔子之衣裳乎?……既不至鲁,谶记何见而云始皇至鲁?至鲁未可知,其言孔子曰:"不知何一男子"之言,亦未可用."不知何一男子"之言不可用,则言"董仲舒乱我书"亦复不可信也.

两者都是先列出对方的论题,继而说明对方论题的论据,然后转入反驳,指出对方论题为非.最后,从证明对方论据为非,得出对方论题为非.两者反驳方式的一致,反映了其渊源关系.尤其是在逻辑论证发展的早期阶段,这种一致更不是偶然的.

刘徽反驳开立圆术的论据时,实际上使用了"不得两立"的原理.他设计了牟合方盖,由于牟合方盖<圆柱,故命题:

$$球积:方盖积=\pi:4$$

$$球积:圆柱积=\pi:4$$

不能两立,一个为真,另一个必为假.刘徽认定前一个为真,故后一个必为假.刘徽《九章算术注》大量使用了反驳,主要是采用矛盾的两个命题不得两立,由一个为真,得出另一个为假的方式.如反驳圆周三径一,反驳弧田术,反驳宛田术,都是如此(对宛田术的反驳,因混淆了概念,反驳不成功,但反驳的推理方式没有错).矛盾的命题不得两立的原理,在先秦诸子,尤其是墨家的反驳中已经使用,但王充应用得更多、更深刻,并进行了概括:

> 世称纣力能索铁伸钩,又称武王伐之,兵不血刃.夫以索铁伸钩之力当人,则是孟贲、夏育之匹也;以不血刃之德取人,是则三皇、五帝之属也.以索铁之力,不宜受服;以不血刃之德,不宜顿兵.今称纣力,则武王德贬;誉武王,则纣力少.索铁、不血刃,不得两立;殷、周之称不得二全.不得二全,则必一非.

刘徽的反驳方式与《论衡》有明显的承传关系.当然,刘徽的反驳比王充更为严谨,更为无懈可击.

三、刘徽与徐干

徐干(公元171~218年)是汉魏之际的思想家、文学家,建安七子之一.北海昌乐(今山东省昌乐)人.徐干学识渊博,不专主一家,主张博采众长,而又刻苦自励,其学问与德行都受到人们的推重(丁冠之:《徐干》). 在治学方法和学风上,刘徽与徐干有若干相通之处. 汉代经学注重师承,讲究“家法”,对经师的传授,必须恪守,要“专相传祖,莫或讹杂”(《后汉书·儒林列传》). 若改变师说,便视为大逆不道. 这种治学方法禁锢了学术空气. 徐干在治学上改变了这种作法,他认为“君子之达也,学无常师”(《中论·序》),主张“学总群道”. 他说:

> 大乐之成,非取乎一音;嘉膳之和,非取乎一味,圣人之德,非取乎一道. 故曰:学者,所以总群道也. (《中论·治学》)

刘徽注《九章算术》,尖锐地批评《九章算术》和前人的错误,有重大发现创新,显然不是因袭师说,他“采其所见”,正是学总群道,博采众长. 与“学总群道”相联系,徐干主张治学要“统其大义”,主张“触类而长之,笃思而闻之,……勤心以取之”. 刘徽“观阴阳之割裂,总算术之根源,探赜之暇,遂悟其意”的精神与徐干若合符节. 徐干鄙薄惑世盗名之徒,主张在道德学问上孜孜以求,锲而不舍,不务虚名,不图利禄. 刘徽品德高尚,实事求是,敢于承认自己未解决的问题,与徐干的言行是一致的. 徐干早于刘徽几十年,两人的理念十分靠近. 刘徽向徐干学习治学、为人的态度,是情理中事.

第十章

齐鲁文化的结晶

本章考证，刘徽的籍贯是淄乡，属今山东省邹平县. 齐鲁地区自先秦至魏晋，是中国文化最发达的地区之一，文人荟萃，世代相因. 刘徽成长在齐鲁地区，为他成为杰出的数学家提供了良好的文化氛围. 汉末至晋初，齐鲁地区形成了一个以刘洪、郑玄、徐岳、刘徽为骨干的数学研究中心，刘徽《九章算术注》集其大成，并把中国数学提高到前所未有的高度. 本章还探讨了刘徽《海岛算经》第一问以测泰山之高为原型的问题. 刘徽具有一位伟大学者的优良品格和学风，是他摘取中国古代数学理论奠基者桂冠的主观条件.

第一节　刘徽祖籍在今山东省考

刘徽的生平、籍贯无可靠的记载. 他的籍贯半个世纪以来也是人们感兴趣的问题. 我们根据现有资料推定，刘徽的籍贯是淄乡，属今山东省邹平县. 最先提出刘徽的籍贯可能在今山东省的是严敦杰先生.

一、五个刘徽

严先生考察了六朝时代有记载的各位刘徽：

> 六朝时代的记载中有五个刘徽．一是本文所介绍的数学家刘徽．二是十六国赵，刘曜的儿子刘徽（封楚王），见《晋书·刘曜载记》，他只留下一个名字，没有任何史料．三是南齐刘休的祖父叫刘徽，有一简单的履历，见《南齐书·刘休传》．四是《隋书·经籍志》著录的“鲁史攲器图一卷，仪同刘徽注”中的刘徽．第四个刘徽，清姚振宗《隋书·经籍志考证》已指出乃刘晖之误．第五个刘徽，见本文末．

关于第五个刘徽，严先生说：

> 本文开始原来只提出四个刘徽，文章写好后，郭书春同志告诉我，《后魏书》还有个刘徽．于是我补写第五个刘徽．《后魏书·刘芳传》：“刘芳字伯文，彭城人，汉楚元王之后也．……延昌二年卒，年六十一（453～513年）．芳从子懋．懋从叔元孙，子长文．长文（次）子徽，奉朝请，徐州治中．”按此刘徽，以辈分论为刘芳的侄孙．刘懋卒于熙平二年（517年），比刘芳晚四年．知此刘徽生活在公元六世纪．他与注《九章算术》的刘徽风马牛不相关．

严先生这里关于五个刘徽的考证甚确．其中第五个刘徽，实际上是家兄郭淑元（1921～1994）告诉笔者，笔者报告严先生的．

二、《宋史》算学祀典考

关于刘徽的籍贯，严先生说：

> 刘徽的籍贯有两种说法，一说刘徽似乎是汉室的后裔．

一说刘徽在北宋末算学祀典中曾受封为淄乡男.按当时的祀典都以算学家的籍贯而定,所以刘徽应是山东淄乡人.

至于前一个说法完全是猜测之辞,姑置之勿论.后一个说法过去是我提出来的.我写的《南北朝算学书志》(1940年)论《九章算术》时说:"刘徽魏末注九章,其卒年当在晋代,余依《宋史》祀典,考得徽系淄川人."我自己注又说,我"有《宋史·礼志》算学祀典考,未脱稿".淄川就是淄乡.关于算学祀典考一文的旧稿已找不到了.但在《南北朝算学书志》论甄鸾时有一句话"按宋算学祀典封甄鸾为无极男,祀典多据各人里贯为之,是鸾为无极人."当然甄鸾为中山无极人还有另外证据,但以此来全面论证,现在看来证据不够充分.祀典各封爵并不十九均据各人里贯为之,其中见于史传而有里贯的一般相符,如没有里贯的一是推测,二是按郡望.刘徽的籍贯既没有直接材料,则封为淄乡男不出这两种可能性.所以还是定不可考为好.刘徽的仕绩不详.

严先生还认为刘徽的活动"不会超过公元300年以后"(《刘徽简传》).严先生的这些意见基本上是正确的,笔者还认为,严先生1940年关于刘徽是山东省淄乡人的看法是正确的.

严先生最先注意到的《宋史·礼志》算学祀典如下:

时又有算学.大观三年(1109年),礼部、太常寺请以文宣王为先师,兖、邹、荆三国公配享,十哲从祀;自昔著名算数者画像两庑,请加赐五等爵,随所封以定其服.于是中书舍人张邦昌定算学:封风后上谷公,箕子辽东公,周大夫商高郁夷公,大挠涿鹿公,隶首阳周公,容成平都公,常仪原都公,鬼俞区宜都公,高巫咸河东公;晋史苏晋阳伯,秦卜徒父颖阳伯,晋卜偃平阳伯,鲁梓慎汝阳伯,晋史赵高都伯,鲁卜

> 楚丘昌衍伯，郑禆灶荥阳伯，赵史墨易阳伯，周荣方美阳伯，齐甘德甾川伯，魏石申隆虑伯，汉鲜于妄人清泉伯，耿寿昌安定伯，夏侯胜任城伯，京房乐平伯，翼奉良成伯，李寻平陵伯，张衡西鄂伯，周兴慎阳伯，单飏湖陆伯，樊英鲁阳伯，晋郭璞闻喜伯，宋何承天昌卢伯，北齐宋景业广宗伯，隋肖吉临湘伯，临孝恭新丰伯，张胄玄东光伯，周王朴东平伯；汉邓平新野子，刘洪蒙阴子，魏管辂平源子，吴赵达谷城子，宋祖冲之范阳子，后魏商绍[①]长乐子，北齐信都芳乐城子，北齐许遵高阳子，隋耿询湖熟子，刘焯昌亭子，刘炫景城子，唐傅仁均博平子，王孝通介休子，瞿昙罗居延子，李淳风昌乐子，王希明瑯琊子，李鼎祚赞皇子，边岗成安子，汉郎颉观阳子，襄楷隰阴子；司马季主夏阳男，落下闳阆中男，严君平广都男，魏刘徽淄乡男，晋姜岌成纪男，张丘建信成男，夏侯阳平陆男，后周甄鸾无极男，隋卢大翼成平男. 寻诏以黄帝为先师.

在数学史、天文历法史上贡献最大的刘徽、祖冲之、张衡、刘洪，除张衡外，封号都很低，封爵与他们在数学史、天文学史上实际所处的地位十分不相称，姑且不论. 我们只考虑他们的籍贯. 此共封 66 人，黄帝至殷、周期间 9 人，多系传说人物，其籍贯大都不可考. 春秋之后共 57 人，其中史苏、卜徒父、卜偃、梓慎、史赵、卜楚丘、禆灶、史墨、甘德、石申、夏侯胜、京房、翼丰、李寻、张衡、单飏、樊英、郭璞、何承天、宋景业、肖吉、临孝恭、张胄玄、王朴、刘洪、管辂、赵达、祖冲之、殷绍、信都芳、许遵、耿询、刘焯、刘炫、襄楷、落下闳、严君平、姜岌、张丘建、甄鸾、卢大翼 41 人，其爵名均以现传史籍所载里贯为之. 另有瞿昙罗为印度人，封为居延

---

① 商绍：《魏书・艺术・殷绍传》作殷绍.

子，大约取其入境之路．周兴、郎颉、司马季主、傅仁均、李鼎祚、李淳风等6人的爵名与史籍所载里贯不同．李淳风是以生前所封昌乐县男晋为昌乐子，郎颉里贯安丘（今山东省），封为观阳子，观阳汉属胶东，今属海阳县，盖因郎颉曾耕于海滨．司马季主是楚人，却封为夏阳男，夏阳是司马迁故里，显系按司马氏郡望封号．受封畴人中笔者在现传史籍中未查到籍贯的有荣方、鲜于妄人、耿寿昌、邓平、王孝通、王希明、边岗、刘徽、夏侯阳9人，正史中无他们的传记，除耿寿昌外，生前社会地位都较低．其中邓平、王希明，如果宋代没有他们的里贯资料的话，可能是按郡望封爵号：东汉名臣邓晨、邓禹都是新野人，而琅琊向来是王姓郡望．

可见，《宋史》算学祀典中，所封爵名的来源有四种情况：(1)根据其里贯，这是最主要的来源，占70%以上；(2)少数根据其郡望（不排除郡望即其里贯的可能）；(3)个别的以生前爵名晋爵；(4)个别的根据其生前主要活动地区．它们都是有所根据的，而不会是向壁虚造．因此，刘徽等人的爵名亦不出以上四种来源．刘徽在宋代被封为淄乡男，是最低等的爵位，可见生前无爵号．魏受汉禅，刘徽生于魏初．刘邦起于沛，两汉统治四百余年，刘姓遍于国中，淄乡不是刘氏郡望．就是说，上述四种情况中第(2)、(3)项都可排除．那么，淄乡或者是刘徽的里贯，或者是生前的主要活动地区．我们认为，在这两种可能性中，前者的可能性较大．北宋时很可能还保存有刘徽的某些生平资料，其中包含了刘徽的里贯．总之，我们认为，淄乡是刘徽的里贯．

三、淄乡在今邹平县考

淄乡，又作甾乡，或菑乡．古代淄、甾、菑相通．《尚书·禹贡》："海岱惟青州，嵎夷既略，潍淄其道．"《汉书·地理志》作"海岱惟青州，嵎夷既略，惟甾其道．"颜师古曰："惟、甾，二水名．皆复故道也.惟水出琅邪箕屋山.甾水出泰山莱芜县.惟字今作潍,甾字或作淄,古今通用也."《说文解字》:菑,"从艸,甾".又说:"菑,或省艸".淄水,又称为菑水.《周礼·夏官·职方氏》:"其浸菑时,其利渔盐."郑玄注:"菑出莱芜,时出般阳."同样,淄川,又称为菑川.《汉书·地理志》"齐郡"条下有临淄,"齐地"条下又称临甾:"临甾,海岱之间一都会也".因此,淄乡、菑乡、甾乡应相通.

那么,淄乡在什么地方呢?

宋朝邹平县有一淄乡镇.宋王存《元丰九域志》淄州条载:"中下邹平,州西北七十里.二乡.孙家、赵岩口、淄乡、临河、啀婆五镇."淄乡镇在金朝仍存在.《金史·地理志》:"淄州,……邹平,镇三(淄乡、齐东、孙家岭,旧有啀店镇,后废)."元、明两朝情况不清.清康熙年间及其后几次修《邹平县志》,均引《金史》资料,未云淄乡在当时何处.《元丰九域志》成书于元丰三年(1080),刘徽受封于大观三年(1109),两者相去不到三十年.因此,宋朝所封的淄乡男之淄乡,即当时淄州邹平县菑乡.

依里贯定其爵名,多据本人生前里贯名称.邹平县淄乡源于何时,书简有缺,不得而知.魏、晋时不见有淄乡的记载.西汉有菑乡,是西汉菑乡侯刘就于建昭元年(公元前 38 年)的封国,后子逢喜嗣,免(《汉书·王子侯表》).而刘就是梁敬王刘定国之子.文帝前元二年(公元前 178 年)封子刘武为代王,次年徙淮阳王,公元前 170 年徙梁,是为梁孝王,其玄孙便是梁敬王(《汉书·诸侯王表》).那么菑乡侯刘就当是梁孝王刘武的六世孙,文帝刘恒的七世孙.

《汉书》中有两处淄乡的记载.《汉书·地理志》载山阳郡有一县级侯国淄乡:

> 山阳郡(故梁,景帝中六年别为山阳国.武帝建元五年别为郡.莽曰钜野,属兖州.)户十七万二千八百四十七,口

八十万一千二百八十人.县二十三;昌邑,南平阳,成武,湖陵,东缗,方舆,橐,钜野,单父,薄,都关,城都,黄,爰戚,郜成,中乡,平乐,郑,瑕丘,甾乡(侯国),栗乡,曲乡,西阳.

山阳郡原为梁国故地.梁国原较大,景帝平吴、楚之乱后,分梁为梁、济川、济东、山阳、济阴五国,由刘武的五个儿子分别为五国王.山阳哀王刘定,九年薨,无子,汉武帝遂将山阳国改为山阳郡.根据《山东通志》,山阳郡所属县可考者分别位于今山东省的金乡、鱼台、成武、单县、曹县、巨野、嘉祥,以及兖州、邹县、鄄城、郓城、范县的一部分.《中国历史地图集》则将黄标在河南省民权县附近,而将甾乡及中乡、郑、栗乡、曲乡列入无考者.实际上,自《后汉书》起,山阳郡就无这些县级行政单位的记载.

另一方面,《汉书·王子侯表》却在甾乡侯、曲乡假、栗乡侯、西阳侯栏下标出了它们的封国所在地:甾乡、曲乡在济南郡,栗乡在金乡(属山阳郡),西阳在东莱郡.中乡侯、郑侯未标明.此外,黄侯在济阴郡,爰戚在济南部,而城都、郜成虽注明是侯国,但王子侯表上查不到封侯情况.

关于甾乡的记载,《汉书》的《地理志》和《王子侯表》明显不同.这种不同在其他郡县中还有很多.这是毫不奇怪的.《汉书》的地理志与王子侯表并非出自一人之手.原来班固(公元32～92年)奉诏修《汉书》,“其八表及天文志未及竟而卒,和帝诏昭就东观藏书阁踵而成之”(《后汉书·列女传》).因此,《地理志》出自班固之手,而王子侯表则是班固之妹班昭(约公元49～约120年)参考东观藏书所写的,应当更可靠些.就是说,班昭所记菑乡侯的封地在济南郡是正确的.汉时邹平县属济南郡,联系到宋、金两朝邹平县有淄乡镇,可以断定,汉时所封之菑乡侯国,其地就在宋、金时的淄乡镇.菑乡侯二世而免,但菑乡的名称则保留下来.班固著《后汉书·地理志》时大约因为刘就是梁敬王之子，而将其窜入山阳郡.

总之，可以初步断定，刘徽是汉文帝刘恒之子梁孝王刘武五世孙菑乡侯之后，淄乡人，其地在今山东省邹平县境.

第二节　荟萃齐鲁文化

刘徽是中华民族的骄傲，他属于整个中华民族. 考察他的籍贯，本来并不是一件十分重要的事. 然而，由于史籍中无刘徽传记的任何可靠资料，通过对其里贯的考察，可以提供他的生平与社交的某些线索，了解他成长的文化传统和环境，增强理性认识，因而是十分有意义的.

刘徽成长在齐鲁地区，这为他注《九章算术》，在数学上作出空前杰出的伟大贡献，提供了良好的客观环境.

一、源远流长的齐鲁文化

自先秦至魏晋，齐鲁地区文化发达，文人荟萃，是中国的文化中心之一，在中国文化史上的地位，远比南北朝之后高（尽管南北朝之后仍不失为先进地区）. 邹鲁之乡，是孔孟之道的发祥地. 孔孟之道后来发展为中国封建社会的正统思想，在中国正面与反面的影响极大，这是人所共知的. 战国中期，齐桓公田午为了图强成霸，广泛罗致人才，在都城临淄的稷门之下设立学宫（通称稷下学宫），用优厚的生活待遇，自由的讲学风气，招揽各方文人学士. 到威王、宣王时期，达到鼎盛. “宣王喜文学游说之士，自如驺衍、淳于髡、田骈、接予、慎到、环渊之徒七十六人，皆赐列第，为上大夫，不治而议论. 是以齐稷下学士复盛，且数百千人.”（《史记·田仲敬完世家》）据认为，《管子》一书即集中了稷下学派的学术成果. 襄王时期，荀派儒学创始人、大思想家荀卿又入稷下学宫.稷下学宫前后绵延近150年,成为中国古代历时最为久长、学术人才最为集中、学术思想最为活跃的学术研究中心(《山东古代思想家》),对中国学术思想发生了巨大影响,齐鲁地区的思想家在中国学术思想发端的先秦占有举足轻重的地位.

秦汉之后,齐鲁文化余胤不断.两汉经学是中国学术思想发展的重要阶段,此时所创立的注经、解经成为此后中国思想家、史学家、科学家阐发自己的思想和创造的重要形式.齐鲁地区在两汉时期出现了许多经学家和思想家.郑玄是综合今古文经学的大师,稍后的王肃(约195~256年)对经学也有贡献.王肃是东海郯(今山东省郯城)人.徐干(约171~218年)是汉末著名文学家、思想家,他是北海剧(今山东省昌乐县西北)人,离淄乡不远,他是建安七子之一,著《中论》,主张"学总群道","统其大义","事莫贵于有验".仲长统(179~220年)是唯物主义哲学家和进步思想家,山阳高平(今山东金乡县)人.此外,孔融(153~208年),曲阜人;刘桢(?~217年),东平人;王粲,高平人,也都属建安七子.建安七子中有四人属齐鲁地区.

汉末、魏、晋期间是经学解体,辩难之风兴起,思想非常活跃的时期.齐鲁地区是辩难之风的中心之一.魏晋玄学的创始人,辩难大师王弼(226~249)也是高平人,他的叔祖父就是王粲.

总之,自先秦到魏晋,齐鲁地区有着良好的文化传统,其文化发达程度一直居于全国的前列.这样一个文化氛围,不仅对刘徽学习各种文化典籍,汲取前人优秀的文化遗产,而且对刘徽杰出的数学创造,是一个得天独厚的有利条件.先秦典籍和郑玄、徐干、王弼及其他思想家对刘徽的影响,辩难之风对刘徽的影响,我们在前面几章已经作了论述.

二、汉末魏晋齐鲁数学中心

作为齐鲁地区文化发达的一个侧面，数学在两汉、魏、晋期间也居全国的前列．有人认为《九章算术》为齐人所作，其根据似不充分．然而，《九章算术》中提到具体地名的除长安、上林等京畿地区外，还有齐、蜀，而提到齐则有两次．我们在第三章提到的研究《九章算术》的学者刘洪、郑玄、徐岳、王粲都是齐鲁地区人，刘洪、郑玄、徐岳有师承关系．在本章第四节我们将指出，刘徽生于公元 3 世纪 20 年代下半叶，他学习数学时，刘洪、郑玄、徐岳早已谢世，但他受到郑玄的影响很深，却是有确凿证据的．另外，与刘徽同时受封的单飏，2 世纪在世，山阳湖陆人，善明天官算术，作过太史令．襄楷、管辂，平原人，管辂是著名天文学家．朗颉，安丘人．可以说，自汉末到晋初近一个世纪中，齐鲁地区形成了一个以研究《九章算术》为主的数学中心．在中国数学史上，除 11 世纪上半叶以开封为中心的以楚衍、贾宪为代表人物的数学中心，13 世纪下半叶在太行山两侧的数学中心及同时的长江下游的数学中心外，汉末经魏至晋初的齐鲁数学中心是仅见的．这个中心的数学工作，自然成为刘徽注《九章算术》时采其所见的主要资料，为刘徽的数学创造打下了坚实的基础．

第三节　刘徽测望过泰山吗

齐鲁地区地形复杂．雄踞华北大平原的泰山，拔地而起，其海拔尽管在中国名山中属末流，但自山脚至山顶的高度，在中原地区无居其右者，向为五岳之首，为帝王封禅之处，受到人们的敬仰．此外，齐鲁地区有中华民族的发祥象征黄河流经其境，还有潍、淄、洙、泗等大小不等的河流，以及丘陵、深谷、悬崖、险滩、海岛，各种地形条件应有尽有，给刘徽设计望海岛、测高山、量深涧、度清流等问题，发展重差理论，应用重差方法，提供了十分现实的素材. 刘徽的数学方法，又促进了地图学的发展，为制图理论的发展建立了数学基础.

一、望海岛问的原型是泰山

刘徽在谈到他撰《重差》即《海岛算经》的缘起时说：

> 虽夫圆穹之象犹曰可度，又况泰山之高与江海之广哉？徽以为今之史籍且略举天地之物，考论厥数，载之于志，以阐世术之美，辄造《重差》，并与注解，以究古人之意，缀于勾股之下.

刘徽认为，天高是可测的，那么泰山之高与江海之广当然也是可测的. 刘徽有没有测望过泰山之高呢？回答似乎肯定的. 这就是《海岛算经》中测望海岛的第一问.

测望海岛问的题设在第五章已经引出，刘徽根据测望数据算得：

> 岛高四里五十五步；去表一百二里一百五十步.

以魏尺 1 尺＝23.8 厘米计算，岛高 4 里 55 步为 1255 步，7530 尺，合今 1792.14 米. 前表去海岛 102 里 150 步为 30750 步，184500 尺，合今 43911 米. 我国沿海无高 1000 多米，而又距大陆仅 40 多公里的海岛. 可见，望海岛问不是以任何海岛为原型的. 联系到刘徽序中谈到过测望泰山，我们认为此问是以泰山为原型的. 进一步阐述如下：

泰山玉皇顶今实测高度为 1536 米，南偏西方向十分陡峭，7 公里外的泰安城海拔即下降到 130 多米. 西南方向 24 公里之外便在海拔 100 米之下. 距玉皇顶底 43911 米至 45339 米(后表至泰山距离，两表距 1000 步＝1428 米）海拔最低处为大汶河北岸，今肥城县高淤、城宫一带，海拔为 72.8 米. 若在此处测望玉皇顶，无任何障碍，如图 85 所示. 此平面上，玉皇顶高度为 1536－72.8＝1463.2（米）. 另外，重差术假定大地为平面，而实际上地面是曲面. 测望中由平面代替曲面，所造成的距离误差非常小，可以忽略不计；而所造成的高程误差由公式：

$$\Delta h = D^2/2R$$

给出，其中 D 为测望距离，R 为地球半径. 一般来说，高程误差是不容忽略的（参见冯立升：《重差测量术的精度估计》）. $R=6371000$ 米，$D=43911$ 米，所以 $\Delta h=151.32$ 米. 因此，刘徽测算的海岛高与泰山玉皇顶之差为 1792.14－1463.2＋151.32＝480.26（米）. 就是说，刘徽的测望海岛问若以泰山为原型，则有 480 米的误差. 这个误差是怎么产生的？我们认为有三个可能性：

一是 1700 多年间，地形发生了变化. 这种变化在河流两岸往往比较大. 泰山之高虽然不可能变化 400 多米，但由于测望距离较远，测望地点地形的微小变化，都可导致计算数值的较大变化.

二是测望时水准没有取好，即两表的基点不在一个平面上. 设从后表却行至 B，此地平面上泰山高为 QP，泰山仰角为 $\angle QBP$，记为 θ_1，$\tan\theta_1 = \dfrac{QP}{BQ} = \dfrac{1463.2}{43911+1428+181.356} = \dfrac{1463.2}{45520.356} = 0.03214$，$\theta_1 = 1°50'$；如果水准没取好，测得的泰山高为 TP，设仰角 $\angle TBP$ 为 θ_2，$\tan\theta_2 = \dfrac{TP}{BT} = \dfrac{1792+151}{45520} = 0.0427$，$\theta_2 = 2°27'$，$\theta_2-\theta_1 = 37'$，如图 86 所示. 可见，测望地点只要出现 $37'$ 的误差，便会造成 470 米的高度误差.

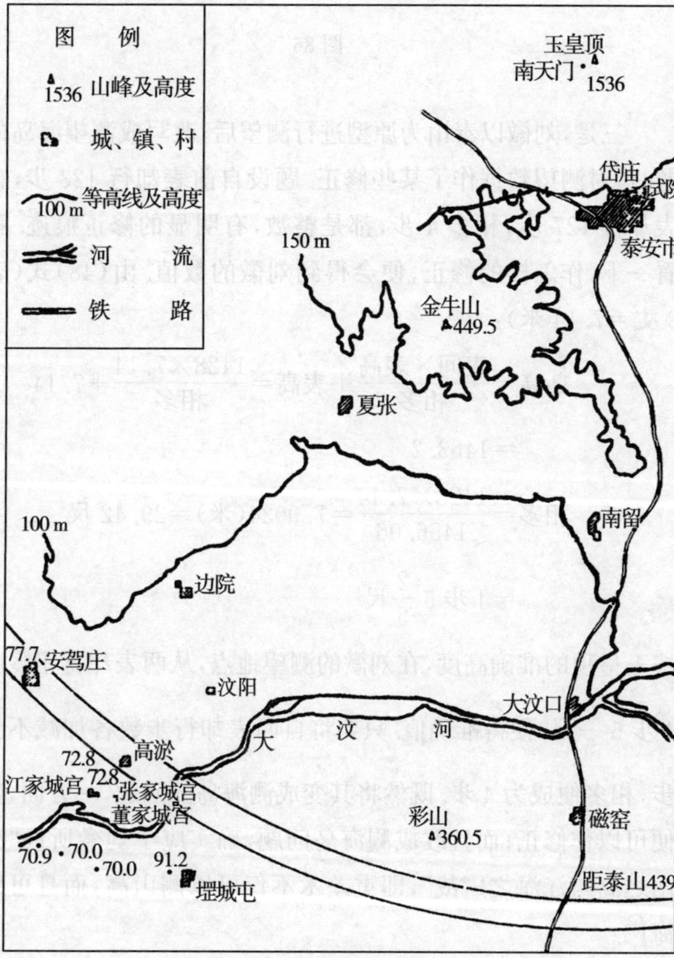
图 例
1536 山峰及高度
城、镇、村
100 m 等高线及高度
河 流
铁 路
玉皇顶
南天门
1536
岱庙
试院
泰安市
150 m
金牛山
449.5
夏张
南留
100 m
边院
77.7
安驾庄
汶阳
大汶口
大
汶
河
72.8
高淤
72.8
江家城宫
张家城宫
董家城宫
彩山
360.5
磁窑
70.9
70.0
70.0
91.2
堽城屯
距泰山43911 m

图 85

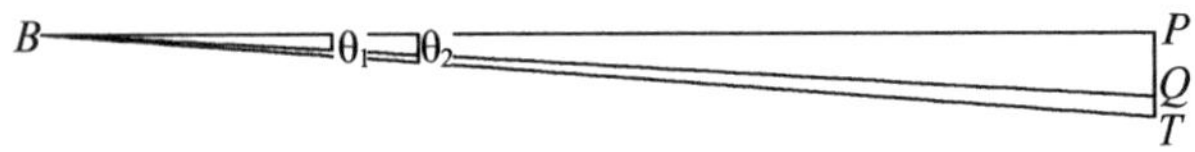

图 86

三是，刘徽以泰山为原型进行测望后，改写成测望海岛的问题时，对测望数据作了某些修正. 题设自前表却行 123 步，自后表却行 127 步，相多 4 步，都是整数，有明显的修正痕迹. 我们看一下，作怎样的修正，便会得到刘徽的数值. 由(48)式(表高 3 丈=7.14 米)：

$$\text{岛高}=\frac{\text{表间}\times\text{表高}}{\text{相多}}+\text{表高}=\frac{1428\times7.14}{\text{相多}}+7.14$$

$$=1463.2$$

$$\text{相多}=\frac{1428\times7.14}{1456.06}=7.0024(\text{米})=29.42\text{ 尺}$$

$$=4\text{ 步 }5\frac{2}{5}\text{尺}$$

按玉皇顶的准确高度，在刘徽的测望地点，从两表却行相多应为 4 步 $5\frac{2}{5}$尺，便得准确值. 只要将自两表却行步数各加减不到半步，相多便成为 4 步. 既然将其变成测海岛的问题，一方面，数据便可以作修正；而且改成测海岛问题，确实应了刘徽所说“况泰山之高与江海之广哉”，即重差术不仅可以测山高，而且可以测海广.

二、历代关于泰山之高的记载与测量

我们再看一下历代典籍中关于泰山高度的记载，以期与刘徽的测量作一比较.

> 《博闻录》云:泰山高四千丈,环一千里.《尸子》云,泰山之中有神房阿阁.《道藏书》云,泰山周围一百六十里畸五十步,方面各四十里.《道书·福地记》云:泰山洞天周回三千里,鬼神之府.……《汉官仪》及《泰山记》云:泰山盘道屈曲而上凡五十余盘.自下至古封禅处凡四十里.《山海经注》云:从山下至顶四十八里二百步.《唐六典》云:山周百六十里,高四十里.《一统志》云:舜东巡至此,其山屈曲盘道至绝顶四十余里.

(《泰山志》卷五)《五岳真形图·东岳》有"夏禹到此,高四千九丈二尺"、"山源周回二千里"等注记(曹婉如、郑锡煌:《试论道教的五岳真形图》),与《博闻录》相符.这里所记实际上不是山高,而是自山脚到山顶所走道路的里程.明万历间张五典提出了一种方法:

> 其法用竖竿一,长一丈,刻以尺寸,竿端置一环.用横竿一,长亦一丈,中置一环,两端皆五尺,取其轻重相称,以绳系于横竿之环而又穿于竖竿之环,牵其绳之尾,则横竿可上可下而不失其平.于是以竖竿所立之处视横竿所至之处,则五尺,为一步矣[①],此以量其远近也.每量一步,若在平地,则横竿由端以至竖竿前后俱著于地.若前高而后下,则横竿前著于地而后悬于空,视竿所悬处至地尺寸若干,此以量其高下也.又备一册,每叶画三百六十格,每量一步则填一格.平地则于格内填一平字;其高尺寸若干,亦于格内注之.填尽一叶则促三百六十步为一里,其高则累尺寸而计之,不爽也.由山下至绝顶,凡量四千三百八十四步,而纡回曲折皆

---

① 明为五尺一步,与秦、汉、魏六尺一步不同.

> 在其中;高三百八十六丈九尺一寸,中除倒盘低十八丈五尺七寸,抵高数外,实高三百六十八丈三尺四寸,折步七百三十六步六分八厘;平高共积五千一百二十步有奇,实一十四里零八十余步耳.

(《泰山志·岱志一·总叙》)以明量地尺 1 尺=32.66 厘米计算,高 368 丈 3 尺 4 寸=1203 米,平距 5120 步=25600 尺=8360.96 米.张五典未云自何处量起,如从岱庙量起,岱庙海拔 140 米左右.那么,张五典测得泰山海拔为 1343 米左右,误差为 190 多米,比刘徽的海岛高接近泰山高,但是,方法上非常笨拙,远不如刘徽先进.

清学者阮元(1764～1849)督山东时测望过泰山,他认为张五典"竿量之法,亦未足据.无论黍黍而度,至寸必差,而斜侧之势,一丈之竿,岂易齐平"?他对张五典竿量法的批评是中肯的.他用重差术对泰山作了测望:

> 余在泰安试院,尝于堂皇空处用重差术测之.树两表同高,近时裁尺八尺,表相距九丈.人目距前表一丈六尺四寸四分,距后表一丈六尺七寸五分.人目距表之较三寸一分,用为所有率.表间九(尺)〔丈〕[①],用为所求率,表高八尺,为今有数.求得高二百三十二丈二尺五寸八分三十一分之二,加表高,得山二百三十三丈〇五寸八分三十一分之二.又以人目距表较为所有率,表间为所求率,人目距(后)〔前〕表为今有数,求得山(顶)距(后)〔前〕表四百七十七丈二尺九寸〇三十一分之一〇.视五典所量为少.试院之地,苦于局促,时亦无测器,所测未必准合.

① 圆括号中为原文中当校删之字,方括号内为校正之字,下同.

(《小沧浪笔谈》卷四)文中有错字,笔者代为校正.第二项计算,应以人目距前表为今有数,所得应为山距前表之距离,而不是山顶距后表之距离.《山东通志》将后者引为阮元测得泰山之高,即是由此错误衍生出来的.按《大清会典》载清裁衣尺长度,折算1裁衣尺为35.56厘米.那么,阮元所测得泰山高自试院起算应为 $0.3556\text{米}\times 2330.58\frac{2}{31}=828.75\text{米}$,前表距泰山之距为1697.24米.考虑到试院海拔(阮元已考虑到)接近140米,那么,阮元所测泰山之高不到海拔970米,其误差远比刘徽、张五典大.刘徽对泰山的测望与一千多年后的张五典、阮元相比,张五典误差较小,但方法笨拙,阮元方法正确,然误差超过$\frac{1}{3}$,只有刘徽,方法正确,且误差不大.

近代,人们用现代方法才测得泰山高的精确值.1886年,F. Von Richthofen测得泰山高为5000呎,合1524米.第二年,S. P. Thomson测得为4700呎,合1457米,不如上一值精确.1922年,英国出版的地图标泰山高5050呎,合1539米.此后德国出版的地图(1925年)及丁文江编的中国地图(1933年)标为1545米,竺可桢先生估计为1541.5米.国民党参谋本部测得日观峰为1581米.1991年山东省地矿局测绘队测得泰山海拔为1532.8米.

1991年笔者利用到泰安参加《世界数学家的思想方法》一书统稿会的机会,在泰山管委会的支持下,与夫人王玉芝、泰山管委会文物一科王杰同志等驱车到泰山西南方向44～46公里的肥城县高淤、张家楼一带,利用王杰同志事先做好的7.251米(合魏尺3丈)的表竿,对泰山进行实测.前表设在高淤东公路北侧,自表后退227.3米,人目、表端与泰山主峰成一直线.后表设在张家楼北 400 米处的公路东侧，自表后退 240 米，人目、表端与泰山主峰成一直线. 两表相距 2200 米. 代入重差公式，得山高 1263. 33 米，前表到泰山距离 39374. 8 米，测点海拔 72. 8 米，把大地当作平面产生的测量误差为 156. 07 米，因此这次测量得到的泰山海拔为 1263. 33＋72. 8＋156. 07＝1492. 2（米），与山东省地矿局测绘队的数据相比有 40. 6 米的误差.

第四节　学识和品格的泰斗

刘徽登上数学舞台的时候，人们对《九章算术》已经作了若干研究，积累了若干新的资料，数学内部正孕育着新的突破. 上一章我们已看到，刘徽生活的魏晋时期，是我国封建社会的经济、政治、文化和社会思潮发生激烈变革，思想界非常活跃，理性思维占据思想界主导地位的时代. 这样的时代使数学突破的可能性变成了现实. 刘徽成长的齐鲁大地文化传统深厚，文人荟萃，数学家如云，为数学家的生长创造了相对说来良好的条件. 在这同样的条件下，是刘徽，而不是别人，写出了《九章算术注》这样的杰作，完成了数学上的突破，这是由刘徽本人的才智、品格和治学态度等主观因素决定的. 刘徽的这些主观因素，上面已陆续有所表述，这里再作一综合性概括.

史书对刘徽的履历生平没有任何可靠的记载. 上一章我们谈到，刘徽深受辩难之风的影响，尤其是何晏、嵇康、王弼的影响，我们由此可以大体推断刘徽的出生年代. 刘徽应该是何晏、嵇康、王弼的同龄人或稍小一点. 何晏年龄较长，大约生于 2 世纪末，嵇康生于 224 年，王弼生于 226 年，那么刘徽当生于公元 3 世纪 20 年代后期或其后，最晚不会晚于 245 年以后. 就是说，他撰《九章算术注》时，年仅 30 岁左右. 这是不足为怪的. 汉末、三国多早熟夙悟才子，上一章提到过的政治家、军事家、思想家、科学家、文学家大都在 20 余岁就作出了惊天动地、永垂青史的大事业.看来刘徽也不例外.他不是大器晚成，而是像这一时代大多数杰出人物一样，是少年颖秀、智睿过人的才子.有的画家把挥毫注《九章算术》的刘徽画成老耄垂暮的形象，是有悖于魏晋的时代精神和历史事实的.

博采众家之长，消化吸收，融会贯通，丰富自己的知识宝库，用于数学的研究、创造，是刘徽治学的一大特点.刘徽广泛搜集，深入研究了历代各家《九章》注和其他数学著述，成为他注《九章算术》的宝贵参考资料.不独对数学知识如此，从上一章，我们看到，对历代文史典籍也如此，他精心研究了墨家、道家、儒家等先秦诸子的著述以及《周易》、《周礼》、《考工记》、《左传》等经典及注释，研究了司马迁、刘安、王充、郑玄、徐干、何晏、嵇康、王弼等汉魏学者的著作.在中国古代数学著作中，能够明确指出受如此多的思想家和文史典籍影响的，刘徽《九章算术注》是仅见的.从大至数学的作用，研究数学的宗旨，研究数学的方法，数学的早期发展情况，小至一些成语典故中，都可以看到，刘徽深邃的数学理论包含了对传统文化的精华的深刻理解.

坚持实事求事，一切从实际出发，是刘徽治学的又一特点.整个刘徽注，言必有据，不讲空话，也不相信根据不足的话.史书有"隶首作数"的记载，就是《世本》的一句话，刘徽说"记称隶首作数，其详未之闻也".

刘徽的实事求是精神反映在他对数字神秘主义的态度上.汉代盛行谶纬迷信，数字神秘主义也开始出现.张衡是位伟大的天文学家、文学家，他的科学贡献、文学建树，永垂千古.但是，他计算圆周率和球体积方面的成绩并不高明，刘徽在证明了球径的平方与球内接正方体边长的平方之比为3∶1[①]之后说：

> 张衡算又谓立方为质，立圆为浑. 衡言质之与中外之浑：六百七十五尺之面，开方除之，不足一，谓外浑[②]积二十六也. 内浑二十五之面，谓积五尺也. 今徽令质言中浑，浑又言质，则二质相与之率犹衡二浑相与之率也. 衡盖亦先二质之率推以言浑之率也. 衡又言质六十四之面，浑二十五之面. 质复言浑，谓居质八分之五也. 又云：方八之面，圆五之面[③]，圆浑相推，知其复以圆囷为方率，浑为圆率也，失之远矣. 衡说之自然，欲协其阴阳奇耦之说而不顾疏密矣. 虽有文辞，斯乱道破义，病也. 置外质积二十六，以九乘之，十六而一，得积十四尺八分尺[④]之五，即质中之浑也. 以分母乘全内子，得一百一十七. 又置内质积五，以分母乘之，得四十，是为质居浑一百一十七分之四十，而浑率犹为伤多也. 假令方二尺，方四面，并得八尺也，谓之方周. 其中令圆径与方等，亦二尺也. 圆[⑤]半径以乘圆周之半，即圆幂也. 半方以乘方周之半，即方幂也. 然则方周知，方幂之率也；圆周知，圆幂之率也. 按如衡术，方周率八之面，圆周率五之面也. 令方周六十四尺之面，即圆周四十尺之面也. 又令径二尺自乘，得径四尺[⑥]之面，是为圆周率十[⑦]之面，而径率一之面

---

① 刘徽的证明译成现代文字是：设球径为 D，内接正方体边长为 d，则正方体一面之对角线平方为 $d^2+d^2=2d^2$，正方体对角线（刘徽称为长邪）就是球径 D，显然 $D^2=d^2+2d^2=3d^2$，故 $D^2:d^2=3:1$.

② 浑：鲍刻本、大典本讹作“质”，汪莱校正.

③ 鲍刻本、大典本脱“五之面”三字，汪莱、李潢校补.

④ 鲍刻本、大典本脱“尺”字，笔者校补.

⑤ 圆：鲍刻本、大典本讹作“丸”，李潢校正.

⑥ 鲍刻本、大典本原文不误，戴震校补不妥，依李继闵恢复原文.

⑦ 鲍刻本、大典本“十”字下衍“二”字，李潢校删.

也.衡亦以周三径一之率为非,是故更著此法.然增周太多,过其实矣.

张衡在这里提出了一个正确的结论:一个球(我们称为中球)外切于正方体(中方),中方又外接于球(外球),球又外切于正方体(外方),则:

$$V_{外方}:V_{中方}=V_{外球}:V_{中球}$$

由 $D^2:d^2=3:1$,$D=\sqrt{3}d$,外方体积为:

$$D^3=3\sqrt{3}d^3$$

由于$\sqrt{3}$开方不尽,考虑以 D^2 和 d^2 为边长的正方体,显然:

$$(D^2)^3:(d^2)^3=27:1$$

设 $d=5$ 尺,$(d^2)^3=15625$,$(D^2)^3=(d^2)^3\times27=(5^2)^3\times27=421875$.以 625 约之,得:

$$(D^2)^3:(d^2)^3=675:25$$

由于面之积等于积之面,即$(D^2)^3=(D^3)^2$,$(d^2)^3=(d^3)^2$,故:

$$(D^3)^2:(d^3)^2=675:25$$

$$D^3:d^3\approx26:5$$

张衡又提出:

$$(V_{立方})^2:(V_{球})^2=64:25$$

于是:

$$V_{立方}:V_{球}=8:5$$

$$S_{方}:S_{圆}=8:5$$

刘徽指出,张衡重复了《九章算术》以圆困为方率,浑为"圆率"的错误,并在实际上使用了:

$$圆周:圆径=\sqrt{10}:1$$

刘徽认为,张衡的推衍是为了协调阴阳奇耦,没有数学根据.显然,《九章算术》的错误则在于不精确,而张衡的错误则在于为了协调阴阳奇耦硬凑数而不顾数学上合理与否,因此,刘徽对他的批评是十分严厉的，说明刘徽反对数字神秘主义的态度是十分坚决的、鲜明的. 至于张衡如何协调阴阳奇耦，张衡书失传，刘徽没有记载，近人有各种猜测，但好像难以服人.

与张衡的态度相反，刘徽把自己的数学知识、数学创造完全建立在必然性基础之上，他的推理不仅方式正确，而且其前提都是人们从无数事实中抽象出来的公认的原理或已经证明的命题，没有任何神秘的成分. 刘徽的推理和证明，处处体现了他的实事求是的精神.

与实事求是精神相联系的，就是认为人们的认识是不断进步的，不迷信古人、权威. 刘徽反对"踵古"的思想非常鲜明. 这首先集中反映在他对《九章算术》的态度上. 在东汉，《九章算术》就被官方奉为经典，刘徽对之也十分推崇，因此才为之作注. 但刘徽并不迷信它，他指出了《九章算术》若干处不精确或错误的术文. 其次，刘徽还批评了以往的《九章算术》的研究者不实事求是，因袭旧说的错误态度. "世传此法，莫肯精核，学者踵古，习其谬失"，刘徽的话不仅鲜明地反映了他反对"踵古"的态度，而且阐明了反对踵古与实事求是的关系. 反对踵古，并不是说凡古的都不对，而是在"精核"的基础上，才能发现前人的不足，实事求是是反对踵古的基础. 刘徽实事求是地分析了《九章算术》和前人的数学知识，肯定了应该肯定的部分，批评并纠正了错误或不准确的部分，可谓恰如其分.

敢于创新，是刘徽治学的突出特点，也是他实事求是精神的升华. 刘徽通过深入研究，"悟其意"，不仅总结、概括、发展了《九章算术》和前人固有的方法，而且作了大胆创新. 他创造的各种证明方法，尤其是将极限思想和无穷小分割方法引入数学证明，是个突破，大大提高了中国古代数学的理论水平. 刘徽《九章算术注》的宝贵之处，就在于创新.

刘徽还具有知之为知之，不知为不知，不图虚名，承认自己的不足，寄希望于后学的美德. 这也是实事求是精神的体现. 刘徽设计了牟合方盖，指出了解决球体积的正确方向，但是他功亏一篑，没有能求出牟合方盖的体积，便老老实实地承认，并记下了如下文字：

> 观立方之内，合盖之外，虽衰杀有渐，而多少不掩. 判合总结，方圆相缠，浓纤诡互，不可等正. 欲陋形措意，惧失正理，敢不阙疑，以俟能言者.

刘徽这种实事求是地袒露自己的不足，寄希望于后学的远大胸怀，反映了一位真正科学家的光辉本色. 这种精神至今对我们仍有教育意义.

至于刘徽善于灵活运用数学方法，前面已经讲了很多，此不赘述.

刘徽有良好的学风，实事求是的态度，虚怀若谷的胸怀，敢于创新的精神，加上他无与伦比的才智，使他能充分利用有利的客观条件，在变革的时代，给数学带来了变革，成为中国数学理论的奠基者，成为古代世界数学的泰斗.

第十一章

后世关于《九章算术》和刘徽注的研究(上)

我们在第二章已经指出,《九章算术》之后,中国数学著述主要采用两种形式,一是为《九章算术》作注,一是以《九章算术》为楷模,编纂新的数学著作.在这种形式中,刘徽和他的《九章算术注》发挥着极其巨大的影响.事实上,刘徽之后,关于《九章算术》的研究以及在刘徽影响下的工作,一直是中国数学界的重要课题.这大体可分为四个阶段:自刘徽之后至唐李淳风、李籍为第一阶段,此时中国数学仍处于理论奠基时期,人们主要对《九章算术》和刘徽所开创的工作进行补充、完善,以祖冲之父子为其最杰出代表.从北宋贾宪至元朱世杰为第二阶段,是中国筹算数学的高潮时期.贾宪的《黄帝九章算经细草》是这个高潮的主要推动作品,并包含了这个高潮中最先的一批成果;杨辉的《详解九章算法·九章纂类》则可以看作中国古代对《九章算术》研究的总结;秦九韶、李冶、朱世杰的杰出成就都受到《九章算术》和刘徽的重大影响.自元中叶至清中叶为第三阶段,中国古典数学衰落,《九章算术》几乎失传.自清中叶至今二百余年为第四阶段,《九章算术》因修《四库全书》而重新面世.此时,西方早已进入高等数学阶段,对《九章算术》和刘徽的研究本身一般说来没有发展数学的意义，而是用现代数学知识和科学方法对其进行整理、阐释，属数学史研究的范畴.

本章着重阐述第一、二两个阶段，并试图对中国古典数学的特点作一些考察.

第一节　祖冲之父子及其《缀术》

刘徽之后，在研究《九章算术》和刘徽方面贡献最大的，首先是祖冲之父子. 现今所知道的他们的数学成就，都是在刘徽的基础上完成的.

一、祖冲之和祖暅之

祖冲之(429～500)，字文远，祖籍范阳蓟或遒[①]，是南朝宋、齐间著名数学家、天文历法家、机械制造家、文学家. 祖父祖昌，西晋灭亡时举家南迁，曾任刘宋大匠卿. 祖冲之少年聪颖，有机思. 宋孝武帝时，主持华林学省(科学研究机关)，后任南徐州(今江苏省镇江市)迎从事. 创制《大明历》，首先引入岁差，撰著名的《驳议》，坚持科学真理，主张“测以定形，据以实效”，反对“虚推古人”、“信古而疑今”，不畏权贵，驳斥了权臣戴法兴之谬说，捍卫了《大明历》. 又造千里船、水碓磨，改造指南车、木牛流马等. 还撰《安边论》，主张“开屯田，广农殖”. 曾受齐明帝(494～499在位)之托，巡行四方，兴造大业，以利百姓，因有战事，未能实行. “著《易》、《老》、《庄》义，释《论语》、《孝经》，注《九章》，造《缀术》数十篇. ”(《南齐书・文学・祖冲之》)祖冲之是一位博学全

① 《南齐书》作蓟，《南史・祖冲之》作遒. 按：蓟即今北京市，遒县即今河北省涞水县.

才的科学家.

子祖暅之,一作祖暅,字景烁.继父志,传家业,时人称他“究极精微,亦有巧思.入神之妙,般、倕无以过也”.他聚精会神之时,雷霆不能入.有一次,他走路时思考问题,头撞到仆射徐勉身上,徐勉唤他,才醒悟过来,传为佳话.梁天监初,修乃父《大明历》,天监九年(510)得以颁行.位至大匠卿.公元525年,被北魏俘获,由于数学家信都芳的推荐,受到安丰王元延明的礼遇.元延明是一位开明、博学的鲜卑族贵族.信都芳是北朝大数学家,河间人,元延明“引之在馆,共撰《古今乐事》、《九章十二图》.又集《器准》九篇,芳别为之注,皆行于世”(《魏书·安丰王传》).后祖暅之返南朝,“留诸法授芳,由是弥复精密”(《北史·艺术·信都芳》).信都芳后亦注重差、勾股(《魏书·术艺·信都芳》).

二、《缀术》

关于《缀术》的书名、卷数、作者,史籍记载互异.《南齐书》、《南史》称祖冲之《缀述》数十篇.李籍《周髀算经音义》、《旧唐书·经籍志》、《新唐书·艺文志》称《缀术》五卷,祖冲之撰.《通志》作《缀术》六卷,祖冲之撰.《隋书·经籍志》称《缀述》六卷,《日本国见在书目》作《缀术》六卷,均无撰著者姓名.唐王孝通《上缉古算经表》称祖暅之《缀术》,未云卷数.宋沈括《梦溪笔谈》卷一称“北齐祖亘有《缀术》二卷”.由于书已失传,难以对《缀述》、《缀术》的作者、卷数及其与祖冲之《九章算术》注的关系作出确定的结论.钱宝琮认为,王孝通曾指责“祖暅之《缀术》曾不觉方邑进行之术,全错不通,刍甍、方亭之问,于理未尽”,由此看来,体积问题和方邑测量问题是其中的重要内容.《隋书·律历志》引祖冲之圆周率的成就,李淳风《九章算术注释》引祖暅之开立圆术,很可能是《缀术》的内容.祖冲之写成了数十篇专题论文,附缀于刘徽注的后面,叫它"缀述",也就是他的《九章》注. 圆周率和球体积的计算是其重要部分. 祖暅之继承他父亲的教训,写成《缀术》六卷(或五卷),是一部数学问题集. 祖冲之、祖暅之都可以说是《缀术》的作者(《中国数学史》). 李俨认为,《缀术》,祖暅之撰,或暅之简约其父《缀术》另成二卷(《中国古代数学史料》).

《缀术》不幸失传,其原因,《隋书·律历志》说:对《缀术》"学官莫能究其深奥,是故废而不理". 我们认为,《隋书》的说法是可信的.《缀术》的成就绝不止上述几项,它包含了为隋、唐数学家所不理解的非常深奥的数学内容. 隋唐时期,尽管有王孝通的三次方程,李淳风等整理《算经十书》,国子监设算学馆等创设,但当时的数学水平已远不如南北朝时期. 数学博士梁述、助教王真儒等参与的李淳风《九章算术注释》几乎没有什么创见,甚至连正六边形的周长与直径之比为三比一也认为"难晓",需举实物为喻,足见当时大学数学系学生及教师的水平之低下. 王孝通对《缀术》的指责表明他不能理解祖氏父子的数学创造. 王孝通在历法上是守旧派. 他著《缉古算经》,自诩千金不能易一字,缺乏一个科学家应有的谦虚和实事求是的作风. 因此,他与算学馆学官一样不能究《缀术》之深奥,而对祖氏父子妄加指责,是可以理解的. 中国数学史上还有一个完全类似的例子. 李冶《测圆海镜》中的天元术,三百年后明朝的著名数学家顾应祥、唐顺之无法理解,说天元术"漫无下手之处",对李冶大加指责,倘不是《测圆海镜》在清代重新面世,则人们难以知顾、唐"贻千古不知而作之讥",而李冶之冤无从昭雪矣.

三、圆周率的计算

目前,人们只知道祖冲之父子的两项确切的成就. 一是《隋书·律历志》载祖冲之计算出比刘徽更精确的圆周率：

> 宋末，南徐州从事史祖冲之更开密法，以圆径一亿为一丈，圆周盈数三丈一尺四寸一分五厘九毫二秒七忽，朒数三丈一尺四寸一分五厘九毫二秒六忽，正数在盈、朒二限之间．密率：圆径一百一十三，圆周三百五十五．约率：圆径七，周二十二．

此相当于：

$$3.1415926<\pi<3.1415927$$

及：

约率：　　$\pi\approx\dfrac{22}{7}$

密率：　　$\pi\approx\dfrac{355}{113}$

在国外，精确到八位有效数字的圆周率到 1247 年才被中亚数学家阿尔·卡西所超过．而密率 $\pi\approx\dfrac{355}{113}$则是分母小于 16604 的接近 π 的真值的最佳分数，它于 1573 年才被德国数学家奥托重新发现，此后荷兰工程师安托尼兹也得到了同样的结果（梁宗巨：《世界数学史简编》）．后者是用阿基米德的方法求出$\dfrac{333}{106}<\pi<\dfrac{377}{120}$，然后再取二者分子、分母的平均值得出的．祖冲之是用什么方法求出上述值的，史书没有记载．据认为，他是利用刘徽计算圆周率的程序求得 π 的八位有效数字的．比如，直径 1 丈的圆内接正 $6\cdot2^{11}$ 边形面积 $S_{11}=3.14159251$ 丈^2，正 $6\cdot2^{12}$ 边形面积 $S_{12}=3.14159261$ 丈^2，$S_{12}-S_{11}=0.00000010$ 丈^2，由于 $S_{12}<S<S_{11}+2(S_{12}-S_{11})$，因此得圆面积的盈、朒二限：

$$3.14159261\text{丈}^2 < S < 3.14159271\text{丈}^2$$

利用圆面积公式(14),便可反求出圆周长的盈、朒二限(参见钱宝琮:《中国数学史》).约率实际上是何承天(370～447)求得的.何承天说,周天 $365\frac{75}{304}$度,南北二极相去 $116\frac{65}{304}$度强,即天径也.以天径除天周得周率 $\frac{111035}{35329}=3.142885$,与 $3\frac{1}{7}$很接近.至于密率是怎么求出的,数学史界有各种猜测,难以定论.有的学者认为是通过繁分数或渐近分数求得的,作为现在计算圆周率的一种方法,无疑是正确的,但是,它不符合中国古代的数学传统.我们知道,《九章算术》和刘徽时代很不愿使用繁分数(即重有分),这种传统到祖冲之时代看不出有改变的迹象.钱宝琮的推测是祖冲之用了何承天的调日法.已知 π 小于何承天率 $\frac{22}{7}$ 而大于刘徽率 $\frac{157}{50}$,就以 $\frac{22}{7}$ 为圆周的强率,$\frac{157}{50}$ 为弱率.将强、弱二率的分子、分母分别相加,得到 $\frac{179}{57}\approx 3.1404<\pi$,再以 $\frac{179}{57}$ 和 $\frac{22}{7}$ 的分子、分母分别相加得 $\frac{201}{64}<\pi$.由此类推,得到 $\frac{157+22\times 9}{50+7\times 9}=\frac{355}{113}\approx 3.1415929$,与周率正数十分接近,便以 $\frac{355}{113}$ 为圆周密率(钱宝琮:《中国数学史》).祖冲之与何承天都是南朝天算大家,祖冲之承继何承天的方法颇多,钱老的推测是可信的.

四、球体积和祖暅之原理

祖冲之父子数学上第二项成就就是在刘徽的基础上提出了完整的祖暅之原理,求出了刘徽设计的牟合方盖的体积,从而完满地解决了球体积问题.祖冲之《驳议》中曾说:“立圆旧误,张衡述而弗改.”钱宝琮认为,《缀述》很可能有一篇专门讨论牟合方盖和球体积的计算方法. 李淳风等《九章算术注释》引祖暅之开立圆术云:

> 祖暅之开立圆术曰:以二乘积,开立方除之,即立圆径. 其意何也? 取立方棋一枚,令立枢于左后之下隅,从规去其右上之廉;又合而横规之,去其前上之廉. 于是立方之棋分而为四. 规内棋一,谓之内棋,规外棋三,谓之外棋. 规更合四棋,复横断之. 以勾股言之,令余高为勾,内棋断上方为股,本方之数,其弦也. 勾股之法:以勾幂减弦幂,则余为股幂. 若令余高自乘,减本方之幂,余即内[①]棋断上方之幂也. 本方之幂即此[②]四棋之断上幂. 然则余高自乘,即外三棋之断上幂矣. 不问高卑,势皆然也. 然固有所归同而途殊者尔. 而乃控远以演类,借况以析微. 按:阳马方高数参等者,倒[③]而立之,横截去上,则高自乘与断上幂数亦等焉. 夫叠棋成立积,缘幂势既同,则积不容异. 由此观之,规之外三棋旁蹙为一,即一阳马也. 三分立方,则阳马居一,内棋居二可知矣. 合八小方成一大方,合八内棋成一合盖. 内棋居小方三分之二,则合盖居立方亦三分之二,较然验矣. 置三分之二,以圆幂率三乘之,如方幂率四而一,约而定之,以为丸率. 故曰丸居立方二[④]分之一也.

祖暅之考虑立方的八分之一,他先着眼于正方体中截取牟合方盖后剩余的部分,如图 87(1)所示,正方体的八分之一为

① 鲍刻本、大典本“内”下衍“减”字,李潢校删.
② “此”,鲍刻本、大典本讹作“外”,形似而误.
③ “倒”,鲍刻本、大典本讹作“列”,李潢校正.
④ “二”,鲍刻本、大典本讹作“三”,戴震校正.

$ABCDEFGO$,其内切牟合方盖的八分之一为 $AEFGO$,称为内棋,如图 87(2)所示. 其剩余部分在截取牟合方盖的过程中,被切割成三部分:$ADEF$,$ABGF$,$ABCDF$,称为外三棋,如图 87(3)、(4)、(5)所示. 用一平面在内棋的高 OA 上任一点 N 处($ON=a$,称为余高)横截 $ABCDEFGO$,则其截面 $IJKN$ 的面积为球半径之平方 r^2. 设内棋的截面正方形 $NMHL$ 的面积是 b^2,那么显然,外三棋的截面长方形 $LHQK$、$MIPH$ 和正方形 $HPJQ$ 的面积之和应为 r^2-b^2. 而由勾股形 ONM,$r^2-b^2=a^2$,即余高自乘,而这恰恰等于一个长、宽、高相等的阳马距顶点为 a 处的横截面积,如图 87(6)所示. 祖暅之指出,立体是由面积一层层叠积起来的. 诸立体,凡等高处截面积相等,则其体积必相等. 于是,外三棋的体积之和与其长、宽、高为球半径 r 的阳马体积相等,即等于小立方的三分之一. 因此,内棋的体积是小立方的三分之二. 从而证明了牟合方盖的体积是其外切正方体体积的三分之二,于是球体积为(取 $\pi=3$):

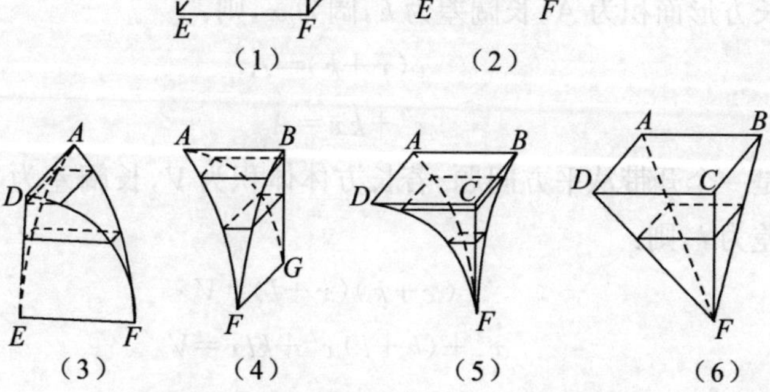

图 87

$$V=\frac{1}{2}D^3 \tag{34'}$$

现今将“夫叠棋成立积，缘幂势既同，则积不容异”称为祖暅之原理(或祖暅原理)，后来的卡瓦列利原理与之等价. 前面我们已经指出，刘徽对这一原理已有了深刻的认识，实际上认识到了“幂势既同则积不容异”的道理. 然而，刘徽只将它应用于方锥与阳马、圆锥与方锥、圆亭与方亭、球与牟合方盖的比较上，而对牟合方盖这样“方圆相缠”的立体(其表面由八块圆柱面拼成而截面是正方形)则无处下手. 祖暅之的高明之处在于，他能将这个原理应用于几块体积的截面积之和与另一体积的比较上，而且，这几块体积的截面积不一定保持同一形状，是可以变化的，其变化率也不一定如《九章算术》或刘徽所论立体那样呈线性，可以是非线性的. 这种应用上的拓展表明祖暅之对此原理的认识比刘徽进了一大步.

五、开差幂和开差立

《隋书·律历志》还说，祖冲之“又设开差幂，开差立，兼以正圆参之”. 文字简括，给后人留下了猜度的余地. 钱宝琮认为“开差幂”是已知长方形的面积及长、阔之差，用开平方求阔或长. 设长方形面积为 A，长阔差为 k，阔为 x，则：

$$x(x+k)=A$$
$$x^2+kx=A$$

是一个开带从平方问题. 若长方体体积为 V，长阔差为 k，高阔差为 l，则：

$$x(x+k)(x+l)=V$$
$$x^3+(k+l)x^2+klx=V$$

是一个开带从立方的问题."正圆"中的"圆"字,钱老认为是"负"字之误,负与员形近,古代员与圆相通.钱老认为,如果带从平方或带从立方的开方算式中容许有负数项,那么开平方或开立方时必须用正负数加减法则去解决它(《中国数学史》).我们认为钱老的分析是有道理的.

第二节　李淳风、李籍等对《九章算术》和刘徽的研究

一、南北朝至唐关于《九章算术》和刘徽的著作

刘徽之后至唐,史籍所载关于《九章算术》和刘徽的著述除《缀术》外还有:

九章算术　二卷,徐岳、甄鸾重述;

九章算术　一卷,李遵义疏;

九九算术　二卷,杨淑撰;

九章别术　二卷;

九章算经　二十九卷,徐岳、甄鸾等撰;

九章推图经法　一卷,张峻撰.

以上见《隋书·经籍志》.

九章算经　九卷,甄鸾撰;

九章杂算文　二卷,刘祐撰;

九章术疏　九卷,宋泉之撰.

以上见《旧唐书·经籍志》、《新唐书·艺文志》.

李淳风注《九章算术》九卷;

李淳风注《九章算经要略》一卷[①]；

李淳风注《海岛算经》一卷.

以上见《新唐书·艺文志》.

甄鸾《海岛算术》一卷[②]；

李籍《李章算经音义》一卷；

注九章算经　九卷，魏刘徽、唐李淳风注.

以上见《宋史·艺文志》.

以上著述，有的在《一切经音义》、《崇文总目》、《郡斋读书志》、《玉海》、《文献通考》、《通志》等典籍中也有记载. 此外，《日本国见在书目》载：

九章　九卷，祖中注；

九章术义　九卷，祖中注；

海岛　二卷，祖仲注.

这三部著作，李俨先生"疑并为祖冲之所撰，因《南史》曾称祖冲之注《九章》也"(《中国古代数学史料》). 李遵义、杨淑、张峻、宋泉之的情况不可考. 以上诸著作，除刘徽、李淳风等注《九章算术》、李籍《九章算经音义》外，全部亡佚. 今《海岛算经》亦无祖冲之、甄鸾的注.

公元五世纪初，社会上还流传着《九章算术》的几家注本.《魏书·术艺·殷绍》、《北史·艺术·殷绍》都记载了殷绍向法穆、释昙影、成公兴学习《九章算术》的情形. 殷绍是北魏太武帝(公元 424～451 在位)时算学博士，"达《九章》、《七曜》"，大安四年(458 年)夏上《四序堪舆表》，称曾"遇游遁大儒成公兴，从求《九章》要术. 兴字广明，自云胶东人". 成公兴带他到阳翟(今河

---

① 《通志》作《九章算经要诀》一卷，《宋史·艺文志》作九卷.

② 《玉海》作《海岛算经》一卷，甄鸾注、李淳风等注释.

南省禹州市)见释昙影,释昙影带他到长广(今山东省平度市)东山见道人法穆,法穆等给他“开述《九章》数家杂要,披释章次意况大旨”,他学习四年,“从穆所闻,粗皆仿佛”.

以上关于《九章算术》、《海岛算经》的撰注没有一部流传到现在.关于甄鸾的《九章算术注》的不同记载,是不同的著作,还是同一著作不同的抄本,也无从考察.甄鸾是位多产的数学家,他以前的算经,除《缀术》外,都有他撰注的记载,不过除《周髀算经注》外,都未流传下来.所撰《三等数》、《甄鸾算术》也已失传.现传本《五曹算经》、《五经算术》,据钱宝琮考证是甄鸾撰,水平都不高,不仅不能与《九章算术》同日而语,甚至也不能与《孙子算经》、《张丘建算经》相匹敌.自云注徐岳《数术记遗》,今有传本.其中有筹算、珠算等十四种算法的记载,可视作古代人民改革计算工具的一种尝试.此珠算虽不同于宋代之后的珠算盘,但为其提供了借鉴,则是无疑的.甄鸾系北周无极(今河北省无极县)人,六世纪在世,在天文历法方面也有研究.

南朝梁、陈间国子博士顾越(480～569)“于《九章》、《七曜》、音律、图纬咸尽精微”.顾越,字允南,吴郡盐官(今浙江省海宁县)人.南朝著名文学家、经学家、数学家(《南史·儒林·顾越》).

刘祐,荥阳人.隋文帝时为大都督.曾与张宾、刘晖等编定历法,著《律历术文》、《四时立成法》、《安历志》等,其他著述遍及军事、占候、民俗等各方面(《隋书·艺术·刘祐》),所撰《九章杂算文》已佚.

刘焯(544～610),信都昌亭(今河北省冀县)人,字士元,隋太学博士,著名学者,经学家、数学家、天文历法学家.“《九章算术》、《周髀》、《七曜历书》十余部,推步日月之经,量度山海之术,莫不核其根本,穷其秘奥.”著有《稽极》十卷、《历书》十卷、《五经术议》等(《隋书·儒林·刘焯》).他在所创《皇极历》中创立了内插公式：

$$f(nl+s)=f(nl)+\frac{s}{l}\frac{\Delta_1+\Delta_2}{2}+\frac{s}{l}(\Delta_1-\Delta_2)-\frac{s^2}{2l^2}(\Delta_1-\Delta_2)$$

以计算日、月、五星的行度，在数学史、历法史上意义重大，其中 $f(t)$ 是时间 t 的函数，l 是时间 t 内每一分段的时间，$0<s<l$. $n=1,2,3\cdots$ 时 $f(nl)$ 是已知的. 它比刘洪求月行度的公式精确得多（钱宝琮《中国数学史》）.

学者刘炫，河间人，少年曾与刘焯同窗，成年后与刘焯交往甚密，并为大儒，时人誉为“二刘”. 刘炫亦通数学，著《算术》二卷.

由此可见，南北朝时期，尽管南北分裂，政权更迭频仍，但人们从未间断过对《九章算术》和刘徽的研究.

二、王孝通《缉古算经》

南北朝成书的《孙子算经》、《张丘建算经》在刘徽的基础上继续对《九章算术》的开方法进行改进，并分别提出了一次同余方程组问题（《孙子算经》）、百鸡问题及等差极数的诸公式（《张丘建算经》），涉及到了《九章算术》未涉及的某些领域，但总的说来，它们是比《九章算术》更初等的数学著作. 隋、唐数学家王孝通著《缉古算经》，在某种意义上可以说是《九章算术》的补充. 他“寻《九章》商功篇有平地役功受袤之术. 至于上宽下狭、前高后卑，正经之内阙而不论. 致使今代之人不达深理，就平正之间同欹邪之用. 斯乃圆孔方枘，如何可安. 臣昼思夜想，临书浩叹，恐一旦瞑目，将来莫睹. 遂于平地之余，续狭斜之法，凡二十术，名曰‘缉古’”. 其中绝大多数问题要列出三、四次方程解答. 在《缀术》失传之后，它是中国数学史上第一次记载三次、四次方程的著作. 其中四次方程限于 $x^4+ax^2=B$ 的形式($a\geqslant0,B>0$)，通过两次开平方解决. 王孝通《上缉古算术表》指责祖暅之的《缀术》，对自己的《缉古算经》，则自吹“请访能算之人考论得失，如有排其一字，臣欲谢以千金”. 笔者对他的数学水平是否高于祖氏父子是怀疑的. 王孝通虽然赞扬刘徽“思极毫芒”，为“一时独步”，但又说刘徽的著作“未为司南”，甚至说他自己一旦死去，他的方法将来莫睹. 他蔑视前贤，轻视同辈，贱视后人，其狂妄之态可掬. 王孝通的履历不清楚，曾任太史丞，与傅仁均辩论历法(623 年)，主张历书不用定朔，天文计算中不用岁差，都是错误的，在天文方面是个守旧派.《孙子算经》、《张丘建算经》、《缉古算经》都采取应用问题集的形式，没有一般性术文，其编著思想不如《九章算术》和刘徽注.

三、李淳风等注释《九章算术》

唐初李淳风等奉敕注释《九章算术》等十部算经，是唐初以前中国数学奠基时期数学著作的总结，是中国数学史上的一件大事. 李淳风(602～670)，岐州雍(今陕西省凤翔县)人，唐初著名天文学家、数学家，明天文、历算、阴阳之学. 贞观(627～649)初入太史局，后迁太史丞. 高宗朝任太史令. 造《麟德历》，撰《晋书》、《隋书》之《天文志》、《律历志》. 高宗显庆元年(656 年)以修国史功封昌乐县男. “先是，太史监侯王思辩表称《五曹》、《孙子》理多踳驳. 淳风复与国子监算学博士梁述、太学助教王真儒等受诏注《五曹》、《孙子》十部算经. 书成，高宗令国学行用.”(《旧唐书·李淳风传》)书成当在是年.

此后，刘徽、李淳风注的《九章算术》及李淳风注的刘徽《海岛算经》，与《周髀算经》、《孙子算经》、《夏侯阳算经》、《张丘建算经》、《缀术》、《五曹算经》、《五经算术》、《缉古算经》等一道成为国子监算学馆的主要教材，也成为明算科的主要考试科目.《唐六典》云《九章》、《海岛》共学习三年. 算学馆教师水平不高，教育方法落后，教师待遇低，明算科及第后待遇也低，因此，尽管隋、唐国子监设立算学馆及科举中设明算科是魏晋南北朝时期数学高度发达的反映，也表明了隋唐统治者对数学某种程度的重视，但是这些措施对数学发展的推动作用是十分有限的.

现传算经中，只有《周髀》、《九章》、《海岛》、《张丘建》、《五经算术》有李淳风等的注释，其中对《周髀》的注释贡献较大. 而另外四种的注释，质量并不很高(钱宝琮:《中国数学史》). 我们自然着重分析李淳风等的《九章算术注释》.

自宋代起，李淳风等《九章算术注释》无盈不足、方程二章注，是原来无注，还是传抄人错漏失传，亦或窜入刘徽注，无考. 不过，最后二种可能性不大. 李淳风等注释中最有价值的是引祖暅之开立圆术，保存了祖冲之父子的这一重要成就.

其次，他们指出了均输章负笼问的错误. 其问题是:

> 今有负笼，重一石，行百步，五十返. 今负笼重一石一十七斤，行七十六步. 问返几何?
>
> 术曰:以今所行步数乘今笼重斤数为法. 故笼重斤数乘故步，又以返数乘之，为实. 实如法得一返.

其方法是错误的，刘徽未能发现. 李淳风说:

> 按:此负笼又有轻重，于是为术者因令重者得返少，轻者得返多. 故又因其率以乘法、实者，重今有之义也. 然此意非也. 按:此笼虽轻而行有限，笼过重则人力遗，力有遗而术无穷，人行有限而笼轻重不等. 使其有限之力随彼无穷之变，故知此术率乖理也. 若故所行有空行返数，设以问者，当

因其所负以为返率,则今返之数可得而知也.假令空行一日六十里,负重一斛,行四十里.减重一斗进二里半,负重二[①]斗以下,与空行同.今负笼重六斗,往还行一百步.问:返几何?答曰:一百五十返.术曰:置重行率,加十里,以里法通之,为实.以一返之步为法.实如法而一,即得也.

李淳风指出了原术数理上的错误.他另设计了同类的题目,提出了更准确的假设及正确的解题方法,虽未就原题提出正确的术文,却也是个进步.

此外,李淳风等还纠正了他见到的刘徽注中的某些错讹.如今有术刘徽注中有"然则所求之率常为母也".李淳风指出:"宜云'所求之率常为子,所有之率常为母.'今乃云'所求之率常为母'知,脱错也."又如开圆术刘徽注求周处衍"开方除之即径"之句,李淳风指出:"此注于徽术求周之法,其中不用'开方除之即径'六字.今本有者,衍剩也."等等.这些意见都是正确的.

不过总的说来,李淳风等人的《九章算术注释》与刘徽的《九章算术注》比较起来,水平不高.这首先表现在注释的指导思想上不如刘徽.作为杰出数学家,刘徽约简的思想很明确:有总术的,一般不注分术;同类的术文,一般只注一条,其他的或只说一句"此术犹某某",或由读者触类旁通,举一反三得到[②].李淳风等则一一注释,显得繁琐.

其次,方田章李淳风注释中有两处对刘徽的贬斥,非但不能证明刘徽错误,反而暴露了李淳风等人数学水平之低下.方田术刘徽注关于幂的定义是十分正确的,在刘徽注中起了重大作用.李淳风等一方面歪曲了刘徽的定义,说"积幂义同",一方面又由

---

① 杨辉本、大典辑录本"二"讹作"三",宋景昌校正.

② 衰分章后半章中有许多同类注,笔者认为系李淳风等注释,而非刘徽注.

幂字的本义,说"循名责实,二者全殊",指责刘徽关于幂的定义"全乖积步之本意",自诩为"存善去非,略为料[①]简,遗诸后学",暴露了李淳风等人逻辑上十分混乱.

圆田术刘徽注之后,李淳风等注释说:"径一周三,理非精密.盖术从简要,举大纲略而言之.刘徽将[②]以为疏,遂乃改张其率.但周、径相乘,数难契合.徽虽出斯二法,终不能究其纤毫也.祖冲之以其不精,就中更推其数.今者修撰,捃摭诸家,考其是非,冲之为密.故显之于徽术之下,冀学者之所裁焉."表彰祖冲之创设新圆周率的成绩是对的,然而贬斥刘徽是完全错误的.祖冲之求出比刘徽更精确的圆周率,是个进步,然据信,他用的是刘徽的方法.对圆周率的真值而言,祖冲之也不能"究其纤毫",而李淳风等注释中所使用的$\frac{22}{7}$,其精确度比徽率好不了多少.更重要的,在中国数学史上,创设基于正确的数学理论的圆周率求法的是刘徽.正确方法的建立,其意义远比方法的应用本身重要.正如钱宝琮所指出的:"李淳风等缺少历史发展的认识,有意轻视刘徽割圆术的伟大意义,徒然暴露他们自己的无知."(《中国数学史》)

第三,李淳风等在有关圆和圆体的计算中,使用了圆周率$\frac{22}{7}$,此值比徽率$\frac{157}{50}$误差稍小一点,且简单,无疑是对的,然而$\frac{22}{7}$是祖冲之的约率,而不是密率.李淳风等统统称之为密率,则是错误的.钱宝琮指出,后世人误认$\frac{22}{7}$为密率的很多,这都是李淳风等注释的谬种流传(钱宝琮:《九章算术提要》).

---

① 料,鲍刻本、大典本作"科",钱宝琮校正.

② "将",戴震辑录本作"特",亦通.

第四，李淳风等提出的计算，有的不如《九章算术》省简. 如粟米章由菽求熟菽问.《九章算术》的术文是“以菽求熟菽，二十三之，十而一.”盖菽率 45，熟菽率 $103\frac{1}{2}$，化成菽率 10，熟菽率 23，非常简捷. 后来宋元时期的乘除捷算法中化乘数、除数为 10 或 10 的倍数，就是循着这条路子走的. 李淳风却提出：“术欲从省，先以等数九约之，所求之率得一十一半，所有之率得五也.”显然，菽$\times 11\frac{1}{2}\div 5$ 远不如菽$\times 23\div 10$ 简省，与其“术欲从省”的本意相悖.

四、李籍《九章算术音义》

李淳风等注释《九章算术》之后，刘徽注、李淳风等注释的《九章算术》成为定本流传，至北宋贾宪前近四百年，未见有新的注释的记载，唯有李籍《九章算术音义》传世. 这是唐朝理论数学发展停滞不前，甚至比刘徽、祖冲之时代后退的反映.

《九章算术音义》近二百条，都是对《九章算术》及其刘、李注中的字、词、短语注音、诠释. 其注音用我国传统的反切法. 其诠释多引自刘徽注、李淳风等注释以及《孙子算经》、《五经算术》、《汉书》、《隋书》等著作，作者自己创新极少.

《九章算术音义》的可贵之处主要在于从它所用字词与现传各本的异同，可以揭示李籍时代《九章算术》的若干抄本情况，追寻后来的版本嬗递线索.《九章算术音义》中不同抄本的岐异文字有：

(1)刘徽序中，李籍释“索隐”条，今各传本中均无此二字.

(2)卷一圆田术李淳风等注释中李籍释“擫摭”二字，云“擫，或作捃”. 鲍刻本讹作“擫”，《永乐大典》戴震辑录本同李籍. 今按:攈亦误,当作"攗".

(3)卷一李籍释"晼"字,云"晼,当作宛,字之误也."鲍刻本作"宛",《永乐大典》戴震辑录本作"晼",同李籍.

(4)卷一李籍释"环"字,云"环,或作鐶".鲍刻本、《永乐大典》辑录本同李籍.

(5)卷二李籍释"糇",引刘徽注"犹数草木称其根株也".木,鲍刻本讹作"本",《永乐大典》辑录本同李籍.

(6)卷二李籍释"干"字,云"一本作竿".鲍刻本作竿,《永乐大典》辑录本同李籍.

(7)卷三李籍释"禀",云"禀,或作廪,非是".鲍刻本、《永乐大典》辑录本同李籍.

(8)卷四李籍释"桌",云桌,"一本作栗",鲍刻本、《永乐大典》本作"桌".

(9)卷四李籍释"咍哂",云"上,呼开切".鲍刻本、《永乐大典》本作"贻哂".

(10)卷五李籍释"鳖臑",云"臑,或作腝,非是."鲍刻本、杨辉本作腝,《永乐大典》辑录本同李籍.

(11)卷五李籍释"鳖臑",引刘徽注"臂节也".鲍刻本、杨辉本作"臂骨也".《永乐大典》辑录本同李籍.

(12)卷五李籍释"刍甍"引刘徽注"屋盖上苫也".苫,鲍刻本、杨辉本作"茨".《永乐大典》辑录本作"苫".

(13)同上条,引刘徽注"正解方亭两边"."解",鲍刻本、杨辉本作"斩",《永乐大典》辑录本作"解".

(14)卷六李籍释"乘",云"一本作量".杨辉本、《永乐大典》辑录本同李籍.

(15)卷六李籍释"薄塞",云"薄,或作博,非是."杨辉本、《永乐大典》辑录本同李籍.

(16)卷六李籍释“程传”,杨辉本作“乘传”,《永乐大典》辑录本作“程传”.

(17)卷七李籍释“朒”,云“或作朏,非是”.杨辉本作“朏”,《永乐大典》辑录本同李籍.

(18)卷七李籍释“进”,云“进,一本作准”.杨辉本、《永乐大典》辑录本同李籍.杨辉本注:“一云准.”

(19)卷七李籍释“之蜀贾”,云“贾,一本作价”.杨辉本、《永乐大典》辑录本同李籍.

以上19条中,李籍所引同于《永乐大典》本(或其子本《永乐大典》戴震辑录本)的有16条,不同者仅3条.前五卷12条中,与《永乐大典》本(或其子本辑录本)不同者仅2条,与鲍刻本不同者9条.李籍提到另本与鲍刻本相同的有3条.后五卷共10条,全与《永乐大典》辑录本相同,而与杨辉本则有4条相同,6条不同.整个《九章算术音义》有10条提到与现传各本均不同的另一本.这些事实说明:

(1)在李籍时代,就已经存在着几个基本一致而又有若干细微差别的刘徽、李淳风等注《九章算术》的抄本.换言之,李籍时代还存在着一个或几个不同于鲍刻本、大典本、杨辉本的刘、李注《九章算术》抄本.

(2)李籍所使用的底本与大典本的母本最为接近,或者就是大典本的母本.

(3)鲍刻本、杨辉本的母本在李籍时代就已与大典本的母本及李籍所使用的底本有所不同.自清中叶起关于《永乐大典》中的《九章算术》系将南宋鲍刻本抄入的说法,是一种想当然的误解.

(4)鲍刻本与杨辉本的母本比较接近,或者有同一母本.

(5)李籍决未参与过宋元丰间秘书省刻本《九章算经》的整

理工作.

《九章算术音义》的可贵之处还在于它为《九章算术》的校勘提供了借鉴. 如方田术李淳风等注释鲍刻本“幂是方面单布之名”之句,《永乐大典》戴震辑录本作“幂是四方单布之名”. 李籍在少广章“积幂”条所引与鲍刻本同,说明鲍刻本不误,而辑录本作“四方”很可能是辑录时粗疏造成的.

又如少广章开立圆术李淳风注“心亦昭晰”句,鲍刻本、大典本都如此. 戴震在孔继涵刻本中改作“心亦昭晰”. 李籍所引同鲍刻本、大典本,并说“昭晰,音哲,明也”,说明戴震纯属臆改. 后来的版本未能纠正这一臆改,是不妥的.

再如均输章成瓦问杨辉本、《永乐大典》辑录本都是“牝瓦三十八枚”、“牡瓦七十六枚”,且“牝”先“牡”后. 戴震在孔继涵刻本改作“牡瓦三十八枚”、“牝瓦七十六枚”,且先“牡”后“牝”. 宋景昌校勘杨辉本时不知它与孔刻本孰是. 清光绪间补刊聚珍版时依孔刻本改,后来诸版均如此. 李籍所引同杨辉本、《永乐大典》辑录本,说明戴震在孔刻本中亦属臆改.

凡此等等,都为我们纠正戴震辑录的粗疏及臆改提供了佐证.

李籍的生卒、生平、籍贯不详. 鲍澣之刻本《周髀算经音义》署为“假承务郎　秘书省钩考算经文字　臣李籍撰”. 甚至连李籍所在的朝代也是一个有争议的同题.《四库全书》、《武英殿聚珍版丛书》的《九章算术》所附《音义》均署“唐李籍”. 清末黄钟骏撰《畴人传四编》,将李籍列入宋代,注明资料来源于《宋史·艺文志》. 然而《宋史·艺文志》并无李籍的朝代及官衔,且《宋史·艺文志》所列的著作并不都是,甚至大都不是宋代的著作. 列在《九章算经音义》前的十部著作,即苗锐《新删定广圣历》、僧一行《开元大衍历议》、启玄子《天元玉册》、甄鸾《五曹算术》、《海岛算术》、赵君卿《周髀算经》、《张丘建算经》、《夏侯阳算经》、王孝通《缉古算经》、《谢察微算经》，全都是唐代及其以前的著作.列在《周髀算经音义》后的十一部著作，其中郭献之《唐宝应五纪历》、徐承嗣《唐建中贞元历》、边冈《唐景福崇玄历》、《大唐长历》等四部出自唐代，马重绩《晉天福调元历》、王处讷《周广顺明元历》、《建隆应天历》、王朴《周显德钦天历》、《蜀武成永昌历》、《唐保大齐政历》等六部是五代十国时期的作品.另一部李绍谷的《求一指蒙算术玄要》，黄钟骏将其列入宋代，其根据同样不足.总之，《宋史·艺文志》无法说明李籍属宋代.我们认为，李籍是唐朝人的说法更合理.现传南宋嘉定六年鲍刻本《周髀算经音义》是北宋元丰七年(1084)秘书省刻本的翻刻本.李籍在秘书省工作.唐龙朔二年(662年)改秘书省为兰台，太极元年(712)又恢愎秘书省的名称(《新唐书·百官志》;永瑢:《历代职官表》).《音义》释"李淳风"条，说明李籍不可能生活在龙朔二年以前.那么，李籍著书年代上限是712年，下限是1084年.考李籍官"承务郎"，这本是唐朝的从八品文职散官(《新唐书·百官志》)，宋初无此官名，元丰三年(1080)始恢复承务郎这一散官名称(《宋史·神宗本纪》、《宋史·职官志》).因此，如果李籍是宋朝人，只能是元丰间人，并在1080～1084年间著两算经的《音义》;又因他在秘书省负责钩考算经文字，那么必定参与整理秘书省刻本《九章算术》.上面我们已指出，李籍肯定没有参与过元丰七年秘书省刻本《九章算术》的整理，这就从根本上否定了李籍是宋代人的可能性.因此，可以推断李籍是唐朝人.唐秘书省有校书郎、正字等低级文职官员，负责校勘整理图书.唐元和三年(808)、开成元年(836)都有校书的记载，李籍很可能是这一时期的人.

第三节 贾宪《黄帝九章算经细草》与杨辉《详解九章算法》

一、贾宪与杨辉

11世纪上半叶，北宋著名数学家贾宪撰《黄帝九章算经细草》九卷，是继刘徽注之后，现存研究《九章算术》的最重要著作.此依《宋史·艺文志》所录书名.郑樵《通志》(1161)称作《九章细草》九卷，王尧臣《崇文总目》(编于1034～1038)称作《九章算草》九卷.贾宪还撰有《算法学古集》二卷(《通志·艺文》)，已佚.贾完的履历、籍贯不详.王洙(997～1057)说:"近世司天算，楚衍为首.既老昏，有弟子贾宪、朱吉著名.宪今为左班殿直，吉隶太史.宪运算亦妙，有书传于世.而吉驳宪弃去余分，于法未尽."(王钦臣:《王氏谈录》)楚衍是宋初大天文学家、数学家，开封胙城(今河南省延津县北30余里处)人，"于《九章》、《缉古》、《缀术》、《海岛》诸算经尤得其妙".天圣初(1023)造新历，授灵台郎，与宋行古等九人制《崇天历》(1024～1064，1068～1074年行用).任司天监丞，入隶翰林天文.皇祐(1049～1053)中，造《司辰星漏历》十二卷.后与周琮同管司天监.有女儿，亦善算术.(《宋史·方技·楚衍》)钱宝琮根据这些资料断定贾宪撰书当在天圣元年(1023)后.笔者又据《黄帝九章算经细草》编入《崇文总目》，则贾宪著此书当在1034年以前.贾宪所任左班殿直是仁宗时武职三班小使臣，看来数学是他的业余爱好.其《黄帝九章算经细草》九卷以刘徽注、李淳风等注释《九章算术》为底本.卷一、二及卷三上半部，卷五约半部已佚，其余部分保存在现存的杨辉《详解九章算法》中.关于这个结论，下文要详细论述.宋元是中国筹算数学的高潮时期,而贾宪是宋元数学高潮的主要推动者.根据现有资料,宋元数学的重大成就,除大衍求一术外,其余诸项都肇始于贾宪.

杨辉,字谦光,钱塘(今杭州市)人.13世纪下半叶南宋杰出数学家.时人称他"以廉饬己,以儒饰吏,吐胸中之灵机,续前贤之奥旨.从奇而耦,由晦而彰.内可以知外,表可以识里,其用心岂为运牙筹计金谷而已哉".(陈几先《日用算法序》)严敦杰据此认为他当担任过某地的行政官员.再据他书中的信息,知其足迹遍于杭州、台州、苏州等地.他的《详解九章算法》以魏刘徽注、唐李淳风等注释、北宋贾宪细草的《九章算术》为底本,实际上是一部新的《九章算术》注,其中的《九章纂类》在某种意义上是中国古代数学繁荣时期关于《九章算术》研究的一次总结.杨辉还编纂有《日用算法》二卷(1262,已佚)、《乘除通变本末》三卷(1274)、《田亩比类乘除捷法》二卷(1275)、《续古摘奇算法》(1275),后三种又常合编,称为《杨辉算法》.在中国宋元以前数学家中,他是留传下来著作最多的一位.这些著述,形成了一个完整的系统.杨辉自述他的编纂过程时说:

> 《九章》为算经之首,辉所以尊尚此书,留意详解.或者有云,无启蒙之术,初学病之,又以乘除加减为法,秤斗尺田为问,目之曰《日用算法》.而学者粗知加减归倍之法,而不知变通之用,遂易代乘代除之术,增续新条,目之曰《乘除通变本末》.及见中山刘先生益撰《议古根源》,演段锁积,有超古入神之妙.其可不为发扬,以裨后学,遂集为《田亩算法》.通前共刊四集,自谓斯愿满矣.一日,忽有刘碧涧、丘虚谷携诸家算法奇题及旧刊遗忘之文,求成为集,愿助工板刊行.遂添摭诸家奇题与夫缮本及可以续古法草总为一集,目之曰《续古摘奇算法》.

杨辉的著述保存了若干极为宝贵的数学史料，在高次方程数值解法、高阶等差级数求和、纵横图及改进乘除捷算法等方面有突出贡献.

二、杨辉《详解九章算法》照录了贾宪《黄帝九章算经细草》

杨辉《详解九章算法》今存衰分卷后半卷（在《永乐大典》卷16343中）、少广卷（在《永乐大典》卷16344中）、商功卷（约半卷）、均输、盈不足、方程、勾股四卷及九章纂类（在《宜稼堂丛书》本中），即杨辉书的卷四（后半卷）、五、六（半卷）、七、八、九、十卷及末卷. 自郁松年刻《宜稼堂丛书》本起，近一个半世纪中，数学史界、经学界都认为，《详解九章算法》中除了《九章算术》本文、刘徽注、李淳风等注释外，全是杨辉所撰. 而贾宪《黄帝九章算经细草》除“九章纂类”所引立成释锁法和增乘开方法外，全都失传了. 笔者认为，这种看法是不妥当的. 杨辉《详解九章算法》不仅照录了《九章算术》本文、刘徽注、李淳风等注释，也照录了贾宪的细草，换言之，贾宪《黄帝九章算经细草》并未完全失传，尚有约三分之二赖杨辉《详解九章算法》保存到现在. 其理由如次：

杨辉以贾宪《黄帝九章算经细草》为底本撰《详解九章算法》. 贾宪的《黄帝九章算经细草》于绍兴十八年（1148）被南宋数学家荣棨刊刻并作序. 杨辉在谈到他撰《详解九章算法》的过程时说：“向获善本，得其全经，复起于学，以魏景元元年刘徽等、唐朝义大夫行太史令上轻车都尉李淳风等注释、圣宋右班直贾宪撰草.”显然这里的善本是刘徽注、李淳风等注释、贾宪细草的《九章算术》，即荣棨所刊行者. 因此，钱宝琮说，据此可知，贾宪的《黄帝九章算经细草》“是用刘徽、李淳风注本为底本，而杨辉的《详解九章算法》又用贾宪《细草》本为依据”（《增乘开方法的历史发展》). 换言之,杨辉《详解九章算法》一书以刘徽注、李淳风注释、贾宪细草的《九章算术》(当时称为《黄帝九章算经》)为底本.

杨辉是怎样使用底本的呢? 他说:

> 辉虽慕此书,未能贯理,妄以浅也,聊为编述,择八十题以为矜式. 自余一百六十六问,无出前意,不敢废先贤之文,删留题次,习者可以闻一知十. 恐问隐而添题解,见法隐而续释注,刊大小字以明法草,僭比类题以通俗务. 凡题法解白不明者别图而验之,编乘除诸术以便入门,纂法问类次见之章末,总十有二卷. 虽不足补前贤之万一,恐亦可备故来之观览云尔.

我们分析一下这段自述. 郁松年说:"自序详解八十题,今乃九十七题,总十二卷,今不分卷,盖非原书."这里郁松年犯了两个错误:一是把石研斋抄半部《详解九章算法》当成了全部;二是以为杨辉把详解的 80 题外的内容,全都删除,据这半部书有 97 题(按:实为 98 题)与 80 题不符而怀疑此非原书. 第一个错误早已被钱宝琮、严敦杰等学者所纠正. 第二个错误也被部分地纠正了,严敦杰说:"所说九十七题为现存题问数,并非详解题总数."(《宋杨辉算书考》)杨辉自述表示,他将底本的 246 问分成两部分,一部分是作为"矜式"的 80 问,关于这一部分,下文再分析;另一部分是剩下的 166 问,杨辉尽管认为它们"无出前意",然而,他"不敢废先贤之文,删留题次",保留了这些题目."删留",留也,偏义词,并不是又删又留,删留并行[①]. 总之,杨辉对《九章算术》246 问,一个也没删,而是全部抄录.《宜稼堂丛书》本仅存

① "删",亦可理解为"留".《汉书·艺文志》:"删其要,以备篇籍". 此处"删"即"留"的意思.

半部，即抄录了 98 问，从根本上否定了杨辉除列作“矜式”的 80 问外删掉所余 166 问的说法.

那么，杨辉所抄录的《九章算术》246 问中是不是只有作为矜式的 80 问才有《九章算术》本文、刘、李注之外的内容呢？如果是，则将《详解九章算法》中除上述三部分内容以外的内容全归于杨辉的说法，尚可成立；如果不是，这种说法便全然不能成立. 我们就《宜稼堂丛书》本《详解九章算法》分析一下它的结构.

《详解九章算法》除《九章算术》本文、刘徽注、李淳风等注释外，还有法(或术)、草、解题、比类四项(个别的有详解). 各章诸题的情况列表如下(其中题目顺序按此书原来的状况，而序号则借用钱校本的，某题有某项者则标以“△”).

盈不足章

题	1	2	3	4	5	6	8	7	9	10
法					△		△		△	
草	△		△	△			△		△	△
解题	△		△	△	△				△	△
比类	△		△	△					△	△
题	11	13	14	15	16	17	18	19	20	12
法	△	△	△	△	△	△	△	△	△	
草	△	△	△	△	△	△	△	△	△	△
解题			△		△			△		
比类			△							

盈不足章共 20 问，全存，17 问有法(术)或草，其中 9 问有解题或比类. 另，盈不足术有法与解题.

方程章共 18 问，存 14 问，全有法(术)或草，其中 5 问有解题、比类.

方　程　章

题	1	2	3	4	5	6	7	8	13	14	15	16	17	18
法	△					△		△	△					
草		△	△	△	△	△	△	△	△	△	△	△	△	△
解题	△					△		△	△					
比类									△					△

勾　股　章

题	1	2	3	1*	2*	3*	4	5	6	7	7*
法									△		△
草				△	△	△	△	△			△
解题				△	△	△			△		
比类				△	△	△					
题	8	8*	9	10	10*	11	13	14	15	15*	16
法		△			△	△	△	△		△	△
草		△	△		△	△	△	△		△	△
解题										△	△
比类						△	△				△
题	17	18	19	20	21	22	22*	23	23*	24	12
法				△							△
草	△	△	△	△	△		△		△	△	△
解题				△						△	
比类											△

勾股章共 24 问，全存，并新设 9 问(加 * 表示)，全有法(术)或草(有新设题目者，原题则无法、草)，其中 11 问有解题、比类.

另，勾股术下有“法”.

商　功　章

题	8	9	10	11	12	13	14	15	16	17	18	19	28
法													△
草	△	△	△	△	△	△	△	△	△	△	△	△	
解题	△	△	△	△	△	△	△	△	△	△	△	△	
比类	△	△	△	△	△		△	△	△	△	△	△	

商功章共 28 问，存 13 问，全有法(或草)，其中 12 问有解题或比类. 另第 11 问还有详解.

均　输　章

题	1	2	3	4	5	6	7	8	9	10	11	12	13
法	△	△	△	△	△								
草			△			△	△	△	△	△	△		△
解题			△						△				
比类									△				

题	14	15	16	17	18	19	20	21	22	23	24	25	27	28
法		△	△	△	△	△		△		△	△	△	△	△
草	△		△	△		△								
解题			△	△		△		△						△
比类				△		△								

均输章共 28 问，存 27 问，24 问有法或草，其中 7 问有解题或比类.

总之，《宜稼堂丛书》所存半部《详解九章算法》98 问中，92 问有法(术)或草，其中 44 问有解题或比类. 另，盈不足术、勾股术下有法，盈不足术还有解题.

显然,若把《详解九章算法》中除《九章算术》本文及刘、李注之外的全部内容,即以上诸表所列的法(术)、草及解题、比类都看成杨辉详解的内容,与杨辉说他“择八十题以为矜式”相悖.况且,此有法(术)或草的92问仅是《宜稼堂丛书》本四卷半中所存者,若是全书,有法(术)、草的题目数与80问相去更远.因此,把法(术)、草归于杨辉,显然是不符合事实的,因而是错误的.

杨辉的详解以贾宪的书为底本,他在任何地方都未说删去贾宪细草的内容.因此,贾宪细草也是杨辉所“不敢废”的先贤之文.杨辉撰《详解九章算法》时,像照录《九章算术》本文、刘徽注、李淳风等注释一样,照录了贾宪的细草.具体说来,在上述《宜稼堂丛书》本的四章半中,92问及盈不足术、勾股术中的法(术)、草都是贾宪细草的内容,而不是杨辉详解的内容;而属于杨辉“详解”的只是上述44问及盈不足术中的解题、比类、详解.我们这种看法也与杨辉自述“恐问隐而添题解,见法隐而续释注”相吻合.

杨辉又说:“刊大小字以明法草”.查《详解九章算法》中,上述法(术)、草,全部用大字,“解题”、“比类”、“详解”的内容全部用小字(“解题”、“比类”、“详解”六字用大字),这表明,杨辉用大、小字的办法将他所撰的“详解”与贾宪的“细草”区别开来.至于注,则要具体分析,杨辉说他自己“续释注”,表明贾宪原在法、草下有注,他又继续注释.事实上,有的题目下法(术)、草并存,草中有用小字的数字计算,而法(术)与草的大字部分几乎完全相同,这些小字注释显然是贾宪的.当然,有一些注是杨辉的.

三、贾宪的数学成就

我们基于上述考察来分析贾宪的数学成就.这些成就着重体现在对《九章算术》和刘徽已有的方法的发展、归纳和综合上.

1. 立成释锁法

我们已经阐述了《九章算术》的开方法及刘徽的改进. 南北朝时期的《孙子算经》和《张丘建算经》刘孝孙细草的开方法继承了刘徽的改进，并采取将下法退位的方式求减根方程，不再像《九章算术》那样重布筹式，使开方程序具有连续性，也是进步. 然而，其术文都未离开题设的数字，不是一般表述. 同时，将次商的十倍置于方法和下法（即《九章算术》的借算）之间，《孙子》称为廉法，《张丘建》称为隅法，以方、廉（或隅）二法命上商除实，将开平方由四行布算变成五行布算，又是在《九章算术》和刘徽水平上的退步.

贾宪的立成释锁法则继承了《九章算术》、刘徽、《孙子》、《张丘建》开方法的长处，扬弃了它们的不足，谨以开平方为例：

> 法[①]曰：置积为实，别置一算，名曰下法，于实数之下. 自末位常超一位，约实，至首位尽而止. 于实上商置第一位得数. 下法之上，亦置上商数，名曰方法. 命上商除实. 二乘方法，一退为廉，下法再退. 于上商之次，续商第二位得数. 于廉法之次照上商置隅，以方、廉二法皆命上商，除实. 二乘隅法，并入廉法，一退，下法再退. 商置第三位得数. 下法之上照上商置隅，以廉、隅二法皆命上商，除实，尽[②]，得平方一面之数.

（《永乐大典》卷 16344 引杨辉《详解》）这是与现今开方法无异的一般开方程序. 释锁是宋代开方的代名词，求被开方数的根就像打开一把锁，故名. 唐宋天算学家把常用的数学图表称作“立

---

① 《九章纂类》称作“贾宪立成释锁平方法”.

② 《永乐大典》引“详解”中无“尽”字，依《永乐大典》同卷“纂类”及《宜稼堂丛书》本“九章纂类”补.

成”．“立成释锁”这一名称表明该开方法依赖于一种算表．这个算表就是“开方作法本源”，即今之所谓贾宪三角，西方所谓帕斯卡三角者也．

2. 贾宪三角

贾宪三角就是二项式定理系数表，现存于《永乐大典》卷16344所引杨辉《详解》中，如图88所示．杨辉在“开方作法本源”下注：“出释锁算书，贾宪用此术．”表明它最先不是出现在《细草》中，而“释锁”是书名还是泛指关于开方的书，没有足够的资料可以考定．贾宪三角下面有五句话：

左衺乃积数，右衺[①]乃隅算，中藏者皆廉．以廉乘商方，命实而除之．

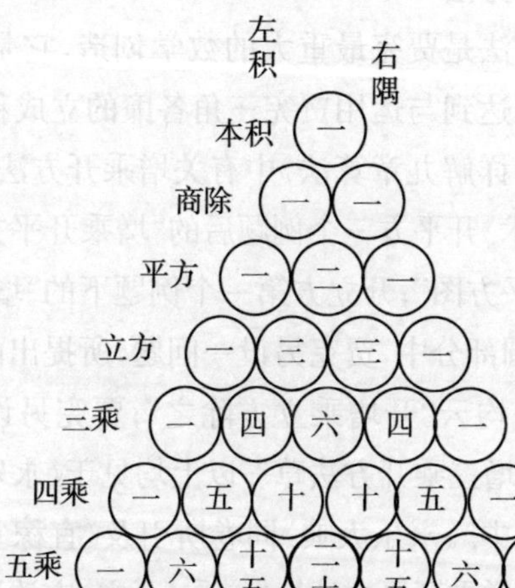

图 88

---

① 两“衺”字，原文讹作“袤”，钱宝琮校正．

前三句说明了贾宪三角的结构,后两句提示了积、隅、廉在开方法中的作用.贾宪虽然只列出了立成释锁平方法、立方法,但是,由贾宪三角显然可以看出:贾宪可以开任意高次的方.不仅如此,贾宪三角还是后来朱世杰解决高阶等差级数求和问题的有力工具.

贾宪还提出了贾宪三角的造表法“释锁求廉本源”,即“增乘方求廉法”.它的核心是随乘随加,即变乘法为加法.我们知道,自唐中叶起,随着商业的繁荣,筹算技术不断改进,其中一项内容是化乘除为加减.贾宪可能由此受到启发,提出了增乘方求廉法.而且,这种随乘随加的增乘方法可以直接推广到开方程序中,这就是宋元数学的一大成就增乘开方法.

3. 增乘开方法

增乘开方法是贾宪最重大的数学创造,它是用递增方法即随乘加的方法达到与运用贾宪三角各廉的立成释锁法异曲同工的目的.现存《详解九章算法》中有关增乘开方法的内容有:

《九章算术》开平方三个例题后的“增乘开平方法”,第三个例题的“增乘开平方图”;开立方第一个例题下的“增乘方法草”,法、草合一;开立圆部分中,贾宪另设一问题,所提出的立圆法、草中,求出“实”之后均云“开增乘立方除之”;贾宪另设一开四次方问题,并提出“递增三乘开方法草”.以上均见于《永乐大典》卷16344引杨辉《详解》中.《永乐大典》同卷所引及《宜稼堂丛书》本《九章纂类》中均载“增乘开平方法”、“增乘(开立)方法”,这三处文字稍异而无伤大体.我们录出贾宪的递增三乘开方法,以见一斑.

递增三乘开方法[①]曰:置积为实,别置一算,名曰下法.

① 原文为“递增三乘开方法草”,是求 $x^4=1336336$ 的正根的细草,今删去细草部分.

> 于实末常超三位，约实.上商得数.乘下法生下廉，乘下廉生上廉，乘上廉生立方，命上商除实.作法商第二位得数.以上商乘下法，入下廉.乘下廉入上廉，乘上廉入方.又乘下法入下廉，乘下廉入上廉.又乘下法入下廉.方一、上廉二、下廉三、下法四退.又于上商之次续商置得数，以乘下法入廉，乘下廉入上廉，乘上廉，并为立方，命上商除实，尽，得三乘方一面之数.

这不仅是中国数学史上首次出现的增乘开四次方的程序，也是第一个直接开四次方的方法.显然，这种开方法比立成释锁法简便整齐，更具程序化.开方次数愈高，商的位数愈多，愈显出其优越性，在西方，直到十九世纪初才创造出同类的方法，被称作鲁菲尼—霍纳(Ruffini-Horner)法，或霍纳法.

4. 算法的抽象化

我们已经指出，《九章算术》尚有部分术文未离开题设的具体对象或具体数字，抽象程度不高，刘徽按一般情况证明，然而未改写术文，贾宪则在《九章算术》和刘徽注的基础上提出了抽象性术文，并作了进一步的综合、概括.

对勾股问题，贾宪首先提出了"勾股生变十三名图".他说："勾股弦并而为和，减而为较，等而为变、为段，自乘为积、为幂."十三名即勾 a、股 b、弦 c、勾股较 $b-a$、勾弦较 $c-a$、股弦较 $c-b$、勾股和 $a+b$、勾弦和 $a+c$、股弦和 $b+c$、弦较和 $c+(b-a)$、弦和和 $c+(a+b)$、弦和较 $(a+b)-c$、弦较较 $c-(b-a)$ 十三种关系.贾宪指出了这些关系变成勾股较、股弦较、弦和较的段数.这十三图包含了勾、股、弦及其和、差的全部可能的关系.贾宪说这些关系"有用而取，无用不取，立图而验之"，表明"勾股生变十三名图"对他的勾股理论有提纲挈领的作用.接着，贾宪把勾股章所有未离开具体对象及数字的术文抽象成纯数学方法，如对“户高多于广”问，贾宪的方法是：

> 勾股较与弦求勾股法曰：弦自乘，半较自乘，倍之，减积，余①，半之，开方得半和②. 减半较，为勾，加较为股③.

此法以勾股较、和、弦立论，不再像《九章算术》那样将一丈、相多、户广等写进术文.

贾宪针对《九章算术》勾股容方问提出了“勾股旁要法”，贾宪自注中提出：

> 直田斜解勾股二段，其一容直，其一容方，二积相等. 余勾余股相乘亦得容积之数.

这是一个很重要的原理，吴文俊先生十分重视它，如图 89 所示. 实际上，从长方形对角线上任一点作两条分别平行于其相邻两边的直线，则两勾股形所容长方形的面积相等.

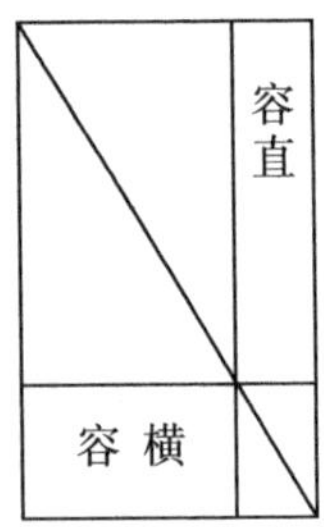

图 89

又如方程术，《九章算术》的方法是“都术”，然“恐空言难晓，故特系之禾以决之”. 贾宪则提出了不依赖于题设对象的术文：

> 术曰④：排列逐项问数，命首位物多者为主，以邻行数增乘求等. 余物与价亦例乘之，以原多物对减，其余次第增减，价可为实，物可为法而止. 以法除之.

这不仅是一条抽象性术文，而且提出以物多者为主，亦可减省运算.

---

① “余”下《宜稼堂丛书》本将注“见之后图”讹作正文，笔者校正.

② 半和：《宜稼堂丛书》本讹作“弦”，今校正.

③ 股：《宜稼堂丛书》本讹作“高”，今校正.

④ 此术原有注，今略.

此外,有许多算术问题,贾宪都提出了不同的方法.如均输章"九节竹"问,《九章算术》用衰分术求解,贾宪则提出了课分法、减分法解法,列出了求上下差率、求升法、求差实、求差率的算术方法,又提出了用方程术求差率的方法.贾宪把今有术改称为互换术,把少广术及凫雁类问题的方法这类以几个数(整数或分数)之和为除数的除法称为合率术,而把鸡兔同笼这类问题的解法称为分率术.应该说,这些名称比传统的名称更科学.

显然,就其成就和影响而言,贾宪的《黄帝九章算经细草》可以与刘徽《九章算术注》相媲美.他们都把中国古代的数学理论提高到一个新的阶段,对算法理论贡献卓著,不过刘徽最杰出的成就是将极限思想引入数学证明,而贾宪则主要是算法的抽象、创新和程序化思想的发展.像刘徽开创了魏晋南北朝数学高潮一样,贾宪开创了宋元数学高潮.由于《缀术》失传,刘徽开创的高潮的全貌至今尚不清楚,而贾宪开创的高潮,由于十三世纪的几部重要数学著作在清中叶后重新面世,我们对这个高潮的成就和贾宪的影响有了比较清晰的轮廓.这在下面要谈到.

四、杨辉对《九章算术》和刘徽的研究

杨辉在刘徽、贾宪的基础上对《九章算术》的研究,集中体现在《详解九章算法》中,具体说来,就是解题和比类、纂类中.

解题的内容包括解释术文的含义、术文的应用、问题原来的类型等等,如盈不足章"共买琎"问的"解题"曰:"法云'有分者通之'即此问",便是说明术文的应用;又如盈不足章后十几问是用盈不足术解决的一般算术问题,杨辉"解题"则指出问题本来的性质,如"米在桶中"问"本是互换取用题","瓜瓠共长"问是"合率商除",等等,这主要是根据贾宪给出的另外方法指出的.

"比类"则是以其他算书中的题目或两宋时期新的数学方法

与《九章算术》中的某些方法进行类比.值得注意的是商功章的比类,大都是二阶等差级数求和问题.如方亭问“比类”:

方垛:上方四个,下方九个,高六个,问:计几何?

术曰:上下方各自乘,上下方相乘——本法;上方减下方,余,半之,原[①]积添此,相并,以高乘,三而一.

这是求二阶等差级数 $a^2+(a+1)^2+(a+2)^2+\cdots+A^2$ 之和的问题,杨辉给出的公式是:

$$S=\frac{1}{3}h\left[a^2+A^2+aA+\frac{1}{2}(A-a)\right] \tag{77}$$

以方锥形果子垛比类方锥(阳马同):

果子一垛:下方一十四个,问:计几何?

术曰:下方加一乘下方为平积.又加半为高,以乘平积[②]为高积,如三而一.

此为求二阶等差级数之和公式:

$$S=\sum_{k=1}^{n}k^2=\frac{1}{3}n(n+1)\left(n+\frac{1}{2}\right) \tag{78}$$

以三角垛比类鳖臑:

三角垛:下广一面一十二个,上尖.问:计几何?

术曰:下广,加一乘之,平积.下广加二乘之,立高方积,如六而一,本法.

此为二阶等差级数求和公式:

$$S=\sum_{k-1}^{n}\frac{k(k+1)}{2}=\frac{1}{6}n(n+1)(n+2) \tag{79}$$

---

① 原:石研斋抄本讹作“圆”,笔者校正.

② 平积:石研斋抄本讹作“下方”,笔者校正.

以刍甍形果子垛比类刍甍：

果子一垛：下长九个，上长四个，广六个，高六个. 问：计多少？

法曰：倍下长，并入上长，以广乘之，高与广同副置一位，又高乘之，并之为实，如六而一.

此为二阶等差级数求和公式：

$$S=a\cdot 1+(a+1)2+\cdots+(A-1)(B-1)+AB$$
$$=\frac{1}{6}h[B(a+2A)+(a+2A)]$$
$$=\frac{1}{6}h(B+1)(a+2A) \tag{80}$$

以刍童形果子垛比类刍童：

果子一垛：上长四个，广二个，下长八个，广六个，高五个. 问：计几何？

法曰：倍上长，并下长，以上广乘之，别倍下长，并上长，以下广乘之，二位相并，此刍童治积本法. 以上长减下长，亦并之，以高乘之，如六而一，并①刍童本法.

此为二阶等差级数求和公式：

$$S=a\cdot b+(a+1)(b+1)+\cdots+(A-1)(B-1)+AB$$
$$=\frac{1}{6}h[(2a+A)a+(2A+a)B]+\frac{1}{6}h(A-a) \tag{81}$$

在中国，二阶等差级数的研究起源于北宋大科学家沈括(1031～1095)的隙积术. 他说："算术求积尺之法，如刍萌、刍童、方池、冥谷、堑堵、鳖臑、圆锥、阳马之类，物形备矣. 独未有'隙积'一术."又说："'隙积'者，谓积之有隙者，如累棋、层坛，及酒

① 并：石研斋抄本讹作"亦"，笔者校正.

家积罂之类，虽似覆斗，四面皆杀，缘有刻缺及虚隙之处，用'刍童法'求之，常失之于数少."因而提出隙积术，其公式为(81).(《梦溪笔谈》卷十八)实际上，公式(77)～(80)都是(81)的特殊情形. 在(81)中令 $a=b, A=B$，便是(77)式；令 $a=b=1, A=B=n$ 便是(78)式；令 $b=1$，便是(80)式；令 $a=1, b=2, A=n, B=n+1$，便是(79)式所得结果的 2 倍. 因此，杨辉用来比类的各种二阶等差级数求和公式都可以由沈括的隙积术导出. 虽然如此，杨辉仍扩展了二阶等差级数的应用，其功绩不容低估.

杨辉的另一重大贡献就是对《九章算术》的方法、题目重新进行分类，这就是卷末的"九章纂类". 他指出"粟米章之互换，少广章之求田开方，皆重叠无谓而作者. 题问不归章次亦有之. 今作纂类互见目录，以辩其讹". 他将《九章算术》的方法和题目，根据贾宪的细草，按其性质分成九类：

乘除第一　四十问，方田三十八，粟米二问. 共十五法：方田章十四法：直田、里田方田、圭田、斜田、圆田、畹田、弧田、环田、约分、合分、课分、平分、乘分、除分；粟米章一法：经率.

互换第二　五十五问：粟米三十一，衰分十一、均输十一、盈不足二. 共二法：互换乘除法，先取用而求互换法.

合率第三　二十问：少广十一、均输八、盈不足一. 共三法：少广、反用合分、并率除.

分率第四　十七问：粟米十一、盈不足六. 共三法：贵贱率除法、反其率、分率.

衰分第五　十八问：衰分九、均输九. 共二法：衰分、均输.

叠积第六　二十八问，全在商功章. 共十五法：商功求积、城垣堤沟堑渠、垣积求广、方堡墙、圆堡墙、方亭、圆亭、方锥、圆锥、堑堵、阳马、鳖臑、刍童、刍甍、羡除.

盈不足第七　十一问，全在盈不足章. 五法：盈不足二法、两盈朒法、盈朒适足二法.

方程第八　二十问:方程十八、均输一、盈不足一.共四法:方程、损益、分母子、正负.

勾股第九　三十七问:少广十三、勾股二十四.共二十一法:贾宪立成释锁平方、增乘开平方、贾宪立成释锁立方、增乘开(立)方、勾股求弦、弦勾求股、股弦求勾、股弦较与勾求弦五法、股弦和与勾求股、勾股求弦和较、勾股较与弦求股二法、勾腰容方、勾弦和股率求勾股、勾弦较股弦较求勾股、勾股旁要、余勾股求容积.

共246问,70法.然而钱宝琮指出,这个分类中脱漏粟米章第44、46问,而均输章第18问、盈不足章第18问分别并见于衰分、方程与分率、互换.钱宝琮又指出了这个分类的若干不妥之处(《九章问题分类考》),都是很中肯的.然而,这毕竟是《九章算术》成书后第一次突破《九章算术》的格局,试图按数学方法分类,仍属创举.

杨辉在《乘除通变本末》卷上还提出了著名的"习算纲目",是他的数学教学计划.在规定了九九、乘、除的学习要求与功课日数后,"习算纲目"说:

> 商除后不尽之数,法为分母,实是分子.若乘而还原,必用"通分";分母、分子繁者,必用"约分";诸分母子不齐而欲并者,必用"合分";分母、分子有二,较其多寡者,必用"课分";均不齐之分者,则用"平分";斤连铢两,匹带尺寸,亦犹分子,非"乘分"、"除分"不能治之.治分乃用算之喉襟也,如不学则不足以知算.而诸分并著《九章·方田》.若以日习一法,不旬日而周知.更以两月温习,必能开释.《张丘建算经》序云:"不患乘除为难,而患分母子之为难."以辉言之,分子本不为难,不过位繁,剖析诸分,不致差错而已矣.

> 开方乃算法中大节目.勾股、旁要、演段、锁积多用.例有七体:一曰开平方,二曰开平圆,三曰开立方,四曰开立圆,五曰开分子方,六曰开三乘以上方,七曰带从开方.并载少广、勾股二章.作一日学一法,用两月演习题目,须讨论用法之源,庶久而无失忘矣.
>
> 《九章》二百四十六问,固是不出乘、除、开方三术,但下法布置尤宜编历,如"互乘"、"互换"、"维乘"、"列衰"、"方程",并列图于卷首.
>
> 《九章》二百四十六问,除习过乘、除、诸分、开方,自余"方田"、"粟米"只须一日.下编"衰分",功在立衰;"少广"全类合分;"商功"皆是折变;"均输"取用衰分、互乘,每一章作三日演习."盈不足"、"方程"、"勾股"用法颇杂,每一章作四日演习,更将"九章纂类"消详,庶知用算门例,《九章》之义尽矣.

很显然,这个教学计划,实际上是教授《九章算术》的细则.它体现了《九章算术》以计算为中心的特点,重视乘、除、开方三种基本运算能力的培养.严敦杰指出:杨辉的"习算纲目"是我国数学教育史上一项重要的文献(《宋杨辉算书考》).

第四节 《九章算术》与刘徽对秦九韶、李冶、朱世杰的影响

贾宪关于《九章算术》和刘徽的研究促进了宋元数学高潮的产生,宋元数学的主要代表人物秦九韶(1208～1261)、李冶(1192～1279)、朱世杰除接受贾宪的方法外,也直接受到《九章算术》和刘徽的影响.情操高尚、学识渊博的大数学家李冶的心与刘徽是相通的.他为《益古演段》(1259)写的自序,不到三百

字,三次提到刘徽,指出当时数学著作虽多,“然皆以《九章算术》为祖.而刘徽、李淳风又加注释,而此道益明”.他以刘徽、李淳风等为数学家的楷模,批评那些“褊心踢见,不肯晓然示人”的作者.李冶的态度反映了宋元数学家对《九章算术》和刘徽的无比推崇.宋元数学无论是著述风格,还是杰出的成就本身,都是《九章算术》和刘徽的数学思想与成就的继承和发展.

我们已经指出,贾宪大大提高了《九章算术》和刘徽的数学知识的抽象程度.事实上,这是宋元数学的一个重要特点.现传南北朝、隋唐的数学著作,虽然其中有的在方法上比《九章算术》与刘徽有推进,但其术文的抽象性很差,未能完全继承《九章算术》的算法统率应用问题集的形式,数学理论水平与编纂思想都比《九章算术》与刘徽退步了.而宋元的数学著作大都能继承《九章》的形式.秦九韶的《数书九章》(1247)的大衍总数术和大衍求一术便是解决一次同余方程问题的总的抽象性方法.其余如正负开方术、方程术,虽列在问题之后,却也是抽象性程序,卷五“尖田求积”问下的正负开三乘方图中的文字说明,完全是抽象性的,并在最后注明“后篇效此”.朱世杰的《算学启蒙》(1299)在全书之首列出“算学启蒙总括”,包括各种常用数据及正负数加减法则、正负数乘法法则、开方法则等各种运算法则、乘除捷算歌诀等等18项.《四元玉鉴》(1303)则在卷首列出“今古开方会要之图”(包括“梯法七乘方图”及“古法七乘方图”即贾宪三角的改进形式)、“四元自乘演段之图”、“五和自乘演段之图”、“五较自乘演段之图”四种图,给出了各种运算关系,又列出了“四象细草假令之图”,分别给出了“一气混元”、“两仪化元”、“三才运元”、“四象会元”四个例题,展示了天元术、二元术、三元术和四元术的解法范例.最值得称道的是李冶,他的《测圆海镜》(1248)在第一卷列出了“圆城图式”、“总率名号”和“识别杂记”.其中

"圆城图式"以特定的汉字表示点,相当于现今以拉丁字母表示点,是个创新.而"识别杂记"列出了692条公式,阐明了各勾股形的各线段及其和、差、积之间的关系,是全书的纲.这些都说明李冶有极高的数学理论水平和抽象能力.

出现了许多专题研究,是宋元数学的又一特点.这些专题研究大都是在《九章算术》的一个分支,甚或一个问题的基础上发展起来的.《九章算术》勾股章提出了勾股容圆问题及其术文,刘徽作了证明并提出了几个新的公式,宋元期间,在此基础上发展起来的测圆问题,成为一项重要的专题研究.其中最著名的是洞渊九容,即九种勾股与圆的关系公式,李冶又以天元术为主要方法据此演绎成《测圆海镜》一百七十问.又如刘益所撰《议古根源》,则是在《九章算术》方田章的基础上,利用开方法,演绎出一二百个问题的专题研究."中山刘先生序谓算之术,入则诸门,出则直田,议古根源,故立演段百问"(杨辉:《田亩比类乘除捷法》卷下).杨辉又在此基础上进行比类,附以乘除捷法,撰成《田亩比类乘除捷法》.又如刘徽在《九章算术》的基础上,讨论了方与圆的许多关系.宋金时代,出现了蒋周的《益古集》,是专门讨论方与圆、方与方的各种关系的著作,李冶又将其演绎成《益古演段》三卷六十四问,等等.《九章算术》和刘徽注是这些专题研究的滥觞.

《数书九章》、《测圆海镜》、《益古集》、《益古演段》、《议古根源》、《田亩比类乘除捷法》、《算学启蒙》、《四元玉鉴》等著作中的许多题目,都要借助于开方术解决.开方术是宋元数学成就中最为突出的一项.贾宪首创增乘开方法,刘益首先引入负系数开方式,到秦九韶则发展为求高次方程正根的完备程序.显然,这些都是在《九章算术》开方术及其刘徽注的基础上发展起来的.

《九章算术》方程术即线性方程组解法用直除法消元,刘徽提出了互乘相消法，但并未取代直除法. 贾宪进一步使方程术抽象化，同时使用这两种方法. 秦九韶则继承了刘徽的互乘相消法及贾宪的抽象化，援引正负术，提出了完整的互乘相消求解方程的程序，废止了直除法，最终完成了方程术的改进.

刘徽提出开方不尽求微数，用十进分数表示无理根的近似值，开十进小数之先河. 刘徽的思想长期间未引起人们的重视. 唐朝的历算家偶而在历法计算中用到十进小数. 赝本《夏侯阳算经》中有化二丈五尺六寸为 0.512 端的算法(1 端＝5 丈). 宋元时代大量使用了化十进名数单位为十进小数的方法，并编为歌诀. 秦九韶、李冶、杨辉、朱世杰等继承发展了刘徽求微数的思想，总结了商用算术中的记法，列出不少十进小数系数的开方式，并用十进小数表示根的近似值. 秦九韶、李冶都用名数单位作为小数符号，如𝍪𝍤𝍱𝍡(𝍤下注“寸”)表示 25.92 寸，李冶在天元式中则以位置表示小数，如

𝍡𝍮𝍦𝍫 太
〇
𝍧𝍪𝍤(斜画)

便表示二项式 $-8.25x^2+2673$. 十进小数自刘徽求微数起，经历了近千年，才广泛使用，但中国仍是世界上最早使用十进小数的国家. 十五世纪阿拉伯数学家阿尔·卡西才使用了与秦九韶、李冶类似的记法. 1585 年，比利时数学家斯台汶(Stevin，1548？～1620？)才推行小数，记法却非常原始，如 28.847 记为 28◎8①4②7③(梁宗巨：《世界数学史简编》).

第五节　《九章算术》和刘徽注的厄运

中国筹算数学在宋元时期达到高潮，而 13 世纪中叶到 14 世纪初则是这个高潮的顶峰. 不幸，此后这个高潮便戛然而止.

不过，应当指出，笼统地说中国古代数学在宋元达到了高潮并不恰当，因为宋元数学虽然在筹算上继承发展了《九章算术》和刘徽的方法，但在刘徽开创的无穷小分割方法和极限思想上却无什么建树. 贾宪的《黄帝九章算经细草》现存内容中找不到对刘徽割圆术的评论文字，元赵友钦的割圆术也只是验证了祖冲之密率的准确性.

自元中叶直到明末，除与商业有关的珠算术得到发展、普及外，理论数学方面不仅毫无建树，而且，自汉至宋、元的著名数学著作失传，宋元高超的成就无人通晓.《九章算术》和刘徽注也随着中国古代数学黄金时代的结束，开始了它的厄运.

一、宋刻本及《永乐大典》抄录的《九章算术》

刘徽注、李淳风等注释的《九章算术》于北宋元丰七年(1084)由北宋秘书省首次刊刻，这也是世界上第一次印刷数学著作. 此刻本现已失传. 南宋庆元元年(1200)天算学家鲍澣之从杨德辅家找到北宋秘书省刻本，遂在汀州任内翻刻，是为目前传世的《九章算术》最早刻本(图 90). 宋刻本《九章算经》在明代大都散佚，到清初，只有半部(卷一～五)鲍刻本藏于南京藏书家黄虞稷家. 1684 年，常熟汲古阁主人毛扆借来这半部，影雕成汲古阁本. 半部鲍刻本现存上海图书馆，汲古阁本现藏台湾故宫博物院. 1932 年故宫博物院曾将汲古阁本影印，收入《天禄琳琅丛书》.

宋刻本《九章算经》在明初并未失传. 明皇宫藏书目录中有《九章算经》. 明永乐间编纂《永乐大典》(1408)，将《九章算经》分类抄录. 然而，正如我们已经指出的，《永乐大典》抄录之《九章算经》，不是依据宋刻本，而是依据李籍所用过的或与之相近的抄本抄录的.

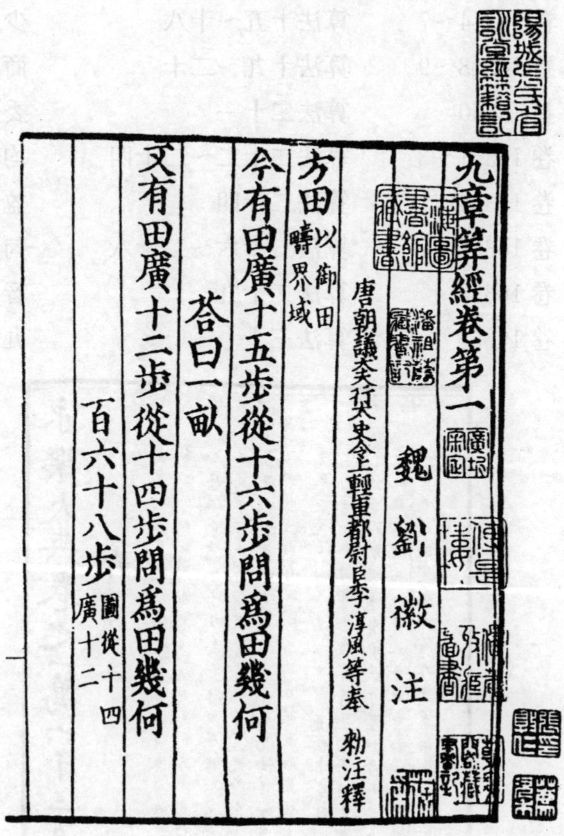
九章筭經卷第一
魏　劉徽　注
唐朝議大夫行太史令上輕車都尉臣李淳風等奉　勑注釋
方田以御田疇界域
今有田廣十五步從十六步問爲田幾何
荅曰一畝
又有田廣十二步從十四步問爲田幾何
百六十八步　圖從十四廣十二

图 90

《永乐大典》算字条共 36 卷，即卷 16329～16364，其中直接与《九章算术》有关的有 24 卷，它们是：

卷 16336	算法七	九章总录
卷 16337～9	算法八～十	方田
卷 16340	算法十一	粟米
卷 16341～2	算法十二～十二	衰分
卷 16343	算法十四	异乘同除

卷 16344～7	算法十五～十八	少广
卷 16348～9	算法十九～二十	商功
卷 16350	算法二十一	委粟
卷 16351～3	算法二十二～二十四	均输
卷 16354	算法二十四	盈不足
卷 16355～7	算法二十六～二十八	勾股
卷 16358	算法二十九	音义
卷 16359	算法三十	九章纂类

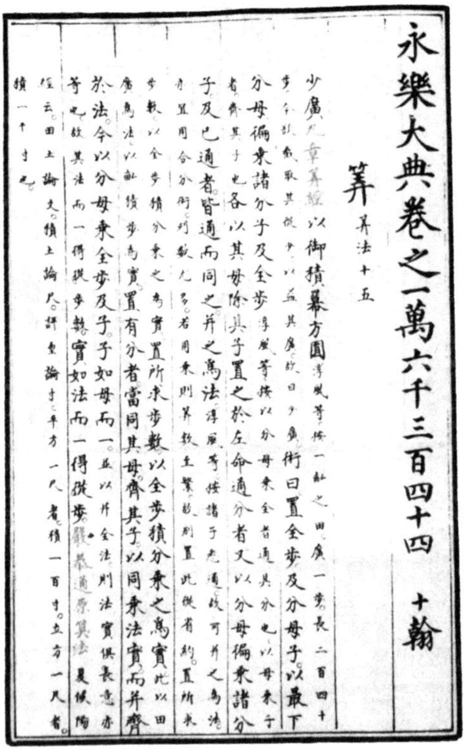
永樂大典卷之一萬六千三百四十四 十翰

筭

筭法十五

少廣 以御積冪方圓 術曰置全步及分母子以最下分母徧乘諸分子及全步 各以其母除其子置之於左命通分者又以分母徧乘諸分子及已通者皆通而同之并之為法 置所求步數以全步積分乘之為實 置有分者當同其母齊其子以同乘法實而并齊於法 今以分母乘全步及子子如母而一 實如法而一得從步

图 91

(《永乐大典》目录卷之四十二)其中卷16343"异乘同除"类、卷16344"少广"类今存英国剑桥大学,其他已散佚."异乘同除"类抄录了《九章算术》卷三后十一问算术杂题,"少广"抄录了《九章算术》少广章的全部内容(图91).那么,卷16350"委粟"类当含有《九章算术》卷五委粟术及例题.上述目录中没有"方程".此目录不是直接录自《永乐大典》,而是录自《连筠簃丛书》.其中盈不足为算法二十四,而均输中也有算法二十四,估计此处有脱误.应为:卷16351~2　算法二十二~二十三　均输;卷16353　算法二十四　盈不足;卷16354　算法二十五　方程.

明朝数学落后,鲍刻本《九章算经》散失殆尽,幸而《永乐大典》中《九章算经》到清中叶还保存完好,戴震得以辑录出全帙.《九章算术》未完全失传,《永乐大典》是有大功的.《永乐大典》之《九章算经》抄录认真,字体秀丽,由与鲍刻本对校来看,因抄录造成的舛误极少.然其句读舛误极多,可知当时数学水平已很低.

二、吴敬《九章算法比类大全》

明朝出现了两部在《九章算术》影响下编纂的重要数学著作流传到现在,一是吴敬的《九章算法比类大全》,一是程大位的《算法统宗》.这是两部数学水平低于宋元和刘徽著作的应用性的普及作品,其方法甚至未能在《九章算术》的水平上有所推进.

吴敬,字信民,仁和(今杭州市)人.曾担任过浙江布政使司的幕府,掌管全省田赋和税收的会计工作.积十年多时间,于1450年完成《九章算法比类大全》十卷.在第一卷之前的首卷列出了大数记法、小数记法、四则运算等内容.第一卷到第九卷收集了《九章》、《海岛》、《缉古》、《详解九章算法》等著作中的题目作为"古问",并以结合当时人民生活实际特别是与商业资本有关的应用题比类,共一千多个问题,按《九章》的名目方田、粟米、衰分、少广、商功、均输、盈朒、方程、勾股分成九类.这是杨辉比类思想的进一步发展.它对后来几百年间的数学著作起着规范的作用.不仅明朝的许多著作,如许荣《九章详注算法》(1478,已佚)、程大位《算法统宗》(1592),按九章名目分类(有所修正),就是清代根本未见过《九章算术》的许多作者,如清康熙间扬州陈世明撰《数学举要》十四卷,乾隆间常熟屈曾发撰《九数通考》十二卷(1773),也分别以九章名目命名各自的卷三~五、七~十二卷及卷二~十,他们都把西方传入的数学也纳入《九章》的框架中.吴敬的做法对发扬传统数学是有益的,但由于《九章算术》分类的不合理,在《九章算书》成书一千五百多年后,仍恪守《九章算术》的框架,对数学的发展不是一件可称道的事.吴敬时宋版《九章算术》已极少流传,至于《永乐大典》,一般人读不到.吴敬似乎没有见过原本《九章算术》,他从杨辉《详解九章算法》中间接引用了《九章算术》的题目,而难以区分何者为《九章》的,何者为贾宪的,何者为杨辉的.《九章算法比类大全》第十卷专论开方,其中有开高次方的例题,然不是用增乘开方法.

王文素1524年撰《算学宝鉴》40卷,是清《数理精蕴》前最大的一部数学著作,而且比吴敬的书严谨得多,可惜作者生前未能刊刻,1993年按国家图书馆所藏抄本影印,收入笔者主编的《中国科学技术典籍通汇·数学卷》第2册.

三、程大位《算法统宗》

《算法统宗》的流传之广,翻刻本、改编本之多,在中国古代数学著作中无出其右者.作者程大位,字汝思,号宾渠,安徽休宁(今安徽省黄山市屯溪区)人,生于明嘉靖十二年(1533),卒于万历三十四(1606),少年聪慧,读书广博,对文字学、书法、数学尤感兴趣.20岁起在长江中下游一带经商,注重收集数学著作,进行研究,“参会诸家之说,附以一得之愚”(《算法统宗自序》),于

60岁(1592)完成《直指算法统宗》十七卷,汇集了595个数学应用题,大部分是从传本数学书中摘录的.与吴敬及其以前的著作以算筹为主要计算工具不同,这是一部以珠算盘为计算工具的著作.其卷一、二为数学名词解释,大、小数记法,度量衡制度,珠算口诀及在珠算盘上的应用.卷十三～十七分别是难题、杂题,卷三～十二则以"九章"名目作标题,唯将粟米改称粟布,盈不足改称盈朒.卷六、七记载了开平方、开立方的珠算方法.这种方法最先记载在朱载堉的《算学新说》(1584)中(戴念祖:《朱载堉——明代的科学和艺术巨星》),可见是当时社会上已经流行的方法.《算法统宗》附录了"算学源流",著录了北宋元丰七年(1084)以来有刊本的数学著作51种,是可贵的数学史料.

吴敬、程大位的著作没有什么大的数学创造,然而,由于自汉至宋元的数学著作大都亡佚,偶有存者,束于藏书家高阁,数学家不易读到[①],因此,直到清乾嘉时期开始整理中国古典数学著作,《九章算术》和宋元数学著作复出之前,它们是国人了解中国古代数学面貌的主要资料.

第六节 中国筹算数学刍议

我们在阐述《九章算术》和刘徽及其影响的同时,中国古代数学的优秀成果大体都涉及到了.这是中国古代数学中引人入胜,使每一个炎黄子孙感到自豪的时期.这些成果的取得都借助于筹算,可以称之为筹算数学.元中叶以后,珠算产生、普及.具有讽刺意味的是:我国计算工具由算筹到珠算盘的改革大体与数学由兴盛转向衰落同步.此后不久,欧洲出现了文艺复兴,随

① 康熙十七年(1678),梅文鼎应乡试到江宁,到黄虞稷家借阅《九章算术》,只看了方田章.

着资本主义生产方式在欧洲的产生、发展、确立,世界数学重心从亚洲转移到欧洲,解析几何、微积分产生了,人类进入了高等数学时代.中国从此失去了数学大国的地位.因此,我们在这里对中国筹算数学的某些问题作一简单回顾.

一、中国传统数学的分期

各位学者对中国传统数学的分期有不同看法,而主要的分歧集中在从春秋战国之交到元中叶.主要有以下几种观点:

李俨把先秦的数学称作上古期,两汉魏晋南北朝为中古期,隋唐宋元为近古期(《中国算学史》).后来又把隋划入中古期(《中国数学大纲》).

钱宝琮则分成先秦、秦到唐中叶、唐中叶到明末三段(《中国数学史》).

傅溥分成不明时期(先秦)、茁壮时期(两汉魏晋南北朝)、鼎盛时期(隋唐)、代数学突飞猛进时期(宋元)四段(《中国数学发展史》).

薮内清则分成古代的数学(先秦)、《九章》的世界(两汉至魏)、六朝至唐、宋元的数学四段(《中国数学史》).

此外尚有以两汉之交分成两段的,以及萌芽时期(先秦)、数学体系的形成(秦汉)、数学的发展(魏晋至唐)、繁荣时期(宋元)四段的,等等.

笔者认为,数学分期应以数学内部的发展为主要依据,同时参考社会发展情况,因此,中国传统数学以分成春秋战国之交到东汉末、魏晋至唐中叶、唐中叶至元中叶三段为宜.

春秋战国之交至两汉是我国筹算数学建立框架的奠基时期.春秋战国时期,我国完成了从奴隶社会向封建社会的过渡,思想界出现了百家争鸣的繁荣景象.人们完备了十进位值制记数法和筹算的运算法则,并将当时的数学知识归纳为九个部分,即九数.在九数基础上发展起来的《九章算术》在西汉成书,奠定了此后中国数学的深厚基础.

魏晋至唐中叶,是我国传统数学建立理论体系的时期.封建社会在魏晋进入一个新的阶段,重视理性思维的辩难之风发展起来.刘徽完成了《九章算术》诸公式、解法的证明,建立了数学的理论体系.刘徽及后来的祖冲之父子、《孙子算经》、《张丘建算经》等改善了《九章算术》的内容,提出了若干新的方法,补充了某些新的分支.唐初李淳风编纂《算经十书》则是中国数学这两个阶段的总结.

唐中叶至元中叶,是中国筹算数学的高潮时期.唐朝封建经济高度繁荣.自唐中叶起,生产关系发生了若干新的变革,至宋初,中国封建社会进入了一个新的阶段,社会生产力得到更大的发展,科学技术取得重大成就.对人类文明产生巨大影响的四大发明有三项——活字印刷、火药、用于航海的指南针,都是北宋出现的.而宋元数学则在方程论(包括增乘开方法和天元术)、高阶等差级数求和、同余方程组解法、多元高次方程组解法等方面取得具有世界意义的重大成就,并出现了半符号代数学;同时改进乘除捷算法,创造了珠算,完成了中国计算工具的改革.

二、再谈中国筹算数学的特点

我们已经谈到了中国古代数学的许多特点,现再就以计算为中心、数学理论密切联系实际应用这一主要特点谈几点看法.

位值制在中国筹算数学中起着重要作用.位值制导源于筹算记数法.同一个数字 a,放在不同的位置上,可以表示 $a\cdot 10^n$ ($n=\cdots-3,-2,-1,0,1,2,3,\cdots$).在其他运算中,也使用了位值制,如开方式中,由上而下依次是实(常数项,即被开方数)、x 的一次幂、二次幂,…,x 的幂次由其位置决定.天元术中的天元多项式中,决定了太(常数项)或元(x 的一次幂)之后,则 x^n($n=\cdots-3,-2,-1,0,1,2,3,\cdots$)完全由其与太(或元)的相对位置决定.在方程术中,由于采用了位值制,可以用分离系数法表示出方程的各行各未知数的系数及常数项,不必写出物品的名称,与现今矩阵表示法相近.在四元术中,天元、地元、人元、物元的幂次及其积,也由其与太(常数项)的相对位置决定,等等.位值制的记法,大大化简了数学表达式,化简了运算,实际上起着某种符号的作用,使中国人的计算才能得以更充分地发挥.自汉迄元,计算数学在中国越来越发达,得益于优越的位值制甚多.

程序化是计算数学高度发达的必然产物,也是促使计算数学更加发达的重要因素.《九章算术》的每一条术文实际上都是一个或简单或复杂的计算程序.《九章算术》的开方术、方程术,刘徽计算圆周率精确值的方法、计算弧田面积精确值的方法、贾宪求贾宪三角各廉的增乘方法、贾宪开创而秦九韶完成的以增乘开方为主导的高次方程正根的求法、秦九韶的大衍求一术即同余方程组解法中求乘率的方法、朱世杰的四元术等等,都是很复杂的计算程序.数学运算的程序化使复杂的计算问题易于掌握,甚至不懂其数学原理,也可掌握其程序,于是产生了程序的辅助用表即“立成”.中国古代的许多计算程序与现代计算机的程序不谋而合.李文林、袁向东分析了秦九韶的大衍求一术,认为他的算法是完全确定的,算法对一整类问题适用,算法是有效的,“即在适当初始条件下,经指令限定的有限步运算,必能得到所要求的结果”.这三个特点正好满足现代算法理论对算法的要求.整个算法几乎可以一字不差地搬到现代计算机上去实现(《中国古代不定分析若干问题探讨》).应该说,中国古代的许多程序都具有上述特点.更可贵的是,有的方法比现今流行的方法更高明.吴文俊对此有独到的见解,他说:

> 在近代,解高次联立方程组的方法直到近一二十年才有重大进展.据笔者所知,在去年(1986)曾出现过一些文

章,对当前某一最有成效的方法加以改进,并在计算机上进行了试验.其中至少有两个经过不同改进看来很简单的方程组,竟然在计算机上有一个未能解出,另一个也要动用计算机很大容量和花费很长时间才能勉强算出.笔者依据本人创立的方法,对这两个方程组在一些小得多的机器上即可容易地求解.这里所谓本人创立的方法,实质上无非是朱世杰四元术的现代化推广形式.上述两个方程组论次数不过二、三次,论未知数或方程个数也只有三个(附带若干参数,其中一个方程组只有一个参数),鉴于朱世杰著作中就出现过有三个未知数高至三次的方程组,可以想见中国古代算家着眼解题,重视实效,其思想之深邃与效率之高是为一般人所难以想象的(《对中国传统数学的再认识》).

刘徽曾以"以法相传,亦犹规矩度量可得而共"表达了中国数学"形数结合"这一特色.中国古代没有离开计算的纯空间形式的几何问题.因此,几何学的非公理化倾向十分明显.以《几何原本》为代表的古希腊几何学是从几条最直观最简单不言自明的公理出发演绎出来的公理化体系.中国数学中从未出现过这类公理,几何学中不重视平行的概念、角度的概念(都不是没有),而重视垂直、长度,比如所讨论的三角形以勾股形为主.同时,几何问题都化成算术和代数问题解决.中国古代开方术即求现今方程正根的方法特别发达,主要动力是几何问题的代数化.《九章算术》的开方问题,都是求积问题的逆运算.宋元时期秦九韶、李冶、朱世杰的高次方程,大都来源于几何问题.形数结合是中国古代数学的长处.十七世纪的欧洲,几何问题化成代数问题来解决,导致了笛卡儿(Descartes)解析几何学的产生.笛卡儿的方法大致是:把任何一个问题化成一个数学问题;把任何一个数学问题化为一个代数问题;把任何一个代数问题化为一个方程的求解问题.吴文俊认为:"回顾我国从秦汉到宋元间数学发展的历程,可谓我国传统数学所走过的道路正好与 Descartes 的计划若合一契;反过来,Descartes 的计划,也无异于为中国传统数学作了一个很好的总结”(《对中国传统数学的再认识》).

数学理论联系实际,长于计算,还使中国古代数学家不考虑哲学家们在书斋里争辩不休的问题. 刘徽认为圆内接正多边形边数无限加多便会与圆合体,并且可以对与圆合体的正多边形无限分割而求其面积之和;对阳马和鳖臑组成的堑堵进行无穷分割,可以“微则无形”;从不考虑希腊哲学家数学家的潜无限、实无限问题. 中国数学家不考虑两条线段是否有公度的问题,敢于开方求微数,敢于求圆周率的精确近似值. 这些都使中国数学家绕过了曾使古希腊学者改变航向或裹足不前的暗礁,在数学理论和实践上达到了古希腊学者所不曾达到的彼岸. 而长于计算,又使中国数学家们考虑一些非常抽象的问题. 从直观上,一个数可以表示长度,两个数之积可以表示面积,三个数之积可以表示体积. 计算的才能使人们冲破了这个限制,刘徽更考虑以平方为边长的立体〔$(a^2)^3$〕或以立方为边长的面积〔$(a^3)^2$〕. 后来人们考虑四次及其以上的开方问题,其抽象能力是非常高的. 杨辉还对四次方作出解释:“三度相乘,其状匾直.”(对贾宪四次开方题的解题)清末李善兰的尖锥术的几何解释便与此若合符节.

电子计算机的出现和广泛使用,使算术化的倾向在近代数学中的作用日益显著. 不少著名数学家纷纷转向于计算机代数、计算机几何等新兴学科. 吴文俊教授高瞻远瞩,他指出:

> 中国古代算术的思想与方法,正好与现代计算机的使用融合无间,也必将因此而重返青春,以另一种崭新面貌在未来的数学发展中扮演重要角色(《对中国传统数学的再认识》).

吴文俊先生正以自己的杰出研究成果证明他的预见.

第十二章

后世关于《九章算术》和刘徽注的研究(下)

本章着重探讨清中叶以后关于《九章算术》和刘徽注的研究,涉及版本、校勘及成就的阐释各个方面.其中以戴震、李潢、李锐、汪莱、钱宝琮等的贡献为最大.

第一节 《九章算术》的版本

现传《九章算术》各版本文字上的歧异,主要体现在刘徽注中及李淳风等注释中,《九章算术》本文的文字歧异倒是很少.南宋鲍澣之刻《九章算术》及明《永乐大典》分类抄录的《九章算经》的情况,在上一章已经谈到.这两个残本是目前仅存的清代以前的版本.

清中叶,戴震从《永乐大典》中辑录出《九章算术》,并加校勘.此后二百余年,任何一部《九章算术》都受到戴震的深刻影响.兹将清中叶以来的《九章算术》各版本介绍如下.

一、戴震整理的《九章算术》

1.《永乐大典》戴震辑录本与校勘本《九章算术》

清乾隆三十八年(1773),弘历决定编纂《四库全书》.次年,戴震从《永乐大典》中辑录出《九章算术》，我们称之为《永乐大典》戴震辑录本，今已不传. 我们可以由《四库全书》本与《武英殿聚珍版丛书》本对校，再根据戴震写的校勘记恢复《永乐大典》原文来恢复戴震辑录本. 将它与《永乐大典》卷 16343、16344 所引《九章算经》对校，就会发现戴震的辑录工作非常草率，衍脱舛误不胜枚举，致使它与其母本大典本的差别远远超过大典本与鲍刻本的差别，如开方术中，大典本与鲍刻本仅有 5 处不同，而戴震辑录本与大典本的不同多达 15 处；在开立方术中，大典本与鲍刻本仅 7 处不同，辑录本与大典本则有 34 处不同，可见问题之严重. 戴震辑录《九章算术》，其功甚大，但工作的粗糙亦给《九章算术》带来了不可弥补的损失. 戴震恢复了《九章算术》的名称，并在辑录之后进行了校勘，我们称为戴震辑录勘本，是为《四库全书》本和《武英殿聚珍版丛书》本《九章算术》的底本.《九章算术》本文与刘、李注用同号大字，本文顶格，答案接题后，术文另行，刘、李注则另行退二格，戴震的校勘记作小字，双行夹注. 他的校勘或者改动原文，在按语中说明为什么改动，或者照录原文，在按语中说明自己的校改意见. 这种校勘方式是比较好的. 与原文不误的文字辑录特别粗糙相反，在他认为舛误之处抄录的原文与鲍刻本和杨辉几乎完全相同，可见十分认真. 戴震的校勘有相当一部分是颠扑不破的，对恢复古籍起了很大的作用；但也有不少的地方，或因句断有误，或因读不懂原文，或因对我国数学的发展历程了解不够，将原来不误的文字改错，失之于轻率. 此外，戴震辑校本缺盈不足章"今有共买豖"问，实为 245 问. 戴震在《九章算术》失传多年后把它辑录出来，对清中叶出现研究我国古典数学的高潮起了积极作用.

2.《四库全书》本《九章算术》

《四库全书》本《九章算术》依戴震大典辑录校勘本誊录，其内容有:御制题《九章算术》(有序);《九章算术》提要;刘徽《九章算术注》原序;九章算术,卷一～卷九;九章算术音义(李籍);《九章算经》后序(鲍澣之).每叶十六行,每行二十一字,《九章算术》本文及刘、李注同样字号,唯本文顶格,刘、李注均另行退一格.至1789年,共完成七部,分贮于文渊、文津等七阁,后文源阁(圆明园)、文汇阁(扬州)、文宗阁(镇江)本毁于战火,文澜阁(杭州)毁一部分,后补齐.今存文渊阁、文津阁、文溯阁(沈阳)本.文津阁(承德)本现藏北京图书馆.文渊阁本被国民党运至台湾,后影印收入《四库珍本别集》,得以流传.后又影印全套《四库全书》文渊阁本及缩微胶卷(图92).文渊阁本《九章算术》的誊抄工作十分不认真,不仅出现大量衍脱舛讹,更使人不能容忍的是:当发现衍脱之后,誊抄者不作改正,反而在下文故意造成新的同样字数的脱衍以保证不串行,掩耳盗铃,令人观止.当然,也有许多字,武英殿聚珍版误排,而文渊阁本不误,因此文渊阁本也有一定参考价值.2006年中华书局影印了《四库全书》文津阁本.

按说《四库全书》本《九章算术》的底本是戴震辑录校勘本的正本,实际上不尽然.文津阁本是依正本抄录的,抄录比较认真,是戴校各本中最准的.文渊阁本则是依据副本抄录的.文溯阁本情况待考.

3. 武英殿聚珍版《九章算术》

因《四库全书》抄本少,且拟藏于皇家书阁,无法流行,开办四库馆不久,弘历下诏选择一部分雕版印刷,《九章算术》入选.后因雕版费时费工费财,改为木活字版,因其名称不雅,弘历称之为聚珍版.排印工作在清宫武英殿进行,因此通称为《武英殿聚珍版丛书》.武英殿聚珍版《九章算术》依戴震大典辑录校勘本副本排印,因此,它与四库本应是姊妹关系,其格式一如四库本,唯每叶十八行;内容除篇首加“御制题武英殿聚珍版十韵(有

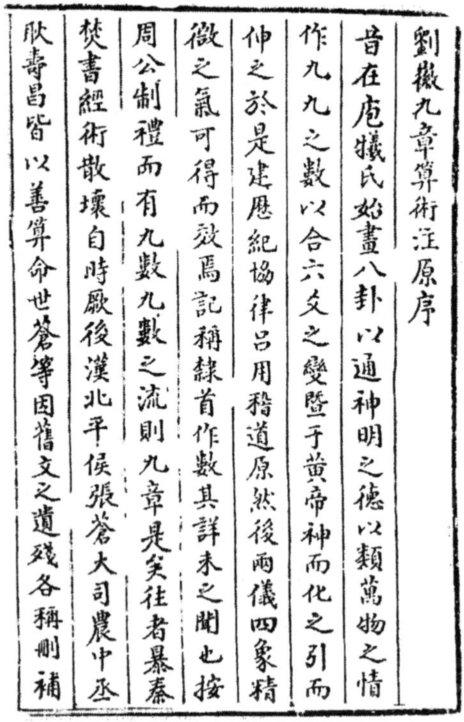

劉徽九章算術注原序

昔在庖犧氏始畫八卦以通神明之德以類萬物之情作九九之數以合六爻之變暨于黃帝神而化之引而伸之於是建歷紀協律呂用稽道原然後兩儀四象精微之氣可得而效焉記稱隸首作數其詳未之聞也按周公制禮而有九數九數之流則九章是矣往者暴秦焚書經術散壞自時厥後漢北平侯張蒼大司農中丞耿壽昌皆以善算命世蒼等因舊文之遺殘各稱刪補

图 92

序)"外,其余均与四库全书本同.聚珍版《九章算术》的排印比《四库全书》本的抄录稍微认真一些,但仍有不少排印中发生的误文夺字.

武英殿聚珍版《九章算术》曾进行过重印,重印时作过不同程度的校勘.笔者见过同一聚珍版的二种不同印本,其中以弘历御览本较好,改正了十几个错字,当然与聚珍版初印本中大量舛误比起来,只是杯水车薪,而且戴震辑录中发生的舛误一个也没改正.

4. 福建影雕聚珍版《九章算术》

武英殿聚珍版《九章算术》印数不多，国内已不多见，流传较广的是福建木刻本. 乾隆四十一年(1776)，弘历将武英殿聚珍版颁发东南各省，令其雕版通行，只有福建于乾隆四十二年刻了《九章算术》. 从字体、字行结构及错讹来看，福建刻本系武英殿聚珍版《九章算术》初印本的影雕版. 福建影雕《九章算术》没有"御制武英殿聚珍版十韵"，影雕中除原有错讹外，又产生几十个错字. 该版道光、同治间重印过，似未作改动.

5. 屈曾发刻豫簪堂本《九章算术》

乾隆四十一年(1776)，常熟数学家屈曾发刊刻了《九章算术》(与《海岛算经》合刊)，题称"豫簪堂藏版". 这是戴震的另一校勘本，用大典辑录校勘本和从孔继涵处借到的汲古阁影宋本《九章算经》(前五卷)重校而成，而且前者对屈刻本的影响明显地比后者大. 屈刻本的出现标志着戴震从以大典辑录为底本校勘转变到以大典辑录本和影宋本合校的阶段. 屈刻本每叶二十四行，每行二十四字，《九章算术》本文顶格，刘、李注均另行低一格，与正文同号字. 补充了四库本和武英殿聚珍版所缺的盈不足章今有共买豕问(估计依据《永乐大典》中的杨辉本)，但漏刻粟米章第 40 问，实际上仍为 245 问. 屈刻本的体例，近似于《四库全书》本和武英殿聚珍版，即将校勘记作双行夹注. 屈刻本与它们的不同，除了参照汲古阁影宋本作了大量新的改动之外，主要有：(1)屈刻本删去了《四库全书》本和武英殿聚珍版中大量的校勘记，只保留了三十七条，并不加说明地径行修改原文，这种方式是不足取的. (2)有的修改(尽管大多没有说明)不同于聚珍版和四库本，说明戴震重校过. 这些重校，有的是进步，如恢复了聚珍版和四库本中被戴震妄删的"实如法得一钱"的"钱"字(或其他名数单位),有的则是倒退,如勾股章出南北门问原来的校勘比较符合原意,但修改离开原意太远.(3)作了大量不属校勘范畴的修辞性加工,虽不改变原意,却是版本学上不容许的,使《九章算术》继大典辑校本之后进一步混乱.屈刻本流传不广,清戴敦元将它误认为孔继涵刻本的翻刻本,把先后搞颠倒了,后来的学者多因袭此说.

6. 孔继涵刻微波榭本《九章算术》

乾隆中曲阜孔继涵刻《九章算术》,为微波榭本《算经十书》之一.此版书末刻有"大清乾隆三十八年癸巳秋阙里孔氏依汲古阁影宋刻本重雕",还刻有宋秘书省司马光、吕公著等若干官员姓名及元丰七年九月等时间字样.钱宝琮先生揭穿了孔氏的骗局,指出孔刻本是戴震校本,不是汲古阁重雕本,其时间在乾隆四十年(1775)秋之后,而不是乾隆三十八年.笔者考证认为,它是前五卷以汲古阁本和大典辑录校勘本合校的又一重校本,其校订时间应在1776年秋～1777年春或其后,戴震1777年5月去世,不可能看到它的出版.孔刻本的体例与汲古阁本一致,每叶十八行,每行十八字,《九章算术》正文用大字,问题顶格,答案另行退四格,术文另行低二格.刘、李注为小字双行夹注,与鲍刻本完全一致.孔刻本刻工精美,印数多,并且后来不断被翻刻、影印、排印,流传很广,影响相当大.孔刻本大多数重校与屈刻本相同,而且大多数校勘,像屈刻本一样,没有作校勘记,而是径行改动.同时,戴震在孔刻本中作了更多的版本整理上所不允许的修辞性加工,造成更大的混乱.孔刻本与其他戴校本的不同在于:在文字的取舍上,前五卷中汲古阁影宋本的影响明显大于大典辑录校勘本;因为冒充为重雕汲古阁影宋本,本文中没有任何校勘记,而在各卷末载戴震写的订讹或订讹补图(卷三无),其内容除个别外及行文需要外,几乎与屈刻本的双行夹注完全相同;孔刻本改变了若干题目的顺序，如将盈不足章“两鼠穿垣”问从卷末移至“蒲莞共生”问之下，将勾股章“持竿出户”问从卷末移至“竹高折地”问之前；像屈刻本一样，孔刻本补了盈不足章“今有共买豕”问，且没有漏刻，为 246 问. 这是清初以来第一个为 246 问的《九章算术》版本.

万有文库本《九章算术》是孔刻本的排印本，四部丛刊《九章算术》则是孔刻本的影缩本.

二、戴震、李潢共同影响下的《九章算术》

1. 李潢《九章算术细草图说》

戴震之后，李潢(？～1812)撰《九章算术细草图说》，1820 年，沈钦裴遵李潢遗嘱算校完毕，由鸿语堂付梓. 李潢本后来被多次翻刻，影响较大. 李潢以戴震校孔刻本为蓝本，对难懂之处详加图说，同时，对戴震未加校订的若干文字进行校勘，对后人理解《九章算术》和刘徽注、李淳风注释的内容大有裨益. 但是戴敦元说他“于东原氏所谓舛误不可通者，一一疏而通之，探赜索隐，钩深致远，胪铭标目，咸式古训”，则是过誉之辞. 实际上，他校勘了某些必须校勘之处，但与戴震一样，或句断有误，或未读懂原文，将不误的文字改错，亦复不少；他的图说，有独到之处，但在许多地方，他没有正确理解刘徽原意，作了若干错误解释，尤以商功章为甚. 李潢身居高位，能看到《永乐大典》，也指出了孔刻本有几处(来自于大典辑录校勘本)重要文字与大典本不同. 另外，李潢还吸取了李锐、沈钦裴、戴敦元的某些校勘，但戴敦元的校勘恐不足取.

2.《宜稼堂丛书》本杨辉《详解九章算法》

清学者毛生甫(1791～1841)家藏有一部石研斋抄本杨辉《详解九章算法》，仅存序(刘徽注、荣棨序、鲍澣之后序、杨辉序)

及后五章:盈不足、方程、勾股、商功(约半章)、均输. 当为秦黉(1722～?)原藏,每叶二十行,每行二十一字.《九章算术》正文、贾宪细草为大字,刘、李注及杨辉详解为小字,抄本极为粗漏,鱼鲁亥豕甚多. 然而,由于石研斋本之所有,正是鲍刻本之所缺,加之大典本散佚,戴震辑录本多误,对《九章算术》版本上参考价值极大. 可由《宜稼堂丛书》本及宋景昌为之写的《札记》基本上恢复之.

道光二十二年(1842)宜稼堂主人郁松年从毛家借来残本石研斋抄本杨辉《详解九章算法》,嘱宋景昌校勘后刊刻. 宋景昌参照孔刻本《九章算术》和李潢《九章算术细草图说》,径行改动原文,然后著《札记》加以说明. 有的地方他指出杨辉本和孔刻本两通(此多为孔刻本的校勘或修辞性改动,宋景昌不了解),未改原文,而在《札记》中注出孔刻本;有的地方,他指出杨辉本是而孔刻本非;当然也有许多地方他依戴震、李潢的意见改动了原文不误的文字.

3. 福建补刊影雕武英殿聚珍版《九章算术》

光绪年间,谭钟麟主政福建,因乾隆间影雕武英殿聚珍版散坏,决定修补校勘重印,大多以丁氏藏书为参考. 经笔者考证,《九章算术》是在原版上参照李潢《九章算术细草图说》进行校勘修补的,在有的叶脊处印有“光绪十九年补刊”(1893)字样,我们称为补刊本,其修改主要有以下几个方面:一是按照李潢的若干校勘作了改动,如正负术刘注武英殿聚珍版原文“故赤用黑对则除黑”,依李潢改“赤”作“黑”,这样的改动有几十条. 二是依照李潢本的底本孔刻本《九章算术》改动,如均输章成瓦问,武英殿聚珍版初印本将“牡瓦七十六枚”讹作“牝瓦七十六枚”(武英殿聚珍版御览本、四库全书文渊阁本、杨辉本及李籍《音义》所引均不误),影雕聚珍版因袭了这个错误,补刊本不但没有改正,反而依孔刻本将上文不误的"牝瓦三十八枚"错改成"牡瓦三十八枚",等等.三是依孔刻本所本的汲古阁影钞鲍刻本作了改动,因此,有的文字实际来自于鲍刻本,甚至在聚珍版与鲍刻本文字相异而两通的情况下,补刊本摒弃聚珍版而采用鲍刻本,如商功章"今有堑"问中聚珍版"文欲从易",补刊本改作"贵欲从易",与鲍刻本同.因此,补刊本虽然仍以武英殿聚珍版的名义行世,实际上,它不管在形式上(不是活字版)还是内容上(有鲍刻本特有的文字及聚珍版之后李潢的校改)都不是原来意义上的武英殿聚珍版了.由于补刊本的上述改动没有加以任何说明,后来的学者很容易受其蒙蔽.此外,补刊本修补过程中还出现将原来不误的字改错的情况,如方程章方程术中"以右行上禾遍乘中行",补刊本将原来不误的"右"错改为"左".

4. 广雅书局翻刻福建补刊影雕武英殿聚珍版《九章算术》

张之洞任两广总督创办广雅书局,光绪二十五年(1899)以福建本为底本翻刻了《武英殿聚珍版丛书》,其中《九章算术》以福建补刊影雕武英殿聚珍版为底本.翻刻中改了补刊本中的某些错字,但亦出现了一些新的错误.其中最大的错误是少广章脱漏一叶,缺失开立圆术李淳风注中"于是立方之棋分而为四"至"故丸居立方二分之一也"凡三百余字,使人无从了解祖暅之解决球体积公式的方法和祖暅之原理等光辉成就.

5.《丛书集成(初编)》本《九章算术》

商务印书馆1936年出版王云五主编的《丛书集成(初编)》本《九章算术》,扉页上注明"据《聚珍版丛书》本排印",此处的聚珍版实际上是广雅书局的翻刻本,而不是清宫的活字版,亦不是乾隆福建影雕本,因此亦脱漏有关祖暅之方法的三百余字.另外排印本还出现了某些新的错误.

以上三种用武英殿聚珍版名义的《九章算术》都不是真正的

武英殿聚珍版，但它们时间晚，印数多，流传广，很容易鱼目混珠.

三、钱宝琮校点的《九章算术》

清末至20世纪50年代，没有《九章算术》新的校勘本问世，只是重印、影印过去的版本. 1963年中华书局出版了钱宝琮(1892～1974)教授校点的《算经十书》，其中《九章算术》在上册. 钱先生是我国数学史研究的奠基者之一，他以恢复唐代立于学官的刘、李注本《九章算术》为宗旨，根据《天禄琳琅丛书》本和《宜稼堂丛书》本杨辉《详解九章算法》所引，重加校订，写出校勘记四百六十余条. 钱校本一方面取各版本各家之长，肯定了戴震、李潢校勘中的功绩，另一方面花气力对他们，特别是戴震的校勘进行甄别，指出戴校中若干重大错误，尤其是盈不足、方程、勾股章诸术中的校勘错误. 自戴震校勘《九章算术》后近二百年中，如此系统全面地纠正戴、李校勘中的失误，这是第一次. 同时钱校本在深入研究的基础上，对各本俱误而各家漏校或误校的文字，大约一百条左右，进行了校勘，并在校勘记中保留了各本原有的异文衍字. 钱先生实事求是，对他不能理解的文字，不强为之说，声明无法校订，付之阙疑，表现出一位严肃的学者的优良学风. 钱校本基本上正确地反映了《九章算术》和刘徽、李淳风注的内容. 但是，由于受历史条件限制，尤其是钱先生没看到南宋鲍刻本《九章算术》和清宫武英殿聚珍版《九章算术》，因此钱校本也出现了一些疏漏，主要是：把天禄琳琅本等同于南宋鲍刻本，实际上，它们有个别但是重要的不同；他没有发现戴震从《永乐大典》辑录时的粗疏，沿袭了大部分误辑；他使用的武英殿聚珍版不是清宫活字版，而主要是依福建补刊本翻刻的广雅本，因此把补刊本据李潢的校勘的近20条修改以及补刊本个别的舛误误认作聚珍版原文;钱先生对孔刻本评价不高,但没有发现戴震在孔刻本中的修辞加工及孔刻本翻刻时的舛误,没有摆脱孔刻本,从题目的顺序以及保留了孔刻本大量修辞性加工,因袭了几个孔刻本所特有的误文夺字来看,他实际上以庚寅年(1890)翻刻的孔刻本为工作底本;钱校本纠正了戴震、李潢若干错校,但仍有一些错校没纠正;现存《九章算术》各版大约有近 2000 条不同文字,钱校本使用过的各版亦有 1000 条左右不同文字,钱校本仅列出 300 余条,特别是对戴震在武英殿聚珍版中注明经他校订的许多文字没有加以说明;钱校本许多校勘及各版中文字取舍十分精当,但仍有一些值得商榷;此外,有几处误排或脱漏的字. 当然,瑕不掩瑜,自戴震校勘《九章算术》到 20 世纪 80 年代,在已出版的各版本中,钱校本仍是最好的一部. 钱校本对误文夺字继续校勘的同时打破了对戴校本的迷信,全面地对前人的校勘进行甄别,指出了对《九章算术》进一步校勘的正确方向.

1982 年科学出版社出版的白尚恕的《〈九章算术〉注释》,以钱校本为底本,纠正了钱校本个别误排的字,但几乎因袭了钱校本的全部不足,又恢复了若干已被钱先生纠正过的戴震错校. 作者提出了某些新的校勘,但其中大多是错校或值得商榷. 其某些注释对初学者有一定帮助,但有许多并不符合刘徽原意,值得商榷. 就学术价值而言,它是远不如钱校本的.

1980 年,日本朝日出版社出版了川原秀城翻译的《刘徽注〈九章算术〉》. 这之前,《九章算术》已经有大矢真一的日译本、别辽兹金娜的俄译本、福格尔的德译本,但只译了《九章算术》本文,均未译刘徽注和李淳风等注释. 川原日译本是第一次将刘徽《九章算术》注译成外文,它以孔刻本为底本,参考了钱校本,并作了若干新的校勘.

四、汇校本《九章算术》

由上可以看出，自清中叶起，戴震、李潢、钱宝琮对《九章算术》的整理与校勘作了大量工作，贡献甚大；同时亦可看出，自戴震起造成的《九章算术》版本混乱，200 余年间未得到根本纠正. 为改变这种状况，笔者多年从事《九章算术》的版本和校勘研究，完成了《九章算术》汇校本(辽宁教育出版社，1990 年 10 月)，其前五卷以南宋鲍刻本《九章算经》为底本，后四卷及刘徽序以由武英殿聚珍版和《四库全书》文渊阁本《九章算术》对校恢复的《永乐大典》辑录本为底本，汇校了现今所能看到的十几个版本，吸取了戴震、李潢、钱宝琮等学者的正确校勘，列出了各版本的歧异文字，写出校勘记 1700 余条. 与钱校本相比，恢复被前人误改的鲍刻本、大典本原文 480 余条，校勘原文舛误而前人校改失当或漏校之处百余条，彻底剔除了戴震的修辞加工，并力图纠正戴震等人的错校. 笔者又根据中国科学院与法国国家科研中心的协议与法国林力娜(K. Chemla)博士合作翻译了法译本《九章算术》.《九章算术》诸版本的关系如图 93 所示.

1993 年陕西科学技术出版社出版了李继闵的《九章算术校证》，称以大典本为工作底本，实际上是以钱校本和汇校本为底本. 该书对版本的描述极为混乱，张冠李戴、无中生有之处甚多. 采用了戴震、李潢、钱校本、汇校本大量校勘，却将相当多的他人校勘据为己有. 比如使用了汇校本 300 余条校勘，只有 64 条声明从汇校本，而将 100 余条说成自己“今校正”，对其余 200 余条则不出校勘记而径直抄录. 该书虽提出了几条正确的校勘，却又提出了大量错校，还恢复了若干已被汇校本纠正了的戴震等人的错校.

1996 年沈康身撰《九章算术导读》，未说明底本，也不出校

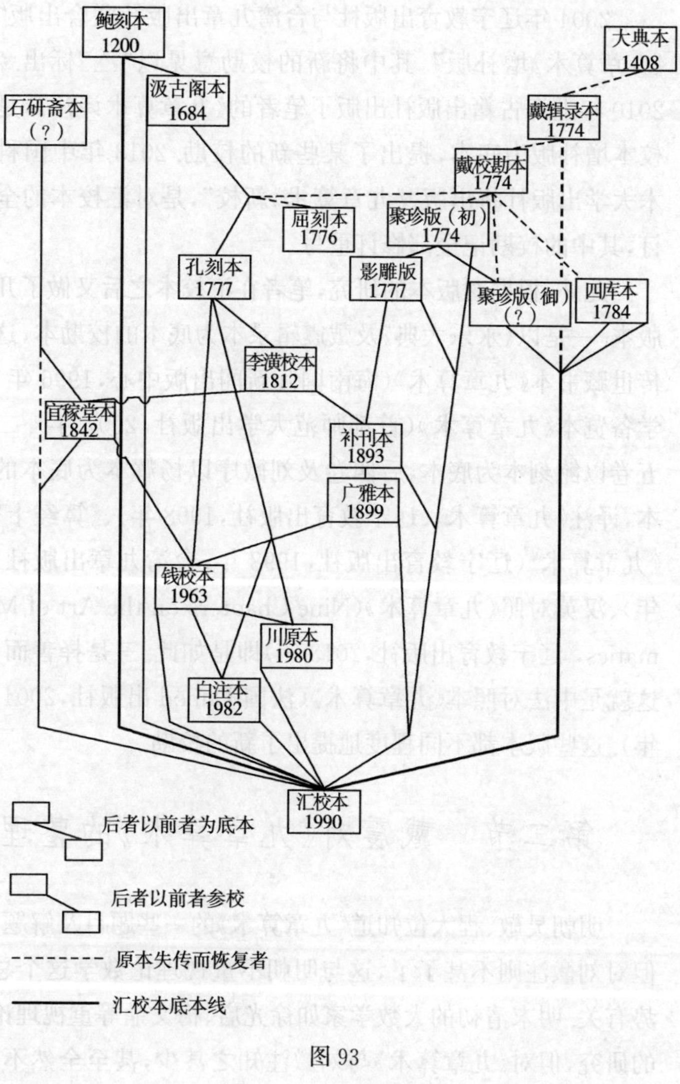

图 93

勘记,对各本有歧异的文字,有的从戴校各本,也有的从钱校本、汇校本.沈康身等翻译的中英对照本以此为底本.

2004 年辽宁教育出版社与台湾九章出版社联合出版“汇校《九章算术》增补版”，其中将新的校勘意见以“△”标出. 2009、2010 年上海古籍出版社出版了笔者的《九章算术译注》，是以汇校本增补版为底本，提出了某些新的校勘. 2013 年中国科学技术大学出版社将出版“《九章算术》新校”，是对汇校本的全面修订，其中的校勘记全部修订重写.

此外，根据对版本的研究，笔者在汇校本之后又做了几个新版本. 一是以《永乐大典》及戴震辑录本为底本的校勘本，这就是传世藏书本《九章算术》(海南国际新闻出版中心，1996 年)与国学备览本《九章算术》(首都师范大学出版社，2007 年). 二是前五卷以鲍刻本为底本，后四卷及刘徽序以杨辉本为底本的校勘本，译注《九章算术》(辽宁教育出版社，1998 年)、《算经十书》本《九章算术》(辽宁教育出版社，1998 年；台湾九章出版社，2001 年)、汉英对照《九章算术》(Nine Chapters on the Art of Mathematics，辽宁教育出版社，2013 年)即是如此. 三是择善而从者，这就是中法对照本《九章算术》(法国 Dunod 出版社，2004、2005 年). 这些版本都不同程度地提出了新的校勘.

第二节　戴震对《九章算术》的整理

明朝吴敬、程大位知道《九章算术》的一些题目及解题方法，但对刘徽注则不甚了了，这与明朝不重视理论数学这个总的趋势有关. 明末清初的大数学家如徐光启、梅文鼎等重视理论数学的研究，但对《九章算术》与刘徽注知之甚少，甚至全然不知. 徐氏是一位颇有贡献的政治家、科学家、数学家，然而他鄙视中国古算. 梅氏融合中西数学，建树甚多，然而有的方面，如方程的表示法，沿习《算法统宗》，没有达到《九章算术》的水平.

一、戴震

戴震(1724～1777)是杨辉之后五百多年间重新研究《九章算术》和刘徽注的第一人,是此后二百多年间《九章算术》和刘徽研究这一中国数学史最重要课题的开创者,其功大焉.戴震,字东原,休宁(今安徽省黄山市屯溪区)人.清著名学者,哲学家,考据学大师,数学家.他博闻强记,学问渊博,对天文、数学、史地有深刻研究.著有《原善》、《原象》、《孟子字义疏证》、《声韵考》、《声类表》、《方言疏证》、《勾股割圆记》、《策算》等.乾隆三十八年(1773),爱新觉罗·弘历决定开办《四库全书》馆,召戴震为纂修官.次年,他从《永乐大典》中先辑出《九章算术》、《海岛算经》、《孙子算经》、《五曹算经》、《夏侯阳算经》等五种算经,后又辑出《周髀算经》、《五经算术》、《数学九章》、《益古演段》等四部数学著作,加以整理,并撰提要.《四库全书》天文算法类提要多出自戴震之手.戴震的工作奠定了清中叶中国古典数学复兴的基础.

二、戴震对《九章算术》的校勘

戴震关于《九章算术》的工作,开辟草莱之功与不尽人意之处都非常突出,这尤其表现在他的校勘之中.所谓《九章算术》的校勘,主要是刘徽注的校勘,因为戴震以前各传本中,《九章算术》本文的异文夺字非常少,而刘徽注的衍脱舛误却十分严重,常有几字、十几字、几十字甚至近百字不可句读者.另外,刘徽注的校勘作好了,李淳风等注释的校勘大多可迎刃而解.

戴震在作为《四库全书》本和《武英殿聚珍版丛书》本的底本的《永乐大典》辑录校勘本中提出了300余条校勘,其中有相当一部分是十分正确的.本书第三～十章引文的校勘中,以引用戴震的校勘为最多.戴震的校勘有以下几种情况:(1)删去衍文.如商功章城垣堤沟堑渠术刘徽注“以高若深乘之”下原有“坚率三，壤率五，各为所求率，墟率四为所有率，而今有之”凡二十二字，与术文无涉，戴震指出此“系上注重见于此”，删去.等等.(2)补足脱文.如商功章圆亭术刘徽注在说明先如何求出圆亭的外切方锥体积之后，紧接“亦犹方幂中求圆幂”，使人莫名其妙.戴震指出:“得方亭之积”下“有脱文，据后委粟依垣条注云‘从方锥中求圆锥之积，亦犹方幂求圆幂’，以彼例此，似应有‘从方亭求圆亭之积’八字.”只有如此校补，才能文从字顺.(3)纠正经注互误.如盈不足章长安至齐问术文“以盈不足维乘假令之数，并而为实.并盈不足为法.实如法而一，得日数.不尽者，以等数除之而命分”凡三十九字“原本讹入注内，今据前术体例改正”.盖上黄金白银问相应的文字为术文.戴震校改极是.(4)纠正误倒.如商功章阳马术刘徽注原本有“其使鳖臑广袤各高二尺”，于数理不通，戴震认为“各高”误倒，作了校正.(5)纠正讹舛.如粟米章今有术刘徽注原本“欲化粟为米者，粝当先本是一”，粝，粟之误，戴震校正.以上的例子中的错讹都比较单调，有的文句集衍脱舛误于一处，校勘十分艰巨，如勾股章“户高多于广”问大典本、杨辉本、刘徽注原本“半差自乘，又倍之为朱幂，半其余，有朱幂二、黄幂四半一丈”，文理均不通.戴震校正为“半差自乘，又倍之，为黄幂四分之二.减实，半其余，有朱幂二、黄幂四分之一”，十分得体.笔者认为，戴震大约有一百二十多条校勘是颠扑不破的.应当指出，《永乐大典》本中这些舛误不通者，前五卷大都与鲍刻本相同，后五卷大都与杨辉本相同.我们知道，鲍刻本、杨辉本的母本最晚在唐李籍时代就已与《永乐大典》本的母本不同，就是说，这些错讹至少已产生了九百多年，甚至李淳风等所见到的刘徽注抄本就已经错讹，李淳风等与李籍、贾宪、杨辉都未能校勘.戴震校正了传世已久的错讹，实在是了不起的贡献.

戴震的校勘,或者改动原文,在校勘记中说明原文,或者照录原文,在校勘记中说明校改意见,这种方式是谨慎的、可取的.对错讹严重,一时无法校改的文字,戴震在校勘记中说明了自己的理解.此外,戴震对刘徽注许多文字作了解释,并对卷一、卷九的许多题目补画了图.这些解释和补图,大都是正确的,如勾股容方的出入相补图,人们至今沿用的,仍是戴震画的图.有的图尽管不完全符合刘徽注原意,也足以给人们以启发,提供一条思考的线索.

但是,戴震确实有一些错校,包括原文不误而被臆改,及原文舛误而校改亦不当两种情形.原文不误而被臆改是由各种原因造成的.

有的是因为对许多数学方法在中国的发展历程了解不够所致,如方程章方程术刘徽注大典本、杨辉本原文"为齐同者谓中行直减右行也"不误,准确地阐释了《九章算术》的直除法.戴震不了解《九章算术》时代方程术用直除法,刘徽提出互乘相消法,秦九韶才完全以互乘相消法取代直除法.戴震说:"此句舛误,当云谓中行上禾亦乘右行也."以清朝流行的互乘相消法改直除法.钱宝琮纠正了戴震的臆改.

有的是断句有误,无法理解原文而臆改.如方程术刘徽注原文"以法为母,于率不通,故先以法乘,其通而同之"不误."其通而同之",还有"其同而通之",为汉魏表示齐同术的常用术语,《九章算术》及刘徽注中凡数见.戴震将"其通"连上读,遂不可理解,改作"乘其实".此处断句错误的原因大约是:戴震认为"乘"字下必须有宾词.《九章算术》本文与刘徽注中有数处,"乘"字下无宾词,戴震都补出,如均输章"青丝化络丝"问术文"以青丝一斤铢数乘练丝一斤两数,又以络丝一斤乘,为实",不误,戴震却认为"乘"字下脱"之"字,补出,当然是无必要的.

戴震有的臆改是因为对某些字词的古义不理解所致.如勾股章"持竿出户"问刘徽注"满此方则两端之邪重于隅中"不误,此处"邪",音、义同"余",《左传·文公元年》:"先王之正时也,履端于始,举正于中,归余于终."《史记·历书》引此段作"归邪于终".裴骃《集解》:"邪,音余",又云"书昭曰:邪,余分也".戴震不懂此义,说"邪"字误,当作"廉".

有的是误改了通假字.古人著书,常用通假字,通假字不能校改.方田章圆田术刘徽注"以推圆规多少之觉,乃弓之与弦也",其中"觉"是"较"的通假字,古籍常用.《孟子·离娄下》赵岐注:"如此贤不肖相觉,何能分寸?"戴震说"觉"字讹误,改作"较",实无必要.

有的臆改是对刘徽注的篇章结构缺乏正确理解造成的.刘徽自述他注《九章算术》曾"采其所见",刘徽注中常常分几段,各段文字不相协调,正是"采其所见"的标志,戴震遇到这种情况,常改其中一段为李淳风等注释,是不妥的.又如盈不足章刘徽注有"注云若两设有分者,齐其子,同其母."及"又云令下维乘上讫,以同约之."其中"注云"、"又云"可能是采其所见的标志,也可能是引现已佚的自注的标志.戴震认为"注云"、"又云"系衍文,删去,是不合适的.

有的臆改是对《九章算术》本文或刘徽注不理解造成的.如盈不足术术文"置所出率,盈,不足各居其下.令维乘所出率,并以为实.并盈,不足为法.实如法而一.有分者,通之.盈不足相与同其买物者,置所出率,以少减多,余,以约法、实.实为物价,法为人数"不误.戴震认为"实如法而一"五字为后人所加,删去,将"盈不足相与同其买物者"移术首,改"其"作"共",在"置所出率"上添一"副"字.钱宝琮指出,此条"系本章术文,不专为共买物问题而设",批评了戴震的错校,恢复了原文.等等.

原文舛误而戴震校改失当之处大多也是由于上述原因造成的. 如方程新术细草中,求出麻的一斗之价,大典本、杨辉本的文字为"置麦率四、菽率三、荅率五、黍率六,皆以麻乘之,各自为实,以实率七为法,所得即各为实",此为分别运用今有术,由麻价及麻分别与麦、菽、荅、黍的相与率求诸物的价,其中只是"实率"为"麻率"之误,"为实"当作"为价",余皆不误. 戴震将"皆以麻乘之"改作"皆以其斗数乘之",将"所得即各为实"改作"所得即同为麻之数",改变了原意,实为错校,川原秀成纠正了戴震的错误,作了正确的校勘. 又如方程新术细草下文在叙述了用衰分术求解之后,大典本、杨辉本是"此可以置约法,则不复乘列衰,各以列衰为实."其中只是"置"、"实"之误,"实"、"价"之误,余皆不误. 盖此用衰分术入算时,恰巧"下实"与"法"相等,故不必以下实乘列衰,再以法除,径以列衰的数值作为所求诸物之价即可. 戴震将最后一句改作"各以列衰如所约知其价",失去了原意. 又如,勾股章"户高多于广"问刘徽注大典本、杨辉本为:"勾股相并而加其差幂,亦减弦幂,为积,盖先见其弦,然后知其勾与股. 今适等,自乘,亦各为方,先见其弦,然而后知其勾与股,适等者,令自乘,亦令为弦幂. 令半相多而自乘,倍之,亦为弦幂. 而差数复先此各自乘之,而与相乘数,各为门实."凡九十一字不可句读. 戴震在校勘《永乐大典》辑录本时还较谨慎,指出此讹舛不可通,然未予校勘,只是分三段谈了自己的理解. 但是,在屈刻本和孔刻本中,他竟将自己的上述理解凡一百四十九字,不加任何说明地冒充原文,径作:"勾股并自乘,加差幂,为两弦幂. 半之,开方得弦. 今倍弦幂,减差幂,求勾股并,盖先见其弦,然后知其勾与股也. 勾、股适等者,并而自乘,即为两弦幂. 皆各为方,先见其弦,然后知其勾与股者,倍弦幂,即为勾、股适等者并而自乘之幂. 半相多自乘,倍之,又半勾股并自乘,亦倍之,合为弦幂. 其无差数者，勾、股各自乘，并之为实，与勾、股相乘，倍之为实，皆开方得弦. 弦幂半之为实，开方即得勾、股. ”增加五十八字，离开原文原意太远. 实际上，原文中两次出现“先见其弦然而后知其勾与股适等者令自乘亦”诸字(大典本、杨辉本个别文字互异)，显系抄书者不慎，复衍约一行所致，“倍之”下脱“又半并自乘，倍之”七字. 盖有两“倍之”，抄书者不慎，极易跳字而脱. 作这样的考察之后，原文其他文字的脱错很少，只是“勾股相并”下脱“幂”字；“令为弦幂”，“令”当作“合”，形似而误；“亦为弦幂”，“亦”下脱“合”字；“复先”，“无者”之误. 余皆不误. 而戴震的校改，与其说是校勘，不如说是改写.

应该说，戴震提出的错校之多，超过了他作出的正确校勘，两者大约为三比二. 钱宝琮在《戴震算学天文著作考》中评论戴震所说的“信古而愚，愈于不知而作. 但宜推求，勿为株守”时说：

> 琮按：震癸巳(1773)以前，天文历算诸作，失之株守执拗，近于信古而愚；癸巳以后，四库全书提要及《算经十书》校勘，失之凿空妄断，近于不知而作. 震于学问中事颇知其中甘苦. 其劝戒后进论学书札，类皆至理名言，堪为学者圭臬. 然但知诲人，不能饬己，实非所望于一代大师也.

钱老的评论是中肯的.

三、戴震对《九章算术》的修辞加工

戴震于《九章算术》的研究用功颇勤，从 1774 年开始从《永乐大典》辑录《九章算术》到 1777 年春去世，整理了三个不同的版本，即《永乐大典》辑录校勘本、屈曾发刻本的底本、孔继涵刻本的底本. 第一节已经指出，屈刻本前五卷以汲古阁本参校，孔刻本前五卷以汲古阁本为主，对后四卷也作了重新整理. 这两本较之《永乐大典》辑录校勘本有得有失.特别严重的是,戴震在这两本中,尤其在孔刻本中作了大量修辞加工.如衰分章“今有生丝”问刘徽注鲍刻本、大典本原文“凡所得率知,细则俱细,粗则俱粗,两数相抱而已”不误,“知”训“者”,《永乐失典》本作“如”,与下连读,亦通.戴震加工为“凡所得率者,细则俱细,粗则俱粗,两数相推而已”,反不如原文贴切.这类修辞加工及将校勘冒充原文给《九章算术》造成了继《永乐大典》辑录本的粗疏之后的又一次版本上的大混乱.如果说,戴震将自己的校勘冒充汲古阁本原文,因为有聚珍版和汲古阁本传世,比较容易发现的话,那么他的大量修辞加工,则非作版本上细致的校雠则不能识破,故自戴震之后二百余年未被发现,影响到他之后直到20世纪80年代翻刻、排印的所有《九章算术》版本.

第三节　李潢、焦循等对《九章算术》和刘徽注的阐释

自戴震整理的《九章算术》等古代数学典籍面世以后,中国数学界出现了研究古典数学的高潮.研究《九章算术》和刘徽注成为这一高潮中最重要的课题.李潢、焦循、汪莱、李锐、宋景昌、骆腾凤等都作出了贡献.

一、李潢《九章算术细草图说》

戴震之后,研究《九章算术》的应首推李潢.李潢(?～1812),字云门.钟祥(今湖北省)人,乾隆三十六年(1771)进士,官至工部左侍郎.博综群书,尤精历算.著《九章算术细草图说》,书未写定,即一病不起,嘱其甥程晴峰,务必请沈钦裴算校,方可付梓.1820年,沈氏校毕,由鸿语堂刊刻.而骆腾凤(1770～

1841)说:“近刻《九章细草》者,增损割裂,殊失庐山真面矣.”(《艺游录》)骆氏箧中旧稿李氏释方田注割圆术与传本《图说》中有较大不同,很可能是沈钦裴算校时作了增删修正.李潢还著《海岛算经细草图说》.

李氏以孔继涵刻戴震校《九章算术》、《海岛算经》为底本.顾名思义,他的书包括细草、图、说三部分内容.其细草是根据《九章算术》术文及刘徽注、《海岛算经》术文列出演算程序,“说”主要是逐句阐述刘徽注,兼之校勘,并对《九章算术》卷一、四、五、九共四卷及《海岛算经》根据需要画出了若干图.他的图比戴震的补图更准确地反映了刘徽注的本意,而且十分细致,如商功章方亭术刘徽注,他画了十三幅,为羡除术刘徽注画了二十幅,为少广章祖暅之开立圆术画了二十二幅.在刘徽自画的图失传后,这些图是人们所能看到的关于刘徽注的最好的图.李潢的细草图说大都准确反映了刘徽注的深邃的数学创造.如割圆术的图说,详细介绍了割圆术的内容.据骆腾凤的记载,他还对“以一面乘半径,角[1]而裁之,每辄自倍”作了解释:

> 云以一面乘半径,角而裁之,每辄自倍者,如前图(见图94),戊己庚辛方,各自甲丙乙丁角而裁之,得大小八勾股幂,为甲丙乙丁四边形之倍.以此率之,则全周为面,以半径乘之,必得圆幂之倍矣.半之,乃得圆幂.故半周为面,以半径乘之,适得一圆幂也.此周径谓至然之数者,言半周半径相乘,所用周径,乃至密之率(《艺游录》卷二).

这种解释虽不尽准确,却试图说明“故以半周乘半径而为圆幂”的道理,即初步认识到刘徽注中这一段的主旨在于证明圆面积

---

① 李潢认为“弧”字应改为“角”字.

公式(14). 李潢还特别说明周径至然之数，是指圆面积公式(14)中的应用. 不知为什么，上述这段文字，沈钦裴算校的本子为“云以一面乘半径，觚而裁之，每辄自倍者，觚，犹角也，观图自知. 云此以周径谓至然之数者. 以，犹用也，言此所用之周径乃至密之率，非周三径一之率也.”

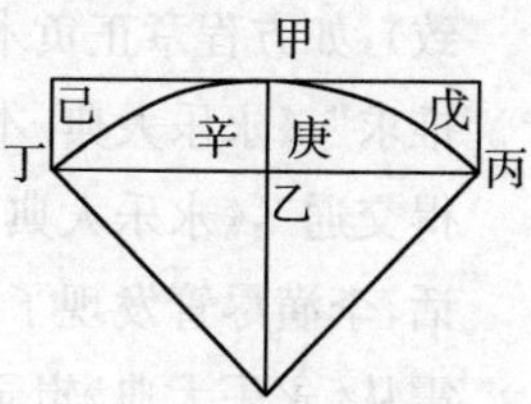

图 94

删去解释半周半径相乘为圆幂的关键的话，殊失刘徽、李潢本意. 此后百余年，人们很少注意刘徽注中这几句话，恐与沈氏误删李潢图说有关系. 总之，刘徽注中若干不容易理解的文字，经过李潢的阐释，大都变得条理清楚，对后人研读《九章算术》和刘徽注十分有裨益.

李潢的校勘，除对戴震改方田章刘徽注中的“弧”为“觚”，改方程章正负术中的“人”为“入”提出异议外，没有对戴震的其他校勘加以甄别，只是校勘戴震未校勘的文字，并且写入说中，未改变所录孔刻本原文. 他的许多校勘是十分得体的. 比如商功章羡除术刘徽注原文“下广皆堑堵之广”，数理上不通，李潢认为“原文脱‘末广’二字”，甚是. 均输章“持米出三关”问刘徽注原文“即内关未税之本米也. 又以三乘之，二而一，即外关未税之本米也”，数理上亦不通，李潢认为“又以三乘之”上脱“又以五乘之，四而一，即中关未税之本米也”十七字，既符合数理，又符合古籍脱误规律. 盖此段几次出现“又以……”、“未税之本米也”诸字，抄书时极易跳行而脱. 又如勾股章“开门去阃”问刘徽注原文“门广为股”，与上下文不合，李潢认为“门广为股”当作“半门广为弦”，等等. 李潢大约有七十条校勘是很得体的. 只有经过这些校勘，人们才能理解刘徽注的某些内容及数学方法. 此外，李潢身居高位，有机会看到《永乐大典》. 他指出了孔刻本中几处与《永乐大典》之《九章算术》不同的文字(实际上是戴震辑录时粗疏所致),如方程章正负术刘徽注中便有两处不同:孔刻本"左右数相推求",《永乐大典》本作"法实数相推求";孔刻本"其并减之势不得交通",《永乐大典》作"其并减之势不得广通".说一句苛求的话,李潢尽管发现了孔刻本与大典本几处不同,但没有认识到戴震从《永乐大典》辑录之粗疏及孔刻本的大量修辞加工,因而未能全面校雠,失去了完全准确地恢复《永乐大典》本《九章算术》的最后一次机会,这是不无遗憾的.

应当指出,李潢的图说也有不尽如人意之处.如商功章羡除术刘徽注,李潢的图说解释求大鳖臑的方式说:"令小鳖臑居里,大鳖臑居表,则大鳖臑出椭皆方锥者,并原所有末广两旁之小鳖臑:末广二尺,无深,袤七尺,深三尺,无上、下广,今改作上广二尺、深三尺,无下广,袤七尺,无末广.仍令小鳖臑居里,大鳖臑居表,则大鳖臑出椭皆方锥矣.下广三尺者,即羡除之深也;袤六尺者,上、下广差四尺并末广差二尺为六尺也;高七尺者,即羡除之袤也."这是难于理解的.他将原有两个尺寸为一尺、七尺、三尺的小鳖臑改造成一个三棱互相垂直,垂足在一点的尺寸为二尺、三尺、七尺的小鳖臑甲乙卯庚(见图 95),是没有必要的,因为两小鳖臑的体积是容易求出的.他构造了另一个大鳖臑甲卯寅庚,其尺寸为三尺、四尺、七尺,为原两大鳖臑拼成的.他将甲乙卯庚与甲卯寅庚拼成尺寸为三尺、六尺、七尺的大鳖臑甲乙寅庚,怎么拼法,李潢没有说明白.而且证明大鳖臑甲乙寅庚的体积与原体积相等的难度不亚于求原大鳖臑的体积.又如对阳马术刘徽注,他未能理解其极限过程,在前面已经指出.

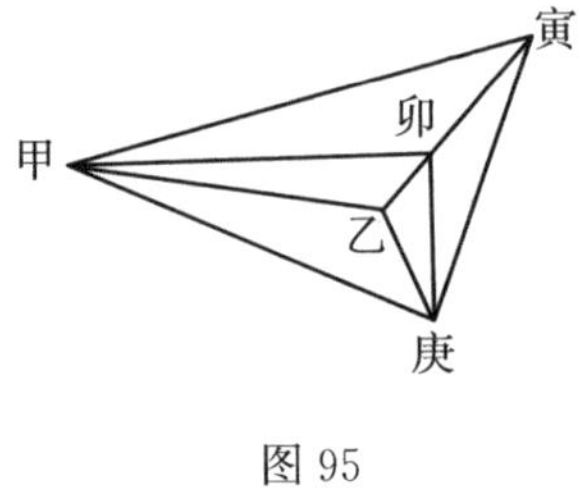

图 95

与戴震一样,李潢的校勘也有不当之处.如阳马术刘徽注"其余两端各积本体"不误,李潢由于未弄通此注,改"两端"为"两棋",实为错校,丹麦华道安(Wagner)恢复原文.这类错校尚多,钱宝琮已经纠正了许多.如商功章"程粟"刘徽注"粟率五,米率三,故米一斛于粟一斛五分之三"不误,孔刻本于"分"下衍"斛"字,李潢又改为"米一斛于粟,一斛三分斛之二",钱宝琮指出李潢是"承谬踵误,不可理解".

造成李潢某些图说与校勘失误的原因,除了当时仍处于重新研究《九章算术》和刘徽注的初期等客观条件外,主要在于,李潢的图说着重于刘徽注各句本身的解释,而对刘徽各个注的整体分析不够.他的图说很少有,甚至可以说没有解释某注某段的主旨的文字,更谈不到对其逻辑结构的分析.

不过,总的说来,李潢《九章算术细草图说》对刘徽的理解的深度远远超过戴震,是刘徽注问世以后最详尽的阐释,是后来学习研究《九章算术》和刘徽注的必读作品.

二、汪莱的校勘

清乾嘉时期,号称"谈天三友"的数学家焦循、汪莱、李锐在诠释、校勘《九章算术》和其他古算经上作出了杰出的贡献.

汪莱(1768~1813),字孝婴,号衡斋,安徽歙县人,是我国讨论方程根的个数与系数正负的关系这一课题的开创者.他著书集为《衡斋算学》.作《校正〈九章算术〉及戴氏订讹》(载《衡斋遗书》),对孔刻本《九章算术》提出了若干条校勘.他校勘的数量不多,却大都很严谨.有的校勘与李潢不谋而台.如少广章开立圆术刘徽注原文"方八之面圆圆浑相推知其复以圆困为方率浑为圆率也",戴震认为两"圆"之间脱"六之面"三字,汪莱与李潢都认为"六"当作"五".有的校勘则比李潢高明,如均输章恶粟求粺米问刘徽注原本“此术置今有求粺米十斗，以粝米率十乘之，如粝率九而一，即粝亦化为恶粟矣”，显有脱文，戴震未予校补. 李潢将“如粝率九而一”改作“如粺米率九而一”，此下补“则粺化为粝. 又以恶粟二十斗乘之，如粝米九斗而一”二十一字. 按李潢之校补，重今有的第二步运算是由恶粟二十斗、粝米九斗求粺米十斗化成的粝米所化成的恶粟，不合今有术. 汪莱则在“如粺率九而一”上补“如粺率九而一，即粺化为粝. 又以恶粟率二十乘之”凡二十字，盖原文中有两“乘之”，抄书者不慎脱去约一行而致讹. 汪莱所补，先由粝率、粺率求出粺米十斗所化成的粝米，合于今有术；再由恶粟率、粝率求出该粝米化成的恶粟数，亦合于今有术. 故为重今有. 可见汪莱所补既合于古籍脱文规律，又合于数理.

三、李锐的校勘

李锐(1768～1817)，字尚之，号四香，江苏元和(今苏州市)人. 他撰《第五册算书跋》和《开方说》，在汪莱的基础上，提出了完整的关于高次方程正根个数与其系数符号之间的关系法则. 他在中国首次提出方程有负根和重根的结论，使中国的方程论形成了一门比较完整的理论. 他还校勘注释了秦九韶、李冶的著作，承担了阮元主编的《畴人传》的主要编纂工作. 在对《九章算术》刘徽注的校勘上也显示了李锐的数学才能和严谨的学风. 大典本(杨辉本同)的刘徽注的方程新术细草有若干舛错，虽经戴震校勘，仍有许多数理不通之处. 李锐撰《方程新术草》，不仅详细演示了方程新术的细草，而且校正了孔刻本戴震未予校勘的十三处舛误文字. 经过李锐的校勘，刘徽的方程新术细草始能文从字顺，为人所理解. 李潢、钱宝琮都引用了李锐的校勘.

四、焦循《加减乘除释》

焦循(1763～1820),字理堂,号里堂,江苏甘泉(今扬州市)人. 嘉庆六年举人. 清中叶著名经学家、训诂学家、戏剧理论家、历算学家. 他于1796～1798年撰《释轮》、《释椭》、《释弧》,总结了当时天文学的数学基础知识. 又撰《天元一释》,拨乱反正,指出秦九韶之"天元"不同于李冶之天元. 他在1794年深入研究了刘徽《九章算术注》,将之比作许慎的《说文解字》:"欲知古人仰观俯察之旨,舍许氏之书不可;欲知古人参天两地之原,舍刘氏之书亦不可."他认为少广、勾股、衰分、盈不足、方程等方法及在方田、商功、粟米、均输中的应用,其理皆起源于"加、减、乘、除四者之错综变化也". 他指出:"而四者之杂于九章,则不啻六书之声杂于各部. 故同一今有之术,用于衰分,复用于粟米;同一齐同之术,用于方田,复用于均输;同一弦矢之术,用于勾股,复用于少广. 而立方之上,不详三乘以上之方;四表之测,未尽三率相求之例. 踵其后者,又截粟米为贵贱、衰分,移均输为叠借互征,名目既緐,本原益晦,盖九章不能尽加、减、乘、除之用,而加、减、乘、除可以通九章之穷."因此,他"本刘氏之书,以加、减、乘、除为纲,以九章分注而辨明之"(《加减乘除释》卷一). 遂于嘉庆二年(1797)以1794年的旧稿,细为增损,"取刘徽注《九章算术》之意,著《加减乘除释》八卷,凡弧矢之相求,正负之相得,方圆凸凹之异形,齐同比例之殊制,靡不先列其纲,次疏其母,俾学者可穷源以知流"(黄承吉《加减乘除释》序). 焦循的《加减乘除释》开辟了研究《九章算术》和刘徽注的新蹊径.

焦循实际上提出了关于四则运算的基本规律,包括了加法交换律、加法结合律、乘法交换律、乘法结合律、加法对乘法的分配律等等,并且"论数之理,取于相通,不遍举数,而以甲乙明之”，用甲、乙、丙……相当于现代数学用 $a, b, c\cdots$，用数学符号表示运算规律，在中国数学史上是个创新. 比如：

“以甲加乙，或以乙加甲，其和数等.”这是加法交换律，即：

$$a+b=b+a$$

“或先以甲乙相加，后加以丙；或先以乙丙相加，后加以甲；或先以甲丙相加，后加以乙，其得数皆同.”这是加法结合律：

$$(a+b)+c=(b+c)+a=(a+c)+b$$

“以甲乘乙，尤之以乙乘甲也.”这是乘法交换律：

$$ab=ba$$

“三数相乘为连乘，或先以乙乘甲，连以丙乘之；或先以丙乘乙，连以甲乘之；或先以甲乘丙，连以乙乘之，其得数皆等.”这是乘法结合律：

$$(ab)c=(bc)a=(ca)b$$

“以甲中分之，各乘以乙，合之如甲乙相乘；以甲盈朒分之，各乘以乙，合之其数等.”这是加法对乘法的分配率，设 $a=a_1+a_2$，则：

$$ab=(a_1+a_2)b=a_1b+a_2b$$

焦循还提出了另外若干规律，如：

“减乙于甲而加丙，则甲少一丙乙之差. 减丙于甲而加乙，则甲多一丙乙之差.”此即：

$$(a-b)+c=a-(b-c)$$

$$(a-c)+b=a+(b-c)$$

等等（吴裕宾：《焦循与〈加减乘除释〉》）.

在提出各条运算命题之后，焦循或进一步阐释，或以《九章算术》及其刘徽注，以及其他算经中的运算作为例证，提出自己的看法. 仅举几例：

“倍其母，则子半，半其母，则子倍.”因而运算中或是半，或是倍,可以根据需要而定,正如"刘氏注云:'子不可半者,倍其母.'倍、半之用,异而同也".焦循举了半、倍在《九章算术》开方术、勾股术中的应用.又指出《张丘建算经》葭池术用半,《九章算术》葭池术用倍,"其义一也".以系索、倚木于垣、竹高折地诸问,说明"是用半正用倍之妙也".指出,"勾股锯圆材"术"锯道之半在差,故半勾同于倍差","开门去阃"术"门广之半在勾,故半差同于倍勾也".他还阐述了"户高多于广"问"此术先求其半"的道理,指出"其用倍用半之通,亦锯道、门广之义也".焦循还指出,在商功章诸术中,"就其母则半其子,就其子则倍其母,举一反三,术可知矣",以阐明"用倍用半之义尔"(《加减乘除释》卷四).

又如"以甲乘乙,或以乙乘甲,为相乘.以乙除之,得甲;以甲除之,得乙."焦循进一步阐述道:"相乘,两数不同之乘也,所得从方形."他把《九章算术》中并列的方田术、里田术、合分术、乘分术都归结为两数相乘,"盖数不同而等级同也".又阐述了开带从方的原理:"带从开方之法,徒示以从,故必先得广数自乘,然后与从乘得如积也.从方所示之从,从之差,非从之全.于从之全,减去广数,即余从之差,所示唯差,斯多一乘也."

焦循对数学史上有的争论问题作了中肯的评价.比如,就李淳风对刘徽的"幂"的指责,焦循说:

> 刘氏注方田术"相乘得积步"云:"此积谓田幂.凡广从相乘谓之幂."李淳风以幂是方面单布之名,积乃众数聚居之称,斥注为乖.循谓广从相乘为幂,而经不言幂,言积,故注云:此积谓田幂."谓之"云者,不专于是之称也.刘氏未尝以积训幂,李斥之,非矣.

他从义理上、逻辑上指出刘徽的正确与李淳风批评的错误.实际上,刘徽注反映了数学的普遍真理:

盖刘氏注《九章》之术，法虽有阙，而义旨实包孕无遗．依之则合，离之则疏也．

批评正确的刘徽，恰恰暴露了批评者的无知．

焦循针对王孝通《上缉古算经表》中自诩千金不易的错误态度，指出："商功以边求积，王氏此书以积求边，如少广、方田，适相表里，诚为善于得间矣．然其法仍不外商功之理．刘氏之注，极精至巧，令而通之，已足括孕此书，且以其义核王氏之术，可排者正不止一字．推而穷之，虽不敢遽攫其金，亦庶几少申其义也．"焦循在分析了王孝通的第二题、第三题及刘徽有关体积的论述之后说，王氏之术"出于刘氏《九章注》之用三品赤黑棋法"，通过棋的拼合，"即知方正斜直之殊，及方隅廉从之故．累而合之，裁广就袤，合半为整，可成从方．变化无端，立算之妙，莫精于是，王氏谓其未为司南，而自诩曲尽无遗，尚非至论"，表示自己"服膺于刘氏，而甚慕王氏之善悟"．焦循实事求是地阐明了王孝通与刘徽的关系．

焦循《加减乘除释》的问世，把我国对传统数学的研究的理论水平提高了一大步．由于刘徽注分散在《九章算术》诸术、诸题之下，清中叶以前的学者，往往重视《九章算术》而不重视刘徽注．因此，正像张文虎（1808～1885）所说："中国算术以九章分目，皆因事立名，名为一法．学者泥其迹而求之，往往毕生习算，知其然而不知其所以然，遂有苦其繁而视为绝学者．无它，徒眩其法而不知求其理也．"焦循对中国传统数学的算法原理加以整理、归纳，形成了系统的理论．黄承吉说："里堂之书，殆《周髀》以来诸书之统纪，不独刘氏之功臣也．"（《加减乘除释》序）这种评价是恰如其分的．

第四节　李俨、钱宝琮的研究

19世纪末、20世纪初，中国古代数学传统中断. 新文化运动之后，德(民主)、赛(科学)两先生来到华夏大地. 面对豺狼当道，列强横行，国势日衰，民族自信心不足的情况，一部分老一辈科学家着手用现代科学知识和科学方法整理中华五千年文明的科学遗产，以中国古代对人类文明的巨大的科学贡献，激发国人的爱国心和民族自信心，发愤图强，赶超世界先进水平，自立于世界民族之林. 李俨、钱宝琮两位前辈致力于中国古代数学遗产的整理，成为中国数学史学科的奠基人. 李俨著有《中国史论丛》一～五集、《中国算学史》、《中国数学大纲》(上、下册)、《中国古代数学史料》等著作，钱宝琮撰有《中国算学史》、《中国数学史》、校点《算经十书》、《钱宝琮科学史论文选集》等著作①. 在这些著作中，关于《九章算术》和刘徽的研究是最重要的课题. 他们精确阐述、高度评价了《九章算术》和刘徽的成就及在中国数学史、世界数学史上的地位，把关于《九章算术》和刘徽的研究推进到一个新的阶段. 尤其是钱宝琮先生，他还从事《九章算术》和其他古算经的校勘工作，其功底之深，也非戴震、李潢所能比. 他们的成就，在本书各章中都有所引用，此不赘述. 李俨、钱宝琮为我们今天对《九章算术》和刘徽注的进一步研究奠定了坚实的基础.

---

① 李俨、钱宝琮的科学史著作均收入《李俨钱宝琮科学史全集》(辽宁教育出版社，1998年).

以刘徽的精神研究刘徽(代后记)

我怀着十分崇敬的心情草成这部书稿. 研究刘徽十年,这种崇敬的心情可以说与日俱增. 刘徽离开我们已经一千七百年左右. 现在,一个优秀的高中毕业生所掌握的数学知识也远远超过刘徽. 但是,刘徽非凡的数学才能,杰出的数学创造,却永远值得我们纪念. 他的实事求是的优良学风,虚怀若谷的高尚品德,不迷信古人的进取精神,寄希望于后学的远大胸怀,永远值得我们学习,激励我们为使中国重新成为数学大国,为祖国的繁荣富强,实现社会主义四个现代化而奋斗.

对古代数学和数学家的研究,是用现代数学知识和科学方法(包括数学科学方法和历史科学方法)对古代数学遗产进行整理、总结. 它既不是古代数学的复述,也不是用现代数学知识对古代数学改写,甚至拔高. 实事求是,是《九章算术》与刘徽的研究,以至整个数学史研究必须遵循的原则.

古代数学家或著作有一些很深邃的思想. 这些思想常常给后人以启迪,促使后人创造出使提出这些思想的学者想也不敢想的更加辉煌的成果. 现代数学研究,应当而且必须从古代贤哲那里汲取营养. 正如著名数学家 H. 外尔(Hermann Weyl,1885~1955)所说:“如果不知道远溯古希腊各代前辈所建立和发展的概念、方法和结果,我们就不可能理解近 50 年来数学的目标,也不可能理解它的成就.”这里对古希腊数学的褒奖完全适用于以

《九章算术》和刘徽注为代表的汉魏数学.但是,后人在古代贤哲光辉思想启迪下取得的成果,与古代贤哲实际上所达到的高度,是两回事.不幸,许多人以后来的许多成果附会古代的片断记载,从而制造出许多巴比伦神话、印度神话和丢番图神话.吴文俊先生曾举了一个数学史界广为引证的例子批评这种制造神话的现象.巴比伦泥板中有一个题目:由两个正方形拼成的面积为1000,一正方形边为他正方形边的2/3减10,两正方形的边为何?有人根据这类例子就作出结论:汉谟拉比时代的巴比伦人已完全具有了处理二次方程的技术,他们能解两个变数的一次和二次方程,甚而至于包括三次和四次方程的问题.吴文俊先生指出:"尽管我们尊重古代巴比伦人的伟大成就,但是把近代的代数轻易地加之于古代巴比伦人身上,不能不说是十分荒谬的."(《我国古代测望之学重差理论评介兼评数学史研究中某些方法问题》)显然,这类神话混淆了种子与植株,萌芽与大树的界线.中国史籍向来以翔实可靠著称,然而,这种作风也侵入到中国的学术界.比如国内有所谓《周易》创造了二进制的说法,至于莱布尼茨受《周易》八卦的影响创造二进制并用于计算机的神话,更是广为流传.几年前,这个神话还被人用来作为否定和取消基础理论科学研究的根据.事实是,莱布尼茨先发明了二进制,后来才看到传教士带回的宋代学者重新编排的《周易》八卦,并发现八卦可以用他的二进制来解释.莱布尼茨的计算器是十进制的,使用二进制的计算机是20世纪的电子计算机.关于《周易》中已存在贾宪三角形的神话,也是一个典型的例子.按照历史的本来面貌,实事求是地分析总结古代数学成就,是数学史研究的一项任务.钱宝琮先生堪称楷模.当年,许多学者主张将毕达哥拉斯定理改称商高定理,商高比毕氏早,因而又可为中国夺得一个世界第一,以宣扬爱国主义.具有极高爱国热情的钱宝琮先生坚决反对,因为《周髀算经》不是周公时的作品,而且《周髀算经》所记商高所陈述的只是 $3^2+4^2=5^2$ 的情形，既没有勾股定理的一般表述，更没有其证明，而对勾股定理的片断认识，各个民族都有，而且都很早. 此后，数学界沿用勾股定理这一科学的术语. 实事求是与爱国主义并不矛盾，弘扬爱国主义，不能建立在拔高古人上.

由于年久日深，人世沧桑，中国古代数学典籍与其他典籍一样，遭到严重摧残，以致许多成就的发展脉络不连贯，许多成就取得的细节不清楚. 中国数学史上还有许多成果在其他文化传统中也或先或后地出现. 研究数学在资料间断期间的发展情况，分析取得成就的方法，探索各不同文化传统中数学发现的互相影响，也是数学史的任务. 在这类拾遗补阙的工作中，同样必须坚持实事求是，必须认真研究中国各个时期的数学传统、特点和方法，以期得到合乎规律的结论，而不能想当然，用现代的数学方法、数学知识恢复当时的方法. 人类对数学知识的认识是一个历尽坎坷的历史长河，现今人们几天、几个小时甚至几分钟便可掌握的东西，在历史上往往得经过几十年、几百年甚至上千年的发展历程. 不用说新方法、新概念的创造，即使已有方法、概念的推广，也并非轻而易举的.《九章算术》时代人们已经掌握了正负术，编纂者却未用于盈不足术，后来一千多年间，刘徽、贾宪等大师也未迈出这一步. 杨辉所引刘益《议古根源》中相邻两个题目由同一带从正负开方式求解，其答数不同，但不管是刘益还是杨辉，都未由此提出二次方程可能有两个正根的问题. 数学史上还有一些持有欧洲中心论或其变种的偏见的学者，常常把中国的某些成就无端地说成来源于古希腊，或者印度. 比如有的学者说中国的《九章算术》是在古希腊数学的影响下完成的，而不考虑不仅找不到这种影响的痕迹，而且《九章算术》的特点、表现形式都与古希腊迥然不同. 还有人认为中国数学源于印度，钱宝琮先生以印度数学的有关成就比中国晚出，并且，印度成果不仅形式与中国的相类似,而且,其错误和失误及特殊的表达方式也与中国相同,说明印度的这些成果来源于中国或受中国影响,而不是相反,驳斥了这类谬论.钱宝琮先生的分析堪称楷模.

从原著出发,尊重原著,实事求是地分析原始资料,是李俨、钱宝琮、严敦杰等前辈从事数学史研究所遵循的主要途径,从而为中国数学史学科打下了深厚、坚实的基础.但是,这丝毫不意味着中国数学史研究已经没有什么可做了.后来人要在前辈的基础上把中国数学史的研究深入下去,唯一的途径仍然是在原著上下苦功夫,认真地、逐字逐句地研读、分析原著.由于刘徽《九章算术注》的难度大,遵循这种途径尤为重要.过去对有的重要问题之所以没有准确地阐述、理解,根本原因在于离开了或部分离开了原著.刘徽割圆术是几十年来人们谈得最多的课题.1979年,笔者正是因为逐字逐句研读刘徽圆田术注,才注意到被人们忽视的"以一而乘半径,觚而裁之,每辄自倍,故以半周乘半径而为圆幂"这几句画龙点睛的话,认识到刘徽割圆术的主旨首先是证明圆面积公式(14),其极限过程是为证明圆面积公式(14)服务的,进而发现以往所述求圆周率的程序既不完全符合刘徽注,且会把刘徽置于逻辑错误之中.这一发现不仅使自己克服了研究中国数学史的畏难情绪,而且尝到了逐字逐句研读原著的甜头,提高了对从第一手资料出发,尊重原著的认识,提高了贯彻实事求是精神的自觉性.

实事求是的原则在版本和校勘研究上更显得重要.版本研究和校勘研究是《九章算术》和刘徽研究的基础性工作.钱宝琮先生通过校雠孔刻本和汲古阁本,发现孔刻本不是汲古阁本的翻刻本.我们则通过进一步研究有关的原始资料,校雠各种版本,发现了各版本的异同,分析出各版本之间的嬗递关系,认识到戴震从《永乐大典》辑录之粗疏及孔刻本中的修辞加工,指出了戴震之后版本使用上的失误,纠正了戴震以来关于《九章算术》版本的各种不正确的说法. 我国校勘学有优良传统,其理论和方法在清乾嘉时期得到大发展,日臻完善. 钱先生继承了这种优良传统,打破了对戴震校勘的迷信,纠正了戴震、李潢的若干错校,指出了校勘《九章算术》的正确方向. 继续校勘《九章算术》,必须对原文作认真分析、研究,准确判断其是否确有讹舛,必须对版本作实事求是的考察,并对戴震以来的各家校勘作实事求是的分析、甄别. 清校勘大家王念孙在校勘《淮南子》之后总结说:"凡所订正,共九百余条. 推其致误之由,则传写讹脱者半,凭意妄改者亦半也."可见校勘是给古籍造成讹乱的重要原因. 《九章算术》的情况并不比《淮南子》好. 戴震以前的校勘情况不清楚,自戴震校勘《九章算术》起二百一十年间,不考虑雕版、排印中的错讹,保留下来的校勘及文字加工大约八百余条,其中错校、错改约五百余条. 加上二百余年间各家提出的未被后人采用的错校、错改,则错校、错改的比重更高,可见后人凭意妄改给《九章算术》带来了多么大的混乱. 顾千里说:"书籍之讹实由于校."(《思适斋集·书文苑英华辩证后》)不是学问中人,不会提出这样的真知灼见. 笔者根据我国校勘学理论,结合《九章算术》的实际,在汇校《九章算术》中提出:

(1)为了尽可能恢复《九章算术》的原貌,戴震及其以后的任何一部《九章算术》都不适于作校勘的底本. 汇校本的前五卷取南宋鲍澣之刻本为底本,以彻底摒除戴震辑录粗疏、修辞加工以及错校所造成的错乱. 后四卷及刘徽序没有鲍刻本. 杨辉本与鲍刻本比较接近,但缺题且鱼鲁亥豕之类太多,不适于作底本. 退而求其次,只好取由《四库全书》本和《武英殿聚珍版丛书》本(避暑山庄烟雨楼藏)对校而排除戴震声明的校勘所恢复的《永乐大典》辑录本为底本(李潢指出的几条《永乐大典》原文,亦径直作为底本文字),如此虽不能完全排除戴震辑录之粗疏,却可以完全排除他的错校和修辞加工. 自然,这样选取的底本亦可完全排除戴震以来翻刻、排印中出现的错讹.

(2)以未受戴震影响或其影响最少的版本参校.为此,需要由《宜稼堂丛书》本杨辉《详解九章算法》与宋景昌为之写的《札记》恢复石研斋抄本杨辉《详解九章算法》.《九章算术》卷三(下半)、卷四以《永乐大典》本参校,卷一、二、三(上半)、五以恢复的《永乐大典》辑录本参校,卷五～九及刘徽注以石研斋抄杨辉本参校.

(3)遵循校勘学的科学方法,掌握古籍衍脱、误倒、讹舛的规律,利用古文字学家关于古籍及古汉语字、词方面的研究成果,力求在对《九章算术》正确句读、理解古文古义的基础上,准确判断原文是否真正舛误.只能校勘确有错讹的文字,并且尽量保留原文.对怀疑有误而无成熟意见的地方,采取"多闻阙疑"的原则,不轻改原文.校勘中保留底本的本来面貌.

(4)逐字逐句研读《九章算术》,尤其是其中的刘徽注,弄清其数学内容、逻辑方法、篇章结构、时代特点及其在中国数学史上的位置,以求对舛误之处作出合乎数理、合乎原意的校勘,避免以错改错,更要避免以错改未错,将自己的错误强加于古人.

(5)采纳戴震、李潢、汪莱、李锐、钱宝琮等学者正确的校勘.

目前,国内外对《九章算术》和刘徽的研究正在深入.以刘徽的精神研究刘徽,这就是结论.

至于《九章算术》与刘徽研究中出现的诸如剽窃他人成果等不良现象,历来为学人所不齿,更是对刘徽的亵渎.

在本书行将付梓之时,笔者特别感激李俨、钱宝琮、严敦杰等数学史学科的老前辈.笔者虽未能亲自接受李老的教诲,但他留下的大量著述和丰富的中算史古籍,给我们现在的研究工作创造了得天独厚的条件.由于十年动乱,笔者也未能有更多的机会聆听钱老的教导,但他的《中国数学史》、校点的《算经十书》及其他著述,他在中国数学史研究中的理论贡献,他实事求是的严谨学风,刚直不阿的精神,一直是我研究工作中汲取力量的源泉之一.在十年的《九章算术》和刘徽研究中，一直得到严敦杰先生的关怀、指导，笔者已经发表及尚未发表的三十余篇关于这一课题的论文，在成文之前，都先将其主要论点、论据向先生汇报，在成文之后，都请先生审阅，先生在百忙中，在病中都提出宝贵的修改意见，指示需补充的资料.先生对笔者所取得的每一点成绩，都表示由衷的喜悦，予以鼓励.严先生还在病中审阅了笔者汇校《九章算术》的全部稿件，提出了若干修改意见，并以诗代序，表示祝贺.1988年夏，我向严先生汇报了撰写本书的计划，先生在病榻上详细审阅了本书的提纲及各章的宗旨.年底，在先生病体垂危之际，我向他报告了本书已列入山东科学技术出版社“泰山科技专著出版基金”选题的喜讯，他十分兴奋，对山东科学技术出版社在学术著作出版日难的情况下的远见卓识表示佩服.遗憾的是，本书稿尚未草成，严先生于1988年12月23日永远离开了我们.三位老前辈德高望重，学识渊博，关心后学，永远是我们的楷模.

著名数学家吴文俊先生近年一直倡导、关心数学史研究，尤其重视对《九章算术》和刘徽的研究.他高屋建瓴，预见了《九章算术》和刘徽的思想对当代数学发展的巨大作用，推动了研究《九章算术》和刘徽的高潮，笔者从他多次谆谆教导中获益甚多.杜石然先生以他广博深邃的数学史、科学史知识给了笔者很大帮助.李学勤先生在校勘、古文的理解和《九章算术》的历史分析上经常提出非常宝贵的意见.梅荣照先生十年前提出重新研究刘徽.还有我的翻译《九章算术》成法文的合作者法国林力娜(Karine Chemla)博士，我们于1984、1985年先后在北京、巴黎进行过有益的讨论.在此对他们表示衷心的感谢.王玉芝、郭健帮助校雠《九章算术》，抄阅稿件，亦志此，表示谢意.

郭书春　己巳蛇年岁末于北京